Pearson

美国社会危机
第十四版

Crisis in
American Institutions

· Fourteenth Edition ·

主　编

[美] 杰罗米·H. 什科尔尼克（Jerome H. Skolnick）
[美] 埃利奥特·柯里（Elliott Currie）

楚立峰　译

上海市美国问题研究所　　上海社会科学院出版社

序言

我们总是深受前一版《美国社会危机》的深远影响。但当再次操刀时,我们将对新版本作出诸多变更。

尽管第十三版的主体结构得以保留,却也填充了大量的新材料;同时,也摒弃了一些十分有说服力但却相对过时的文章。为了能够反映骇人的经济危机席卷美国乃至世界各国的近态,我们增加了一篇罗伯特·库特纳的新文章,他在文章中谈及经济危机的起因主要源于美国房地产市场的崩塌。此外,有关贫困问题的新探讨也被纳入其中,比如不断扩大的贫富差距,以及弱势青年的特殊困境,他们将是美国持续经济危机的最大受害者。由于国家推行了长期搁置的医疗体系改革,在两篇新文章中,我们已经更新了关于美国令人沮丧的医疗状况的讨论,尤其是相对于其他国家而言。有关学校和家庭的章节,也在两份新的选材中得以全面更新。围绕着移民的神话、企业努力否认全球气候变化的重要性以及美国监狱人数膨胀等话题的新文章,使得这一版本的内容更新至这些关键话题上。总而言之,这一版本中,超过三分之一的选材都是新的内容。

每一版本都须审议、筛选出当代最好的、针砭时弊的作品。每一次,我们不得不遗憾地放弃一些心仪的旧篇目,删除许多具有价值的新作品。我们所发现的好作品,远超过我们的需求。不要觉得诧异,因为我们需要涵盖各个方面的问题,从经济危机到种族主义,从家庭到环境,每一个话题都有益于终身的学习。

我们非常感谢帮助我们完成这个新版本的人们。我们要特别感谢培生教育集团的卡伦·汉森和爱丽瑟·利维、哈恩咨询集团的泰德·奈特,以及乔真德·塔尼加和安普特洛公司,他们的帮助(和耐心)使本次修订顺利进行。同时,我们也要特别感谢爱儿采·桑加兰机构(Lovely Joy Sangalang),它曾隶属加州大学尔湾分校,感谢该机构在研究中专业而又热心的援助。我们也同样对劳伦·希利在研究中的帮助感激不尽。同时,我们也要谢谢这一版本的审稿人:法明代尔州立学院的埃文·库珀,格罗斯芒特-求雅马卡社区学院的格雷格·罗宾逊,麦迪逊区技术学校的J.马克·托马斯。我们再次感谢我们在纽约大学和加州大学尔湾分校的同事,感谢他们一贯的支持以及积极进取的精神。我们也感谢那些一直以来为每一版本指出优缺点的老师和同学们。在此我们最感激的便是所选作品的作者,如果没有他们,这本书只能是水中月镜中花。为了弄懂棘手的难题,他们不断地努力,并且试着向我们传达:通俗而有感染力的理解,是困难时期激励众人的有效途径之一。

目录

序言　　1

导言　解决社会问题的方法　　1

系统性问题

第1部分　公司权限　　17

第1章　将富人从福利范围中剔除　　20
　　　　马克·泽普佐尔

第2章　偷漏税款及其动机　　27
　　　　罗伯特·S.麦金太尔

第3章　商业广告　　33
　　　　尼尔·波兹曼　史蒂夫·鲍尔

第4章　水的利润　　41
　　　　约翰·罗马

第2部分　经济危机　　48

第5章　一分钱掰成两半花
　　　　——在美国难以为继的生活　　51
　　　　芭芭拉·埃伦瑞奇

第6章　破产的一代
　　　　——美国年轻人债务的增长　　64
　　　　塔玛拉·德劳特　哈维尔·席尔瓦

第7章　逐渐瓦解的退休保障体系　　74
　　　　戴尔·拉萨科夫

第8章　美国的挥霍　　82
　　　　罗伯特·库特纳

第3部分　不平等　　*86*

第9章　美国日益加剧的不平等　　89
　　　　迪恩·贝克

第10章　从贫穷到繁荣
　　　　——将贫困人口减半的国家战略　　93
　　　　美国发展中心

第11章　日复一日
　　　　——无家可归的女人的生活　　100
　　　　埃利奥特·利博

第12章　美国贫富差距拉大，阶级流动停滞　　109
　　　　戴维·韦塞尔

第4部分　种族主义　　*115*

第13章　白人优势的根源　　118
　　　　迈克尔·K.布朗　马丁·卡诺努瓦　埃利奥特·柯里　特洛伊·迪斯特　戴维·B.奥本海默　玛乔丽·M.舒尔茨　戴维·韦尔曼

第14章　学校和监狱
　　　　——布朗诉教育委员会案五十年后　　124
　　　　判决项目组织

第15章　许多大学中得到平权法案优待的富家子弟　　130
　　　　丹尼尔·戈尔登

第16章　"他们夺走了我们的工作！"　　136
　　　　阿维娃·乔姆斯基

第5部分　性别歧视　　*142*

第17章　玻璃天花板难题　　144
　　　　《经济学人》

第18章　划出界线
　　　　——校园性骚扰　　151
　　　　凯瑟琳·希尔　埃琳娜·席尔瓦

第19章　学习安静　　166
　　　　佩吉·奥伦斯坦

危机之中的制度

第 6 部分　家庭　　*177*

第 20 章　婚姻之外
　　——错综复杂的政治和婚姻网络　　*179*
　　阿琳·什科尔尼克

第 21 章　孩子们状况不妙　　*188*
　　沙伦·勒纳

第 22 章　大受欢迎
　　——家庭在瑞典是第一位的　　*195*
　　布里塔尼·莎莫里

第 7 部分　环境　　*201*

第 23 章　伤痕累累的世界　　*204*
　　詹姆斯·古斯塔夫·斯佩思

第 24 章　戴蒙德
　　——路易斯安那州"化学走廊"之中为环境正义而进行的
　　斗争　　*210*
　　史蒂夫·勒纳

第 25 章　烟、镜子和热空气
　　——埃克森美孚公司如何使用烟草巨头的策略来给气候科学制造
　　不确定性　　*220*
　　忧思科学家联盟

第 8 部分　工作和福利　　*229*

第 26 章　家仆　　*232*
　　皮耶雷特·洪达纳-索特洛

第 27 章　重新联系起弱势群体的年轻人　　*241*
　　彼德·埃德尔曼　哈利·J.霍尔泽　保罗·奥夫纳

目 录

第 28 章　下层社会标签　　　248
　　　　赫伯特·J.甘斯
第 29 章　因孩致贫
　　　　——福利改革时代的女性　　　261
　　　　沙伦·海斯

第 9 部分　健康护理和医疗护理　　　271

第 30 章　不幸生病
　　　　——美国没有保险的人　　　274
　　　　苏珊·斯塔尔·萨伊德　鲁西卡·费尔南多普尔
第 31 章　为什么不是最好的？
　　　　——2008 年《美国医疗体系绩效国家记分卡》结果　　　281
　　　　联邦基金会
第 32 章　不为人知的医疗故事
　　　　——他们如何严重削弱医疗保险　　　289
　　　　莉莲·B.鲁宾

第 10 部分　学校　　　295

第 33 章　国家之耻
　　　　——美国的种族隔离制学校教育　　　297
　　　　乔纳森·科佐尔
第 34 章　阶级冲突
　　　　——不断增加的大学成本　　　303
　　　　艾伦·穆塔里　梅拉库·拉克夫
第 35 章　学校成了替罪羊
　　　　——我们日益加剧的不平等和巨大的竞争问题，但不能归罪于我们的教育制度　　　309
　　　　劳伦斯·梅塞尔　理查德·罗思坦
第 36 章　雇工型教育　　　316
　　　　詹妮弗·沃什伯恩

目 录

第 11 部分　犯罪和司法　　*323*

第 37 章　仁慈的谬论　　*326*
　　埃利奥特·柯里

第 38 章　投手暴投
　　——"三振出局"以及犯罪方面的其他不良呼吁　　*336*
　　杰罗米·H.什科尔尼克

第 39 章　百分之一
　　——2008 年铁窗之中的美国人　　*354*
　　皮尤基金会

第 40 章　不公平的回报　　*365*
　　肯·西尔弗斯坦

第 12 部分　世界中的美国　　*373*

第 41 章　回火　　*375*
　　查默斯·约翰逊

第 42 章　石油、地理、战争　　*384*
　　迈克尔·T.克拉雷

第 43 章　怎么办？
　　——应对恐怖主义的全球战略　　*392*
　　"9·11"委员会

主要参考文献　　*399*

导言

解决社会问题的方法

21世纪初期,美国社会存在着一些主要矛盾:我们是世界上唯一的超级大国,我们的经济力量,令其他国家钦羡,有时甚至令其他国家畏惧。但在一定程度上,我们也是广受贫穷蹂躏的国家,问题的严重程度是其他工业化国家从未发生过的。我们时常遭受让人痛苦的经济危机,许多人因此过着颠沛流离的生活。我们的国家既有拥挤的商场,也有拥挤的监狱,闪闪发光的城市表象下,也存在众多的角落为无家可归的人所占领。我们是一个新技术奇迹层出不穷的国度,从互联网软件到高科技医学上的突破遍地开花;但我们同样也是一个数千万人没有常规医疗保障的国度。

本书通过收集一些围绕社会问题的优秀文章,来探讨这些矛盾以及其他问题。我们的投稿人中既有社会学家,也有公共卫生和环境学家,以及擅长报道、分析社会问题的记者。我们并不能断言这些出自他们之手的文章可以解决与美国社会问题前因后果有关的所有难题。但我们相信他们可以激发读者更清楚、更批判地去考虑影响大众的一系列问题,无论是针对妇女的暴力、警方的种族偏见、无家可归,还是全球变暖。

在这层意义上,这些作品符合美国社会问题研究的优良传统。很长一段时间以来,社会学家等人一直致力于这些问题的研究。社会问题的研究,从来都不是科学实验的探索范围。如同其他人一样,社会学家也会被社会的整体趋势、经济、文化和社会生活的技术环境所影响。为了能够介绍接下来的文章,并将今天的辩论置于一定的历史和思想背景下,我们想要花费几页纸的笔墨来概述社会问题研究的演变,以及这些大型社会变迁的指导主题和基本假设的形成过程。

不良行为和违法行为

这个国家最早研究社会问题的作者都是坦率的道德主义者,他们坚定地支持节俭、勤奋、性纯洁和自律的美德。他们的写作始于19世纪末,面对着工业化、都市化以及外来移民等一系列新的挑战,他们一直在寻求维护纯洁、稳定的美国早期新教价值观的方法。[1]

早期的社会科学,往往集中关注19世纪教科书中所描述的一个问题——"畸形的、从属性的、长期存在的阶级"[2]问题。社会问题的起因,往往归于穷人、罪犯、精神病人和其他不幸之人的体质或品德。对于这些理论家而言,解决19世纪社会问题的出路在于:通过相应的方式,改良这种畸形的阶级性质,使人们能够更好地在一个竞争激烈、等级森严并且基础设定从未被质疑过的社会中获得成功。19世纪末20世纪初,致力于这些理论的社会改革家在美国创造了许多现代化的"社会控制"机构:管教所、现代监狱、精神病院以及现代福利制度的开端。

"价值无涉"问题的兴起

20世纪的前几十年,在阐述社会问题时,这种直白的道德主义被逐渐抛弃,人们转而采用一种更加微妙的、看起来较为中立的方式。到了20世纪30年代,社会科学是——或者应当是纯粹"客观"或"价值无涉"的想法,已经被广泛接受。从那时起直到现在,社会问题理论在证明支持现状的理论和政策实际上是基于客观的科学判断方面,历经了较为曲折的过程。如此一来,社会科学家们就不会试图强加自己的价值观,来决定什么样的事情会被定义为社会问题,会被作为社会问题处理。然而,研究社会问题"科学"的学者们,却只是机械地接受"社会"对于问题和非问题的定义。从一些主要教材和文章中可以看出,这种方法在陈述什么是社会问题时,有着较鲜明的主张:

> 我们希望消除或纠正多人的障碍和不当行为。[3]
> 公众是如何看待社会问题的。[4]
> 每当人们开始说,这难道不可怕嘛时,他们为什么不试着做些什么呢?[5]
> 那些影响了相当大比例人口、与他们价值观不一致的状况,那些人们认为可以改善或根除的状况。[6]
> 社会公认的标准和社会生活实际情况之间的任何实质性差异。[7]

这些定义表明了公众在界定社会问题时的普遍看法。除非社会中一定数量的人认为这是一个问题,否则任何状况都不足以称为问题。因为,就我们自身而言,我们往往只是对其他人、社会或重要人群提供的问题进行定义,而并非处于从道德角度考虑客观条件的位置。

这种皆大欢喜的方案的主要缺陷在于没有指明应向哪类人群寻求建议,在定义问题,或者是在抉择什么是有问题的,什么是没有问题的各种相互冲突的看法时。在现实生活中,社会通常按照阶级、种族、性别以及其他因素进行划分。那些提议遵循人们对社会问题定义的社会学家,事实上所采纳的则是建立在上述划分标准基础上的几种相互抵触的社会问题意识形态中的一种。在实践中,这种被采纳的意识形态通常与19世纪"不科学"的社会问题作者的意识形态并无太大区别。

这些观点并不新鲜,早在1936年,社会学家威拉德·沃勒便已在一份名为《社会问题与道德标准》的文章中提出过。比如,沃勒留意到,20世纪30年代,社会问题文献中关于贫穷的讨论,受到了对竞争资本主义意识形态的全盘接受的影响:

> 解决富裕社会中仍然存在的贫穷这一问题,愚蠢的人会建议重新分配收入。我们果断拒绝这一方案,因为它会破坏私有财产制,破坏节俭行为和努力工作的动机,瓦解整个经济体系。[8]

沃勒的问题直击要害:当一个作者在选择什么可以称之为一个问题时,遗漏了什么?在什么样的问题应当被定义为社会问题以及什么样的问题应当解决方面,社会的哪些特征将会被理所当然地视作社会问题的基本框架?在这种情况下,这一理所当然的框架将成为私有财产和个人竞争的原则。一般来说,沃勒辩称道:"社会问题往往无法得到解决,因为人们并没有想要去解决它们。"[9]它们之所以成为问题,就是因为人们不愿意改变它们产生的基础条件。因此:

> 性病之所以成为社会问题,主要源于我们的家庭制度,也源于那些本可以预防它的医疗手段;毫无疑问,医疗手段本身是十分有效的,但由于人们害怕改变贞洁的观念,所以无法应用。[10]

对于沃勒而言,社会问题应当从最广泛的意义上进行定义,应当是充斥着相互矛盾的意识形态在内的政治问题。

沃勒的观点在如今听来仍然真实可靠。美国的大多数社会问题作者仍然默认美国社会的基本框架,对社会问题的处理仍然局限在这一框架下的失衡状态中。

20世纪50年代的社会问题:渐进主义和麦卡锡主义

这并不是说20世纪30年代以来,关于社会问题的文献千篇一律。关于社会问题的文献往往趋于反映写作者所处时代的风气,这一点不足为奇。比如,20世纪50年代所构思的作品对于社会和政治问题的关注,在如今看来颇有些匪夷所思。文献中遍布着麦卡锡主义的影子以及全民对于共产主义威胁的歇斯底里。想想保罗·B.霍顿和杰拉尔德·R.莱斯利在《社会问题的社会学》一书中对于"公民自由之颠覆"的讨论。[11]霍顿和莱斯利认为美国的自由传统正受到左翼和右翼的攻击，无论是"单一的共产主义"还是过分热忱地捍卫"我们"的生活方式免受其影响的尝试。他们坚决站在"温和"的立场上。他们主张科学的客观性；此外，他们敢于谴责政治上持"极端"态度的人，无论这些人是左翼还是右翼：

> 大多数极端主义分子都是异端。大多数极端主义分子，对他们的事业往往表现出狂热的关注；充满猜忌、不信任他人；对正常的追求、闲谈和娱乐毫无兴趣；具有把他人分成敌人和盟友的强烈倾向。[12]

对"正常追求"的偏好，甚至是围绕着社会批判和行动的"闲谈"，在"沉默的一代"时期十分常见，但这并不"科学"。这本书中具备客观性的其他特征便是作者对于"维护自由和安全的理性建议"，内容如下：

> 毋庸置疑，身处侵略性大国所加入的国际革命运动中，充分的国防必不可少。这是军事问题，而非社会学问题，因此这里不加讨论。
>
> 反间谍行动至关重要。美国联邦调查局和中央情报局等训练有素的专业机构可以有效地开展此类行动，而不会危害公民的个人自由。如果那些身为新闻头条目标对象的国会议员、退伍军人协会官员或其他的外行转成了联邦调查局人员，他们只能吓倒真正的情报人员，摧毁专业人员的反间谍活动。[13]

人们并不认为军事和情报部门本身是与社会科学相关的问题。这些机构的运作问题也被视作内部的、技术性的、军事方面的问题，而非社会学问题。

在名为《问题和方案》的章节中，作者问道："在某些情况下，保守派和反动派是如何在无意中向共产党人提供援助的；自由主义者又是如何无意中向共产党人提供援助？"[14]

在霍顿和莱斯利那本书的导言中，他们思索了社会变革的可能性以及科学家在促进社会变革的过程中所扮演的适当角色。他们很谨慎地采取了保守派间的中间立场。在保守派看来，社会问题主要是个体性问题，是极端分子希望社会结构或种族突变。霍顿和莱斯利辩驳道：社会问题的解决无不涉及"全面性的制度变迁"，而且这种改变十分艰难，需要付出高昂的代价。因此：

> 指望这些问题能在短时间内轻松解决是不现实的……如果可能的话，社会问题解决方案的出炉也会十分缓慢，同时可能也会有相当的改善或

改进。[15]

根据这些作者的看法,社会变革必须是渐进的,必须实事求是,而且必须有专家的指导。作者们强调他们的角色以及一般社会专家的角色,只是指导公众如何得到其认为有价值的内容。但在这一角色中,外行人质疑专家的行为是十分愚蠢的表现。霍顿和莱斯利写道:"当专家们认同一项政策徒劳无益或另一项政策切实可行时,外行人的反对则是不折不扣的愚蠢行为。"[16]

精英主义者,冷战时期的自由主义和渐进主义,对于极端主义的畏惧,所有这些内容的提出,都不是基于道德和政治立场,而是作为基本的社会科学真理。沃勒文章中描述的 20 世纪 30 年代的新教价值观和坚定的企业家精神已经被抛弃,在霍顿和莱斯利书中所描绘的 20 世纪 50 年代已不复存在,取而代之的是对温和主义、麦卡锡主义和"正常追求"的偏好。

20 世纪 60 年代:富裕和乐观主义

随后 10 年的社会问题文献呈现出一幅不同的图景。罗伯特·K.莫顿和罗伯特·A.尼斯比特的《当代社会问题》[17]一书是 20 世纪 60 年代初期的产物,也就是"新边疆"①时期,至少从表面上来看,社会关注的焦点发生了重大转变。美国人开始意识到无论是国外的"欠发达"世界还是国内的"弱势"世界都不幸地被排除在了一般"富裕"和幸福时代的获益范围外。新的社会改善机构在国内外设立起来。不管是在拉丁美洲、哈莱姆区,还是阿巴拉契亚地区,对老式福利举措的批判以及"帮助人们自力更生"的理念开始兴起。在美国人的生活中,包容和参与成为这个时代的政治隐喻。从略有不同的角度看,这一理念是作为发展或者现代化而出现的。20 世纪 60 年代社会问题的解决,主要是通过将美国既存机构的技术和智力资源扩展到被排斥、贫困或不发达的地区及群体。具有强烈干预意识的政府和充满活力的社会科学的结合在这个国家达到了前所未有的规模。

在这一极短的时间内,事实证明,社会问题经常被视为美国主流群体视而不见的问题:比如"落后",描述的是阿巴拉契亚地区的人们;比如"传统的",指向的是墨西哥裔美国人;比如"欠发达的",指向的是大部分的非洲裔、亚裔和拉美裔。在社会问题理论中,这些观念以一种较为保守的意识形态呈现:这一意识形态颂扬作为一个整体的美国社会,同时对阻碍美国人走向全民化的状况进行了自由

---

① "新边疆",美国总统肯尼迪 1960 年 7 月在洛杉矶接受民主党总统候选人提名演说中提出:"我们今天站在新边疆的边缘。这是 60 年代的边疆,充满吉凶难卜的机会和危险的边疆,充满希望而又遍布威胁的边疆。"后用"新边疆"指代其国内施政纲领。——译者注

式批判。

这种观点的一个变体在尼斯比特《当代社会问题》一书的引言中有所提及。对尼斯比特而言,当社会事实表现为"预期或期望事情发展进程中的干扰对社会所定义的权利或正当性的侵犯、社会所珍视的社会模式和关系的错位时,社会事实则会变成社会问题"。[18]

尼斯比特对美国形势的评估,与20世纪60年代初夸张的乐观情绪相契合:

> 在美国,我们现如今所生活的社会常被称为"富裕社会"。这是一个以强加物质资源、私人消费的高标准、有效维护公共秩序与安全、免受我们祖先生活的大部分不确定性以及较高水平的人文主义为特征的社会。当然这里也存在着城市和乡村的贫民窟、偶尔的流行性疾病、突发性的暴力和盲从,即使是在最文明的社会,那些为食物和避身之所而挣扎的人,仍然感到困扰,感到风雨飘摇。因此,我们并未摆脱社会问题,而且其中有些问题的增长率似乎与我们的富裕成正比。[19]

尼斯比特意识到美国并没有解决所有的问题。事实上,有些问题似乎是伴随着20世纪美国人包装得闪闪发光的形象而产生的。但这些问题却被视为无关紧要的,因为它往往在现代制度并未完全渗透的社会闭塞地区偶然爆发。

尼斯比特和早期的理论家一样,把社会问题中的科学研究者的作用与其他相关人士的作用大大区分开来。身为一名科学家的社会科学家,不应委身道德劝解或政治行为,而应当专注于理解。同时,科学家应当:

> 和其他公民一样,将对社会的保护作为其首要责任,以帮助社会实现更高水平的道德正义;必要时可以采取法律行动,以实现短期内的保护或正义。[20]

这里的科学立场掩盖了对模糊定义的价值观的偏好——"社会保护"和"道德正义"——反过来又决定了什么内容将会被选为社会问题。在这种情况下,人们根据是否触犯社会稳定的价值观,即与社会思潮中的保守传统相关的价值观,来选择问题。

因此,人们反复将问题和"错位与偏离"画上等号[21],这些问题是与"不同意见"相关的问题,如果达成共识似乎也就不会成为问题了。事实上,整本书被分成了两部分,一部分主要是处理"偏差行为",另一部分则是处理"社会解体问题"。文本中的文章并非浑然一体。罗伯特·S.维斯和戴维·理斯曼在关于工作问题的文章中,采取了一种不同的视角来分析问题的构成。作者宣称:"那些趋于压制和挫败生活意义和目的的社会形式,无论是否趋向解体,都是低劣的形式。"[22]但是许多文章只是简单地对现有制度的目的加以认可,并从反击制度的内部解体这一角度界定问题。也许这一趋势最明显的例子出现在莫里斯·亚诺维兹关于军事机构问题的论述中:

> 军队机构、武装部队及其管理机构已经成为,并将继续作为美国社会的重要机构,这是不言而喻的。为了了解存在于军事生活中的个人和社会解体的典型根源,必须对军事组织中的特殊形式加以分析。[23]

大型军事机构的存在,被界定为社会学家不关心的。其重点不在于军事对国家或国际的影响,而在于军事机构内部的失调问题。尽管有人已注意到军事活动范围的日益扩大,但这只是被简单地认定为现代生活的实际状况:

> 武装部队也参与了各种各样的后勤、研究和训练活动。在当今的国际舞台上,它们必须承担许多政治军事任务,包括对盟国的军事援助。[24]

潜台词是,美国社会的军事化本身并不是社会分析关注的问题,而对美国社会中军事地位的认可,则导致了社会科学谋求为军事目的服务的行为。因此,在讨论军纪要求的变化时,亚诺维兹指出,在20世纪60年代,这一问题就变成了如何"利用团队观念来培养积极动因和团队忠诚",而非用"冲击技术"吸引新兵入伍。[25]亚诺维兹并没有询问新兵被什么吸引。在冷战背景下,小团体对士气的影响得到了广泛的讨论,但冷战本身并没有。

罗伯特·莫顿在《当代社会问题》的结语中指出:"社会问题和社会学理论"是对社会问题"领域"进行理论界定的重大尝试。莫顿清楚地意识到社会中存在着不同的利益,因此社会问题的定义可能会受到质疑——"某一群体的问题可能是另一群体的优势"——更具体地说,"在决定社会政策和其他事情时,以及在分辨其他方面什么是重大的、偏离社会的问题时,那些占据权威和权力战略地位的人自然比其他人更为重要"。[26]

然而,根据莫顿所言,观点的多样性并不意味着社会学家必须屈服于相对主义或者放弃他们作为社会问题科学研究者的立场。摆脱困境的出路是对"显性"和"隐性"的社会问题加以区分。后者也是与"团体价值观相悖"的问题,但却未被认识到。社会学家的任务便是揭露"隐性"的问题,或是现有制度和政策未意识到的后果。通过这种方式,"社会学的确使人们对其集体和制度化行为的结果负起了更多的责任"。[27]

社会科学让人们对自己行为负责的要求,与一些早期理论家的虚假相对主义相比,是一种健康的开端。但是对"显性"和"隐性"问题的区分,并没有做到像莫顿声称的那样。问题的选择并没有被作为技术性或者中立性的。事实上,最好将莫顿的方法看作提供了理论基础,用来评估和批判一个较易达成共识的社会中特有的政策和结构;在这一社会中,人们往往不会认为其基本价值观和制度是有问题的。

我们可以轻易地同意莫顿的观点:"把社会问题的研究局限在那些被明确定义为问题的情况,实际上就是武断地抛弃了与那个社会中人们所持价值观相冲突的一系列条件。"[28]但那些价值观本身呢?如果有必要的话,难道他们就不应该被考察甚至评价吗?举例来说,对于我们而言,显而易见的是,研究和批判纳粹时期德国社会人们所持有的或者是南北战争前后美国南部奴隶主们所持有的价值观,是社会学家任务的一部分,而不是将自己局限在研究可能与这些价值观相"冲突"的条件。要付诸实践,否则就等于默认接受。社会科学家应当在对基本目标和价值达成共识的范围内,成为处理问题的专家。

将社会问题归为偏差行为和社会解体这一划分,反映了这种默认的接受;因为这两种范畴被定义为对现有秩序的"破坏",并没有质疑该社会秩序本身的适当性。因此:

> 社会解体指的是社会地位和角色的安排和运行中的错误,而偏差行为指的是与行为规范中为人们设定的社会角色相差甚远的行为。[29]

正如一些评论家所指出的那样,并不是这种分析表明什么,什么就是正确的;不过这确实意味着无论是什么,只要干扰到了现有的社会制度,就成为首要问题。

当然,社会学家的"专家"判断可能与人们自认为是问题的事情相冲突,如果是这样的话,根据莫顿所言,专家更具说服力。莫顿认为:

> 我们不能理所当然地认为公众心中关于社会问题及其规模、分布、因果关系、后果、存留或改变的意象就是正确的。……大众对于社会问题重要性的认知,并不能提供可靠的指南。[30]

大致的推论是社会学家关于社会问题的意象,至少在一定程度上是正确的,这甚至包括公众强烈反对为他们定义或重新定义问题的部分。我们似乎回到了20世纪50年代霍顿、莱斯利和其他社会学家对待公众居高临下的态度。

当然,这种态度不止存在于研究社会问题的作者身上。这是20世纪60年代社会思想和政府政策的一大主题。这10年的特点主要是政府的行为日益脱离问责制,越来越不符合人们的常理。情报机构的急剧增长、对于海外民选政府的一再颠覆和越南战争自始至终都是例证。这个过程常常得到谅解,因为政治决策涉及的技术判断超出了普通人的能力范围。

社会问题的概念更多是技术性的,而非政治性和道德性的。在莫顿和尼斯比特的书中,论点十分明确。因此,莫顿认为"这种被社会解体主导的问题,是由社会问题的工具性和技术性缺陷造成的。这一体制的运行效率要远远低于实际情况。"[31]

如果这些问题是技术性问题,那么把社会科学家视作技术人员,将他们对社会生活的干预看作不涉及任何党派利益的,当然是合理的。显然,正是这一点使得社会科学家成为一名负责任的公民,而非"纯粹"的社会评论家或空想家:

> 在"显性"和"隐性"社会问题划分的固有理论下,社会科学家既没有放弃自己的知识和职责,也没有侵犯同伴们的判断立场。[32]

然而,显而易见的是这一理念很容易使专业知识和"专业主义"与伪装成社会共识的主流价值观和主导价值观成为同一阵营。在大多数教材提供的话题选择中,这一点体现得十分明显。莫顿和尼斯比特编写的教材被广泛使用,已经改版过几次,特色是涉及精神障碍、违法犯罪、药物使用、酗酒、自杀、性行为、人口危机、种族关系、家庭解体、工作和自动化、贫穷、社区解组、暴力、青年和政治方面的内容。本书并没有(从我们自己的目录中举一些例子)公司权限、性别歧视、医疗卫生、卫生与保健制度等方面的内容。这些差异的形式是显而易见的:莫顿和尼斯比特主要着眼于那些由于某种原因未能在美国体制下达到理想标准的人(不良分子、罪犯、精神病患者、吸毒者)以及那些既存制度的内部解体问题。甚至当个体作者们在书中试图分析这一体系本身时,这种努力通常被归为肤浅的或者仅仅是象征性的情形。

尽管20世纪60年代的社会科学声称政治中立,但其显然将关注点放在社会弊病的症状而非起因上:关注穷人文化,而非富人决策;关注贫民区的"异常",而非经济问题。什么样的"社会共享标准"决定了这一选择重点?在《当代社会问题》的新版本中,尼斯比特试图解答这一问题。他写道,"试问为什么这些问题会被编辑选中",而其他在有些人看来对国家政策更加紧迫的问题却未被选中。

> 答案是,这是一本社会学的教科书。社会学是一门特殊的科学,其特点是基于研究和分析的概念和结论,这些结论又反过来展现对社会及其中心问题的看法。几十年了,社会学家们对这些问题进行了认真和耐心的研究。换句话说,这本书不仅叙述了重大问题,而且致力于对已存在并将继续存在下去的问题的科学概念和行为的研究。[33]

尼斯比特似乎是在解释这些问题之所以会被编辑选中,是因为一直以来,社会学家们都在研究它们,而非研究过去的其他问题。这样的争论很难令人信服。

20世纪70年代至今：更艰巨的愿景

20世纪60年代，与社会问题有关的很多思想，包括由此产生的公共政策，倾向于假定，至少是较为含蓄地假定：美国社会的大部分弊病都是可以解决的；一个富裕的、技术先进的社会，如果它有解决问题的意愿，应该能够克服诸如贫穷、失业、卫生保健服务匮乏等困难。于是一个积极的政府发起了一系列的社会项目和实验，旨在使现实中的美国和理想中的美国更趋一致。20世纪80年代，政府试图做的事情过多，在社会问题上投入大量资金已成为流行的做法。事实上，尽管我们尝试了许多项目，但我们花在它们上面的金额却从来都不多。比如我们花在就业培训、针对低收入人群的教育项目和促进公共就业上的联邦开支总额，在20世纪60年代，从未达到国民生产总值1%的一半。[34]

不过认为政府扮演了过多角色这一观点，促使20世纪70年代出现了更严峻、更悲观的观点——从那时起，这一观点在美国的社会政策中始终占据主导地位。在经济陷入困境的情况下，贫困和失业的顽疾、可怕的城市社会解体程度以及20世纪60年代适度的乐观主义，都开始让位于新的学术悲观主义，这种悲观主义主张这些问题中的许多都是由与人性或者文化缺陷，甚至是遗传缺陷造成的。言下之意是20世纪60年代的社会关注的各种现象在社会问题方面并未产生多少积极的影响；在一些作者看来，情况甚至变得更糟了。

亚瑟·詹森等作者复兴了早已臭名昭著的种族智力低下遗传理论，以解释为什么即使20世纪60年代推行了各种平等机会项目，黑种人却仍处在经济和教育阶梯的底端。其他人，如哈佛大学的爱德华·班菲德解释道，贫困和城市犯罪的顽固性，反映的是一种独特的"下层文化"，这种文化使得穷人无法深谋远虑或者无法及时行乐。直到20世纪80年代，查理斯·莫瑞以及其他评论家将贫困的顽固性解释为过分慷慨的福利制度使得穷人自暴自弃。与此类似，城市暴力的增长也可以解释为对罪犯过分仁慈的结果。20世纪80年代，当多年来"强硬"对待罪犯的行为给我们留下可怕的犯罪和暴力水平时，一些作者开始从生理缺陷和基因缺陷方面寻找犯罪和其他社会弊病的根源。

换句话说，到20世纪80年代，美国人关于社会问题的思想仅仅是兜了一圈又回到了原点。我们已经回到了一些看起来诸如"缺陷、依赖以及违法"一类的焦点上，而这些正是19世纪晚期社会科学的特征。源自这种态度的苛刻社会政策也让人想起了19世纪晚期的社会达尔文主义。这种学说认为许多社会问题（从学业失败到少年犯罪再到福利依赖）可以归结为思想、文化缺陷以及核心少数的基因构成，或者政府干预的愚蠢——一种让19世纪90年代自鸣得意的思想家无比宽慰的观点，又卷土重来了。

导言 · 解决社会问题的方法　　　　　　　　　　　　　　　　　　　　　　　　　　　**11**

　　正如在过去那样,这种观点今天依然有影响力,有助于解释美国制度危机中最令人不安的表现形式,包括我们在本书中提到的许多内容:拥挤的监狱,重度贫困的顽固性,无论在"良好"的经济时期还是糟糕的经济时期都十分惨淡的少数民族就业问题。这被用来证明以解决这些问题为目标的项目的大幅度削减,甚至包括诸如儿童保健、就业培训和营养学这些成功的项目。

　　然而,到目前为止,这种观点本身也受到越来越多的批评。毕竟,它的支持者们长时间以来一直在争论:穷人、失业者以及病人对自身的问题负有主要责任,他们与我们中的其余人一样,政府给予的帮助越少,他们的境况就会越好。因此,我们长期以来一直在弱化政府的作用,但问题并没有消失,许多甚至有所增长。卡特里娜飓风带来的大规模破坏以及联邦和州立机构对此作出的迟钝回应清楚地说明了这是十年来忽视政府最基础职能的后果。这是一个特别明显的例子,但我们看到了许多美国制度中忽视的后果——摇摇欲坠的学校、崩溃的公共设施、衰败的城市、一个使该国(以及世界大部分经济体)陷入濒临崩溃状态的"解控"金融体系。因此,开发一种解决社会问题的全新而富有创造性的方法的任务,再次被提上日程。

　　这项任务当然是较为艰巨的。正如本书的许多文章中表明的那样,我们已经达到了似乎是我们社会政策问题关键转折点的阶段。技术和经济的变革正在以令人目不暇接的速度重塑美国生活的状况。我们选择如何应对这些变化,将深刻影响未来许多年美国人的生活品质。

　　来考虑这样一个例子:美国工作瞬息万变的特性。正如本书中的一些文章所示:激烈的全球经济竞争和工作场所的新技术的不断进步,正强烈地影响着美国的工作模式和收入。我们是否能够利用这些变化来建立一个更持久、更令人满意的社会,主要取决于我们的社会和政治制度对此作出何种反应。比如,在员工再培训和创造就业方面,我们是否愿意进行足够的投资以抵消许多传统工作的损失,以提供充分的工资、儿童保育、卫生保健和其他新经济下有利于底层工作者的内容。随着美国民众的生活日益受到基本不受控制的全球经济运作的影响,我们越来越需要在国际范围内面对这些问题。一般而言,美国与世界其他国家之间与日俱增的交互作用(由于2001年9月对世贸中心的攻击而凸显,在本书的最后一节中也进行了探索)引出了新的问题:在一个极度不稳定、不平等和不安全因素普遍存在的世界中,我们应如何管理我们作为世界上唯一的"超级大国"的角色?

　　这些都是极大的问题,在本书中,我们只能是对它们进行初步探索,而无法对他们进行透彻而一劳永逸的解答。但我们相信这些文章可以提供一个强劲的开端。早期的版本提供了风格各异、观点多元的文章,但它们中的大多数都符合一个共同的总体愿景:对社会制度采取批判性、民主性的做法,强调建设性变革的潜力。

从这一广泛的视角来看,则存在着很大的争议空间。我们的作者们没有必要共用相同的理论立场、社会观点或政治观点。就这一点而言,编辑们难免会产生分歧。我们认为这是应该的。我们经常争论本书中所涉及的很多问题,这种辩论一直贯穿于十四个版本中。但我们认为这种紧张状态是富有成效的,我们试图在我们选读的文献中捕捉这一点。

我们的目的是提出问题,为学生们提供一种开端,使得他们能够用批判的方法看待他们所生活的社会,并希望他们能够致力于社会进步。本书几乎没有提供明确的答案,它留下了许多未决断的、与美国社会问题的来源和解决方案有关的基础理论和实践问题。但如果能够帮助学生们展开面对这些问题的过程,那么目的便达到了。

尾注

1. C. Wright Mills, "The Professional Ideology of the Social Pathologists", in Irving L. Horowitz, ed., *Power, Politics, and People: The Collected Essays of C. Wright Mills* (New York: Ballantine, 1963).

2. Charles Richmond Henderson, *An Introduction to the Study of Defective, Dependent, and Delinquent Classes* (Boston: Heath, 1906).

3. Lawrence K. Frank, "Social Problems", *American Journal of Sociology*, 30 (January 1925), p.463.

4. Richard C. Fuller and Richard R. Myers, "The Natural History of a Social Problem", *American Sociological Review*, 6 (June 1941), p.320.

5. Paul B. Horton and Gerald R. Leslie, *The Sociology of Social Problems* (New York: Appleton-Century-Crofts, 1955), p.6.

6. Arnold M. Rose, "Theory for the Study of Social Problems", *Social Problems*, 4 (January 1957), p.190.

7. Robert K. Merton and Robert A. Nisbet, *Contemporary Social Problems* (New York: Harcourt, Brace, and World, 1961), p.702.

8. Willard Waller, "Social Problems and the Mores", *American Sociological Review*, 1 (December 1936), p.926.

9. *Ibid.*, p.928.

10. *Ibid.*, p.927.

11. Horton and Leslie, *The Sociology of Social Problems*. 我们在这里提到原始版本,主要是为了将这本书置于其历史背景中。

12. *Ibid.*, p.517.

13. *Ibid.*, p.520.

14. *Ibid.*, p.523.

15. *Ibid.*, p.12.

16. *Ibid.*, p.19.

17. Merton and Nisbet, *Contemporary Social Problems*. 此处我们也提到第一版,主要是为了从历史

角度看待这本书。正如我们稍后会提到的那样,这本书中的大体理论观点几乎没有什么变化;然而,书中还是有一些实质性的变化,比如,亚诺维兹所撰写的章节被删除,加入了新的内容。

18. Robert A. Nisbet, "The Study of Social Problems", in *ibid.*, p.4.

19. *Ibid.*, p.5. 读者们可能会比较同一时期莱特·米尔斯的思想发展——美国应当被视作是一个"过度发展"的社会。See Irving L. Horowitz, *Power, Politics, and People*, p.8.

20. Nisbet, "The Study of Social Problems", p.9.

21. *Ibid.*, p.12.

22. Robert S. Weiss and David Riesman, "Social Problems and Disorganization in the World of Work", in Merton and Nisbet, *Contemporary Social Problems*, p.464.

23. Morris Janowitz, "The Military Establishment: Organization and Disorganization", in Merton and Nisbet, *Contemporary Social Problems*, p.515.

24. *Ibid.*, p.516.

25. *Ibid.*, pp.533—534.

26. Robert K. Merton, "Social Problems and Sociological Theory", in Merton and Nisbet, *Contemporary Social Problems*, p.706.

27. *Ibid.*, p.710.

28. *Ibid.*, p.711.

29. *Ibid.*, p.723.

30. *Ibid.*, pp.712—713.

31. *Ibid.*, p.723.

32. *Ibid.*, p.712.

33. Robert M. Nisbet, "The Study of Social Problems", in *ibid.*, p.2.

34. Gary L. Burtless, "Public Spending for the Poor", in Sheldon H. Danziger and Daniel H. Weinberg, *Fighting Poverty: What Works and What Doesn't* (Cambridge, MA: Harvard University Press, 1986), p.37.

系统性问题

第 1 部分

公司权限

美国资本主义的神话在于私人的"自由企业"——勤劳节俭的企业家们与他人进行竞争,并受到市场力量的制约。但美国资本主义的现实情况并非如此:美国的经济长期以来都被控制在那些财大气粗的公司手里,在很多方面都抛开了"自由市场"这一理念。

沃尔玛公司的雇员高达两百多万名,其数量远超达拉斯、圣迭戈或费城的人口;如果其雇员组成一个城市,那么将会是美国的第五大城市,几乎赶超第四名的休斯敦。美国最大的公司埃克森美孚 2008 年的收入大致为 4 430 亿美元,远远高于瑞典的国民总收入。拥有最多资产的美国公司——花旗集团的金融帝国市值接近 20 000 亿美元,比意大利的国民总收入还要略高一些。如今,这些公司的规模和实力在无形中影响着美国的方方面面,甚至影响到整个世界。

随着公司业务越做越大,其与政府越来越紧密地交织在一起,对政府的依赖性也越来越强。与靠福利救济维持生活的穷人或者享受医疗保险、社会保障的老年人不同,我们持续存在的"自由企业"神话的一部分便是坚信私营企业能够独立行事,凭自己的努力在自由市场上赚钱——或者是承担破产的风险。当然,这一理念最近受到严重影响,大规模的纳税人"紧急救助"了那些被认为太大而无法倒闭的企业。但是美国公司对政府的依赖,使得最近的经济危机提前一步到来:如同马克·泽普佐尔和罗伯特·S.麦金太尔(McIntyre)向我们展示的,企业是它们自身大量"福利"的受益者,最终却由纳税人买单。其中一些馈赠往往以补贴的形式提供给各种行业。如泽普佐尔所揭示的那样,这些都大大超过了作为一个国家我们以各种福利的形式花在穷人身上的费用。我们再版的选篇仅仅描述了这些享受优待的行业之一——农业经营,在写此文时,此行业获得的补贴高达 300 多亿美元,这些补贴大多数都流入了最富有的农场主和农业公司手里。更加不符合逻辑的是,这些政府补贴的受益者之一居然是烟草行业——与此同时,政府又在试图阻止吸烟,一个每年都会使经济损失数十亿美元的惯例。

政府补贴私营企业的另一种方式便是通过错综复杂的税收减免制度,而这一点普通公民是无法享受的。正如罗伯特·S.麦金太尔所言,这些税收优惠越来越晦涩难懂,甚至连专家也很难阐明。但是它们导致美国大公司缴纳的税收占整体税收的比例出现了惊人的下降。事实上,近年来,许多财力雄厚的公司开始设法少缴或者是不缴联邦税或者是州税。这一情况不仅明显不公平,而且还极大地加剧了长期存在的预算危机,已经迫使学校、公共医疗卫生和其他关键服务机构一再削减开支。近年来,国会已经采取了一些措施来控制公司福利开支。但这些措施的效力,远远低于那些对美国工薪阶层和贫困阶层的公共援助进行削减的措施。

这些文章表明私人公司目前非常享受它们在美国社会中的特权地位,这种地位主要以一系列的特别福利为支撑,但这一点与人们对"自由市场"的传统印象大相径庭。与日俱增的私人权力和公共支持显著结合,这种趋势在一种普遍信念的推动下兴起,这种信念就是,在应对经济需求时,私营企业可以比政府做得更加出色;政府应当尽可能地放手,不去干预,从而确保工作以最高的效率完成。在这一方面,美国已经比大部分国家超前,与其他发达工业化国家中政府所扮演的角色相比,美国政府在经济生活中所扮演的角色是相对弱势的。近年来,随着私营企业开始逐渐接管公共职能,其支配地位与日俱增——从开办学校到运营监狱再到供水这项人类生活最基本的需求,几乎无所不包。

正如约翰·罗马在《水的利润》中所指出的那样,在许多城市乃至国家,由少数大公司接管的供水系统能够更高效地进行水的传输。但在有些地方,尤其是在一些发展中国家,情况恰恰相反。水,这一连穷人也当回事的东西,忽然之间变得十分昂贵,许多人都用不起,并且水质常常堪忧。在美国,大多数人仍可以从公共事业公司获得水资源,但如果一些公司自行其是,那么这一状况就持续不了多久了。要说明现代大型企业的覆盖范围和复杂程度,在推动私人用水方面,最突出的公司之一是总部在法国的维旺迪环球集团,该集团旗下还有美国电视广播公司和环球电影制片厂。罗马总结道:"如果成功通过是否给每一个有需求的人提供了必需品来衡量,那么工业方面的评价并不乐观。"当我们听到有人呼吁将越来越多的基本需求转向私营企业时,我们应该好好考虑这个例子。

然而,如果人们不购买公司出售的产品和服务,公司经济则无法发挥作用。回顾过往,确保人们充分消费才能保持经济顺畅运行,这一直以来都是商业领域的一项挑战,尤其是因为我们常常弄不清楚为什么我们需要它们,或者是为什么我们需要多买那些东西。尽管广告只是不断鼓动我们多多消费的方式之一，但其在美国人的生活中越来越无处不在。正如尼尔·波兹曼和史蒂芬·鲍尔斯在《商业广告》中所指出的那样，在一年中，美国电视观众平均要接触到 39 000 分钟的电视广告。正如作者们所辩称的那样，这些广告的目的并不仅仅是销售具体的商品，它们要教导人们相信更通用的信息：解决他们问题的办法都能在购买最新的消费品时找到。对于公司的盈亏底线而言，这样的信息自然是好的，因此对于以利益为驱动的经济蓬勃发展至关重要。这是否有利于整个社会，或者是有利于全世界的生态，就要另当别论了。

第1章
将富人从福利范围中剔除

马克·泽普佐尔

福利——政府赠与公司和富人们的钱,每年花费超过8 150多亿美元。这一花费:

- 是维持美国政府运转所需成本的47%(一年大概要花费1.73万亿美元,而且并没有将社保和医保之类的福利信托基金计入其中);[1]①
- 足以在过去8年内消除联邦债务(目前的总数是6.6万亿美元,是在过去的200多年内积累的);[2]
- 是我们为穷人提供的福利的四倍之多……

农业补贴始于经济大萧条时期,其主要目的是通过让农民们赚取与城市人大致相当的收入,从而将他们留在农场。当然,在那个年代,大约有25%的人居住和生活在农场上;如今,我们中这类人只有2%了。[1]目前,农民的平均净资产为56.4万美元,几乎是非农户的两倍,非农户的收入为28.3万美元。[2]自1986年起,农户每年的各项收入(在1999年时,平均收入为64 347美元)都要高于非农户。[3]

目前的农业补贴十分离谱,因为能获得补贴的州和农作物品种寥寥无几,能够受益的农民也甚少。接受补助的农民中最富有的10%获得了74%的补助,处于下层的五分之四仅得到了补助总数的12%。处于下层的一半人呢?仅得到了2%,有60%的农民几乎什么都得不到。[4]小麦、玉米、水稻、棉花和大豆这五种作物,占据了整个联邦补贴的90%。[5]美国的农产品几乎有三分之二,包括大部分的水果和蔬菜,都没有补贴。[6]

---

① 本书部分文章因在原书中即有所摘录、整合,故文中注释序号有不连续或重复。——译者注

将补贴集中在特定作物上的做法，也会产生地理上的集中。15 个州获取了联邦农业项目 74% 的福利，尽管需要支付 24% 的成本。[7] 在最大的农业产地加利福尼亚，只有 9% 的农场获得了补贴。（它们大多是较大的棉花和稻米农场，与此同时，该州的果园和蔬菜农场拿不到一分钱。）[8] 西北部遭到了极为不公的对待，支付作物补贴成本的 30%（也就是为联邦税收做出 30% 的贡献）却只能获得 2.4% 的补贴。[9] 为了能够增加政党影响，纽约的国会代表团在 2002 年的农业法案中帮助当地奶农创造了新的补贴。[10]

令人毫不意外的是，"最幸运的州"中有很多都是能够动摇全国大选结果的，或者是在国会中拥有能够制定农业立法的强有力的代表。2002 年的农业法案把大部分的钱给了艾奥瓦州，也是得克萨斯州获得份额增幅最大的一次。艾奥瓦州是议员汤姆·哈金的故乡，也是参议院农业委员会主席的故乡。得克萨斯州派遣众议院农业委员会主席——共和党议员拉里·康贝斯特和同一委员会的民主党议员查理·斯坦赫姆前往华盛顿；在那里，他们帮助自己的家乡获取了双倍的补贴。[11]

无独有偶，众议员斯坦赫姆本身也是一名领取补贴的农场主，他曾根据 1996 年的农业法案（1996 到 2002 年）的规定获取了 39 000 多美元。他的同僚中至少有 10 位，包括艾奥瓦州共和党参议员格拉斯利、印第安纳州共和党参议员卢格、阿肯色州民主党参议员林肯，也都领取了补贴。在 1996 到 2002 年，阿肯色州众议员马里昂·贝里获取了超过 750 000 美元的补贴（不要与华盛顿特区前市长混淆）。或许你听到贝里认为联邦农业补贴项目资金严重不足，也不会觉得很诧异。[12]

美国农业部不仅十分慷慨地向农民发放补贴，在什么样的人可称为农民这个问题上也"宽宏大量"。1996 至 2001 年间，美国农业部向城市发放了近 35 亿美元的农业补贴，这完全是对农业补贴预期目标（帮农民安心待在农场上）的嘲讽。[13] 许多受助者的居住地甚至与他们的农场并不在同一个州。名人农民中不乏亿万富翁戴维·洛克菲勒、篮球明星斯科蒂·皮蓬、节目主持人山姆·唐纳森、企业大亨泰德·特纳和涉嫌公司犯罪的业界骄子——安然公司的肯尼斯·莱。[14] 事实上，任何能够生产 1 000 美元或以上的农产品的土地，都可以被算作农场。[15] 所以如果你在下面的事例中看到"农民"一词，你就能明白其中的原因了。

当然，一名合格的农民甚至都不需要是一个人。一项研究发现农产品补贴流向了 413 处市政府、44 所大学和 14 处监狱系统。[16] 雪佛龙石油公司、恒康人寿保险公司、卡特比勒公司和礼来生物科技公司等《财富》500 强公司也被称为"农民"，和真正的农民一样，享受着来自纳税人税金的补贴。[17]

在我们深入探究细节以前，还有最后一件事情需要阐述。尽管所有的好处都被富人拿走，但因推动消除农村贫困或拯救小型家庭农场的需要，这些项目通常具有一定合理性。其实有一种更简单、更便宜的替代方案。只需要一年40亿美元，我们就可以把美国每一位专职农民的收入至少提高到联邦贫困线（大约33 000美元）的185%。[18]如果农业综合企业补贴的目标是减少农村贫困，我们可以直接给每位贫穷的农民开一张支票，但这当然不再是我们的目标了，不是吗？

农业补贴主要有以下几种形式：

- 在价格支持下，准政府机构或者是农业合作社购买"过量"的作物产品，以保持高价。（这有点像政府批准的价格垄断。）
- 通过生产配额限制可以种植特定作物的人选。（比如，种植花生和烟草的农民，必须获得政府的许可。）
- 通过市场配额控制作物的销量，将"多余"的都储入仓库（花的是纳税人的费用）或者是被摧毁。
- 通过进口限制来控制进口美国的作物数量。
- 收成保险提供廉价的保险来应对谷物歉收或自然灾害。
- 差额补贴……

"廉价食物"策略

从某种程度上说，农业综合企业补贴的基本原理之一便是你可以从交易中得到更便宜的食物价格。继续做梦吧。

首先，为了这些补贴，我们支付了很多的个人所得税。因此，你必须要将一部分税额添加到食品账单中，这样才能计算出精确的总金额。据估计，每个家庭在未来的十年内平均会多出1 805美元的支出[19]。除此之外，你在收银台付款时也为间接补贴支付了很多钱，你甚至都没有意识到。

价格支持、进口限制、市场和产品配额使得美国的糖类、奶制品和花生的价格都要高于世界市场。消费者每年以较高价格购入各种农产品，在糖上花费20亿美元，在奶制品上花费17亿美元，在花生上花费5亿美元。这样一来，收银机里就会有42亿元的进账。[20]

但是作物补贴事实上推动了许多食物价格的高涨，因为它抬高了农村房地产成本，仅在2000年就增长了25%。[21]那些能够种植补贴类作物的土地更加值钱，于是临近土地的价格也被抬高。但更重要的是，由于补贴都是按照种植的亩数支付（而不是按照农民的需求），导致土地的价格被高估。土地价格成为食品成本的最大的贡献因素。

作为意外后果定律[①]的进一步例证,较高的地价正将越来越多的小型家庭农场挤出市场,强化了企业工厂化农场的主导地位。补贴抬高了土地的价格,超出了许多贫困农户可承受的范围。如果他们是佃农,他们的租金则会上涨;如果他们是业主,他们的财产税则会上涨。由于这两个群体都无法承受扩张业务的成本,大的企业于是可以吞噬更多的可用土地——这也使得剩下的土地更值钱。除此之外,大型农业综合企业参与到抬高土地价格的相互竞争中,小型的家庭农场望尘莫及。[22]

甚至当农业综合企业补贴确实降低了食物的成本时,你通常也会以其他方式为此买单。比如,对于快餐店和供应土豆的企业农场主而言,将盛产鲑鱼的溪流改道,在荒凉之地种植土豆可能是不错的选择,但对渔民和从事休闲娱乐行业的工人们而言,则如同世界末日。他们的失业保险也是你廉价食物成本的一部分。

最重要的是随着农业综合企业合并的现象越来越多,农业就业人数有所下降。在与其相关的周边部门创造出一些就业岗位,但并不是很多;从 1975 到 1996 年,这些部门的就业人数已经增长了 36 000 人,而农业就业人数则下降了 667 000 人。更引人注目的是,这些部门工作的增长,主要是以牺牲环境为代价的。较大的农场需要更多的杀虫剂和机械设备,这导致我们的天空和河流遭受了更多的污染,当然还有我们的食物。因此,我们再一次需要补贴恶化的环境,我们为此支付了医疗保健费用和税金。

畜牧业补贴

出于健康原因的考量,许多美国人减少了肉制品和奶制品的摄入。但无论你如何节食,你仍然会用你的税金为这些产品买单(更不要提那些过度消费肉和奶制品的人需要花费的医保费用)。

虽然大多数农民不得不将自身的利润视作日常收入,但是畜牧业的利润被归为资本收益,以较低的税率征收(目前只有 15%)。但是购买、繁育和饲养这些牲畜的成本,都属于日常费用,可被直接扣除。[23]这两全其美的税收待遇,鼓励人们纷纷加入畜牧业,当然还有其他非税收优惠。

牧场主在租借给他们的公共土地上放牧,租金大约为市价的八分之一——每亩几美分。在 2001 年,美国土地管理局从放牧租约中获取 450 万美元,而花在管理土地上的钱则是这个数目的 17 倍以上,约 7 700 万美元。值得注意的

---

① 意外后果定律,又称"墨菲定律",指有些做法出发点很好,却会带来一些意外的负面结果。——译者注

是，即使土地管理局按市价收取费用，在这笔交易中我们仍会损失超过4 000万美元。[24]

据我所知，这样做的主要理由似乎是，牧场主是维护一种值得保留的"生活方式"的"文化偶像"。（可能会有更复杂的理由，但我还没有发现。）这种感性的论点忽略了国家的牲畜养殖只有少量是在公共土地上这一事实——据一项调查表明，都不到0.1%。[25] 此外，这一方式的持续带来了大量的破坏。

牛会践踏当地的植物和牧草，弄脏当地的河流，加剧水土流失。美国土地管理局和林业局需要解决在他们所管理的土地上产生的对于野生动植物和流域的影响。位于亚利桑那州图森的生物多样性中心的一项研究表明，用于处理这些环境因素和放牧租约的成本总计大约5亿美元。[26]

与大部分的农业综合企业补贴一样，大量的畜牧补贴都不成比例地流向了极富之人。土地管理局出租的75%的牧场，控制在不到10%的承租人手里。这些"福利牛仔"们中有惠普公司的计算机巨头比尔·休利特和（已故的）戴维·帕卡德，以及美国最富有的500人之一——杰克·辛普劳。其他的补贴则流向了德士古公司、摩门教会、安海斯布希公司（可能正花着你的钱放着其著名的克莱兹代尔马）。对亚利桑那州普雷斯科特国家森林的一项研究表明，64%的租约承租人为医生、律师、艺术品经销商和其他的企业主持有——他们几乎不依赖牧场来维持生计，当然他们也不会紧抓着这一过去的生活方式不放。[27]

令人吃惊的是，我们正在为这笔钱买单——补贴遭到破坏的公共土地——全美国仅有3%的畜牧业生产者获益。[28] 这种福利牧场占据了3亿亩联邦政府持有的土地，其中涵盖了土地管理局90%的土地，林业局69%的土地，以及各种各样的国家公园、野生动物保护区和自然保护区。[29] 而联邦土地的其他用途对地方和区域生态系统的贡献要大得多。对位于亚利桑那州凯巴布高原的一项研究表明：休闲娱乐活动和狩猎许可为当地的经济创收150万美元，相比之下，联邦的牧场则只创收46 000美元。[30]

牧场主可获得的另一项补贴是西部畜牧业保护计划，1996年时，耗资980万美元来保护牲畜免遭肉食动物的捕杀。同年，肉食动物造成的牲畜损失共计580万美元。

1998年，国会给这一计划拨了2 880万美元，不过众议院以229票对193票通过了《巴斯-德法西奥修正案》，这一结果将会阻止资金的划拨。"牛仔福利"的拥护者们在隔天举行了第二次投票。正如常识纳税人组织①注意到的那样：

---

① 常识纳税人组织，一个无党派的联邦预算监督组织，总部设在华盛顿。

在修正案通过后,有人发现了其中的一个无意而为的技术性起草错误。6月24日,在修正案发起者的要求下,经全体同意后,修正了错误。当天晚些时候,原修正案的反对者试图重新投票,并且发出声明,说错误没有被修正。尽管国会成员已经被明确告知,巴斯议员已修正了这个错误。6月24日,国会以192票对232票否决了这一修正案。[31]

在2003财年,这一项目的预算为6 800万美元。

然而,不应将畜牧业保护计划(LPP)与畜牧业补偿计划(LCP)混淆。畜牧业补偿计划是一项耗资7.5亿美元的紧急计划,旨在挽救干旱造成的损失。也不要将其与畜牧业援助计划(LAP)混淆,畜牧业援助计划主要是用来补偿畜牧业保护计划和畜牧业补偿计划没有覆盖到的牧场主的损失。畜牧业援助计划在2003财年支出了2.5亿美元。[32]不过当你知道没有人可以同时从畜牧业补偿计划和畜牧业援助计划获益时,你会感到十分宽慰的。

当然,普通人需要为自己购买保险来弥补自然灾害所造成的损失。牧场主们似乎不愿意承担他们所选择的营生固有的风险。再强调一遍,单纯地给每一位"福利牛仔"开张支票来弥补肉食动物捕猎造成的损失,实际上比资助这些计划要实惠得多。

烟草贩子的补贴

牛肉和牛奶是可食用的,但烟草这一每小时导致48个美国人死亡的物品,也有价格支持、进口限制及产品和市场配额相结合的补贴。[33]

通过将外国烟草拒之门外和限制国内烟草生产,在需求量不变的情况下,政府使得供应量减少,从而使得国内的生产商可以收取更多的费用,这一行为并没有什么合理性。烟草对经济的危害远远超过政府支持可能带来的任何可想象的利益。这一计划始于1933年,烟草对健康的影响还未被广泛知晓,而且需要援助的农民远远多于知道其危害的人。这一计划一直延续至今,纯粹是因为政治影响力。尽管一些烟农确实由于产业外包导致利益受损,但是大部分补贴仍然流向了在外的地主,而不是农民。此外,天花乱坠的补贴承诺或许会让这些小农继续生产烟草,而不是转而生产一种更有用却没有补贴的作物。

1996年,当时的众议员理查德·德宾提出了一项取消烟草补贴的提案,这些补贴的直接成本估计有4 100万美元。[34]价格支持也导致消费者付出更高的成本,估计约有8.57亿美元。(而且这并没有包含纳税人通过医保、老年保险、退伍军人医院和政府雇员健康计划治疗由吸烟引发的疾病所花费的附加成本,这些一年大约要额外花费380亿美元。[35]而且这一结果并没有将社会保障管理局支付给那些父母死于吸烟的孩子的遗属抚恤金计算在内,而这一项共计要花费18亿美元。[36])

1996年6月,众议院以212票对210票的微弱优势否决了德宾的提案。自此,再也没有人在取消此项补贴上下过多少功夫。一般来说,烟草游说势力要比这两票的微弱优势有效得多。它的13个政治行动委员会,通过了国会历史上最慷慨的法案,仅2001—2002年的选举周期便拿出了950万美元。[37]这相比1986到1995年分发的仅1 000万美元确实是一个大的飞跃。[38](当你每年使得40万顾客死亡时,你需要尽可能多的朋友)。

尽管烟草游说势力已经确保联邦政府的一部分人支持烟草农民,公众压力迫使联邦政府的另外一部分人开始反对吸烟。烟草生产商已经察觉到这种不好的兆头,于是加大了对海外新顾客的攻势。自1985年起,美国的烟草出口增长了275%。我们开始以贸易制裁威胁日本、泰国、韩国和中国台湾等地,直到他们愿意向美国的香烟开放市场。[39]

中国台湾地区一直试图在公共场所禁烟,禁止投放烟草广告和自动售货机销售。这听起来很熟悉,因为美国正在做出同样的努力。但当他们这么做的时候,我们可以称其为不公平贸易手段。如果我们这种虚伪的胁迫成功了,对中国台湾地区来说,结果和韩国是一样的,会是灾难性的。在美国烟草巨头进入该市场一年后,十几岁男孩的吸烟率几乎翻了一番(从18%到30%),十几岁女孩的吸烟率已经是原来的5倍多(从1.6%到8.7%)。[40]

与此同时,随着美国烟草公司将更多的产品转移到海外市场,他们一直在进口更多的国外烟草用于制造国内卷烟。这给美国烟农造成了压力,他们才是这些补贴应该帮助的人。同时,美国农业部在过去的几年里削减了一半的烟草配额。为了弥补市场损失,美国农业部在2001财年以直接支付的方式向烟农们支付了3.5亿美元。这相当于以前每年补贴的8倍。[41](当然,许多受益者都是身处异地的牧场主,他们并不种植烟草,却通过向佃农们出售配额而致富。)2002年并没有支出同样巨大的费用,但2003年的农业法案增加了一项耗资530亿美元的计划,以再次偿还农民。[42]这使得目前的烟草补贴总额达到9 600万美元。

(编者按:本文注释可以在初始来源中找到。)

第 2 章

偷漏税款及其动机

罗伯特·S.麦金太尔

你……可以成为一名百万富翁……而且永远不用交税！你可以成为一名百万富翁……而且永远不用交税！

你问……"史蒂夫……怎样可以成为一名百万富翁……而且不用交税？"

首先……拥有100万美元。

现在……你问："史蒂夫……当税务人员来敲我的门，告诉我'你从来没有交过税'的时候，我该说什么呢？"

只需要两个简单的字，两个简单的字："忘了！"

——史蒂夫·马丁，《周六夜现场》，1978年1月21日

引言

许多肆无忌惮的大公司和富人都十分努力地向税务人员隐瞒他们的利润和收入。他们的诡计远比史蒂夫·马丁预想的戏剧表现要复杂得多，但当这种行为同样对我们的国家造成了伤害，也应当受到谴责。事实上，在马丁这番言论发表近30年后，他在面对税务咨询时的建议也只需稍作更新。在 1 000 000 美元后面加上几个零，将两字妙语改为"九个简单的字……'我有律师提供的票据。'"

造成这种问题的罪魁祸首有很多。毋庸置疑有贪婪的逃税者们，他们的寡廉鲜耻的税务顾问们，包括了美国最久负盛名的会计师事务所，最大的银行以及许多律师事务所，通过为逃税和避税提供便利赚取了数十亿美元。但最主要的责任归咎于华盛顿那些蛊惑人心的议员，他们对偷税漏税视而不见，并且拒绝给美国国税局——税务警察——提供阻止这一弊病的资源。

偷税漏税有很多形式。当然,国会为了应对游说压力,规定了合法的漏洞,通常称为"激励",他们声称鼓励人们或者公司做一些对社会或者经济有用的事。有一些潜在的合法(但通常不合法)避税手段,这些可能被称为"自创"的漏洞,以国会从未预料到的方式减税。最后,还有直接的作弊行为——只须不报自己的收入或者是编造抵扣项目。

区分这几种形式并不总是轻而易举的。比如,当你将旧车捐献给慈善机构时,抵扣是合法的。但在扣除时虚增利润则是欺骗。作为一名公民,将你的资金转移到境外并且未申报其所赚取的收入显然是作弊行为。但或许它是合法的——至少是看似合法的——如果对象是一家跨国公司,就可以申请避税……

太多的投资者和企业主都倾向于少报他们的总营业收入和/或多报他们的开支,将他们的投资转移到境外、不准确地报告其资本收益,诸如此类。当然,也不是所有人都如此。即使对那些这样做的人来说,隐瞒收入从而避免税收的点金术,也经常是一个谜。无论如何这都不能免除偷税漏税者和想方设法回避税务者的责任:他们是等式中的需求方,但是如果没有为他们提供庇护的律师、会计师和银行这些供应方,需求也不会得到满足。

那些挑战道德底线的、愿意帮助潜在逃税者的税务顾问们很清楚这一点:只要纳税申报没有出现明显的危险信号,他们的客户接受国税局审计的概率就会很低。他们赢得这种"审计彩票"的主要武器是增加复杂性和诡计。

相比之下,几乎所有收入都来自工资的绝大多数美国人没什么机会偷税漏税。税款都是从薪水中扣除的,W-2 表格①很容易和纳税申报表匹配,并且可以直接扣除抵押贷款利息、州和地方税;而且绝大多数慈善捐赠都很容易准确地核实到。

因此,我们中的大多数诚实纳税的人,与逃税人吃掉很大一笔钱息息相关——每年数千亿美元,事实上,没有人知道准确的数字。

正如美国最高法院大法官奥利弗·温德尔·霍尔姆斯一个世纪前所指出的那样,税是"文明的代价"。我们中的大多数愿意为我们想要的东西和需要我们政府去做的所有事情支付我们应承担的费用——只要我们相信其他人也在出这笔钱。但是,其他人——往往是从我们社会中获得最多收益的人——更愿意推卸责任并将成本转嫁给我们这些剩下的人。

现在是将公司总部迁至境外的正确时机吗?我们走访了许多对此持肯定态度的公司,他们认为仅仅收入的提高就足够强大了,也许爱国主义问题

---

① 职工工资和扣税清单。——译者注

是需要退居其次。

——安永会计师事务所网络广播建议他们的公司客户通过在百慕大再合并这一方式,从美国税收中牟利,发表于2001年,"9·11"恐怖袭击后不久的一个秋天

我父亲说所有的商人都是难缠的客户,我本来不相信,但现在相信了。

——约翰·F.肯尼迪,《纽约时报》,1962年4月23日

公司的避税手段

大公司在避税方面比个人有优势。首先,他们在国会拥有巨大的游说力量。因此他们可以得到普通公民永远无法得到的税收优惠。此外,与个人不同,公司获得允许在文件中将自身分解成一个个独立的个体,允许将这些个体间弄虚作假、从未存在过的交易当作真实发生过一样对待。因为大公司通常在多个管辖地区内运营多个子公司。他们有许许多多的机会可以将利润从实际赚取的地方转移到不需要征税的地方。

美国公司,除了石油等少数几个行业外,避税的进程都有些缓慢,这也就是为什么在20世纪50年代时,公司税几乎占联邦政府税收的三分之一。事实上,在60年代初,许多大企业居然反对肯尼迪政府的"投资税收抵免",将其视作对市场的不明智的干预。但是这一漏洞在1969年由于成本高和一般情况下没什么效用而被废除,大型的美国公司已经尝到了避税的甜头,并且希望多多益善。

尼克松总统十分乐于帮忙,扩大折旧冲销规模,促进出口商税收减免并推行其他优惠措施。1976年发生了一次短暂的税制改革,随后的1978年进入"供给侧"时期,并且延续到了1981年。罗纳德·里根在他的第一任期内十分热衷于钻空子。然而,在里根的第二任期,他(或者至少是他的工作人员)终于醒悟过来,主持了1986年的税收改革法案,这一法案废除了1981年颁布的税收减免政策的大部分内容,当然还有一些其他内容,以换取低税率。

但税制改革并未持续很久。由于制定政策存在的漏洞,新的逃税诡计层出不穷以及执法不力,企业避税行为猖獗。公司使用的一些逃税手段与富人所参与的避税方案如出一辙,只不过公司可以做得更过分。

比如,公司可能在一个地方生产产品,然后将其销售到其他地方。如果生产地的税收比较低,或许还会在纸面上就一系列产品向销售子公司收取费用,这就意味着在产品生产地所在的低税收国家存在着很高的利润,而在销售地利润很低或者几乎没有利润。反之,如果商品生产地税收较高,公司就会将产品以较低的价格"销售"至子公司,将利润转移至销售地。

或者公司可以从位于低税收地区的子公司之一借钱,利息将会被减免,如果不这么做这些收入可能要在高税收的地方纳税;税收比较低的地方,征收的所得税也会比较低。

或者公司可能会有宝贵的资产,比如商标名。如果将这一商标名的所有权转移至一个税收低的地方,然后在应税业务中收取使用这个名字的巨额使用费,这样就会避免一大笔税收。

我们所知道的最明目张胆的一项企业避税诡计涉及一家外国公司——尤科斯石油公司,到目前为止俄罗斯最大的石油生产商。在苏联解体后,以前的俄罗斯国有企业中有许多都转移到了个人手里,通常是以比较便宜的价格。其中新的企业主直接成为亿万富翁,但他们的腐败并未止步于此。

俄罗斯新税法是在美国大型会计师事务所的帮助下起草的,从表面上来看,像瑞士奶酪一样充满了漏洞。俄罗斯公司所得税的一个反常之处便是其收入专用于俄罗斯各个自治共和国(大致等同于美国的各州)。这些自治共和国们被授权向公司提供税收"激励",表面上看来是为了促进经济发展。

尤科斯石油公司在一些自治共和国抽取和提炼石油,这些共和国并没有为尤科斯提供税收减免。毕竟,这些共和国并不需要这么做。他们已经把石油和炼油厂限制在境内。但是依照普华永道、安永和毕马威等会计师事务所的会计师们的建议,尤科斯前往俄罗斯的一个自治共和国摩尔达维亚,为其石油利润寻求税收减免。一开始,在摩尔达维亚的官员看来,这可能有些奇怪。毕竟,摩尔达维亚的官方网站上写着:

> 摩尔达维亚除了建筑材料并没有太多的自然资源。然而……莫克沙河、瓦杜兹河和苏拉河的一些地方有着色橡木这一独特的资源。

我们可以想象尤科斯和摩尔达维亚官员们之间的会话大致如下:

尤科斯:我们希望我们在摩尔达维亚的石油利润能够免税。

摩尔达维亚:但是你们在摩尔达维亚并没有任何石油利润啊。

尤科斯:或许现在没有,但很快我们就会有。

摩尔达维亚:这对我们有什么好处?

尤科斯:我们不会亏待你们的。

摩尔达维亚:如果我们说不呢?

尤科斯:别问。

一旦尤科斯在摩尔达维亚得到免税,理论上,它将会将其利润转移至此共和国,并且将其在俄罗斯的所得税几乎削减为零。

对于尤科斯而言,不幸的是,其蛮横凶残的董事长亿万富翁米哈伊尔·霍尔多科夫斯基决定涉足俄罗斯政治,并在电视上抛头露面。俄罗斯总统弗拉基米尔·普京不喜欢这种竞争,指责霍尔多科夫斯基和尤科斯存在数十亿美元的逃税。尽管俄罗斯的税务机关在之前忽视了这一恶劣行为,俄罗斯的税法也较为模糊,但调查起来也并非难事。

尤科斯在俄罗斯境内的逃税手段十分简单粗暴,美国公司在美国境内也用同样的手段来逃避州所得税,只是多了几分老练。比如,玩具反斗城将其商标的所有权转移到了不征收商标使用权税的特拉华州,然后向其在全国各地的商店征收高额的商标使用费。2001 到 2003 年,玩具反斗城在美国报告的税前利润有 5.49 亿美元,但却未支付任何州所得税。与此类似,许多威斯康星州的银行通过将它们的创收贷款所有权转移到位于内华达(不征收所得税)的附属机构来避税。总部位于得克萨斯州的戴尔和西南贝尔通信公司将其公司的名义所有权转移至位于特拉华州的合伙企业,以逃避得克萨斯州的税收。这样的例子还有很多很多。

我所在的团体公民税收正义组织发布了一项研究报告,这项研究报告研究了美国 252 家最大、最赚钱公司缴纳的州所得税。我们发现 2001 到 2003 年,这些公司逃避了近三分之二的州所得税,代价是州政府损失了 420 亿美元。总的来说,企业逃避州所得税导致 1989 到 2003 年作为经济份额一部分的州企业所得税下降了 40%。

将利润转移到没有税收的州只是美国大型公司参与的国际避税行为的国内版本。著名的安然公司在从 1996 到 2000 年的五年时间里,有四年是没有支付联邦所得税的。它在国外的"避税天堂"国家有 881 家子公司,仅在开曼群岛这一常常被用于逃税和金融欺诈的地方,就有 692 家。哈利伯顿公司有数百家这样的外国子公司。著名的美国商标,例如"福特"和"可口可乐",目前都是由其在开曼群岛的离岸子公司持有,这些都是玩具反斗城逃避州所得税的国际版本。绝大多数其他的大公司也都拥有位于"避税天堂"的子公司,所有这些行为的目的都是为了隐瞒利润,逃避税收。

诚然,也有一些针对公司将应税利润从美国,转移到"避税天堂"国家的规定。实际上,税法的主要内容,被称为"子部分 F",便致力于抑制这样的行为。这些制度充满了漏洞,难以实施而且需要改革。但是它们的确发挥了一定的积极影响。事实上,2001 年秋天安永会计师事务所之所以建议其公司客户放弃自身的美国公民身份并在百慕大重新合并,是因为这样有助于避开这些限制条件。因为子部分 F 规则更难执行或者不适用于"外国"公司。

一些跨国企业制定的税收计划从表面上看十分古怪,其实却很有利可图。比如,我们最大的银行之一,美联银行使用了一种租赁避税的手段——假装拥有德国小镇的下水道系统。这一奇怪的手段使得美联银行在2002年免除了所有的美国联邦所得税。

复杂的企业避税方式不计其数,但其对联邦公司所得税的影响是比较容易理解的。

2004年9月,当公民税收正义组织对275家大型公司的联邦税进行审查时,我们发现在2003年,这些公司在缴纳联邦所得税时,平均仅支付了它们利润的17.3%,税法要求的是35%,这连二分之一都未达到。从2001到2003年,275家公司中有82家至少有一年没有支付过联邦所得税,尽管在未交税的这几年,美国的税前利润总额高达1 020亿美元。

1965年,美国的联邦和州所得税相当于我们国民生产总值的4.0%,远远高于其他主要发达国家的平均2.4%。到2001年,根据最新一年的国际统计数据,其他国家的企业所得税已经上升至国民生产总值的3.2%。但是美国2003年的企业所得税已经直线下跌到国民生产总值的1.6%。(然而,欧洲国家越来越担心在其管辖范围内会出现越来越多的企业避税现象。)

归根结底:由于企业税收减免政策的颁布、利率降低和各种避税行为,美国的公司税收,仅在联邦这一层面就从20世纪50年代的占国内生产总值的4.8%下降到2004年时的1.6%,下降了三分之二。从客观角度看来,如果公司现在按与50年代相同的实际税率缴税,那么其向美国财政部一年缴纳的税款,将要比它们实际缴纳的数额多出3 800亿美元。

自20世纪50年代以来,联邦公司纳税数额的下降部分体现在公司的税率从52%下降到了35%。因此,打击企业偷税漏税并不能收回所有的收入损失,但这将是减少预算赤字、维持政府必要服务和保护诚实纳税人的重要一步。

第 3 章

商业广告

尼尔·波兹曼　史蒂夫·鲍尔

在美国,私营电视行业的支柱、核心、灵魂、助力或基因(随便你用什么比喻都行)便是商业广告。电视新闻节目以及任何其他形式的节目都是如此。为了能够对电视新闻有一个真切的认识,你必须从两个方面进行考察。一方面涉及金钱,另一方面涉及社会价值观。

我们先来谈论一下业务方面。这意味着我们必须从神奇的缩略语 CPM 入手。CPM 是令新闻和其他节目赚得盆满钵满的原因。它代表着"千人成本"(罗马数字"M"相当于"千")。具体来说,它是广告商将广告送达每千名受众所需要花费的成本。在我们上次的核查中,在面向广泛的家庭电视观众时,晚间新闻播报的广告千人成本大约是(每 30 秒短片)6.5 到 7 美元。这意味着广告商至少要花费 6.5 美元才能使每千名在工作日晚间收看新闻的观众成为受众。按照评级服务计算,每位观众交付的费用可达到半美分以上。事实上,电视网络公司承诺会向观众播放广告,但不保证他们中的每个人都会观看广告或者购买产品。在播放制作意大利蒜味香肠三明治的广告时,即使你使用数字录像机的快进键跳过或者是走出房间,广告商仍需付费。不过由于观众人数达数百万,所以会有足够的人观看广告和购买产品,从而保证了这一体系的运行。

自然,高收视率的节目对于广告商而言更具吸引力(即使它们需要耗费相对应较高的千人成本),因为它们希望尽可能地一次争取到更多潜在的消费者。新闻节目出类拔萃。在每个工作日晚上,大约有 2 500 万人在收看网络新闻,而在傍晚和深夜,有 6 000 多万人收看地方新闻。约有 1 250 万人收看早间新闻节目。对于那些想要争取大量观众的广告商而言,网络新闻轻松超过了其他新闻媒体,比如,报纸和杂志。《今日美国》以其最大的日报发行量而得意扬扬,大约也就 250 多万份。《华尔街日报》仅次于《今日美国》，约有 200 万的发行量。《时代周刊》的周发行量是 410 万。周日早间新闻节目《面向全国》《会见新闻界》和《本周》的综合受众约有 900 万。《吉姆·莱赫新闻时间》每晚的观众约有 240 万。把所有这些加在一起才能和美国广播公司、哥伦比亚广播公司以及美国全国广播公司每个工作日晚间新闻的 2 500 万的受众人数一较高下。

但观众规模并非广告商感兴趣的唯一因素，更重要的是人口统计数据。每档新闻节目都有人口统计学特征。这是一份集受众的年龄、性别和收入于一体的统计图像。滑板的广告商倾向于那些有着年轻观众的新闻节目，治疗关节炎药物的广告商则会将自身的广告投放在那些有着"老年人口统计学特征"的新闻节目。

这听起来很简单，但事实并非如此。广告公司短片的买家们在计算将广告商的钱花在何处时感到十分困难。因为一档拥有小范围受众的节目，通过降低其千人成本，也可以使其新闻节目成为一项值得"购买的商品"；而一档拥有符合广告商目标观众的特定受众的节目可能值得支付高价。每年中不同的时间段也会进一步对价格产生影响（每年的第一和第三季度要略微便宜一点）。所以新闻节目想要增加自身的收视率并吸引符合广告商要求的人群。比如，在 2006 年 12 月 18 日的那个星期，就 25 岁到 54 岁的目标人群来说，美国全国广播公司的《布莱恩·威廉斯晚间新闻》是收视率第一的新闻节目，收视率为 2.4（在美国，每一个收视点代表着 1.128 亿家庭中的 1%收看）但是一个讨价还价的广告商可能会购买哥伦比亚广播公司的《凯特·库里克晚间新闻》，据对 25 岁到 54 岁的人群的统计显示，其收视率为 1.9，或者是购买美国广播公司的《查尔斯·吉布森世界新闻》，其收视率为 2.2。在同样的统计数据中，美国全国广播公司的受众为 288.8 万人，美国广播公司为 273.3 万人，哥伦比亚广播公司为 234.9 万人。

除了观众的绝对数量，收视率也能说明所有观众观看某档节目的百分比。收视率数字通常成对引用，比如美国全国广播公司《晚间新闻》受众家庭为 6.4/13。这意味着美国观看电视的所有家庭中有 6.4%收看了这档节目，而在这些家庭中，有 13%有电视的家庭在精准时刻开始看节目。

仔细分析这些数据之后，短片的购买者浏览广告定价表（上面列着每档新闻节目广告的价格），然后在电脑的帮助下作出决定。在美国全国广播公司新闻中，一个 30 秒的短片大概需要花费 6 万美元。由于每晚大约有 8 分钟的广告播放时间，网络新闻节目一晚上可以获得约 48 万美元的收入，或者说一周可以获得 240 万美元的收入。媒体机构援引了 TNS 传媒情报集团的资料：据估计，2005 年美国全国广播公司的晚间新闻盈利 1.59 亿美元，哥伦比亚广播公司盈利大约1.62亿美元，美国全国广播公司盈利约1.68亿美元，尽管美国全国广播公司的总体收视率更高。出现这一局面，报告给出的理由是许多网络广告不止和一档节目或一个平台捆绑，比如美国全国广播公司的网络或微软全国有线广播电视公司（MSNBC）。此外，由于新闻节目具有的吸引力，紧挨着新闻节目的广告将会产生溢价，地方新闻节目开始前的广告也是如此。曾经的当地新闻和网络新闻只有一个小时，现在许多市场的新闻节目都是两到三个小时。正如我们所写的那样，一种相反的趋势正在出现：缩短晚间新闻节目的时长，以便提供双向商机。也就是，黄金时段之前和之后一个小时的新闻联播。诸如《走进好莱坞》《命运之轮》《今晚娱乐》《奥普拉》《茱迪法官》和《第一次浩劫》（西班牙语）等联合节目，已经代替了许多本地制作的新闻节目。

所有这一切意味着广告博弈中的赌注是天文数字。普华永道会计师事务所估计2003年全球的电视网络市场大概盈利1307亿美元。它还估计美国的广播节目和有线电视网络在2003年盈利470亿美元，在2004年盈利523亿美元。

据估计，在黄金时段，美国全国广播公司、美国广播公司、哥伦比亚广播公司和福克斯电视台每年至少收入45亿美元。就每一个30秒的网络广告而言，每一点收视率价值1万美元，但是热门剧集的一个商业广告能比普通剧集多带来32000美元的广告收入。这样一来，每周就会增加224000美元的收入。十分成功的新闻节目《60分钟》的前制作人唐·休伊特吹嘘他的节目每年为哥伦比亚广播公司盈利7000万美元（但是据业内人士估计，这一节目每年仅盈利4000万美元）。根据TNS传媒情报集团2004年的数据，美国全国广播公司无所不在的《日界线》特许经营年度广告收入为2.323亿美元。哥伦比亚广播公司的《60分钟》盈利1.08亿美元，其《60分钟Ⅱ》广告收入为6200万美元，《20/20》则盈利7700万美元。哥伦比亚广播公司的《悬疑48小时》（首播时名为《48小时》）在2005年的广告收入为7800万美元。2004年，《夜线》收入7800万美元。后来其换了主持人，调整了节目形式以吸引更年轻的观众。

将这么多钱花在了播出时间上，广告商和它们的代理机构希望它们的广告所传达的信息能够产生影响力。为了确保影响力，它们引入了一小群专家，这些人都是广告制作方面的行家，在经过几个月的努力后，艺术家、统计员、作家、心理学家、研究员、音乐家、放映师、照明顾问、摄影助理、制片人、导演、布景师、作曲家、模特、演员、音频专家、高管和技术人员，为了一个目标而辛勤工作：做出一个能够让顾客购买产品或产生购买想法的广告。就一个短的广告片而言，时间和人才的成本大概是50万美元。

网络电视上每年大约有25000支不同的广告。在某种程度上，这是跟上每周出现在这一国家杂货店和超市货架上的 200 件左右新品步伐所必须的。这意味着广告商们需要制作那种能够吸引他人注意或者刺激他人消费的广告。竞争十分激烈，而且是一场持久战。与此同时，广告商们付出了高昂的成本，以至于 60 秒广告这一广播电视曾经的中坚力量，已经开始让位于更短的 30 秒短片，30 秒的短片往往会被分解为 10 秒和 15 秒的广告片。这种"附加广告"确实会降低商业成本，一支 15 秒的广告，将比 30 秒的广告少花费 20% 的成本，但是这也将四支或者更多的广告内容挤压在了同一时间段，而之前这往往只是一支广告的时长。这就意味着，到明年的时候，如果你观看电视的时间达到了美国人的平均水平，你看的广告可能会达到 3.9 万分钟。

这一时长包含了那些属于"广告系列"一部分的广告。这些广告是一家公司制作的全系列产品的广告片。例如，高露洁制作了一系列广告，销售高露洁儿童牙膏、高露洁日常护理牙膏、高露洁防蛀牙漱口水、高露洁除垢牙膏以及两款高露洁牙刷。这一切都融合在了 60 秒的广告片里。这些公司对这种多用途的短片表示支持，因为它们可以花费一支广告的成本销售数种产品。这些公司也相信它们的公司名字和个别产品的名字一样是一个重要卖点。但这也意味着对于普通观众而言，会有越来越多杂乱无章的广告。我们甚至没有考虑促销广告会诱使你换台或观看其他节目。

在一项实验性的广告活动中，飞利浦电子在 2006 年 12 月成为美国全国广播公司《晚间新闻》某晚的独家赞助商。飞利浦用了 60 多秒的广告时间而非通常的 7 分钟来强调其主题：精于心，简于形。这为新闻腾出了额外的 6 分钟播放时间，这样一来，就可以播放几个追加的故事。新闻主播布莱恩·威廉姆斯说，这种做法广受好评，既获得了较高的收视率，也收获了一批忠实的消费者。2007 年 4 月，有一家赞助商独家赞助美国广播公司《查尔斯·吉布森世界新闻》每周一的新闻播报。美国广播公司说这将会为每次的新闻播报增加 5 分钟的时间，在这 5 分钟内，可以就世界各国的重大事件进行一系列报道。

关于广告的经济学还有很多可以说的。但是，我们认为，我们所说的是业务的基础。这一切都是为了赚大钱。但广告也关乎对于我们社交和精神生活的严重操纵。事实上，目前有一些评论家，他们认为广告是一种新型但庸俗化的宗教信仰表达：它们大多都采取寓言的形式，教育人们什么是美好生活。这是一种不容忽视的主张。让我们以一支假想的漱口水广告为例，它复制了常见的模式。我们将这一产品称为"清新味道"。广告片的时长为 30 秒。如同任何像模像样的寓言那样，都会有开头、中间部分和结尾。开头将会展示在晚上聚会结束后，一位男士和一位女士在女士的家门口告别，女士歪着头，期待着被亲吻。男士有些嫌弃，礼貌地后退了几步，说道："芭芭拉，很高兴认识你，我之后会打电话给你。"芭芭拉很失望，第一幕就这样结束了，时长为 10 秒钟。在第二幕中，芭芭拉向她的室友倾诉。"这种事总发生在我身上，琼，"她悲叹道，"我究竟是怎么了？"琼已经酝酿好了答案。"你的问题，"她说道，"是你的漱口水，它是药用的，不能让你的口气长时间保持清新。你应当试试'清新味道'。"琼举起来一个新瓶子，芭芭拉看着瓶子，眼里闪着乐观的光芒。这就是第二幕，也是 10 秒钟。接下来是第三幕，最后的 10 秒钟，展示了芭芭拉和曾经不愿吻她的那位年轻男士到了夏威夷，走下飞机；两人都喜上眉梢，我们明白了他们这是来度蜜月了，"清新味道"又一次成功了。

让我们来看看它为何取得了成功。首先，这一广告的结构紧凑，有条理，运用了浪子回头的寓言。或许可以衔接得更好，更精简；最初的 10 秒展示问题：芭芭拉的社交生活有问题，但她并不知道原因。第二部分的 10 秒钟揭晓答案：芭芭拉的口气难闻，可以通过购买一种不同的产品来补救。最后的 10 秒展示了故事的核心：如果你能买对产品，那么你会找到幸福。

现在，想象一下在广告中作出的略微改动。开头的 10 秒内容保持不变，从第二部分开始改动。芭芭拉疑惑她究竟怎么了，但是从琼那儿得到了一个略微不同的答案。"你怎么了，"琼问道，"我可以告诉你你怎么了，你很无聊，你很无趣，无趣，无趣！你四年都没有读完一本书！你都分不清莫扎特和布鲁斯·斯普林斯汀之间的区别！你甚至说不出尼日利亚所在的大陆！如果有哪个男的想和你待在一起超过 10 分钟，那才是奇迹呢！"备受打击的芭芭拉说道："你说得对，可我该怎么做呢？""你该怎么做？"琼回答道，"我告诉你你该怎么做，首先重去当地的大学上一两节课；加入一个读书俱乐部，买一些歌剧票；时不时地读一下《纽约时报》。"芭芭拉说道："但那可能会花很长时间，几个月，甚至是几年。"琼说道："是的，所以你最好现在就开始。"广告的结尾是琼给了芭芭拉一本弗洛伊德的《文明及其缺憾》。芭芭拉看上去很绝望，但已经开始用手指翻动书页。

这也是一则寓言，但是它的内容与第一支广告中的内容迥然不同，以致你很难在电视上看到类似的内容。它的重点在于面对生活中的重要问题，没有捷径；具体而言，没有任何化学产品可以让你魅力非凡；吸引力源于内在。这一在基督教传统中司空见惯的理论，几乎与所有广告中传达的内容完全相反。

正如我们所说的那样，普通的美国电视观众在明年将要观看 39 000 多分钟的广告。这些广告中有一些非常直白，有一些十分有趣，有一些则是对于其他广告的恶搞，有一些神秘而又奇异。不过其中的许多都具有假设性广告的结构，并且会强调以下的想法：无论你面临什么问题（缺乏自信、品味庸俗、缺乏魅力、不被社会认可),都能够解决。能够快速解决,能够通过药物、洗涤剂、机器或者是畅销的技术解决。事实上,除非你知道可以让你脱胎换骨走上人生巅峰的产品,否则你仍然会感到很无助。简而言之,你必须成为一个重生的消费者,自我救赎,寻求幸福。

甚至还有一些广告为我们展示的是,如果我们不能买到合适的产品,将会陷入凄惨的境地。例如,我们回想一下州立农业汽车保险的广告,直接参照了但丁《神曲》的《地狱》中的象征主义。一群穷人从食品杂货店走出来,发现布拉德的车门上被画上了自己名字的大写字母。他打电话给自己的保险公司,一位恼火的电话接线员向他解释说,他的低费率保单只涵盖了全名的划痕。电话接线员解释道,如果是布拉德利、布拉德福德、布雷迪这样的名字被画在了车上,而不是绰号,才属于保险的覆盖范围。这个可怜的家伙或许永远要开着这辆车门上刻着布拉德的车悲惨地到处跑了,这一切都是因为他在错误的公司买了汽车保险。

这一"错误产品"广告的早期版本所展现的是大量美国运通公司游客的退房状况。比如,一对典型的美国夫妇在一些陌生城市(如伊斯坦布尔)的酒店办理退房手续。丈夫伸手去拿自己的钱包却没有找到。他把钱包和旅行支票一起弄丢了。协助退房的店员眼中带着希望问道:"丢失的支票是否是美国运通公司游客支票,如果是,很容易补办。"丈夫用几乎听不见的声音说道:"并不是。"然后,职员耸了耸肩,好像在说:"那就没有办法了。"或许你看过这支广告。你是否疑惑过广告中的人身上发生了什么?他们是否永远在绝境中徘徊?他们会一直停留在远离故土的异国他乡吗?他们还能再见到自己的孩子们吗?这不仅仅是对他们无知的惩罚,也是对他们漫不经心的惩罚吗?毕竟,真相是可以得到的,为什么他们看不到呢?

或许你认为我们言过其实。毕竟,大多数的人不会在广告上花太多的精力。但事实上这也是商业广告如此有效的一个原因。不过人们通常不对它们进行分析;或者我们可以说,人们既不会去分析其中所采用的圣经式的寓言,而且这种寓言往往是比较模糊的;也不会去分析那些看起来完全不合理的,比如类似浪子回头的比喻。通过类似于《圣经》的那种寓言,商业信息侵入我们的意识,渗入了我们的灵魂。即使在广告播放时你是半睡半醒的状态,其中的 30 000 支广告已经开始渗透你的冷漠,最后,你不得不信。

无论你将广告中的结构和信息称为"宗教式的""近乎宗教式的""反宗教的"还是其他的称呼,显而易见的是,在我们的文化中,它们是价值宣传最直接、最丰富的来源。广告几乎从来不涉及微不足道的事情。漱口水广告的重点并不是难闻的口气,而是反映有关社会认可度的需求,当然,也往往是关于异性吸引力的需求。啤酒广告往往反映关于一个男人向同龄人分享价值观的需求。汽车广告通常反映关于自主性或者是社会地位的需求,体香剂则反映对自然的畏惧。电视广告里宣传的产品,采用的往往都是类似于约拿被鲸鱼吞下的故事,但实质上传达的内容并非如此。就如同约拿的故事一样,它们致力于教育我们解决生活问题的方案。这就是为什么我们倾向于将它们视为一种有缺陷的精神教育形态。

无趣、焦虑、拒绝、恐惧、嫉妒、懒惰——在电视广告里,这些以及更多的问题都有补救方法。这些补救方法叫作希科普、科梅、丰田、百服宁、我可舒适①和百威。它们取代了善举、克制、虔诚、敬畏、谦逊和卓越。在电视广告中,我们通常认为道德缺失并不存在。比如,我可舒适的广告并没有教你如何避免暴饮暴食。贪食是可以接受的,甚至是可取的。这一广告的重点是你的暴饮暴食并不算问题,我可舒适可以解决它。换句话说,七宗罪可以通过化学应用和技术解决。在广告中,并没有透露通往精神救赎的常规道路。但是其内容中却存在原罪,这主要是指我们对能够提供幸福的产品一无所知。在每个六七分钟里,我们可以通过关注与它有关的好消息来得到宽恕。由此可见,懂得最多产品的人是最虔诚的,但他们都是些故意忽略以前所使用产品的异端。

广告十分具有影响力的部分原因在于,从某种意义上来说,它们是无形的。当你在当地报纸上或者《电视指南》上核对电视节目单时,你看到过广告清单吗?因为在30分钟的新闻节目中,广告、戏谑的内容和宣传通告就占据了11分钟之多,这难道不是意味着36%的节目内容都是不相干的吗?但广告当然不会出现在节目单中。广告的存在被视为理所当然的,这就可以解释为何很少有人认为广告出现在智利地震的新闻报道之前,或者更糟,紧随智利地震的新闻报道之后,有什么怪异之处。倘若在观众观看地震破坏的画面报道后,立即播放佳洁士牙膏、希科普、美国联合航空公司和我可舒适的广告,很难衡量会对观众产生什么影响。我们最好的推测便是地震呈现出了超现实主义的方面:它是无足轻重的。就像这档节目的制作人所说的那样:"你不需要为你看到的内容而感到悲伤或者忧虑,大约一分钟以后,我们将会通过展示如何使你的牙齿变得更白而让你开心。"

当然,可能会有这样一种论点:如何使你的牙齿变得更白这一理念,远比你对地震的哀叹更重要。也就是说,广告刺激了资本主义经济。为了让市场经济得以运行,必须让人们相信自己需要不断提升。如果你对自己的牙齿、头发、

---

① 一种消食片。——译者注

2003年的本田和你的体重很满意,那你就不会成为狂热的消费者。如果你的脑子里充斥的都是世界新闻,你对经济将毫无价值。如果你不是狂热的消费者,经济增长的"发动机"将会变得缓慢甚至是停滞不前。因此,广告的主要目标就是把你的注意力从地震、无家可归者和其他无关事物上转移开来,然后让你反思自我,思索如何将自己变得更好。当然,新闻业的传统目标就是让你走出自我,走向世界。因此,在广告和新闻的交替轰炸中,我们需要在两种取向之间进行抉择。每一种取向都希望能驳倒对方。如果知道哪种观点能最终胜利,一定是一件非常有趣的事。

第4章

水的利润

约翰·罗马

还在水变得浑黄之前,北巴克黑德公民协会主席戈登·赛尔坦就已经忧心忡忡。北亚特兰大地区发展迅速,一片繁荣,戈登·赛尔坦忙于应对关于交通的种种投诉。一个自然保护区附近正在修筑一条污水隧道,开发商正在将状况良好的战后农舍夷为平地,为豪门大宅腾出地方。但是,在5月,赛尔坦家庭办公室接到的电话和电子邮件达到了史无前例的天量。当时,佐治亚环境保护机构向北巴克黑德居民发出警报:自来水在未煮沸的情况下不能安全饮用。赛尔坦回忆,听到这个警告的时候,一些邻居刚刚给婴儿喝了配方奶粉。"父母哭着给我打电话,"他说,"这里的水质问题肯定让许多人心惊胆战。"一个星期之后,另一个"煮沸开水"警报来了。这次,赛尔坦打开自己的水龙头,喷涌而出的液体锈迹斑斑,并且有斑斑点点的残渣漂浮其上。

针对亚特兰大供水服务的批评不绝于耳;总有人投诉维修缓慢以及水费账单有误。不过赛尔坦说,问题在三年前加剧了。当时,世界上最大的私营水务公司之一接管了市政系统,并允诺将其变成公私合营模式的"国际典范"。亚特兰大并未进入无忧饮用水的新纪元,相反,亚特兰大的私有化实验引发了大量新问题。今年发布了五次"煮沸开水"警报,表明可能存在有害污染物。有几个月消防栓无法正常工作。渗水的主管道几个星期都无人维修。尽管如此,亚特兰大的承包商联合水务公司(总部设在法国的跨国公司苏伊士环境集团的子公司)已经游说市议会为其每年2 100万美元的合同追加数百万美元的投资。

亚特兰大的遭遇成为一场激烈争议的证据甲[①]。全球水务行业迅速发展,

[①] 证据甲,法律术语,指当庭首先出示的或者主要的证据,也指重要的人证或物证。——译者注

正以迅雷不及掩耳之势取代公共水务系统。争论的焦点是两个问题：水是人类赖以生存的基本要素，是否应该由以盈利为目的的利益集团控制？跨国公司真的能履行提供更优质的服务、安全便宜的水的承诺吗？

水务行业有两大巨头，总部在法国的企业集团苏伊士环境集团和维旺迪环球集团。这两家企业集团管理着 2.3 亿人的用水，主要分布在欧洲和发展中国家。现在，这两家企业集团试图进入尚未充分开发的广大市场——美国，85%的美国人依然依赖公共设施供水。消费者组织大众公民的政策分析师休伊·杰克逊指出，私营供水公司给自己的定位是，为发展中国家解决水务问题。"但是，实现这一定位非常困难，因为美国是全球资本主义中心，美国的城市已经在为市民提供大量、优质、干净、便宜的水。"

但在过去的十年里，数百个美国城市和县，包括印第安纳波利斯和密尔沃基，已经雇佣私营公司来管理它们的水厂。目前，新奥尔良、加利福尼亚的斯托克顿、得克萨斯的拉雷多也开始走向私人化，尽管三地已经出现了反对派。一直以来，水务公司每年都在向华盛顿靠拢，以推动其立法议程；游说他们通过立法来保护公司免于受到与水污染有关的控诉，阻止市政当局收回陷入困境的私有化体系。最近，在全国水务公司协会的倡议下，国会中的一个两党连立团体一直在推行联邦水务经费方案，这一方案要求各市在能够利用联邦资金升级或扩大公共事业并且资助私有化交易之前，能够"考虑"私有化。

在市一级，由于水务公司积极地讨好当地官员（美国市长会议的网站上，最突出的便是维旺迪环球集团的子公司美净公司的巨幅广告）并花费了好几十万美元在当地公投中支持私有化，因此游说压力也十分激烈。"对于当地人而言，想要拒绝这些公司是十分困难的，"马萨诸塞州前水利专员道格拉斯·麦克唐纳说，"它们无处不在，其手臂就如同章鱼的触手一般。"

私有化背后的论点是只有企业的效率可以挽救国家老化的供水系统。但如果成功是依据是否将生活必需品交付到需要它的人手里来衡量，那么该行业的记录不容乐观。在世界各地，存在私营供水公司的城市，一直受服务失误、价格高涨以及腐败的困扰。在马尼拉，用水系统由苏伊士集团、总部在旧金山的柏克德公司和显赫的阿雅拉家族掌控。一天中能够稳定获取水资源的时间只有两个小时，并且价格增长十分迅速以至于贫困家庭每个月都必须在支付水费和两天的饭钱中做出抉择。2000 年，在玻利维亚科恰班巴市，私营供水公司的价格增长导致了六人死亡，引发了骚乱。早在今年冬天，亚特兰大的政府官员正在考虑终止联合水务公司的合同。

"亚特兰大将成为诠释该行业私有化如何伟大的光辉典范"，公共市民组织的杰克逊说道，"但是现在它变成向我们诠释这根本就不是一个好主意的光辉典范。"

8月里多云的一天给干旱炎热的亚特兰大带来了令人高兴的毛毛雨。雪莉·富兰克林市长将一卷七磅重的文件从架子上取下来，然后把它放到了办公室的一张桌子上。这份报告，是在她上年1月上任后不久所任命的一个委员会拟定的，包含该市反对联合水务公司的情况。报告详细列出了违反联邦饮用水标准的行为，其中有一起案件中，氯含量是其在合同中承诺的六倍。

报告还列出了一系列维护问题，从坏掉的安全摄像头和大门到未加盖的检修孔以及主管道泄露，这些问题数周也未修复。在基本维修方面，有些居民不得不等待数月，尽管公司的合同中写明部分修理工作应当在15天内完成。事实上，2001年，联合水务公司未完成的维修工作至少有一半，导致锈和杂质沉积，以致当"沸水"警报迫使公司冲洗设备时，水龙头里流出的都是褐色的水。最终，报告指出，联合水务公司并没有按照承诺收来未缴的水费，却导致水费收缴率从98%下降到了94%，使亚特兰大这座城市损失了数百万美元。

根据城市官方消息，联合水务公司在一件事情上非常成功：通过裁减25%的供水系统工作人员来削减自己的运营成本，而与此同时迅速发展的亚特兰大对水的需求却在不断上涨。报告指出，裁员与高于预期的维修费一样，在一定程度上成为公司服务出现问题的原因。去年，联合水务公司要求市政府追加8 000万美元以支付意料之外的维修成本。后来这一增资要求被阻止，因为一位市议会成员拒绝签署修订后的合同。

8月中旬，富兰克林市长宣布"联合水务公司没有践行其诺言"，并且正式通知该公司应当在90天内解决这些问题，否则市政府将终止这一合同。"他们一直在告诉我他们是世界级的公司，能为我们提供世界级的服务，"她微微一笑说道，"因此，我给了他们一个机会来证明自己。"联合水务公司已经提出将花费100万美元聘请户外检察员，以打消政府官员的疑虑，证明自身并不是富兰克林所说的"敷衍了事"。

事情不应该是这样的。1998年，亚特兰大市议会投票通过了与水过滤系统和输送系统有关的合同。政府官员们坚持认为企业管理可以避免经费危机和水费大幅提高，并且可以在改善服务的同时，降低超过40%的成本（富兰克林本人当时是一名管理顾问，为一家竞标合同的公司奋力游说）。这是美国尝试过的最大的水务私有化方案，并且预计会在全国促成一系列类似的合同。

自20世纪90年代早期以来，随着市场倡导者开始将水务私有化鼓吹为电力监管放松后的下一步符合逻辑的行动，这一趋势得到了迅猛的发展。许多

20世纪70年代建造或者扩建的城市水务工程都已经开始衰败,而修复这些需要花费的成本则令人惊愕。美国环境保护局估计美国各城市在未来的20年内需要耗费近1510亿美元来升级或者替换管道、过滤器、贮水箱和其他基础设施。与此同时,各个城市还需要追加4600亿美元用于下水道系统——水务公司巨头正在入侵的另一领域。

基础设施成本暴涨的预期促使美国官员们将目光投向海外,在海外,私有化仍然是一项蒸蒸日上的业务。跨国公司掌控着全世界7%的人口所需的水务系统。分析家们指出到2015年数据可能会翻番,上升到17%。预计私营水务管理将会是一笔价值2000亿美元左右的买卖,世界银行这一鼓励政府出售基础设施以减少公共债务的机构认为,到2021年这项收入可能会达到1万亿美元。《财富》杂志将水资源称作"世界上最大的商机之一",并且指出"它有望在21世纪拥有像20世纪的石油一样的重要地位"。

这一新兴市场的最大竞争者是苏伊士集团和坐拥美国有线广播网和环球电影制片厂的维旺迪环球集团。苏伊士集团的前身是一家修建苏伊士运河的公司。目前,这两家公司加在一起,掌控了全世界70%的私营供水系统,收入总计600亿美元。近几年来,为了实现扩张经营,两家公司均耗费了数十亿美元。1999年,苏伊士集团花费10亿美元收购了联合水务公司,维旺迪则花费60多亿美元收购了当时美国最大的水务公司——美净公司。莱茵/泰晤士集团是一家德英大型联合企业,目前正在与美国现存最大的水务公司——美国水务工程公司完成合并。

在新兴市场,水务公司的扩张更为迅猛,陈旧的、往往兴建于殖民时代的供水系统已经无法满足人口快速增长的需求。太平洋发展、环境和安全研究所负责人皮特·格雷克指出,有10亿多人无法获取干净的饮用水。他近期参与撰写的一篇报告中指出:"在古希腊和古罗马的许多城市中,有一半的人无法享受有效的供水服务。"

到目前为止,根据过往的种种迹象,水务公司在处理这些问题,甚至在维护工业化世界的制度方面,其结果充其量是喜忧参半。1989年,英国首相玛格丽特·撒切尔通过一项方案,推动了英国城市供水的私有化,尽管政府拨给水务公司的补贴高达数十亿美元,但在接下来的几十年里,消费者的开支不断飞涨。部分城市的水费在20世纪90年代上涨了141%,与此同时,成千上万的公共部门就业人员失去了自己的饭碗。甚至连一向保守的《每日邮报》都宣称:"雄踞英国排行榜前十的水务公司,可通过利用其垄断供应商的地位,实现历史上最大规模的合法抢劫"。

去年,加纳政府同意将国内水务系统私有化,并以此为前提,向国际货币基金组织申请贷款。为吸引投资者,政府将水费翻了一番。在一个平均年收入低于400美元的国家,这种行为引发了民众的抗议。对于那些有能力支付水费的人,水费甚至飙升至110美元。

专题 4.1

水力三巨头

许多跨国公司通过收购一系列小型竞争者,以实现对于水务行业的主导。该行业的三大巨头总部均设在欧洲,成立于旧金山的柏克德紧随其后,居于第四。安然公司的水务分公司阿祖里克斯公司,试图在从加纳到印度的水务合同杀出一条血路,以挽救濒临崩溃的生意。下面快速地为大家勾勒一下三巨头的形象:

苏伊士集团
- **消费者数量**:1.2亿。
- **业务范围**:包含法国、英国、阿根廷、印度尼西亚、菲律宾、喀麦隆在内的130多个国家,操纵着包括布宜诺斯艾利斯、卡萨布兰卡和安曼等几十个城市的供水系统。
- **美国业务**:坐拥联合水务公司,该公司把控着亚特兰大、波多黎各、密尔沃基和首都华盛顿的水务管理系统,同时,其正在为接管新奥尔良的下水道系统竞标。
- **其他业务范围**:废物处理、电力和天然气项目,于1858年修建了苏伊士运河。
- **纠纷地区**:南非恩科恩科比自治市。上年年底,该市为解除与苏伊士子公司的合同,而将其告上法庭,辩称若将水务系统归还给市政管理,则能节省180万美元。
- **阿根廷布宜诺斯艾利斯**。1992年,苏伊士集团拿下了为期30年的城市供水和排污系统管理合同。由于其未能足够迅速地安装废水管道,污水淹没了街道和地下室,对公众健康构成了威胁。

维旺迪环球集团
- **消费者数量**:1.1亿。
- **业务范围**:包括匈牙利、中国、韩国、哈萨克斯坦、黎巴嫩、乍得、罗马尼亚和哥伦比亚在内的100个国家。
- **美国业务**:坐拥目前排名第二的美国的水务公司——美净公司,其制造的康丽根净水器闻名遐迩；掌控着500多个社区的水务系统。
- **其他业务**：环球电影制片厂、美国电视网络公司、霍顿·米夫林出版公司、废物处理、能源和电信运营。
- **纠纷地区**：阿根廷图库曼省。1995年，自维旺迪接手了当地的水务系统管理后，全省的水价增加了一倍多。居民们纷纷抗议；1998年，公司解除了为期30年的合同。

莱茵/泰晤士集团

消费者数量：5 100万。
业务范围：包括英国、德国、土耳其和日本在内的44个国家。
美国业务：坐拥着掌管27个州水务系统的美国水务工程公司；掌控着伊顿公司——一家服务新泽西州50多个社区的水务和污水处理公司。
其他业务：德国电力公用事业以及废水处理、天然气、资源回收和油类作业。
纠纷地区：美国肯塔基州列克星敦市。2001年9月，当美国水务工程公司宣布与莱茵/泰晤士集团合并时，列克星敦宣布其将试图收购莱茵/泰晤士水务集团位于本地的子公司——美国肯塔基水务公司。为此，美国肯塔基水务公司给每一位消费者发送了邮件，数量高达10.4万封。信中要求他们奋起反抗，抵制"政府的强制收购"。目前，美国肯塔基水务公司仍处于莱茵/泰晤士集团的掌控中。

在玻利维亚第三大城市科恰班巴，自1999年来，以柏克德公司为首的财团接管了城市的水务系统后，水费上涨了35%。部分居民发现，他们在水费方面的投入，高达总收入的20%。街头抗议引发的骚乱最终导致6人死亡。最后，玻利维亚政府决定终止与柏克德的合同，并告知公司主管：如果他们选择继续留在这座城市，人身安全将无法得到保障。

私有化不仅导致了抗议，在某些情况下，其在若干城市的大选中占据着举足轻重的地位。比如，巴拉圭——上一年夏天，警察用高压水枪对付反对私有化的抗议者。巴拿马、巴西、秘鲁、哥伦比亚、印度、巴基斯坦、匈牙利和南非也发生了类似的状况。

在美国，一些最初斥责私有化浪潮的市政当局开始重新审视这一现象。在密尔沃基，自其1998年将污水系统移交给联合水务公司后，7月发布的一份审计报告揭示：一条污水隧道将未经处理的污水排入了密歇根湖在内的当地航道。维旺迪经营波多黎各饮用水和废水处理达七年之久，但今年一个地方委员会指出，维旺迪提交的账单错漏百出且维修敷衍了事，之后就没再续约。

第 4 章 · 水的利润

那些盘算着市政水务合同的厚利并为之明争暗斗的公司,皆陷入腐败丑闻中。6月的时候,新奥尔良污水与水务委员会成员凯瑟琳·马拉尔多和运营城市污水系统的百士吉公司前任总裁迈克尔·斯顿普,均因受贿指控而被定罪。目前,作为维旺迪一部分的百士吉公司,目前正在为接管新奥尔良饮用水系统竞标。2001年,美国康涅狄格州布里奇波特市市长约瑟夫·加尼姆的两名同僚供认参与通过敲诈、邮件诈骗和虚填纳税单骗取百士吉公司80.6万美元的酬劳的罪行。彼时,百士吉公司正在与政府进行价值1.83亿美元的水务合同谈判。

种种事件都指向了一项根本问题,即允许私营公司接管公共水务系统,太平洋研究所的格雷克如是说。在竞标长期合同时,为了吸引眼球,企业往往低估水务系统维护成本,也因此被迫进行抉择:要么节省人力资源,要么索要更多的钱以维持利润。"当你自己掌管公共设施时,所赚取的钱至少是在社区内流动,"格雷克说,"一旦为私营公司所有,这些利润便会从社区中流失,流向州外,甚至国外。"

然而,美国水务工程公司的南方区域经理特洛伊·亨利深信私营水务公司比公用事业机构更胜一筹。他爽快地承认在亚特兰大,他的公司和亚特兰大城市管理者在"处理水务系统复杂性"上遇到了问题,并言明为了"赢回市民和市长的信心,公司目前正在此事上花费数百万美元"。作为生物医学和电气工程师和IBM前任经理的亨利认为,私营公司在供水方面起到的效用,与"蓝色巨人"①在计算机技术方面的能力旗鼓相当,两者都在革新技术和吸引"最优秀、最聪明和最具才智的人"。

在亚特兰大,或许亨利还能与政府重修旧好,他一直强调美国水务工程公司和其母公司苏伊士集团应具有"优先权"。但市政公用事业委员会的主席克莱尔·穆勒称即使美国水务工程公司最终成功挽救了合同,也仅仅能证明私有化的运作只有在严密的市政监督下,方能有条不紊。如果严密的监督游刃有余,又何须私有化呢?"倘若政府能够奉公执法——这里就要打个大大的问号了——这项事业就无利可图了,"她说,"因此,如果我们的目的是为了省钱,那我们要时刻谨记的就应该是如何节约成本。"

说到底,这一争论不仅仅是围绕着金钱泛泛而谈。穆勒辩称,对社区的水质负责,并非像经营一家体育馆或有线电视台那样轻而易举。"水务是最不应私有化的事情,因为它关乎人们的生存。在我看来,整个争论的关键在于我们是否会丧失对与生活息息相关的领域的控制?"

---

① "蓝色巨人"为IBM公司的绰号。——译者注

第 2 部分

经济危机

　　美国是世界第一经济大国：这项统计主要以输出总量为依据，在这方面美国傲视群雄。当自我审视时，我们轻而易举便可以发现美国在生产力方面的奇迹：一系列日新月异的高科技设备、新的医学突破以及计算机和互联网转化而来的经济活动。与世界上其他地方生活的人们即时交流也已司空见惯。我们的经济彰显着巨大的财富和潜力，这一点毋庸置疑。

　　但与此同时，我们还未能将经济能力和潜力转化为全民的保障与福祉。我们的经济仍然充斥着不确定性和不稳定性，展现了一幅时好时坏的交替景象。20世纪90年代的一连串繁荣后，随之而来的是新世纪开始的惨败，在不久之后，我们迎来了自20世纪30年代以来最严重的经济危机。即使是在好年景的时候，大多数的美国民众的生活也难以为继。这部分将会探索美国仍在持续的经济危机的一些特征、结果和诱因。

　　这场经济危机中最令人烦恼、最旷日持久的一个方面便是我们经济无法确保每个工作于其中的人都达到体面的生活水平。在我们的历史中，曾经有这样一段时间，美国民众想当然地认为倘若自己能够拥有一份固定的工作，并且坚持下去，那么他们便能拥有"美好生活"。然而，尽管我们的经济急剧增长，这一理想却从未照进现实。诚然，美国的经济确实创造了大量的工作岗位。事实上，在有些时候，它甚至被称为"工作制造机器"①。但是这些工作十有八九都是源自急剧增长的"服务型"经济，譬如餐馆、旅店以及其他低薪的工作。对于那些一无所长的人而言，这些工作——其中有许多薪酬略高于最低工资标准——或许是他们唯一能够从容应付的业务。但这样他们就能活得有尊严、活得体面吗？记

---

① "工作制造机器"即创造就业机会的市场。——译者注

者芭芭拉·埃伦瑞奇为了一探真相,在餐馆体验了为期几周的工作,她的回答是否定的。新的服务型经济的数学模式既简单又苛刻:仅仅指望通过低薪工作来赚取足够的金钱,以支付租金和衣食住行,这种可能基本上是微乎其微的。随着我们创造的就业机会越来越符合这一描述,随着我们逐步削减对穷人的其他收入来源的支持,尤其是对贫困妇女的收入支持,这些残酷的现实提醒我们三思。

埃伦瑞奇的文章主要聚焦那些苦苦挣扎在底层、做着低薪工作的人们。但他们并非唯一面临经济困境的群体。事实上,21世纪美国最令人不安的一项变化是曾经被认为理所当然的经济支持和保护,正在被大幅削弱,即使中产阶级和受过高等教育的群体也不能幸免。正如接下来的两篇文章中所揭示的那样,于美国人而言,在生活的每个阶段,经济压力和不确定性都与日俱增。

比如说,负债已成为年轻人中越来越普遍的一件事情,相信对于这本书的许多读者而言,这一点不足为奇。近些年来,这一负担的急剧增长,令年轻人步步惊心。正如塔玛拉·德劳特和哈维尔·席尔瓦指出的那样,20世纪的最后十年里,18—24岁的年轻人仅信用卡债务便翻了一番,许多在校学生和大学毕业生因此自步入社会起便背着一身的债务。债务的增长是由多种因素驱使的,包括低廉的工资、朝不保夕的工作以及日益增长的基本生活成本,诸如住房、健康和婴幼儿托育、大学学费(关于此问题详见第35章)。倘若在处理这些潜在的问题方面缺乏系统性的努力,情况几乎不可能得到改善。

对于年龄谱另一端的人们而言,近期的经济转变产生了更严重的影响。自"二战"以来长时间的经济扩张,使得许多美国人开始期盼在退休后,能够通过雇主养老金、社会保险和个人储蓄等一系列保障安享晚年。对于那些身处大型制造业的工人们来说,更是如此。在富裕和增长的时期内,大型制造业推动了经济的增长。但如今,从事这些行业的工人们寥寥可数。尽管有些人并未离开这一行业,公司也常常削减他们的退休金,待遇已大不如前。正如《华盛顿邮报》记者黛尔·如萨考夫所报道的那样,这一现象已经引发了一些扰乱民心的零星悖论:父辈所享受的晚年生活是如今的工人们无法企及的。不知何故,身处一个财富超过以往任何时期的社会,许多美国"普通"民众对于未来的展望秉持的却是一种倒退而非前进的眼光。

这些文章描述了一种越来越没有安全感的经济状况,即使是那些"辛勤工作、遵守规则"(前总统比尔·克林顿的名言)的人也不能幸免。这固有的不稳定性,通过始于2008年的灾难性的经济危机充分暴露了出来,给了美国(以及世界上其他大部分地区)沉痛一击。成千上万的人失去工作,不管是高学历人才,还是没什么技能的人,均面临着前途渺茫的局面,所有行业——从银行到汽车行业,这两个传统意义上的美国经济支柱——正处于崩溃的边缘。为什么世界最大经济体会突然间陷于水深火热之中呢？正如罗伯特·库特纳所辩称的那样,事实上,危机的种子很久以前就已经播下了——对金融机构放松管制以及政府从传统的经济监督角色上撤退。在"次贷丑闻"中,库特纳主要聚焦于房地产行业,这一行业的突然崩塌引发了更大的危机,使得世界经济陷入绝境。但问题远不止这些。美国的经济政策远超世界上其他先进的工业国家,并且长久以来坚持着"政府管制越少,经济运转越好"的理念。但近期的危机令人们痛苦地认识到片面地依赖市场,不仅会导致市场不公,也会造成效率低下、经济紊乱的后果。

第5章

一分钱掰成两半花
——在美国难以为继的生活

芭芭拉·埃伦瑞奇

1998年6月初,我将一切能够抚慰自我、维持生活的事情抛诸脑后——家庭、事业、朋友、名誉和金融卡,转而成为一名工资低廉的劳动力。在那儿,我"褪去职业外衣",成为另一个芭芭拉·埃伦瑞奇——在工作申请表上,我将自己描绘成了一位离异的家庭主妇,唯一的工作经历便是先后在几家私人住宅中做过管家。起初,我内心十分忐忑,生怕自己的假面具——一个想要探索接受福利救济的母亲们所生活世界的中产阶级记者——被揭穿。随着福利改革的推行,每个月新增加的福利妈妈大约有5万人。幸运的是,我只是虚惊一场。在贫苦交加的一个月内,没人注意到我叫什么名字,而且大部分时间也没有提到我。在这个平行世界里,我的父亲根本没从矿井出来,而我根本没从大学毕业,我是"宝贝",是"甜心",是"金发姑娘",是芸芸众生中一名平凡的"女孩"。

我的首要任务是找个住处。在浏览招聘广告时,我盘算着至少得找一份一小时收入7美元的工作;这样一来,我才可以支付500美元的租金,在如此严峻的经济形势下,也有可能要付600美元。在我居住的基韦斯特地区,这样的价格只能允许我居住廉价旅馆和拖车屋——一个没有空调、没有电脑、没有风扇、没有电视的空间,开车去镇上大约需15分钟的车程,唯一的麻烦便是躲避房东的杜宾犬。在这个地方,最大的问题便是房租,一个月675美元,远超我的负担能力。说实在的,基韦斯特开销蛮大的。但纽约城、湾区、杰克逊霍尔、特柳赖德、波士顿或者是其他任何一个游客和富人们争相选择附带打扫卫生、提供餐食服务的住所地都是如此。[1]但于我而言,当意识到"拖车屋"已成为我所追求的居住选项后,还是相当震惊。

于是我决定在便利性和负担能力之间做一个常见的权衡。我在基韦斯特租了一个月租金 500 美元、距离上班地点 30 英里、有双车道公路的地方,如果没有公路建设的话,则需要 45 分钟,而且我不会被堵在一群被太阳晒得晕头转向的加拿大游客后面。我讨厌沿着路边点缀着白色十字架的公路开车,它们仿佛是在纪念那些令人印象深刻的迎头撞击,但这或多或少是一个可爱的小地方——土地松软的改装活动房屋后院坐落着一座小木屋,那里住着我的房东——一位和蔼可亲的电视修理工和他的调酒师女友。从人类学的角度出发,熙熙攘攘的拖车屋停放场或许更合心意,但在这儿,我拥有闪闪发光的白色地板、坚实的床垫,而且住在这里的臭虫不多,很容易就可以消灭它们。

此外,我选择这里并不是为了人类学,我的目标是"体验贫困"或者说弄清作为一名长期低薪工人的真实感受。我已经无数次地与贫穷、与低薪工人的世界不期而遇,以至于能够明白这并不是一个游客想踏足的地方,闻起来都充斥着一种恐惧的味道。由于真实身份所具有的资产——银行账户、个人退休账户、医疗保险、多室住宅傍身,我可以肆意地在所谓的"低薪"环境中徘徊,当然,我完全未感受过真正的穷人所遭受的恐惧。

但这是一项纯粹客观的、科学的任务。与可能激发福利改革的更具惩戒性的吝啬的推动力恰恰相反,关于福利改革的人道主义基本原理是:工作可以帮助贫困的妇女脱贫,同时,也能够增强他们的自尊心,从而提升她们未来在劳动市场上的价值。因此,无论在寻找托育服务和交通方面碰到多少麻烦,从领取福利到工作的过渡,都会让所有人更加富裕,获得皆大欢喜的结局。伴随着这种让人宽慰的预测,许多问题也接踵而来。比如,经济将不可避免地经历低迷时期,失业人数增加。根据华盛顿经济政策研究所的说法,即使经济未曾经历低迷,当昔日的 100 万福利受领人涌入低薪劳工市场,工资也会随之被压低 11.9%。

但对于没有技能的劳动者而言,他们目前真的可以通过各种各样的工作谋取生存吗?准确地说,答案是否定的,正如我们看到的那样,他们每小时可赚到 6 到 7 美元,或许还要扣除每小时 1 到 2 美元的托育费用,再乘以一个月 160 小时的工时,然后将这一数字与时下的租金对比。根据全国无家可归者联盟的调查,在 1998 年,就全国平均水平而言,需花费一小时 8.89 美元的薪金来支付一间公寓的租金。公共政策前行中心估计福利受领人中,每 97 人中有 1 人能够找到糊口工作。如果这些数字是准确的,低薪工作并不是穷人脱贫的妙方,更不用提那些无家可归的人了。

通过实验来检验这个命题似乎有些过分,尽管某些家庭成员一直不厌其烦地提醒我:可以将低薪工作当作实验,不需要荒废我的本职工作,这样更可行;我

第 5 章 · 一分钱掰成两半花

有能力支付自己一小时 7 美元、一天 8 小时工作量的酬劳，有能力支付住宿和伙食费，有能力支付一个月的开销，为什么要抛弃我爱的人和工作呢？但我是训练有素的实践型研究员。在这个领域，你不能只是坐在桌前泛泛空谈，只有当你深陷自然界的日常的混乱之中时，才发现惊喜往往隐藏在最平凡的调查中。或许当我投入其中后，我将会发现一些低薪工作者世界的隐藏的经济秘密。毕竟，根据经济政策研究所的调查，如果 30% 的劳动力辛苦工作，时薪却低于 8 美元，他们或许发现了一些我不知道的名堂谁知道呢？我甚至可以发现自己走出家门这件事所带来的内心的振奋，正如传统基金会等机构的福利专家们所描述的一样。另一方面，或许还会存在一些意想不到的支出——生理上的、心理上的或经济上的——来打乱我预计的结果。理想情况下，"我"应该带着两个小孩子过活，领取福利的人平均有两个孩子；但现实却是我的两个孩子已成年，而又没人愿意把孩子借给我，跟我一起度过一个月的贫穷生活。因此，这并不是一次完全的实验，只能算尽量创造出最接近理想实验条件的测试：一位无牵无挂、聪明甚至算得上强壮的妇人，或多或少地在试图自给自足。

开始找工作的第一天上午，我手握着一只红色钢笔，一边查看着海量的招聘广告。基韦斯特的酒店行业蓬勃发展，每一家酒店似乎都渴望寻找一个像我一样的人——容易训练、随机应变、对薪酬要求不高。我知道我有些许过人之处：我是白人，善于思考，说话得体，泰然自若。但我也给自己制定了两项原则：第一，不得使用从我的教育经历或工作中获取的技能——反正关于讽刺随笔作者的招聘广告也少得可怜。第二，我必须得到薪水最高的、能够养活自己的工作，当然我也会尽全力保住它；不夸夸其谈，或偷偷溜去女厕所读小说。此外，出于种种原因，我排除了多种职位：比如，酒店前台职员。让我诧异的是，这份工作被标记为技术含量低，而且时薪仅为 7 美元，排除它主要是因为每天需要在同一个地方站立长达 8 小时。女侍者一类的工作，我也希望尽可能避免。因为 18 岁时，我曾做过这类工作，整个人精疲力竭，这份经历让我记忆犹新；自此之后的数十年，我饱受静脉曲张和腰酸背痛的折磨。然后是电话销售这一职业，对于突然陷入贫困的人而言，这往往是救命稻草，当然，也经常会因为性格原因被解雇。接下来剩下的就是某些超市的工作，如熟食店店员，或者是在基韦斯特数以千计的旅馆和来客住房里从事客房服务。客房服务是格外吸引人的，既可以把这门手艺传下去，又颇为实用。在我出生之前，妈妈从事的就是这份工作，与我一辈子都要在自己家里干的那些活大同小异。

于是我穿上了一件熨烫过的百慕大短裤，一件低圆领的 T 恤，让自己尽可能看起来体面一些；之后，便出发去当地的酒店和超市。最佳西方酒店管理集团、伊克诺酒店、豪生酒店都让我填写申请表。让我舒了一口气的是，他们的关注点主要在于我是否是合法的美国公民以及是否犯过重罪。我的下一站是迪谢百货，结果申请流程十分繁琐，需要通过电脑进行15分钟的面试，显然是因为这里没有人能够胜任面试官的角色代表公司拍板。有人引导我进入了一间宽敞的房屋，房屋里点缀着许多海报，努力营造出一种"专业化"氛围（白人有优势，如果是白人女性，烫发的更有优势）；并附着一条条老套的标语，俨然流露出一股领导劝导职员的味道。面试的内容采取的是选择题的形式：我的生活中是否存在着影响我按时上班的事情，如照顾孩子？在我看来，工作安全属于管理层的职责吗？接下来的问题变得刁钻起来：去年我购买过多少钱的失窃货物？如果看到自己的同事行窃，我会告发吗？最后一个问题是："你是一个诚实的人吗？"

显而易见，我顺利通过了面试，因为有人告诉我明天需要去医务室进行尿检。在对化验要求十分苛刻的美国，这似乎是一项相当普遍的规则：如果你想堆放麦片盒子或者是想用吸尘器打扫旅馆房间，你就必须蹲下来，在一些健康的工作人员（她们无疑自己也接受过同样的检测）面前撒尿。我做出了自己的判断：我不值得为迪谢百货6美元多的起薪受这种侮辱。[2]

我在云狄斯餐厅享用了午餐，仅花费4.99美元便可以在这里的超级自助吧享受无限量的墨西哥美味，于是，我大快朵颐，吃掉了一堆炸豆泥和奶酪酱，美美地饱餐了一顿。一名十几岁的服务生瞥见我在研究招聘广告，好心地为我拿来了一份申请表，尽管这里每小时的薪水也只有6美元，外加小费，但我还是把它填完了。之后的一连串面试主要都是些地方上的旅馆和宾馆。在"棕榈酒店"，我们姑且这么称呼这家店，一名自大的领导带着我去参观了酒店的房间，同现在的客房服务人员见了一面；我用满意的目光打量着她，她看起来与我很像——穿着前嬉皮士类型的褪色短裤，长发编成辫子向后梳着，然而，更主要的是，没有人跟我交谈，甚至没人看我一眼，只是塞给我一张申请表。我的最后一站是富丽堂皇的家庭旅馆，我等了20分钟左右才见到"麦克斯"，却被告知目前并没有合适的岗位，但不久之后应该会有空缺，因为"很少有人能够坚持两个星期以上"。（因为我并未向和我交谈的人亮明我的记者身份，因此我给他们用了化名，以保护他们的隐私，有的内容中，甚至连他们的工作也是虚构的）。

三天就这样过去了，我申请了大概20多家，却没有一家打电话叫我去面试，这令我倍感懊恼。我白白担心别人会觉着我学历太高，不适合我要找的工作，现实却是似乎没有一个人愿意来发掘我是多么地大材小用。这之后我才意识到当你在某一时段想要正儿八经地寻找工作时，招聘广告并不是一种可靠的方式。我从马克斯的话中猜测到：对雇主来说，招聘广告是针对低工资劳动力不间断流失的保单。大多数的大型宾馆,一直在连续不断地打广告,其目的也只是为了供应能够替代现有员工的申请人,当现有员工辞职或者被解雇时,便可以迅速取而代之。因此找工作不仅要求天时、地利,还需要迅速出击从而抓住当天的空缺。最后,终于有一家大型连锁折扣酒店"认可"了我。这天,我像往常一样去应聘客房服务,不过,我被打发去一家附属的"家族餐厅"做女招待,这是一个让人沮丧的地方:一张柜台,三十张桌子,停车场在目之所及的地方,其特色大抵是在95华氏度①的日子里,空气中弥漫着诱人的波兰香肠和烧烤酱的味道。衣冠楚楚的年轻西印度男子菲利普介绍说自己是这儿的经理;在面试我时,带着极大的热忱,仿佛是一名帮我处理医疗保险的办事员。这场面试中最核心的问题是我能胜任什么工作以及何时能够上班。当我还在喃喃自语地抱怨着已经不幸地荒废了做女侍者的技能,他已然开始谈论着装的问题了:明天上班时,我需要身着黑色的便裤,穿着黑色的鞋子;他会提供一件铁锈色的马球衫,上面镶嵌有酒店名称的刺绣,不过我还是更希望穿自己的T恤上班,哈哈!听到"明天"这个词,我感觉到一股既担忧又愤慨的气息涨满胸臆。我特别想开口说:"先生,感谢您能抽出宝贵的时间,这只是一项实验,并非是我的真实生活。"

就这样,我开始了在围炉酒店的职业生涯;或者我应该将它称为全球连锁折扣酒店中的一家利润微薄的小型机构。在这儿的两周里,我每天从下午2点工作到晚上10点,时薪为2.43美元加小费[3]。此外,酒店的管理中还要求员工在一些琐碎的细节体现素养,比如员工禁止从正门进入。于是,我第一天上班时,是从厨房穿过去的;当时,一位留着齐肩金发的男人正在把冷冻的牛排往墙上扔,一副面红耳赤的样子,嘴里还叫喊着"这该死的玩意儿"。"杰克就是这样的,"盖尔解释道。盖尔是派来培训我的一名中年女侍者,她个子很高,身材精瘦。"他的暴脾气又上来了。"这种情况下,一般都是早班的厨师忘记给牛排解冻了。在接下来的8小时中,我一直跟在敏捷的盖尔后面跑,消化吸收教学的内容,以及穿插在其中的个人悲剧片段。所有的食物都必须铺盘。盖尔今天很疲惫,因为她梦到了自己最近在北部监狱自杀的男朋友,醒来时一身冷汗。柠檬水不用重新装满。她男友因数次酒驾而入狱,仅此而已,这种事可能会降临到每个人身上。将奶精放在小碗里送上餐桌,永远不要拿在手里。在男友去世后,盖尔有好几个月的时间都住在自己的卡车上,小便用塑料小便瓶子解决,晚上都是借着烛光读书,但夏天没办法住在卡车里,因为需要把车窗摇下来,这就意味着包括蚊子在内的任何东西都可以进入。

---

① 95华氏度约等于35摄氏度。——译者注

至少盖尔平息了我曾有过的怕自己看上去大材小用的担忧,从第一天起,我便发现我所抛诸身后的家庭和身份等所有事物中,最怀念的便是工作能力。这并不是说我曾经觉得自己完全能胜任写作这个行业的工作,某一次的成功并不预示着下一次成功的到来。但是写作生涯中,我的脑海中至少保持着程序方面的概念:做调研,列大纲,拟草稿,等等。但作为一名服务员,我却像蜜蜂一样忙碌,被客人们各种各样的要求弄得晕头转向:这边再加一点冰红茶,那边来点番茄酱,14号桌需要一个外带盒子,高脚椅在哪里?总共有27桌,无论什么时候,我服务的往往都能高达6桌,即使是在悠闲的下午,或者是盖尔离开的时候也是如此;有时甚至整个场地就只有我1个人在服务。酒店使用的是触摸屏的电脑控制下单系统,在我看来,这意味着将服务员和厨师之间的交流降到最少,但落实到实践中却需要经常性地进行口头微调:"那是土豆泥上的肉汁好吗?烤肉饼上什么都不加。"诸如此类。每当这时,厨师就会怒视着我,就好像是我凭空编造了这些调整内容来折腾他。而且,有些事情自我18岁起便已经淡忘了:服务员中有三分之一都身兼数职,顾客往往注意不到。他们要打扫卫生、擦洗、把菜切片、续杯或加菜以及补货。如果这些工作每样都有一点没完成,到晚上6点的晚餐时间你会手忙脚乱,把一切搞砸。最初,我经常把事情搞砸,每当我羞愧万分的时候,盖尔会一直宽慰我,支持我:"没事的,宝贝,每个人都有把事情弄成这样的时候。"而出乎我意料的是我竟在乎这些,尽管我已尽了自己最大的努力去保持科学上的超然态度。

如果我可以像莉莉·汤姆林一样,在她饰演的女服务员短剧中顺利过关,整件事情将会轻松得多,但我是听着布克·T.华盛顿的荒谬格言长大的,他是这样说的:面对你将要做的事情,努力把它做好。但实际上没有最好,只有更好,你要做的是超越前人。我父亲或许就是他说的那样,对于这句话,父亲一定感同身受。他凭借自己的不懈努力带着我们离开了比尤特数米深的铜矿区,来到了绿树成荫的东北部,从锅炉制造工到马丁尼调酒师,尽管后来他的梦想湮灭在酒精中。如同我在生活中遇到的大多数励志名言一样,做到"独占鳌头"并不是一个合理的目标。不过,当我凌晨4点一身冷汗地醒来,我思虑的并不是遗忘在脑后的截稿日期,而是弄得一团糟的订单编号。这样一来,一群男孩子中可能有一个直到其他家人开始享用饭后的酸橙派时才吃上自己的儿童餐。这是做这种工作出乎我意料的另一种强大的动机——顾客,或者说是"病人",因为我总是情不自禁地认为他们或许是由于不为人知的弱点,落到不能养活自己的境地。在围炉酒店工作几天后,我开始感觉到服务理念开始在我的身体里发酵,仿佛被注射了催产素(一种激发抚育行为的激素)一样。我的顾客中大多数都是努力工作的当地居民——货车司机、建筑工人,甚至是招待所的客房服务人员——我希望在凌乱环境允许的条件下,为他们营造一种最接近"高级餐厅"的体验。我称呼他们时,不再用"你们这些家伙";年满 12 岁的每位顾客,我都称呼为"先生"或者"女士"。我为他们供应续杯的冰红茶和咖啡;餐间,我会返回确认下单的餐食如何;我把他们的沙拉精心地摆盘,缀以切碎的生蘑菇、西葫芦片,或者任何我可以找到的、在无氟冷藏室中幸存下来的东西。

比如说,身材矮小、肌肉紧实的下水道修理工本尼,在吹了半个多小时的空调、畅饮冰水后,甚至都忘记了要吃饭这件事。我们聊了中暑和电解质的话题,然后他准备点一些精致的套餐,诸如例汤、田园沙拉和一片粗燕麦粉饼。除了本尼外,还来了一群德国游客,他们被我蹩脚的德语"欢迎光临"(Willkommen)和"一切都好"(Ist alles gut)深深地打动了,他们真的塞给了我小费。(欧洲人被他们强势的工会和高工资福利惯坏了,通常不知道应当给小费。一些餐馆,包括围炉酒店在内,允许服务员向自己的外国顾客"索要小费",或者是在账单中计入小费。由于小费的计算并未给予客人自由选择权,因此,如果你的英语蹩脚,这笔钱就相当于自动扣除的罚金。)此外,还有两位刚刚在工地上结束轮班、蓬头垢面而来的女同性恋,我优雅地帮她们处理了果汁朗姆酒中的苍蝇,这令她们印象颇深,甚至特意去经理助理斯图面前夸赞了我一番。另一位顾客是山姆,一位和蔼可亲的退休警官,他吸烟必须用一根手指堵住自己气管切开术留下的洞,从而将香烟烟雾吸入肺部。

有时,我常常幻想自己是一名公主,目前正因为一些微小的过错受罚,需要承担亲手喂养自己每一位臣民的义务。但是,与我一起工作的那些平凡的人们倒是没心没肺,尽管这意味着对规则的藐视——比如,说到往沙拉上放多少面包丁——"想放多少就放多少",盖尔窃窃私语道,"只要没有被斯图看到就可以";她掏出自己的小费,为一位失业的机修工买了小点心和肉汤;机修工所有的钱都已经被口腔外科掏空了,受盖尔的启发,我也为他买了一杯牛奶和一个派。这种层次的博爱或许遍及酒店服务业。我看房子时看过的一间公寓中,墙上有一张海报令我记忆犹新,上面写着:"如果你只着眼于追寻自身的幸福,那么你将永远与之擦肩而过。只有你为别人寻求幸福时,它才会来敲开你的门。"或者诸如此类的话。当时,在最佳西方酒店一名侍者的一居室地下室公寓里,我似乎有种奇怪的感觉。在围炉酒店,当为顾客供应食物时,我们会充分利用手中的一点自主权,比如通过充满罪恶卡路里的食物来展现我们的爱。搭配各种沙拉与甜点,添加各种调料,挤压奶油等,这都是服务员的工作。此外,顾客可获得的奶油馅饼数量、烤土豆上蘸取的酸奶油多少,我们也可以进行把控。因此,倘若你对美国人为何体型过于肥胖存在疑惑,那么你需要考虑一下这样一个事实:服务生们往往通过为顾客提供高热量食物来展现热情、赚取小费,而这些往往都是在神不知鬼不觉中发生的。

十天后,这种生活开始让我如鱼得水。我很喜欢盖尔,虽然她长了一张"五十岁"的脸,但身手却十分矫健。往往前一刻她还在某一地方,下一刻便已经出现在其他地方,甚至都没有看到她是怎么过去的。我与莱奥内尔这个毛头小子厮闹了一会儿,他是海地人,在餐馆做勤杂工。我还趁空当与琼交谈了只言片语,琼是一名年近四十、身形苗条的服务员,也是一名女权主义的斗士,我们之中,也只有她敢跟杰克说:"你给我闭嘴。"在一个漫漫长夜,当杰克无端指责我的能力,事后想要弥补我们的关系时,我甚至觉着连他也变得亲近起来,或者这仅仅是我的错觉。他跟我讲述了他年轻时在"'亨任'学校"的光荣岁月,——我问道:"你说的是烹饪学校吗?"——在布鲁克林,他和一名出挑的波多黎各小姐约会过,并学到了有关食物的一切知识。我一般在十点或十点半结束工作,这取决于在换班时间我需要完成多少本职外的工作;然后听着磁带漫步回家,这些磁带还是我离开真正的家时随手带出来的,有玛丽安娜·菲斯福尔、特雷西·查普曼、英格玛乐队、金·桑尼·埃德、暴力女人乐队这些人的,音乐的消耗会让我的大脑产生嗡鸣却不至于疲惫。我的消夜是饼干和蒙特利杰克干酪,搭配加冰的廉价白葡萄酒和其他常在美国经典电影院售卖的小吃。我一般在凌晨一点半或者两点入睡,上午九点或者十点起床;把衣服扔到房东的洗衣机里清洗,我往往会利用这一个小时读书,接下来的 8 个小时,我就在这家"围炉酒店"从事女侍者的工作。

我愿意就在这样的田园生活中随波逐流,但有两件事情我仍无法习惯。其一是管理,迄今为止,我一直把这个话题放在一边,那是因为我仍然不敢去想我在那群男人(以及之后的那群女人)的监视下度过了那么多周,而他们的主要工作便是监视我是否存在懈怠、偷窃、吸毒或者更糟糕的行为。其实,经理,尤其是"经理助理"这样的岗位设置,并非必然属于阶级敌人。在酒店行业,大多数经理或经理助理也都是从厨师或者服务员做起的,并且有些时候仍需在厨房或者餐厅代职。旅馆的经理或者助理经理也是如此,在此之前,他们也大多是接待员,拿着可怜的一周 400 美元的薪水。每个人都知道他们站到了另一边,简单地说就是将企业放在了人的对立面。厨师想要准备美味可口的食物,服务员想要更优雅地提供服务,而经理在此却只有一个目的:确保为远在芝加哥或者纽约的某些理论实体赚钱,假设真的存在这样一个公司的话。盖尔回顾她的职业生涯,悲叹道她多年前已经发过誓,再也不会为公司打工。"他们从不会让你有机会懈息,你一直给予、给予,他们不断地攫取。"

对管理人员而言,只要他们想,便可以在那里坐几个小时——他们的工作就是确保其他人不能如此闲,即使在没有任务的情况下也不行。这也就是为什么,在服务员看来,消磨时间也可能会像忙碌时那样疲惫不堪。于是,在完成每一件琐事时,你都变得十分拖延。因为当值的管理人员如果发现你很闲,便会塞给你许多更糟糕的事情。因此,我会擦洗、做清洁,摆放番茄酱瓶,反复核查芝士蛋糕的供应,甚至"巡视"四处的餐桌以确保顾客反馈表都神气地躺在每张桌子上——我很好奇这些做作的行为消耗了多少卡路里。一个死气沉沉的下午,当我在翻阅一名顾客遗忘的《今日美国》时,被斯图当场抓包。于是,他吩咐我用一台破损的、手柄只有两英尺长的真空吸尘器清洁地板。此情此景,想要不伤及筋骨的唯一方式便是跪着在地上爬来爬去做清洁。

我来围炉酒店的第一个周五,便被"强制参加了全体职工会议",会议迫切需要深入了解我们的整体营销策略以及我们希望入驻的利基市场①(你那带有热带风情的基础俄亥俄菜式?)。但在这场会议上,"我们"并不重要。如果公司总部偶尔派来的"顾问"不在,我们的总经理菲利普每次开会都是冷嘲热讽:"休息室里简直令人作呕,烟灰缸里堆满了烟头,报纸丢得到处都是,还沾染着面包屑。"休息室是一个狭窄的、没有窗户的小房间,放着我们的打卡钟。平时,我们都会把包、便服储存在此处,每逢进餐休息时间,也会在此处休息半小时。但菲利普说,使用休息室并非我们的权利,他可以取消这一点。此外,我们还须了解围炉酒店随时可以搜查休息室内的储物柜及其中的任何物品,接下来便讲到八卦,一直有人在窃窃私语,嚼舌根(这似乎意味着员工之间的聊天)是被禁止的。今后休班的员工不得在酒店用餐,否则其他服务员会跟他们围坐在一起,叽叽喳喳地闲聊。当菲利普一股脑儿地将自己的牢骚倒出来之后,琼开始抱怨起女厕所的条件,我说了关于真空吸尘器的两个问题,但是却没有同事站出来声援我。每个人都陷入了忧愁之中,我的榜样盖尔悲伤地凝视着距离她鼻子六英尺的地方。直到其中一名厨师安迪站起来抱怨这些啰里吧嗦的废话搞砸了他的休息日,这场会议才落下了帷幕。

仅仅四天后,我们突然在下午3点半被召入厨房,而大厅里还有用餐的客人需要服侍。我们——我们中大概10个人——围着菲利普站着,他冷酷无情地宣布:最近有报告说晚上轮班的时候发生了"吸毒活动",我们这儿是"无毒品"工作场所。因此,这意味着所有的新职工都必须接受测试,在职雇员要随机测试。我

---

① 利基市场,指被市场中有绝对优势企业忽略的某些有利可图的细分市场。——译者注

很高兴厨房这部分的光线很晦暗，因为我发现我自己脸红了，就好像自己在女厕所吸毒被抓了现行一样。自从初中毕业后，我还从未被以这种方式对待过：在走廊里排着队，被威胁搜寻储物柜，随意的指责接踵而来。返回大厅后，琼怒吼道："接下来他们又该告诉我们不能在工作中发生性关系。"当我询问斯图这次"惩罚"的导火索是什么时，他只是咕哝了一句"领导的决定"，并且训斥盖尔和我面包卷给得太大方。他说道："从现在开始，每位顾客只能供应一个，与晚餐一起搭配，不准加沙拉。"他也同样试图控制厨师，催促着安迪快点做菜，同时环视着周围，他很平静地观察着，要知道他的惯常手段是直接拿人开刀——估计斯图今天有一个死亡之愿。

晚些时候，流言蜚语越传越真，大家都在说："斯图自己就是瘾君子，他用酒店的电话订购大麻，然后派一个新来的服务生帮他取。"这名服务生已经被抓了，她或许会出卖斯图，至少会供出足够的事实，让他成为嫌疑人；总之，他会为自己让人讨厌的行为付出代价。谁知道呢？在轮班前的剩余时间，勤杂工莱昂内尔为了博我们一笑，站在斯图的背后，疯狂地吮吸假想的大麻烟卷。

除了生硬刻板的管理风格，存在的另一个问题是，这份工作在经济上也看不到什么盼头。或许你站在一个舒适的距离上想象着，年复一年，那些时薪为6到10美元的人已经探索到一些中产阶级未知的生存策略，但事实并非如此。跟我的同事们攀谈他们的生存状态是一件轻而易举的事，因为在大多数情况下，居住条件是让他们的生活一地鸡毛的主要原因，也是他们在赶来换班时跟你倾诉的"头等大事"。一周后，我撰写了如下的调查报告：

- 盖尔与他人合租在市中心一家知名的廉价旅馆中，每周和室友分摊250美元的房租，她的室友是一名男性，经常挑逗她，快把她逼疯了，但她十分无奈，因为无力一人承担房租。
- 来自海地的厨师克劳德与他的女朋友和两个陌生人租住在一家两居室的公寓，他十分渴望能从公寓里搬出来。据我所知，其他的海地人（他们大多数只讲克里奥尔语），也居住在差不多拥挤的环境中。
- 服务生安妮特年仅20岁，已经有6个月的身孕了，却被自己的男友抛弃了；她与自己的母亲住在一起，她的母亲是一名邮局职员。
- 玛丽安娜和自己的男友租住在单间拖车房屋内，每周须支付170美元的房租。
- 时薪为10美元的杰克是我们中最富有的人，住在自己的拖车房屋里，每月仅须支付400美元的停车场费用。
- 另一名白人厨师安迪住在自己停在干船坞修理的船里，从他兴致勃勃的

第 5 章 • 一分钱掰成两半花

描述中,我大概得知,船最多有 20 英尺长。他提议说,一旦修好了,便带我去看看,但伴随这份邀请而来的还有对我婚姻状况的询问,因此,我并没有接话。

- 蒂娜和她丈夫住在戴斯酒店的双人间里,每晚的房费是 60 美元。因为他们没有车,而住在戴斯酒店,便可以步行来上班。住在拖车房屋里的早餐服务生玛丽安娜由于转租(违反了房车宿地居住规则),被赶了出来,她离开男友,搬去与蒂娜和她的丈夫同住。
- 琼,此前她数量繁多且雅致的衣服为我营造了一种假象(迎宾员都是穿自己的衣服)。她晚上住在停放于购物中心后面的厢式货车里,洗澡是在蒂娜住的旅馆的房间里解决,而衣服都是从二手店淘的。[4]

我的脑袋被这些内容冲击着,在我的中产阶级唯我论里,他们都严重缺乏先见之明。当盖尔和我在用餐巾纸包装银器时——我们唯一可以坐着完成的任务——她告诉我,她正在考虑自己一个人搬进戴斯酒店,逃离她的室友。我很诧异:戴斯酒店一天的房费大概是 40 到 60 美元,也不知道她是怎么想的?如果我很害怕别人听到我的话感觉我像饱经风霜的社会工作者,那或许只能用一些天真无知的话掩饰。她斜着眼看我,眼睛里写着疑惑:"我到哪里才能赚得到一个月的租金外加一个月的公寓押金?"我曾沾沾自喜于自己可以靠 500 美元过活,但那当然也要在从事低薪工作时给自己分配了 1 300 美元的启动费用,才得以实现:1 000 美元用于首个月的租金和押金,100 美元用于置办最初的生活用品和兜里的零花钱,200 美元用于应付紧急情况。在贫困之中,正如物理学中的某些命题一样,启动条件就是一切。

这世上从不存在滋养穷人的经济秘诀。相反,他们还面临着大量的特殊成本:如果你不能提供维持租住公寓所需的两个月租金,那么结局往往是你需要在一周内找到可租住的房间,而且会被敲竹杠。倘若你只有一间房,好的话,可能还会有一个轻便电炉,那么你没办法通过烹饪大量的扁豆炖菜来节省开支,因为这些炖菜得冷冻才能放上一周。你只能选择快餐店中微波炉加热过的快餐、热狗或者是泡沫杯子装盛的汤。假使你没有钱购买医疗保险——围炉酒店吝啬到工作 3 个月后才缴纳这项费用——那么你无法享受普通医疗服务、处方药,并最终会为之付出代价。盖尔就是个例子,她之前一直状态不错,直到她为了购买雌激素药片变得身无分文。到目前为止,她本应该在公司的医疗计划中的,但他们宣称弄丢了她的申请表,因此他们需要重新开始准备文件。结果,盖尔为了缓解头痛,只能自掏腰包,而治疗偏头痛的药每片高达 9 美元;盖尔坚称,如果她的头痛药涵盖在酒店的医疗计划中,这笔钱本不需要支出的。同样地,玛丽安娜的男友失去了屋顶工的工作,因为他自从脚被割伤后旷工了很久,主要是因为他无力负担处方抗生素。

当我工作两周后坐下来对此进行评估的时候,我发现假若这是我真实的生活,那么我的处境也好不到哪里去。作为女侍者,比较具有吸引力的一件事情就是你不需要等到发薪日才能体会到口袋里有钱的感觉。通常,我的小费就足够餐费和加油费,另外厨房抽屉里留给员工的一些钱可以作为储蓄。但到了炎炎夏日,旅游业开始萎靡时,往往我服务结束后,只能收到 20 美元的小费(总数看起来挺多的,但侍者需要拿出小费的 15% 分给勤杂工和调酒师),如果将工资包含在内,则相当于每小时的最低工资为 5.15 美元。尽管抽屉里零钱也积少成多,但按照目前的累计速度,当月底来临时,我还缺了 100 多美元的租金;我也没发现有哪些开支是可以削减的。确实,到目前为止,我也未尝试过扁豆炖菜,但这主要是因为大的蒸煮锅、防烫手套、可用于搅拌的长柄勺这些器具我都没有置办,更不用提洋葱、胡萝卜和可有可无的月桂叶了。我几乎每天都为自己烹调午饭——通常是些细火慢炖、高蛋白的组合,如冷冻鸡肉馅饼,上面覆盖着融化的奶酪,边上点缀着罐装的斑豆。晚饭吃的是围炉酒店的员工餐,可以选择培根、生菜、番茄三明治,鱼排三明治或者是价值仅 2 美元的汉堡。汉堡最扛饿,尤其是当上面堆满了让人肚子里翻江倒海的墨西哥辣椒时,但到了午夜,我的肚子又饿得咕咕叫了……

我无法想象,作为低工资劳动力,先前的福利领受者和单身妈妈要如何才能生存下来。或许在全职工作的几小时间隙内,他们能够想到如何压缩自己的生活成本,包含压缩抚养孩子、干洗衣物、恋爱以及饮食等方面的费用。或许他们会住在自己的车中,如果他们有车的话。我所知道的是,我无法身兼两份工作,但一份工作又无法支撑我的生活开销。对许多长期贫困的人而言,我的优势是不可想象的——健康,精力好,有一辆工作用车,不需要照顾和养活孩子。当然,我的经历也无法用来反驳凯瑟琳·艾丹和劳拉·雷恩的结论,在他们最近出版的《量入为出:单身母亲如何在领取福利和低薪工作的处境下存活?》一书中写道:相比福利国家的生活,低薪工作面临着更多的艰难和困苦。在未来几个月甚至几年的时间里,对于穷忙族而言,即使没有出现不可避免的经济衰退现象,经济条件也只会更加糟糕。如前所述,先前福利领受者涌入低技能劳动力队伍,将会对工资和就业岗位数量产生抑制作用,一般的经济衰退只会加强这些影响,尽管穷人一直在攒钱,并且有福利保护做后盾,但还会不可避免地受到波及。

福利改革背后的思考是,即使是最卑微的工作也能提升道德,振奋情绪。事实上,这种工作可能充满压力和侮辱。但我发现对于凄惨绝望的低薪工作者来说，人们之间的友情为他们的生活增添了些许安慰；在大多数情况下，这群人都很聪明、幽默、对工作很上心，也很关注自己的劳动报酬。当然，我很希望，有一天，他们能够意识到自己的价值，并相应地付诸行动。

尾注

1. 根据住房和城市发展部统计，佛罗里达州门罗县一套经济型住房的公平市值租金为551美元，纽约5个区的可比租金为704美元，旧金山为713美元，在硅谷中心，租金为808美元。一个地区的公平市值租金意味着需要支付的租金外加"私有化、体面、安全、卫生、配有适当设备的普通（非奢侈型）租赁房屋所需花费水电费的总额"。

2. 根据1996年11月的《劳工评论月刊》，在工作场所调查中，服务行业里有28%会进行药物测试（企业工作场所的比率更高）。自从20世纪80年代以来，进行测试的比例显著上升，南部地区的测试率是最高的（有56%的工作场所进行过），中西部地区位居第二（50%），最常检测的毒品为大麻，吸食完大麻后的几周内，都可以通过尿检测出来——大麻也是伤害性最小的，而通常海洛因和可卡因在使用后三天便无法检测出来。有时，某些员工会通过摄入过量的液体、服用利尿剂甚至网购掩蔽剂来瞒天过海。

3. 根据《公平劳动标准法》，雇主支付给诸如酒店服务生等小费工的最低工资为每小时2.13美元。但是，如果小费的总数加上每小时2.13美元所构成的月工资仍然低于最低工资水平，或者未达到一小时5.15美元，那么雇主则需补齐差价。我工作过的任何一家酒店的管理人员从未提及或公布这一事实。

4. 关于居住在汽车或者大篷货车中的从业人员数量，我找不到相关的数据，但根据全国无家可归者联盟1997年的报告《无家可归者的迷思和真相》，几乎五分之一的露宿者（在全国29个城市中）都从事着一份全职或者兼职工作。

第 6 章

破产的一代

——美国年轻人债务的增长

塔玛拉·德劳特　哈维尔·席尔瓦

引言

1992—2001 年间，年龄介于 25—34 岁的美国人的信用卡平均债务增长了 55％，自我报告中显示的家庭平均债务为 4 088 美元。根据综合数据估算，信用卡债务较之前整整高出三倍。[2] 与此同时，这一年龄层的破产率上升了 19％——如此一来，截至 2001 年，每 1 000 名年轻人中便有将近 12 人申请破产。[3] 年轻人的破产率位居第二位，仅次于 35—44 岁这一年龄层。他们的破产率要远高于那些出生于"婴儿潮时期"、1991 年时正值 25—34 岁的年轻人。

为什么现在的年轻人会负债累累、最终破产呢？在 20 世纪 90 年代的繁荣时期，大众媒体将关注放在了 X 世代①财富的增长，他们似乎正将科技热潮推向高峰。然而，在 2001 年，25—34 岁这一年龄段的人，便已流露出其通往成年时期的道路将更具经济危险的迹象，而这种危险远超"婴儿潮一代"在 1992 年所面临的遭遇。成年人的主要开销在 25—34 岁开始呈现上升趋势——住房、育儿、卫生保健——在过去 10 年里，这一切都在急剧增长。持续上升的失业率、缓慢增长的实际工资、疯涨的学费以及由此产生的助学贷款债务等共同侵蚀着当今年轻人的经济安全。此外，就在这一时期，刚刚解除管制的信贷行业开始野心勃勃在大学校园年轻人中开拓市场。管制解除的同时，高利率和高费用也随之而来，这也导致美国年轻人深陷债务的泥淖，难以脱身……

---

① X 世代，指美国 20 世纪 60 年代初至 70 年代中期出生的一代。——译者注

1992—2001年，美国年轻人信用卡债务调查

信用卡和债务的普遍性。 25—34岁的美国年轻人，每10个人中便有接近7个拥有一张或多张信用卡，这一水平自1992年以来基本没有变化。然而，与整体人口相比，年轻的持卡人更容易债务缠身：71%的年轻持卡人经常使用信用卡，而这一比例在所有持卡人中为55%。

更高的负债。 自1992年以来，年轻人的信用卡债务显著增加，远超人口的整体增长（见表6-1）。25—34岁的负债人信用卡平均的债务增长了55%，高达4 088美元。

表6-1 面临信用卡债务的年轻家庭的信用卡平均债务（2001年/美元）

	1992年	2001年	1992—2001年百分比变化
25—34岁年龄段的所有家庭	2 991美元	4 126美元	38%
	2 640美元	4 088美元	55%

资料来源：Demos' Calculations from the 1992 and 2001 Survey of Consumer Finances。

按收入水平划分的债务。 除刚组建不久的极低收入家庭外，在过去的十年中，所有家庭都经历了信用卡债务的暴增。在所有收入阶层中，中等收入的年轻人经历了最急剧的增长。收入介于10 000—24 999美元（见图6-1）的低收入年轻人的信用卡债务上升了37%，收入介于25 000—49 999美元的中等收入年轻人遭遇了涨幅65%的信用卡债务，收入介于50 000—74 999美元的中高收入年轻人的债务上升了55%（见图6-2）。

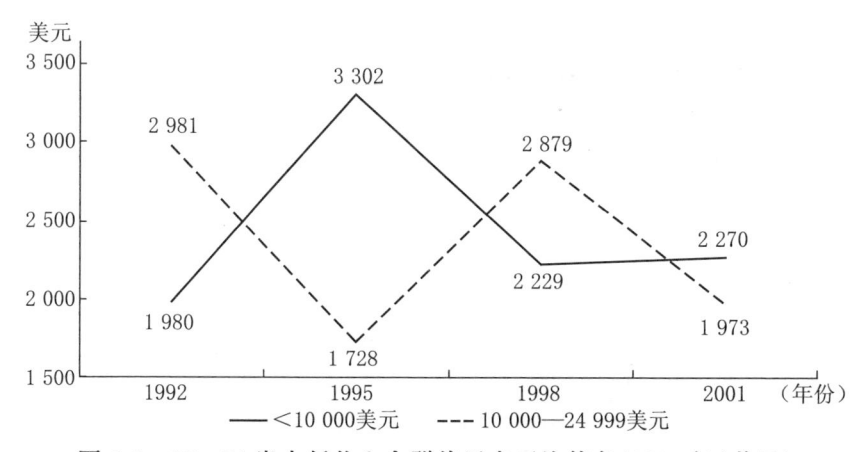

图6-1 25—34岁中低收入人群信用卡平均债务（2001年/美元）

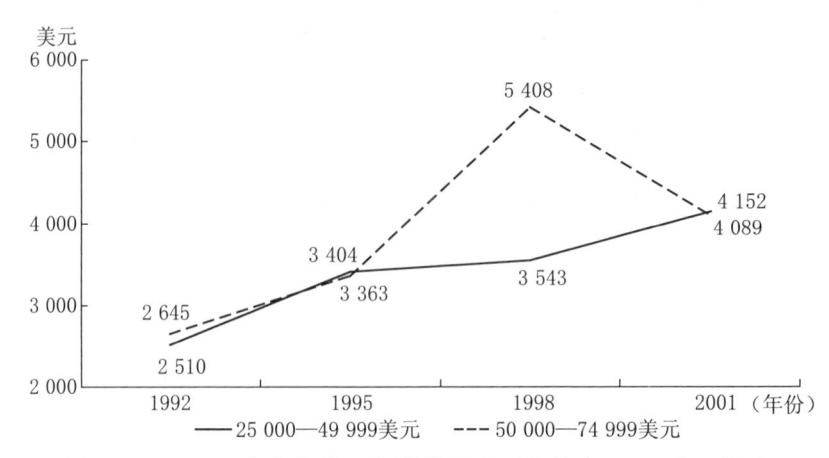

图 6-2　25—34 岁中高收入人群信用卡平均债务(2001 年/美元)

偿债收入比。 通过考察年轻人必须用于偿还债务的收入占总收入的百分比,可以更好地理解债务所带来的真实财务影响,我们通常将这一比率称为偿债收入比。自 1992 年来,美国年轻人的偿债收入比持续升高,1992 年时负债的年轻人的偿债收入比为 19%。到 2001 年,对于 25—34 岁的人而言,这一比率已经上升至 24%——这意味着负债的年轻人平均每赚一美元就要拿出来 25 美分用于偿还债务。然而,从几个方面来看,偿债收入比都严重低估了美国年轻人所面临的经济负担。首先,这一比率只衡量了未偿还抵押贷款和消费债务,比如信用卡和汽车货款;却将年轻家庭通常面临的最大开销——租金排除在外。其次,由于这一数字未包括汽车租赁付款,汽车的开销无法通过这一比率得以体现。最后,这一比率严重低估了信用卡债务负担,因为它只衡量最低还款负担——通常只是未清余额的 2.5%。这意味着,如果一张信用卡的债务为 10 000 美元,最低还本付息额为 250 美元。但偿还信用卡债务的关键在于所缴纳的金额应多于最低支付金额。假设一名美国年轻人一年的负债为 10 000 美元,年利率按照 15% 计算,如果他每个月只偿还最低金额,那么则需要超过 39 年才能还清债务,并且利息费用超过 16 000 美元。

债务困境。 如果一个家庭将 40% 以上收入用于支付房屋贷款、助学贷款等一系列债务,那么从传统意义上来说,可以认为其处于债务困境。总体来说,身负债务的年轻美国人中,有 13% 身陷债务困境——几乎是 1992 年的百分比的两倍。最低收入家庭是最容易被债务困境吞噬的对象,但中等收入的年轻人也有很多逃脱不了严重的债务困境。收入介于 10 000—75 000 美元的负债青年中,有 13% 正遭遇困境危机(见表 6-2)。面对还款,年轻人的日子更不好过了。在过去一年中,据报道,有近五分之一的人延迟支付贷款或未支付贷款,相比

1992 年每六人中有一人的比率有所上涨。

表 6-2　处于债务困境的 25—34 岁美国年轻人的信用卡债务百分比(偿债收入比＞40％)

收入群体(25—34 岁)	1992 年	2001 年
收入群体整体	7.9％	13.3％
低于 10 000 美元	37.1％	57.6％
10 000—24 999 美元	8.4％	22.3％
25 000—49 999 美元	6.7％	13.4％
50 000—74 999 美元	7.8％	5.2％

资料来源：Demos' Calculations from the 1992 and 2001 Survey of Consumer Finances。

什么加剧了债务？

若干因素可能导致年轻人信用卡债务不断增加。在许多方面，年轻家庭如同其他家庭一样，年轻家庭的薪水仅够支付租金、生活用品和汽车费用，因此，其他额外的费用或者是出其不意的费用主要通过信用卡负担。但是，许多特殊情况的出现或许会助长年轻人对信用卡的进一步依赖，从而勉强维持生计。年轻人往往身背助学贷款，面临着更高的失业率，赚取的也是入门级工资。同样地，如今的年轻人赶上了银行业放松管制的金融时代，信用卡更易获取，而信贷成本也大大增加。

实际薪资的缓慢增长。 25—34 岁年轻人的收入并没有与包含租金、医疗保健、助学贷款还款在内的基本生活成本的通货膨胀保持同步。1992—2001 年间，所有男性职工的平均年收入实际增长了 5％(见表 6-3)。女性职工的平均年收入涨幅相对更高，实际增长了 6.7％。拥有学士学位的男性职工和女性职工，其收入要高于没有学位的同行。然而，鉴于 20 世纪 90 年代上大学的人背负的高额债务，年轻大学毕业生职工所拥有的年收入优势，大部分都因偿还债务而减损。

表 6-3　25—34 岁职工所得薪资的年收入中位数(2002 年/美元)

	男　性			女　性		
	所有男性	部分大学生	本科及以上	所有女性	部分大学生	本科及以上
1992 年	34 051	34 024	45 756	27 834	27 134	36 177
2001 年	35 778	35 598	48 782	29 723	26 769	38 331
2002 年	35 487	35 552	48 955	30 093	26 828	40 021

资料来源：National Center for Education Statistics, based on data from US Department of Commerce, Bureau of the Census. March Current Population Surveys, 1972—2003。

2001年,大学毕业生的平均起薪约为 36 000 美元,当然领域不同,差异也较为显著。[4] 市场营销的起薪为 34 000 美元,广告业起薪为 28 000 美元,教育专业初入职场时起薪为 39 000 美元。对 2001 年一个典型的大学毕业生的预算进行分解是非常有意义的(见图 6-3)。

2 058 美元	每月实得薪资 (2001 年大学毕业生的起始薪资为一年 36 000 美元,减去税收和每月 42 美元的医疗保健费用)
必要费用	
182 美元	助学贷款按揭 (参考本科贷款人告知的助学贷款平均按揭)
797 美元	租金及水电费 (2000 年时,一名单身大学生的平均月租金费用)
456 美元	杂货和饮食 (2001 年时,一名 25—34 岁年轻人的月平均花费)
464 美元	交通费用 (用于汽车、汽车维修、保险和加油的月平均费用)
125 美元	信用卡最低还款额 (25—34 岁年轻人的信用卡平均债务,负债 4 008 美元,年利率 16%)
=2 024 美元	每月支出总额
每月可用于其他事项的结余	
34 美元	用于儿童保育、娱乐、服装、家具、网费等

图 6-3　近年来大学毕业生预算样本

这一预算样本的对象主要是平均收入为 36 000 美元的大学毕业生。该预算做了保守预计,并未涵盖娱乐、服装、家具甚至家庭清洁服务或者是化妆品的费用。到月末,大学毕业生的平均结余仅剩 34 美元。所有的额外费用都需从这 34 美元中支出,比如汽车维修、购买新工作服或者是看电影的费用。

不充分就业和失业。 如今的年轻人所面临的劳动市场,与父辈相比,大相径庭。许多年轻人已经加入到临时劳动力的队伍之中,从事着工资远低于全职终身职位的临时工作,无法享受健康或养老金福利。1999 年,四个临时劳动力＊中便有一名介于 25 到 34 岁之间,比例远远超过其他年龄段。[6] 大学毕业生成为临时工的中流砥柱,其中,38% 都有学士及以上学位。24 岁以下的年轻人更倾向

　　＊ 此处呈现的调查结果是基于劳工统计局对临时工的定义:那些从事着临时工作的个体,并不期望能够持续。——原书注

于临时工作,而非全职工业,因为他们需要平衡工作和学业;而年龄超过25岁的临时职工,则大多倾向于全职工作。[7]

年轻人不仅时常存在不充分就业的情况,而且很有可能面临失业,因为他们的工作经验十分匮乏。对于年轻职工而言,最近的经济衰退特别糟糕,与年长的职工相比,他们的失业率以更快的速度攀升。2003年年中,几乎每十名年轻职工中就有一名失去工作。[8]在就业市场上,有色人种的年轻人前景更为黯淡。2003年,非洲裔美国年轻人的失业率高达17.9%;拉丁裔美国年轻人的失业率为9.6%,而年轻白人则是7.6%。[9]即使是在2000年这一景气的年份,非洲裔美国年轻人的失业率仍然是年轻白人的两倍之多。

拥有大学文凭的职工——通常比没有大学文凭的人稳定性更高——自2001年经济衰退以来,遭遇了严重的打击。2004年3月,大学毕业生的失业人数达到117万,远超中学辍学生的失业人数。尽管数据显示,从长远来看,大学教育必然有所回报,但许多年轻毕业生发现,在短期内保住工作是一项艰巨的任务。

助学贷款债务。这一代人也是第一批通过有息贷款而非补助金承担大学费用的人,2001年调查的25—34岁的年轻人样本中,多是在20世纪90年代上的大学。当时高校开销平均增加38%,借贷在学生中司空见惯,借贷金额也急速增长。[10]比如,在1992—1993学年,42%的学生贷款上大学。截至那个10年结束,三分之二的学生都有过借贷记录。[11]内莉·梅开展的一项关于助学贷款者的调查发展,2002年时,大四毕业生平均贷款18 900美元——每个月要从薪水中扣除182美元偿贷[12],是1992年大学毕业生背负贷款数额的两倍之多——当时的毕业生贷款数额只有9 000多美元。[13]对于那些攻读硕士学位的年轻人而言,助学贷款的负担更为沉重:研究生院学生的平均组合助学贷款债务为45 900美元。[14]读研究生的年轻人每月需支付388美元偿还助学贷款,几乎占据了收入的13.5%。

如今本科生助学贷款债务的平均数额占据了年轻人收入的9%。[15]信贷顾问和贷款机构公认的原则是,每月的债务总额不应超过总收入的36%。通常,债务内容涉及租金或按揭、信用卡、助学贷款、汽车租赁以及其他循环贷款。由于助学贷款债务平均占据了年轻人收入的9%。这样一来,就仅剩下薪水的27%分配给租金或者是汽车贷款,而且这是在没有经济风险的前提下——更不要提信用评级受损的情况。上一年,每五个年轻人中就有一个报告他们延迟或者错过了贷款支付。显而易见的是,偿贷的风险与日俱增,而与此同时,信用评级也逐渐与就业、住房甚至是手机挂钩。

面向大学生的野心勃勃的市场营销。 尽管为了收支相抵,许多年轻的美国人已经深陷债务,但信用卡行业野心勃勃的市场营销策略仍然对信用卡的使用起到了推波助澜的效果。在每学期的伊始,信用卡公司穿梭在各个大学校园,忙于在桌子上摆放免费 T 恤、马克杯和比萨等诱惑大学生的物品,以吸引他们填写信用卡申请表。这些策略卓有成效——最近的研究发现,96% 的大四学生都拥有信用卡,由于缺乏理财方面的培训,往往成为信用卡公司进攻性市场营销策略的受害者。

日趋上升的住房和交通成本。 在过去的十年中,房屋价格和租金的增速都远超通货膨胀。2001 年,那些收入介于 17 500 到 50 000 美元的家庭中——包括如今已经是 25—34 岁年龄段的中等收入家庭——收入的一半都耗费在了住房上面。[16] 根据消费者支出调查报告,在 1992 年,与"婴儿潮一代"相比,X 世代在租金、交通上的平均花费更多。[17] 通常,X 世代的租房者平均每年耗费在租金上的数额为 6 815 美元,比 1992 年同年龄的"婴儿潮一代"在租金上的花费高 10%。此外,出行在年轻家庭支出中所占的比例也愈来愈多:1992 年时,交通的花费为 6 820 美元,而到了 2002 年,已经增加到 8 432 美元(以通货膨胀后调整的美元计算)。

无保险的成本。 相较年长的职工,年轻人更容易处在没有保险的状态中,而这导致许多年轻人承受着身体和经济的双重风险。跟现在流行的看法相反,年轻人之所以没有保险并非因为他们拒绝雇主承担保险。在没有保险的年轻职工中,只有 3% 是属于雇主提供保险而他们拒绝的情况。[18]

年轻人更可能从事不提供医保福利的工作。年龄介于 19—29 岁的全职职工中,几乎有一半没有就业健康福利。而在所有 65 岁以下的职工,这一比例低于三分之一。[19] 因此,与整体人口相比,年轻人更容易遭遇没有保险的状况。大约每 3 名年轻人中便有 1 名没有医疗保险;而全美人口则是每 6 人中有 1 名没有医疗保险。[20] 医疗保险的缺失又为年轻人增添了一笔沉重的身体和经济成本。根据报告,19—29 岁无医疗保险的年轻人中大约有一半无力承担医药费用。[21]

育儿成本。 25—34 岁是年轻人成家的黄金年份。如今,女性生育第一胎的平均年龄为 25 岁。[22] 与 30 年前有所不同的是,如今多数年轻家庭的父母都从事着全职工作。现在,育有婴儿的目前大多是全职工作者,而非兼职,于是家庭开支中又增加了育儿这一项。[23] 根据美国人口普查局的调查,养育 1 岁以下婴儿的母亲中有 59%,养育 6 岁以下儿童的母亲中有 69%,都是雇员的身份。从全国范围来看,养育 13 岁以下儿童的工薪家庭中,有一半需要支付育儿费用,每月平均耗费 303 美元,占据收入的 9%。[24] 养育一名儿童每年花费的费用从 4 000 到 10 000 美元不等,育儿费用着实为年轻家庭本已紧张的预算又增添了不少压力。

最年轻的成年人:从一开始就负债累累

如今 18—24 岁的年轻人正经历着两种趋势的极端所助长的债务:大学费用的急剧增加和信用卡进攻性市场营销策略对校园的侵袭。在本节内容中,我们将聚焦于最年轻的成年人——18—24 岁的年轻人。

个人故事

兰迪·卡特,品牌专员,28 岁

18 岁时,兰迪·卡特在一封邮件的诱惑下办理了人生中的第一张信用卡。他不需要任何收入来源证明,便可以获得 800 美元的信用额度,他只是威斯康星大学麦迪逊分校的一名学生。助学贷款和五金店的兼职工作无法应付全日制的学费,而新推出的花旗银行信用卡可以帮忙填补不足的费用。经过 6 个月在书籍和餐饮等方面的小额消费,花旗银行将兰迪的额度增加了一倍多,提高到了 2 000 美元。之后,兰迪从事了一份比较贴合他事业志向的新工作,这份工作需要他在州内四处奔波。很遗憾,非营利性雇主并不会报销油费。因此,他定期用信用卡来填补费用。"对于银行来说,显而易见的是,我会使用它们给我的信用额度,并且会支付最低还款额。"他现在认识到了这一点。于是花旗银行将他的额度又提高了一倍,变成了 4 000 元。邮箱中拥入了更多的邀请,到毕业季时,兰迪已经拥有 4 张信用卡,负债 7 500 美元。最低还款额的增长超出了他的负担能力,于是,他开始使用美信银行的信用卡提现支票来偿还花旗银行的欠款,反之亦然。这些支票收取高达 20% 的利息。结果便是,即使他控制了消费的节奏,负债却仍在迅速增长。当兰迪的哥哥了解到他债台高筑时,便申请了一笔低息的私人贷款,偿还了他的大部分债务。"我将大部分的卡退回注销,花旗银行的卡除外,里面还有几千美元,因为我希望也能分担一部分我的债务。"兰迪解释说。

走出学校后,他的第一份工作在一家公共电视台,尽管他每周工作超过 50 小时,但工资仍然是按每周 20 个小时、每小时 9 美元支付。"我致力于这份工作,并且希望通过自身的努力,在两年年薪不足 15 000 美元的工作后转为全职员工。他仍用信用卡来弥补工资和生活开支的差额,按照大多数标准来看,这一差额算是低的。他租的房子地处大学城,月租仅 300 美元,但助学贷款金额却有 400 多美元。他最终不得不选择将助学贷款延期。当兰迪最终成为全职员工后，薪资为 27 000 美元——比期望的要低，同时，由于威斯康星州的薪酬预算冻结，看不到任何加薪的希望。

2001 年 9 月，兰迪下定决心要掌控自己的职业生涯和自己的经济状况，他在纽约找到了一个工作机会。兰迪在清点了 18 000 美元的信用卡债务后，他在一家债务清算公司缴纳了 778 美元的开户费，承诺将用储蓄在三年内还清债务，每月偿还 389 美元。兰迪在纽约的新工作——网络纪录片公司——每周薪酬为 650 美元，没有福利，但他可以免费住在哥哥家的沙发上。由于纽约的经济一直处于下滑趋势，四个月后，兰迪便被解雇了。兰迪取出了他的退休储蓄，才花了几千美元就被罚了一大笔钱。他很需要钱，但两个多月以来却无法领取到失业津贴；因为他先后在两个不同的州工作。"我开始被迫支付租金，在纽约即使是讨价还价也需要支付 500 美元，还身负 389 美元的债务，每个月我的口袋里揣着不到 100 美元过日子。我申请了 300 多份工作，却一无所获。"他通过打零工拼凑工时的方式，结束了自己的失业期——临时保姆、文件归档、参与小型工程——直到最后，一家临时工服务中介雇用了他。"到现在，我十分沮丧。我大学毕业，努力学习，却没有机会展现这些。"

差不多一年之后，他终于找到了一份适合自己的全职工作，并且现在做得很出色。在纽约，这份工作薪资并未达到一般水平，也无法养得起自己，但至少很稳定，而且有利于事业的提升。兰迪的不良信用导致他无法自己租住一间公寓。"我被预先告知要交付一整年的房租，倘若我有那个经济能力，又怎么会债务缠身？"兰迪还被通知最好申请破产："我一直认为，即使在失业和未充分就业的情况下，我最好也要坚持偿还债务，在过去的三年里，我耗费了超过 14 000 美元偿还债务，没有选择去看医生，但现在，28 岁的我，处境比破产更糟糕。"

在过去的十年中，18—24 岁年轻人的信用卡债务大幅上升。2001 年时，平均数额为 2 985 美元（见表 6-4）。尽管消费者金融调查并未以在读学生为对象，但显而易见的是，最年轻成年一代的贷款债务与日俱增，在一定程度上可归咎于大学生信用卡债务的增长。20 世纪 90 年代，校园信用卡市场的版图呈现爆炸性扩张，这也是贷方首次尝试让年轻市场饱和。[25] 在校生联名信用卡和针对学生的广告宣传、积分奖励无疑是成功的。2001 年，83% 的大学生至少拥有一张信用卡。截至毕业季，拥有信用卡的人达到 96%，平均每人持有 6 张卡。在过去的十年中，大学生的负债趋势愈演愈烈。1990—1995 年间，据调查发现，信用卡债务暴涨 134%，从 900 美元飙升至 2 100 美元。[26] 2001 年，大四学生在毕业时平均身负 3 262 美元的信用卡债务。[27]

表6-4 背负信用卡债务的年轻人的平均债务数额(2001年/美元)

	1992年	2001年	1992—2001年百分比变化
18—24岁	1 461	2 985	104%

资料来源:Demos' Calculations from the 1992 and 2001 Survey of Consumer Finances。

(编者按:本文注释可以在初始来源中找到。)

第7章

逐渐瓦解的退休保障体系

戴尔·拉萨科夫

倘若早晨天朗气清,那么你便能看到80岁的朱尼尔·K.波漫步在一条条记录他人生故事的街上:螺旋桨大道、机身大街、驾驶舱大街、指南针大街。自从航空先驱格伦·L.马丁让他在国防工厂制造水上飞机和轰炸机后,他已经在这儿待了60多年了,时任的总统还是富兰克林·D.罗斯福,随着国家参战,马丁奔波在工厂车间,呼吁工人们响应号召。

波度过了那个危险重重的时代,进入今日这个可预见的世界,多亏社会保障,他从未捉襟见肘过,公司发放的退休金也会一直持续到他去世。由于有医疗保险和退休人员健康保险,他的医疗开销几乎为零。他早就在巴尔的摩县买好了房子,房价4 400美元,低于市场价格,而这得益于战时补贴国防住房建设。

波说:"我感觉无忧无虑的",对于他这个大萧条时期出身于阿巴拉契亚地区农户家庭、在13个兄弟姐妹中排行老三的人来说,这是不小的胜利。这一胜利不仅属于他个人,而是属于整个国家的——联邦政府和大型工业企业承保的从"摇篮到坟墓"的新政愿景的实现。

后来这一愿景被小布什总统提出的"所有权社会"取代,在所有权社会中,经济保障的重担、总统的希冀和报酬来源,全都落回到个人身上。社会保障只是政策变动的部分内容,大型公司为波他们那一代编织了一张安全网——提供长期就业、养老金保障和退休医疗保障,但这一保障长期以来一直在坍塌,其伴随华盛顿关于社会保障问题聒噪不休的辩论这一背景逐渐瓦解。但对大多数的中产阶级家庭而言,社会保障仍然发挥着重要作用,与社会保障的讨论密不可分。

这一点在朱尼尔·波的公司显而易见,他的3个孩子,年均50多岁,5个孙子,年龄在18到35岁不等。他们三代人的旅程,从阿巴拉契亚地区到城市郊区，从领取政府救济到装配线，又到西尔斯百货的管理层。尽管从表面看来取得了明显的进展，但他们的期望却在一点点湮灭：孙辈所享有的待遇要远比父辈和曾祖父辈糟糕——当所有的损益都尘埃落定时，他们的退休愿景将最富戏剧性——这一点三代人都是一致认同的。

迄今为止，财政预算员将退休保障比喻为"三条腿的凳子"：职工退休金、个人储蓄和社会保障。

对于波的孙辈来说，个人储蓄这"一条腿"已经指望不上了，这一事实也映射出全国个人储蓄量大幅下降。同时，波这一代人的养老金政策被401(k)计划取代，在这项计划中，职工需要承担退休投资的风险和责任，而非雇主。在小布什的社会保障提议中，所许诺的好处可能会大幅度减少。

这俨然是一种新的秩序，新的福利。波和他的同事们在成年后加入了民主党，他们觉得自己受到国家、政党和政府的保护。而他的孙辈们都是已登记的共和党，认为生活在一个充满风险和责任、没有保障的世界里，很大程度上只能自我依靠。他们愿意给小布什的"所有权社会"一次机会，他们说并不指望政府或者雇主能够给予或者在将来尝试给予他们保护。

总统指望"所有权社会"为民主人士所做的事情，正像新政为民主党人做的，也就是，让它成为全国的多数党。到目前为止，与其衡量机会的增长，不如衡量所丧失的保障，这似乎更加轻而易举。但孙辈们的故事才刚刚拉开序幕。

经历战争的一代

大萧条时期马里兰州西部山区鹿苑社区的童年经历，使得波过早地体验了生活的艰辛，成年时期他一次又一次地受到政府保护，企业也通过建立机制使他免于父母曾需独立抵御的风险。

波通过山姆大叔[①]，得到了第一份工作——在民间资源保护队开卡车。这一新政机构将失业人员派遣去保护自然资源。当他1942年去格伦·L.马丁公司时，战时工资控制促使大多数产业雇主提供养老金和高额保险——部分原因是为了确保在劳动力极其紧张的局势下，工人们拥有足够忠诚度。

波的工作甚至为他提供了一个家。为容纳日益蓬勃的劳动力，工厂老板投资建立了整个社区。第二次世界大战期间军事订单飙升，到1942年时，工厂人数已飙升至52 000人。作为战时的一项举措，政府为社区的建设提供了补贴，廉价的租金、低售价为马丁节省了不少成本。

最初，波一个月仅需支付19美元的租金——包含水电，他所住的地方为航

[①] 山姆大叔，美国政府的绰号。——译者注

空小镇滑翔机路 108 号，这片住宅区的前身为草莓园。马丁用飞机的组成部分为每一条街道命名（诸如左翼路和右翼路的名称并不存在深层次的含义）。大家居住的房子别无二致，都是 48 英尺长、24 英尺宽的简易别墅，设有走廊、两个房间、一间浴室和宽敞的客厅。

1943 年，波奔赴战场，归来时，由于在冲绳岛战役中被弹片所伤，被授予紫心勋章。他对马丁依旧忠诚，拒绝了其他机会，这其中便包括 20 世纪 50 年代巴尔的摩金莺队提供的机会。身为一名瘦高的左撇子，波曾经是公司杰出的工业联盟球队马丁投弹者队的明星投手，但在他那个时代，职业棒球运动员并不像工厂员工一样是一份稳定的工作，"感觉没有保障"，波解释道。

为投弹者队投球是他们的一种自我保障方式，马丁出了名地痴迷棒球——他在东大街和威尔逊点路打造了一片绿草地，常常从停放在战略位置的飞机机翼处观看投弹者队表演。朝鲜战争后公司开始裁员，投弹者队的全体成员却安然无恙地留了下来。

作为对此事的回报，波放弃了一部分自由。在其作为"民间资源保护队男孩"的日子里——到现在为止，波依然这么称呼自己——每个月工资为 30 美元，他预留出 5 美元，民间资源保护队会把他剩余的工资寄给他家中的父母和 12 个兄弟姐妹。

如果波没有在一个雇主那儿度过整个 41 年的职业生涯，那么他只能收到现在每月 920 美元养老金的一小部分，公司有一项被称为"隐形契约"的计划。养老金构成其退休收入的 40%，社会保险支付给波的数额为 1 373 美元。

如果波没有始终待在一家公司，在退休后也无法享受终身医疗保险，在终身医疗体系下，处方药仅需支付 2 美元。退休问题专家说，由于医疗卫生成本的增长，如今雇主们需要支付与养老金等额甚至更多的退休人员健康保险，作为对医疗保险的补充。

就朱尼尔·波的退休保障而言，节俭是另一重要特征，这一点是他培养出来的。"我们节省、节省再节省。"波说的是他和他的妻子，他的妻子已于十年前去世了。波被他的家人称为"吝啬鬼"，但他引以为豪。在傍晚的阳光几乎完全消失之前，波从来不会去打开家里的灯。"这都是要付钱的。"一天，当他的儿子道格下班后顺便过来探望他时，他破例打开了客厅的灯。他宁愿大汗淋漓也不愿意吹空调，只有在儿孙们来拜访时，他才会打开。（他说："在南太平洋时，温度高达 110 华氏度[①]，但我们仍旧赢得了战争。"）

[①] 110 华氏度，约合 43.3 摄氏度。——译者注

第7章 · 逐渐瓦解的退休保障体系

在波的时代，只有富人才会将钱投入股市；波基于对山姆大叔的信任，参与了"每周债券"储蓄计划。此外，20世纪80年代初，他还开了一个个人退休账户，存款利息有15%。去年，利率降至1%以下。对于个人退休账户的失望，令波不禁怀疑年轻人对股市的忠诚。他提醒道，任何事情都有走下坡路的时候。

最近，在马丁·玛丽埃塔退休人员协会举行的月度会议上，波和他的七位前同事坐在一起，他们的经历与波大抵相同：均为80或者80多岁的高龄，均依靠被喻为"三条腿凳子"的退休保障，均为自己的儿女和孙辈在老年时如何过活而忧虑不已。

"在他们挣到钱以前，便已经将钱挥霍一空。"82岁的埃德·多西在评价自己的孩子时如是说道。我问他们："你们为退休做了什么准备？他们认为那还早着呢。但他们明明都已经50多了！"

所有人都说他们意识到社会保障是不可或缺的，所有人都说他们知道就目前的形势社会保障无法惠及其后代。

83岁的埃尔默·桑德斯说："我们是击垮这一体系的一代人，社会保障并没有期待我们活这么久。我告诉我妻子，如果我中风了，只要不拔掉设备的插头，他们就可以让我依靠设备活着。但如果我还喘气，账单就源源不绝。"

"婴儿潮一代"

对于朱尼尔·波的孩子们而言——56岁的凯、54岁的道格和50岁的丹——关于社会保障的讨论只是再次提醒人们如今这样的福利不会再滚滚而来了。

道格和丹跟随着父亲的步伐也进入了马丁公司。马丁公司成为马丁·玛丽埃塔公司的一部分，后并入洛克希德·马丁公司，七年前，他们部门的大约700个员工被合并到了通用电气公司，现已更名为中河飞机系统公司，仍然坐落在朱尼尔·波工作过的飞机库，公司主攻制造商用飞机发动机的反推装置。丹是一名高级采购员，而道格则是油漆工。

与许多和他们同时进入公司的员工不同，兄弟俩在每一次的公司重组中都幸运地留下来，仍然和他们的父亲一样拥有退休时可以享受全额养老金和终身医疗保险的前景。这种典型的公司依旧提供这些安排，兄弟俩的情况能享受完善的福利，包含工作25年以上而获得的终身健康保险——终身制在他们父辈是比较常见的，在他们这一代就变得不合时宜了。

"我知道我们是幸运儿，"道格说，"我的孩子们绝对得不到诸如此类的福利了。"

他们也不确定自己是否会继续拥有，他们知道的其他人大多青黄不接。丹在波音公司的采购部时有一位同行,她有着 20 多年工作经验,最近她的部门被加拿大公司收购。她的退休金福利已被冻结,退休金减损了 30%,同时也失去了终身医疗保险的资格。2001 年,丹的妻子乔伊斯遭遇了同样的打击,她在洛克希德·马丁公司工作 21 年后被除名。此后,她找到了一份机械车间的工作,但这份工作无法享受舒适的养老福利,她说:"感觉我不得不工作,直到断气了。"据上周的新闻报道,美国联合航空公司终止其养老金计划,构成美国历史上规模最大的公司违约。但于他们而言,这些都是老生常谈。

因此,社会保障并不是最让人忧虑的事情。

"据我理解,我们这个年龄段的人最终可以享受的福利,可能要低于对社会保障的期望,但也不会太过悬殊,所以我相信它会以某种形式在生活中得以体现,至少政府不会让你出局,"丹·波说,"但是企业会,作为中产阶级的一员,这一点把我吓坏了。"

兄弟俩说,他们的梦想就是像他们的父亲一样:有一份出色的工作,可观的薪酬,漂亮的房子,偶尔来一次家庭旅行。到目前为止,他们已经实现了。或许,他们甚至能享受到类似的、富有保障的退休生活,当然这在一定程度上是因为房价的膨胀。丹在埃塞克斯的房子 20 年间增长到了原来的 3 倍还多,而道格在塞西尔县的房子则是 5 年间翻了一番。

尽管他们和自己的妻子已经为 401(k)计划贡献了 20 年,但兄弟俩说,如果没有房子,他们不会有足够的钱过上舒适的退休生活,他们也许会卖掉现在的房子换套小的。

他们面临着朱尼尔·波未曾有过的储蓄挑战:这一挑战来自成年子女。由于不需要支出抚养子女的费用,朱尼尔曾有过 15 年的收入高峰期;而道格有 3 个孩子,18 到 24 岁不等,仍然待在家里,还有一个 4 岁的孙子。朱尼尔的女儿凯·科迪 56 岁,需要帮自己的女儿帕梅拉抚养 15 岁大的外孙。帕梅拉·科迪,35 岁,是陶森市一家电话接听服务公司的主管,帕梅拉说她连养活自己都很艰难。

凯·科迪已经看清了所有权社会的本质,从 20 世纪 90 年代到现在,她的养老金已经转化为 401(k)计划,这一点迫使她不得不学习如何管理自己的退休储蓄。

"在成长的过程中,我们从未关注过股票和互惠基金,"她说,"但当他们向我阐述 401(k)计划时,我想,这可真是个好主意。我确定我明白了,并且期望能够掌握其进展情况;自此以后,我学习了金融学课程。现在,我在这里的委员会监督我们的资金如何投资。"

第 7 章 · 逐渐瓦解的退休保障体系

1996年,她的保障受到了更严重的冲击,她的丈夫,一名工会的建筑承包商,死于渐冻症。在这一过程中,科迪不得不学着承受严重的风险,而这是她的父亲从未经历过的。举例来说,2001年,伴随着"9·11"恐怖袭击而来的股票市场暴跌,并没有对朱尼尔·波的养老金支票构成威胁,但他女儿的401(k)余额却遭到了重创。当科迪的基金逐步恢复时,她说:"我最大的忧虑就是,如果我们再次受到冲击,卷入另一场经济衰退中该怎么办?"

凯·科迪一向勤俭节约,在她丈夫过世后,更是节衣缩食。她已经买下了在埃塞克斯的住宅,她为自己制定了一项开销预算,储蓄目标为5 000美元,"以防万一,比如洗衣机坏了,比如我需要换新的轮胎"。她专门开立了一个银行账户,把每次的薪水都打入账户中,甚至都没有留出购买生活用品的钱。当数额达到5 000美元的时候,她会说,感觉10 000美元听起来更让人安心。她的积蓄已经超过了10 000美元,并且还在继续。此外,她还把丈夫的死亡补助金和保险投到了互惠基金中,为她的孙子投资了成长基金。但是她说她的401(k)和储蓄总计114 000美元——投资顾问曾告知她要存够400 000美元才足以支撑退休生活,而目前仍相去甚远。

凯·科迪是一名医疗机构的管理人员,这提醒她日常生活中注意其他风险。科迪与她的兄弟和父亲不同,并不指望退休时能享有终身医疗保险。"我很渴望能够像父亲那样身体康健或者没有医疗需求。但假如我达不到这一点,我可能每天都面临无法用医疗保险支付医疗护理费用的境况。"她说。她的公公,一名伯利恒钢铁公司的退休职工,在公司宣告破产后,失去了退休医疗保险,当需要心脏起搏器时,他不得不支付数千美元。

在汹涌的波涛中,社会保障代表着一座稳定的岛。补助金缩减的惨况已经不会再降临到56岁的凯·科迪的身上,因为到目前为止,所有的提议都是将55岁及以上人员排除在外的。但当她响应小布什提出的创建私人账户的提议时,她说,这一体制的长期偿付能力更令其忧心不已。

她说:"诚然,它确实让我很安心,让我了解到当我到了一定年龄时,无需担忧靠什么过活,但我却不得不担心将来我的儿女和孙辈们能得到些什么。有时,我认为于他们而言,生活看起来一片黯淡,黯淡得仿佛像罗斯福未实施新政之前那样。"

孙辈

老掉牙的社会保障正在土崩瓦解,其中一项衡量标准便是波氏一族的年轻人甚至没指望依靠它。"对于我来说,保障不过是当有事情发生时,有可以选择的余地而已。"29岁的杰西卡·波说,她是西尔斯百货旗下贝尔艾尔区哈福德购物中心的经理助理。

作为丹和乔伊斯的女儿,她说,当她看到自己的母亲在工作21年后仍被辞退时,便对旧的秩序失去了信心。杰西卡说:"这真的很让人心碎。"她现在已经转而相信所有权社会。"如今每天都会上演企业收购的景象,所以我想如果有一天发生在我身上的话,也很好!我热爱我的工作,但是它可能会发生变动,而我也能接受这种变动。"

事实上,年轻的波一代遇到的所有权社会看起来更像是销售型社会。上一年春天,西尔斯百货被凯马特公司收购这件事给杰西卡埋下了潜在的暗示。此外,她的表姐帕梅拉·科迪的福利被削减了,而这是因为帕梅拉工作的地方性电话接听服务公司被卖给了一家全国连锁公司。对于通用可以将他们的部门卖掉的事情,杰西卡的父亲和伯伯也心知肚明,就像20世纪90年代洛克希德·马丁公司将其卖掉一样。丹·波回忆说,当初员工们对部门被收购这一消息十分震惊,面对员工们的诧异,洛克希德·马丁公司的一名高层回应道:"在合适的价格面前,要想斩获颇丰,最好的选择便是将其卖掉。"

在朱尼尔·波的年代,经验对于生产线上的工作而言是十分紧要的。员工和雇主重视从摇篮到坟墓的保障以及对一家企业的忠诚。但对于年轻的波一代来说,他们经历的是工作、资本和产品的跨境(道格惊呼:"我们的工资管理居然是在印度!"),隐形契约就如同枷锁一般。

道格的女儿林赛21岁,最近辞去了银行出纳的工作,转而供职于一家可以加薪和晋升的对手银行。与此同时,她也损失了三年的养老金。她说,养老金并不是主要的考虑因素,如果她现在不离开的话,之后也一定会离开。这一言论使得她的母亲,为宝马公司工作了13年之久的梅兰妮·波,立刻闭上了眼睛,貌似是在缓解自己的头晕。

她说:"如今,面对10美元的加薪,孩子们可能会欢呼雀跃,然而对我们却没有什么吸引力。"

有时,杰西卡会陪伴朱尼尔·波去参加马丁公司的退休人员聚会,杰西卡很乐于和父亲的前同事们见面,却不相信这么多年过去后,这群人依然围绕着原来的公司侃侃而谈。"他们仍在关注公司的动向,这实在是出乎人的想象,"她说,"于我而言,工作就仅仅是你工作的地方,仅此而已。"

退休问题专家说,对于波的孙辈来说,三条腿的凳子目前只剩下两条腿了:社会保障和401(k)计划,这一计划仿佛将养老金和个人储蓄合并了。鉴于杰西卡在西尔斯的职位,公司为其提供了401(k)计划,她尝试着将薪水的7%投入其中,但她说她最近削减到了3%,因为她快养活不了自己了。"如果不借助于信

第 7 章 · 逐渐瓦解的退休保障体系

用卡,我大概已经好几周都吃不上饭了。"她说。

目前为止,杰西卡是朱尼尔·波家中唯一一上过大学的后代,她的父母并未给过她选择的机会。"他们抚养我上大学,视其为必然之事,在一定程度上,是精心谋划的。"她说,"技能是关键。这一点赫然列在我的工作职位介绍中——你需要大学学历。"不过,朱尼尔·波在抚养孩子的时候并没有这方面的花销。

如果杰西卡的职业生涯无往不利,股票市场也一片大好,那么当她年老时,便可以享受和祖父一般有保障的生活。但现在,即使她刚被晋升为经理助理(工资 26 000 美元),她和她的父母也无法指望这些薪水,她的 401(k) 账户,目前余额只有 6 000 美元,根据计划提供的预算,在她退休时,数额应达到 30 8000 美元,但现在距离经济学家告诉她的所需数额,还差得很远。她说,她希望能够多进行些投资,看见更多的收益。

"每隔一周,我都会上网核查我的账户余额。"她说,"我把一半的钱放在了安全投资上面,至于其他的风险投资,我只想呐喊:'涨,涨,涨!'"

杰西卡说,她很确定自己没有能力置办一套房产,她的表姐帕梅拉,与丈夫租住在哈福德县的一套公寓里,也是如是说。比她小三岁的堂弟——道格家的孩子,已经搬进了自己的房子里。在他们父母看来,房子是下一代退休保障体系中另一条摇摇晃晃的腿。

"我们做得很好,在有些方面甚至比我们的父母更好。"梅兰妮说道,"我不知道我们的孩子会怎样。"

但对杰西卡和林赛来说,他们过于乐观,并没有考虑到事情并不会顺其自然;同时,对于老年生活,又缺乏提前规划。

"在我的心中,退休就好像是一个传说。它或许存在,但就目前来说,却遥不可及,但我有 401(k),我正在积谷防饥。"杰西卡说。

电话接听服务公司的主管帕梅拉却持另一种看法。不久前的一天,帕梅拉开了 11 年之久的福特探针抛锚了,朱尼尔·波长途跋涉开了一个多小时去接她,并把她送到了上班的地方。两人与政府和雇主之间关系的鲜明对照,真是令人诧异。

开着银色别克马刀的是朱尼尔·波,在其雇主和政府的帮助下,朱尼尔已经实现了从贫困阶层到中产的蜕变,安享退休生活。坐在他身旁的是帕梅拉,朱尼尔的外孙女,在帕梅拉看来,他们已经被为其外祖父带来富足生活的体系抛弃了。

"我目睹了我的外祖父母是怎样生活的,而我和我的丈夫只能靠薪水勉强过活。"她说,"我没有养老金,我也不指望社会保障体系能够持续到我去世。我想知道政府的钱都去哪儿了?谁是受益者?反正我没尝到任何甜头。"

第8章

美国的挥霍

罗伯特·库特纳

次贷丑闻

随着2007年来临,新的一年带来了新的经济丑闻和新的系统性风险蔓延。所谓的次级抵押贷款部门开始招致更严重的损失,为高达6.5万亿美元的抵押贷款证券市场增添了一份艰险。"次贷"是一个广义的术语,是指为那些不符合一般贷款条件的人提供的信贷。他们要么是因为收入太低,无法实现预先付款;要么是因为存在不良信用记录。21世纪初,抵押贷款机构在传统的住房抵押基础上引入了更加复杂的花样:不仅包括浮动利率抵押贷款,还包括零首付抵押贷款和"引逗利率"贷款,在短暂时间后,其利率便会慢慢上涨,甚至高于现行利率。令人惊讶的是,抵押并不需要信用核查。据估计,60%的次贷既不需要收入证明,也不需要简单粗略的审查。

抵押公司之所以提供这些贷款是因为他们不需要承受很大的风险。一般来说,这些抵押贷款在贷款结束后会被立即抛售,包装成证券的形式,被称为债务抵押债券。证券持有的回报率与风险密切相关。根据《华尔街日报》,次贷增加到原来的12倍之多,从2001年的500亿美元,增加到了2005年的6 000亿美元。2005—2006年,高风险抵押证券的价值翻了一番。

在人们看来,当现行利率上升时,麻烦就开始了。但更不幸的是,当2007年年初次贷行业陷入严重困境时,利率却是持平或下降的。可想而知,在此情况下,对于业主、贷方、投资者和更大的经济体而言,当下一轮的利率高峰到来时,他们会遭遇多么可怕的惨境和严重的损失。据一项行业研究项目表明,截至2010年,利率为4%及以下的"引逗利率"贷款中,有32%将丧失抵押品赎回权。

导致违约率上升的因素并非是较高的现行汇率,而是在2007年年初发生的两次可预见性事件。首先,由于宽松的标准,借款人数量与日俱增,他们所负担的义务超出了自身的经济承受能力。任何意外的、细微的财务逆转都会导致他们无力偿还贷款,最终失去自己的房子。于很多人而言,"引逗利率"的末期便是无力还款的结果。其次,寻求快速获利的次贷机构已经越来越多地加入到风险贷款人的队伍中。截至 2007 年 3 月,15% 的次贷都存在拖欠情况。

正如过去十年中许多其他的金融泡沫那样,这一现象的出现也是受对异常高回报的追求驱使的,华尔街好像忘记了最基本的教训:高收益伴随着高风险。次贷经纪人并不是不三不四的一群人,并没有比黑手党放贷人更可恶——他们的资金主要是来源于华尔街上大多数的蓝筹股。但这些公司无须承担全部的风险——他们只是中间人,因为大部分的证券已经作为养老基金廉价出售给投资者。

2007 年 4 月,最大的次贷机构之一新世纪金融公司宣告破产,据说他们最大的债权人是摩根士丹利投资公司。新世纪金融公司和其他次贷承销机构的主要资金来源便是对冲基金,次贷的崩溃也是再熟悉不过的内部利益冲突所致。2006 年,新世纪公司发行了价值 600 亿美元的抵押贷款,仅次于总部位于伦敦的汇丰银行的次贷总量。新世纪的三位创始人,或许感知到了接下来将要发生的事情,四年内将其公司的股票以平均每股 42.46 美元的价格套现了 1.03 亿美元,其中大部分都发生于 2006 年,尽管在那时,他们仍然不停地向分析师和投资者吹捧自己的产品。自 2007 年 4 月起,他们因涉嫌内幕交易违规行为接受美国证监会的调查。即使是在破产期间,新世纪仍然为案件的双方——投资银行家和华尔街律师创利,这纯粹是高额的经济浪费。

过去十年中,金融过剩的其他案例也为我们带来了相似的惨痛教训。无论是公共监管还是私人监管,都以失败告终。2005—2006 年的金融历史中早已为后来发生的一连串的事情提出了预警,监管机构无动于衷。不同于银行、储蓄工会和贷款协会,抵押贷款公司并非由联邦政府直接监管。2006 年,加利福尼亚的监管部门员工只有 25 名,却需管理 4 100 家抵押贷款公司,在对新世纪进行粗略审查后,便给予了其资金状况良好的评价。由于监管力度松懈,此类的抵押经纪人占据了越来越多的市场份额,挤占了传统储蓄和银行机构的地位,到 2005 年时,仅有 23% 的次贷来源于联邦政府监管的放贷机构。这一切看起来完全讲得通,对于受监管的放贷机构而言,它们至少还会担忧政府的审查,但在这一丑闻中,几乎没有涉及这一点。美联储还残留着调查可能扰乱金融市场的滥用行为的权力,但随着次贷部门逐渐成为高风险领域,美联储没有进行调查,只对一家与银行相关的次贷机构发出了一份勒令停止通知函。

一般而言，由房地美和房利美掌控的二级抵押市场监管着相关标准。坏账恐怕很难由房地美或者房利美出证，从而进行转售或者证券化。但是正如我们所见，房利美自身也有重大丑闻。而且值得一提的是，监管房利美的机构联邦住房企业监管办公室对次贷问题置若罔闻。2007年2月，在遭受严重损失后，房地美收紧了其标准。与此同时，次贷机构发现了将贷款打包成高收益证券的方式，而且无需房地美或房利美的批准认证，因此次贷丑闻是双重失灵的体现。私人市场没有精确的债务抵押债券价格，也未能阻止将个人投资者和金融体系置于高风险中的行为。公共监管机构与华尔街那些反对监管的人狼狈为奸，袖手旁观。

直到2007年春天，国会才开始进行迟到的调查。当国会安排听证会时，抵押贷款银行家协会通过将低收入购房者作为其海报中的典型人物，捍卫那些铤而走险的成员。该协会主张，规范这一部门只能剥夺借款人的贷款数额。当房地美姗姗来迟地收紧标准时，抵押贷款银行家协会主席约翰·M.罗宾逊警告道：此举"将限制人们对于产品的选择权，限制为最需要的人提供信贷，他们中有许多都是首次购房者，或是少数族裔，未得到充分的服务。那些新标准针对的抵押贷款产品是重要的金融工具，在贷款方购置房屋和修复信用方面发挥了举足轻重的作用。进一步限制消费者选择的规定是毫无根据的"。

这一点也可以用来为20世纪80年代的储蓄和贷款过剩辩护，这两种情况下，真正的意图是让中间商获利，如果惠及一些低收入的购房人群，那也纯属偶然。抵押经纪人似乎并不关心许多美国民众会因此失去家园，对于他们而言，只要方案依然奏效，平均下来仍然收获颇丰就可以了。

如果公共政策决策者希望能够帮助更多的低收入人群拥有自己的房屋，可以采取更好的方法，而不是依赖肮脏的贷款经纪人兜售"偷梁换柱"的产品，最后只留下一连串丧失抵押品赎回权的事情和令人心碎的景象。在历史上，政府曾通过退伍军人管理局和联邦为首次购房者提供补贴贷款。联邦住宅管理局所提供的3%的首付贷款违约率要远远低于次贷机构。社区住房服务办公室一类由政府出资的非营利贷款机构并没有通过房贷业务获取不义之财，而是为低收入购房者提供咨询服务，与之进行长期合作，使得社区住房服务办公室的止赎率接近于零。

有时，为防止丧失抵押品赎回权，政府也会介入。20世纪30年代中期，房主贷款公司和房主与贷方谈判，鼓励贷方债务延期，并重新协商贷款期限，这使得捉襟见肘的房主能够在困难时期保住自己的家园。有些州，如北达科他州，创立了州立银行，并通过立法将止赎权暂时延期。如果将房主的命运交由私人市场,那么将会有一连串的丧失抵押品赎回权现象发生,当地的房地产市场将会遭受更严重的瓦解。如今,虽然没有发生全国大萧条,但许多地方的房地产市场发生严重危机,需要更多的私人债权人伸出援手。2007年年初,由于止赎率居全国之最,俄亥俄州发行了1亿的债券为抵押贷款重新筹措资金。

为帮助首次购房者,在住房政策方面,尚未采取的方法包括完善的核保标准、抵押贷款补贴、起步房和信贷咨询。适合低收入群体的体面房屋需要社会补贴,而不仅仅是市场运作和对快钱的追求。政府的援助也缓冲了房屋的价格,增加了市场的供应。即使市场已为这一轮最新的金融过剩带来的广泛影响做好了准备,监管机构也姗姗来迟地收紧了标准,似乎并没有人吸取这些基本的教训。

第 3 部分

不平等

尽管经济危机一再发生,美国仍然是一个较为富裕的社会——按大多数标准衡量,是世界上最富有的国家之一,但这种繁荣并非为大众所共享。的确,当今美国社会最突出的特色之一便是巨额财富与普遍贫穷的鲜明共存。在许多方面,如今,经济不平等甚至比近代历史上的任何时候都更为触目惊心。"富人"和"穷人"之间的巨大差距从一开始就伴随着我们,甚至在经济好的年景,也持续存在。

比如,在 20 世纪五六十年代,许多社会学家将美国描述为一个"富裕"的社会,社会中的大多数人都可以指望生活水平的稳步提高,收入和财富方面的不平等正在快速消失,真正的贫穷很快就会成为明日黄花。这些看法都基于一些无可争辩的事实。平均而言,"二战"之后,美国人的收入确实大幅上升,20 世纪 60 年代,数以百万的穷人被划归到了官方贫困线以上。相信按照这一趋势持续下去是很自然的事情。

但即使是在 20 世纪五六十年代的经济扩张时期,也有一些人认为朝着更大程度的平等稳步迈进的道路上存在着一些重要的局限。一方面,整体生活水平提升的过程,几乎没有影响到美国收入和财富的分配——穷人和富人之间的差距依旧存在。自"二战"以来大部分的时间内,上层五分之一的高收入人士,收入约占美国个人总收入的 40%;下层的五分之一,其收入约占 5%。尽管贫困的状况在许多农村地区急剧减少,但事实证明在市中心,贫困却呈现出更加顽固之势。

近来,这一趋势变得更加令人沮丧:战后经济平等有限的进步已经被逆转。到 20 世纪 80 年代初,美国收入不平等的蔓延已经开始加速,最富裕群体所占的收入份额逐渐上升,与此同时,最贫困群体的收入份额开始下降。到 20 世纪

90年代，收入不平等达到了"二战"以来最极端的程度。在新世纪初期，上层五分之一的高收入人士，将国家总收入的一半纳入囊中，并且收益逐渐集中到一小部分人手中。1979到2006年间，美国下层五分之一的民众的税后收入增长了11%，中间五分之一的民众税后收入增长了26%，而收入位于前1%的群体，税后收入增长了256%。这1%的美国人在2006年的收入超过了当年全国总收入的16%。[1]

近年来不平等现象急剧增加的原因是什么呢？如经济学家迪恩·贝克在《美国日益加剧的不平等》中所说：这种日益扩大的差距不仅仅是经济或技术变革的自然结果，也是深思熟虑的公共政策对贸易、就业、支持工会化、医疗保健和其他方面影响的体现。简而言之，我们所遭遇如此严重的不平等，在一定程度上是由于自身的选择，我们本可以做出其他选择。

正如贝克所说，对于大部分的美国人而言，这些政策十分严苛，但富人除外。对于经济阶梯下层的人而言，最糟糕的影响已经出现了。随着最富有的美国人财运的飙升，低收入美国人的经济状况却正在逐渐恶化。根据最新统计，大约有3 600万美国人的收入低于联邦政府的贫困线，就2008年来说，贫困线是以一个四口之家收入是否超过20 000美元为基准。如今，每六个美国儿童中就有不止一个处于贫困状态，这一比例要远高于其他大部分工业化社会。尽管许多人都意识到在美国贫困是很普遍的，但鲜少有人意识到与其他发达国家相比，美国的贫困更加严重。以不平等和贫困为对象的国际比较卢森堡收入研究表明，美国儿童遭遇贫困的风险概率更接近于俄罗斯或者墨西哥的儿童，远不及其他高度发达的工业化国家。与丹麦的儿童相比，美国儿童生活在贫困家庭的概率是其六倍之多。

正如我们摘录的美国进步中心的报告所表明的，这一不幸的现象并非不可避免，而经济不平等的极端状态也同样可以避免。对于贫困为何在美国这一工业化社会如此突出，有着明确的原因。我们可以推行相应的策略来大幅度地缓解这一现象，只要我们选择这样做。

贫困不仅仅是收入问题。不断加剧的贫困最具毁灭性的、最显而易见的一个后果便是美国无家可归现象的攀升。人类学家埃利奥特·利博花费了数年时间来密切观察华盛顿及周边地区无家可归的妇女。他的文章所描绘的美国不平等机制下底层人民的生活令人叹服。他透露，无家可归意味着每天都要为了生活中的基本必需品而苦苦挣扎，而这些在大多数人看来都是理所当然的，比如睡觉的地方和存储物品的空间。

当它看起来如此不公时，为什么我们仍允许贫富之间如此严重的差距继续存在呢？其中一个原因是，作为一个国家，从历史层面上看，我们相信，无论一个人目前在经济阶梯中处于何种位置，他总有提升的可能，这可以通过努力工作、勇气和坚持不懈来实现。事实上，美国是一片遍布机会的独特土地这一想法，从一开始便深刻影响了社会政策的塑造，在这里，出身并不重要，重要的是你能依靠自己获取什么——与其他发达的工业化国家相比，其所塑造的社会在缓解收入和财富不平等影响方面效果甚微。但是正如我们转载自以商业为导向的《华尔街日报》的文章所建议的那样，现实是更加错综复杂的。美国可能从来没有像我们曾经坚信的那样有那么多上升的机会，近十几年来，摆脱贫穷的脚步已经停滞，其可能性甚至下降了。当然，这并不意味着向更高层社会的流动永远不会发生，但它确实意味着一个人父母的财富和教育水平远比机会无限的神话所暗示的要管用得多。

尾注

1. Arloc Sherman, "Income gaps hit record level in 2006, new data show", Washington, DC, Center on Budget and Policy Priorities, April 17, 2009.

第9章

美国日益加剧的不平等

迪恩·贝克

悲伤的现状

20世纪的后25年,美国经济增长的步伐较为稳健,自1980到2005年,国内生产总值平均每年增长3.1%。然而,这种增长的好处绝大部分都流入了10%最富有家庭的口袋,并且不成比例地流向了这一群体中最富有的1%。同一时期,大多数家庭的收入涨幅微乎其微,他们所经历的收入增长主要得益于双薪家庭的增加。

在政策辩论中,美国不平等现象的加剧已得到广泛认同。尽管对于不平等加剧的常规模式并无争议,但对于其原因却有着相当大的争议。虽然一些政策分析师认为美国不平等的加剧是全球化和技术的产物,但一个强有力的论点是,一系列深思熟虑的政策选择是加剧这一问题的推动力。本文将围绕20世纪后25年促进收入向上重新分配发展的一系列关键政策展开论述。

美国贸易和移民政策——不平等的主要原因?

关于全球化,或许最基础的事实便是,发展中国家有大量的工人愿意拿着比发达国家同行低得多的薪酬工作。开放美国劳动力细分市场以加强与发展中国家劳动力竞争的贸易政策,将会使受影响的工人薪水更加低廉。同时,这种贸易开放将会为更大的经济体带来好处,因为工人们提供的货物和服务将会因此降价。

在美国,尽管贸易和移民政策更大程度地保护受过高等教育的劳动者,诸如医生、律师、会计师和经济学家,却也一直相当明确地关注那些与发展中国家劳动力竞争的没有大学学历、受教育程度低的劳动者。这一点的实现首先通过让公司尽可能地在发展中国家建立制造业，并将其产品输送回美国。近年的贸易协定一直侧重于确立一种制度结构，从而保护公司免受发展中国家政府征收或对利润汇回的限制，同时也禁止可能将制成品排除在美国之外的关税和非关税壁垒。此类协定的影响是将美国的制造工人与发展中国家的同行置于直接竞争的境地。

美国的移民政策为受教育程度低的劳动者的薪酬施加了下行压力，其允许移民从事许多技术含量低的工作，比如保管员、餐馆工和建筑工人，而这在美国是违法的。尽管不合法，但在过去的四分之一个世纪里，雇主还是明知故犯，雇佣了数百万没有合法授权的移民工人从事这些工作。

意识到美国的移民政策并非完全开放这一点十分重要。那些非法并且没什么技能的工人，一旦遇到执法人员，就会面临被驱逐出境的风险，比如，当他们因违章停车而被拦下时。同样地，这些工人经常冒险穿越边境来到美国。在墨西哥等发展中国家，相对缺乏技能的工人可能愿意冒这样的险，因为在美国，即使低薪工作，也比他们在国内赚得多。医生、律师和其他发展中国家的专业人士并不乐意冒同等风险，即使在美国能赚更多的钱他们也不会这么做，因为他们并不愿意牺牲国内相对舒适的生活。

如果美国的贸易谈判代表讨论的是其他议题，那么他们本可以通过构建相关贸易协定，从而让受过高等教育的工作者与发展中国家的同行一较高下。这一目标的实现本可通过在医学、法律和其他高薪职业方面制定透明的职业和许可要求，消除所有使医院、大学和其他雇主难以雇佣非美国公民的法律障碍。为了消除对发展中国家"人才外流"的顾虑，对国外出生的专业人员进行适度征税是一个简单的解决方案。这项税收可以赔偿发展中国家的教育支出，同时每有一位专业人士来美国，向他征的税便可用于在发展中国家培养两到三个职业人士。

一项旨在使高薪专业人士受制于国际竞争的政策会带来更大的经济效益，主要体现在降低占据高薪专业人士工资中相当大一部分的开支，如医疗保健、大学教育以及许多其他商品和服务的价格。这种贸易和移民政策将会带来更多的平等，而非不平等。

有利于抑制通货膨胀的社会政策

加剧不平等的第二个重要的社会原因是美国联邦储备委员会和美国中央银行的政策和战略。美联储委员会或者说美联储既承担着维持高水平就业的责任，也承担着控制通货膨胀的责任。但在过去的 25 年里，与战后初期相比，其重心更多地集中在对抗通货膨胀上。这一政策主要依赖于保持足够高的失业率，以防止通货膨胀超出其认为的可接受的水平。当美联储提高利率以减缓经济增速时,那些失去工作的人往往都不成比例地处于工资分配中间和底层的人。最近一项分析发现,对处于工资分配下半部分的工人来说,低失业率和实际工资增长之间存在很强的关联性。

实际上,这意味着在面对高失业率时,为了控制通货膨胀率,受教育程度低的工人将会被要求做出牺牲,拿更低廉的薪水。在过去的几十年里,政府已经尝试通过工资价格指导方针来维持这种牺牲的平等性。正如最近经合组织在其新的就业战略中所记录的那样,许多欧洲国家有效地利用集中谈判工资机制来控制通货膨胀,而不是诉诸高失业率。

美国的反工会现象

对大部分劳动力工资造成下行压力的第三个重要原因便是20世纪后25年开始实施的反对工会政策。由于这些政策,在一定程度上,加入工会的私营部门劳动力的份额从1980年的20%以上,下降到2005年的不足8%。此外,由于雇主策略的改变,现存的工会权力也缩减了很多。

在20世纪80年代,雇主解雇那些参与工会组织运动的工人司空见惯。虽然雇主因为雇员参与工会活动而解雇他们是非法的,但是想要证明雇主的动机很困难。此外,因违反此法而被判有罪的处罚非常轻微,以至于雇主甘愿冒着被处罚的风险来换取让工会离开他们地盘的结果。雇主解雇组织运动领导者的能耐,致使工会安排新的工作场所难上加难。

工会试图通过借助不同来源的外部压力对抗这种做法——教会、社区团体、政治人物——迫使公司认识到大多数工人都想要一个工会是一个众望所归的地方。他们也曾尝试过在公司的部门中采取交涉的方法,他们组织起来迫使其想要拉拢的部门的管理层中立。比如,通信工作者在电话业的传统部门采用交涉的方法迫使主要通信公司对他们在互联网和手机部门的组织运动保持中立。然而,在20世纪后25年,劳动法的执行偏袒管理层这一点已经成为工会组织的主要障碍。

这一时期劳资关系的另一重大变化是雇佣顶替工来接手罢工工人的工作。这一做法在20世纪80年代以前,是极为罕见的。转折点出现在1981年,里根总统引进军事航空管制员来代替罢工中的民用航空管制员。大多数罢工的航空管制员永远地失去了他们的工作。这次罢工后不久,发生了几件较为典型的私营部门劳动纠纷,雇主们通过不断雇佣顶替工来替代罢工的工人。这种做法使得对抗管理层的罢工行为效果大打折扣。因此,工会为其成员争取工资增长的能力也被进一步削弱。

高昂且持续增长的医疗成本

导致不平等加剧的公共政策的第四个主要方面是医疗卫生成本控制的失败。尽管在所有发达国家,医疗卫生成本的增长都造成了问题,但没有一个国家所经历的卫生医疗成本暴增比美国更严峻。医疗卫生成本从1980年的占国内生产总值的8.8%增长为2005年的占国内生产总值的15.3%,尽管美国的人口结构相对年轻化。预计到下一个十年,医疗卫生成本在国内生产总值中的占比将会再增加四个百分点。

德国和其他富裕国家在控制成本方面颇有成效。美国医疗成本如此之高的一个原因是其并没有全民健康保险,而是依赖私人保险公司来为大多数非老年人口提供保险覆盖。事实证明,保险公司在控制成本方面基本没有效果,并且带来了巨额的管理费用,行政费用平均高达他们赔付保险金的20%。当保险公司可以找到方法逃避为病人赔付保险金,甚至完全避免为病人提供保险时,他们的利润是最高的。

由于人均医疗卫生成本在各收入群体中基本相同——这意味着高薪工人和低薪工人有着相同的医疗卫生成本,相比高收入者,医疗卫生成本增长给中低等收入者带来的负担要更为沉重。如果医疗卫生成本如预期那样上升,医疗卫生成本的增加可能会抵消位于工资分配中间和底层的工人的实际工资增长。

在20世纪后25年中,还有一些其他的政策加剧了不平等。对于接近工资分配底部的工人,最低工资实际价值的下降是尤为重要的一个因素。与1980年相比,2005年最低工资的实际价值下降了30%,尽管平均生产力增长到了70%多。

这些政策共同导致了这样一种经济结构:经济增长所带来的大部分收益都流入了收入分配顶端的人的口袋中,而这与位于顶端的人的数量是不成比例的。直到最近,美国的失业率相对较低还能证明这些政策的正当性,但这种正当性似乎正在消失。来自经合组织的最新数据显示,欧盟十五国介于25到54岁之间的正值盛年的工人,就业人口比例与美国的比例几乎相同。事实上,自2000年以来,欧盟十五国创造就业的步伐比美国更加迅速。

第10章

从贫穷到繁荣

——将贫困人口减半的国家战略

美国发展中心

引言

2006年2月,美国发展中心召集了一个由国内专家和领导人组成的多元化的小组,来研究美国贫困的原因和结果,并为国家行动提出建议。在本报告中,我们的扶贫工作小组提出了在未来十年内将贫困人口减半的国家目标,并提出了实现目标的战略。

扶贫工作小组是在卡特里娜飓风之后成立的。当卡特里娜飓风来袭时,它揭露了这样一个事实:在美国最引以为豪的一个城市中,种族和经济的差距是十分巨大的。随着灾难临近,成千上万的家庭生活在严重贫困、失业的状态中,无力承担出城交通或在汽车旅馆住一晚的费用。还有更多的家庭和工人都过着月光族的生活,只要工作稳定便可以过活。但当意外发生时,便会面临很大风险。

卡特里娜飓风中的故事促进了扶贫工作小组的成立。然而这并不是一份关于新奥尔良的防洪堤决堤的原因或者决堤后发生的事情的报告。我们的重点是如何建立一个更具经济实力、更有活力的社区,如何建立一个更好的国家——在这样一个国家,极端贫困的社区是不存在的,稳定的工作既能保护人们远离贫困,也是摆脱贫困的途径,儿童和成人可充分发挥其潜力。

生活在官方贫困线以下的美国人口有3 700万。每个月都有数百万人为支付基本生活必需品而苦苦挣扎,或在失业或健康告急后耗尽储蓄。

贫穷迫使社会付出了巨大的代价:孩子失去了潜力,工人的生产力和收入降低,健康状况不佳,犯罪率上升,邻里关系不睦。在全球竞争日益激烈的世界里,我们无力负担国家人力资源的浪费。

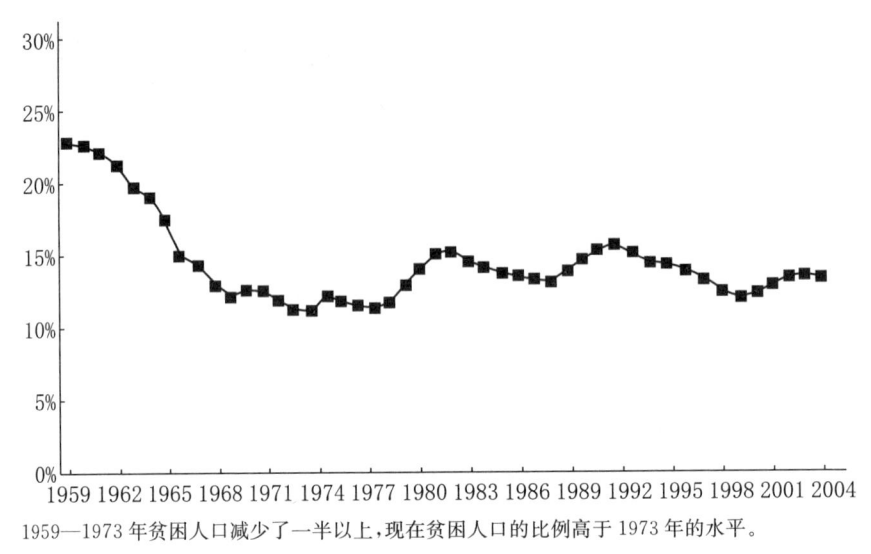

1959—1973 年贫困人口减少了一半以上，现在贫困人口的比例高于 1973 年的水平。

图 10-1　1959—2004 年美国贫困人口比例

资料来源：U. S. Census Bureau, Current Population Survey, 2006 Annual Social and Economic Supplement。

很多时候，有关贫穷的讨论会将中产阶级排除在外。但大量美国人——既包括低收入群体，也包括中产阶级——越来越关注充满不确定因素的工作前景、下行压力对工资的影响以及全球经济体中晋升机会的减少。如果高质量的早期教育更易获得，如果高等教育的费用更易负担，那么许多美国人将会因此获益。如果能够有更多的工作的薪酬足以养家，那么许多美国人也会因此获益。部分问题是显而易见的，尤其是对一小部分长期处于持续贫困之中的美国民众来说。但对于数百万其他美国民众来说，减少贫困的议题在很大程度上也要为其提供机会和保障。

关于贫困问题的讨论通常会演化为谁应当承担责任这一争论。贫困是穷人的错，还是默许贫困、不提供经济流动机会的社会的错？在我们看来，这两者都不是恰当的答案。

我们应当期待成年人去工作，年轻人待在学校，在他们有能力照顾孩子以前暂时不生育。我们也应当期待那些想要工作的人能找到工作，全职工作能够维持体面的生活，孩子们成长在可以充分发挥潜能的环境中，充满机遇的国度也应该是能够提供第二次机会的国度。

关于贫穷的事实

每8个美国人中便有1个生活在贫困中。2005年,如果一个四口之家收入低于19 971美元,那么这样的家庭就会被官方认定为贫困。根据这一标准,3 700万的美国人正生活在贫困之中,约占美国人口的12.6%。[1]

近三分之一的美国人是低收入者,收入不足贫困线的两倍。2005年,超过9 000万美国人——美国整体人口的31%——收入未达到联邦贫困线的200%。联邦贫困线通常被作为一种衡量低收入的标准。就四口之家而言,这意味着他们的年收入在40 000美元左右。[2]

每20个美国人之中便有1个生活极度贫困,收入不足贫困线的二分之一。2005年,略低于1 600万的人口——整个美国人口的5.4%——收入不足贫困线的二分之一,或者说四口之家收入不足9 903美元,或个人收入不足5 080美元。[3] 2000—2005年间,生活极度贫困的美国人口数量增长了300万,极度贫困的人口所占比例比过去的32年中任何一年都要大。[4]

接近五分之一的儿童都处在贫困之中。目前,接近五分之一的儿童(17.6%),年龄5岁以上的儿童中(20.4%)超过五分之一,都处于贫困状态。[5]单亲家庭的儿童是最穷的,单亲母亲抚养的儿童中的42.7%,单亲父亲抚养的儿童中的20.1%都生活困苦,相比而言,已婚双亲家庭中儿童贫困的比例为8.5%。[6]

相比白人,少数族裔更可能是穷人。非洲裔美国人(2005年贫困人口比例为24.9%)、西班牙裔(21.8%)、美洲原住民(25.3%)的贫困率都远远高于白人(8.3%),然而,贫困人口中仍有45%是非西班牙裔的白人。[7]导致非洲裔美国人贫困的一个很重要的因素便是失业。官方数据掩盖了问题的严重性,因为他们并未将那些被监禁或者不再寻找工作的人计算在内。哥伦比亚大学的罗纳德·敏斯教授经过计算得出,2004年,年龄介于22—30岁之间没上过大学的平民中,年轻黑人的被雇佣率是50%,相比而言,年轻白人的被雇佣率为79%,年轻西班牙裔的被雇佣率为81%。敏斯发现,中学便辍学的人中,年轻黑人的被雇佣率仅为28%。[8]

移民的贫困率高于本国人。尽管美国最贫穷的人大多(84%)是土生土长的本国人,但是国外出生的居民的贫困率(16.5%)明显高于本国人(12.1%)。[9]一个最主要的原因是移民都不成比例地从事低薪工作。移民占美国总人口的11%,占美国劳动力的14%,但他们占低薪工人的20%。[10]英语水平低和教育缺乏以及缺乏公民身份则是另外几项重要因素。[11]

女人比男人更容易身陷贫困。女性的贫困率为14.1%,实际上女性更可能比男性(11.1%)生活在贫困中。[12]其中一个主要原因是女性的薪水低于男性。

2004年,女性时薪的中位数要比同等教育程度和工作时间的男性低20%。[13]

20世纪90年代,贫穷家庭的工作剧增。 父母一方全年全职工作的贫困儿童的比例,自1992年以来增长了60%。贫穷儿童中有三分之二(65%)父母一方或者双方是有工作的,有三分之一(32%)是父母一方全年全职工作。[14]介于25到54岁的成年贫困人口中,有将近一半(46%)是全年工作的。[15]

城市和乡村的贫困率最高,但在最大的都市区,住在郊区的穷人比中心城市多。 城市居民中有17%、乡村居民中有14.5%都属于贫困人口。相比之下,郊区的人口中只有9.3%属于贫困人口。[16]然而,在最大的100个大都市区中,生活在郊区的贫困人口的数量(1 200万)超过了城市贫困人口(1 100万)。[17]

生活在南方的贫困人口多于其他地区。 南方地区既有着最多的贫困人口,贫困率也是最高的。2005年,居住在南方的贫困个人为1 490万。南部居民贫困人口的比例为14%。相比而言,西部比例为12.6%,中西部比例为11.4%,东北部比例为11.3%。[18]

数百万美国人在他们人生的某个时刻——至少有一年——处在贫困之中。对于大多数人来说,贫困是暂时的。对于部分人来说,贫穷是长期的。 扶贫工作小组成员和经济学家丽贝卡·布朗克发现,在超过13年的时间中,三分之一的美国人——占代表性样本的34%——经历过贫困。在那13年的时间里,大约每10个美国人里便有1个(9.6%)在大部分时间里都处于贫困状态;每20个人里便有1个(4.9%)经历过十年甚至更长时间的贫穷。对于非洲裔美籍的人来说,30.2%的人在大部分时间里都处于贫困状态,16.7%经历过十年甚至更长时间的贫困。[19]

与其他发达国家相比,美国的贫困现象更为严重。 综观国际上贫困现象的对比,最常用的方法便是询问有多少人口的收入低于国家平均收入的二分之一。根据这一衡量标准,在25个国家中,美国在21世纪之交的贫困率排在第24位,仅排在墨西哥前面。[20]以联合国儿童基金会的一份关于富裕国家儿童福利的新报告显示,如果以收入中位数的二分之一来衡量儿童贫困,美国位列24个国家的末位。另一份研究将美国与其他8个使用美国官方贫困线的发达国家进行了比对,发现在9个国家中美国位列第八,仅排在英国前面;但是自那之后英国儿童的贫困人数出现了实质性的下降。美国没有出现高贫困率是因为穷人不太可能在这里工作。更确切地说,美国在减少贫困人口方面作为甚少。在一项12国的研究里面,仅美国的贫困率低于市场收入的平均值。如果把税收和转账算在内,美国的贫困率居十二国之首。[21]

鉴于近几十年来贫困的持续存在，许多美国人可能认为贫穷是现代生活中不可避免的现实。由于过去多年来不准确描述（如罗纳德·里根所说的"我们与贫穷作战，并且以失败告终"）的推波助澜，许多美国人都认为，除了提供私人慈善和敦促穷人做得更好，能做的事情非常有限。

没有什么比这更不符合真相的了。

美国历经了贫穷大幅度减少的时期。在20世纪60年代强劲经济和"向贫困宣战"运动的刺激下，1959到1973年，贫困率从22.4%下降到了11.1%。在20世纪90年代，经济强劲，还有各种促进和支持工作的政策，1993—2000年的贫困率从15.1%下降至11.3%。在每一时期，接近充分就业的经济、健全的联邦和州政策、个人主动性、支持性的民间机构和社区以及持续性的国家承诺都促进了重大进展的取得。

在过去的六年里，我们的国家开始往相反的方向发展。美国贫困人口的数量增长了500万。联邦最低工资也多年不变。帮助穷人找工作或者保住工作的联邦重点基金项目一直停滞不前，甚至愈加糟糕。

与此同时，美国最富有的人已经获得数十亿美元的减税，不平等现象已经达到历史之最。托马斯·皮凯蒂和伊曼纽尔·赛斯的一项新研究表明2005年美国上层1%的家庭在国民收入中占据着最高的比例——19.3%，这一比例是自1929年以来的最高份额。[22] 相比而言，根据人口普查局的统计，下层的20%的家庭的收入仅占总收入的3.4%。[23] 2003—2004年，下层五分之一家庭的税后收入增长了200美元；与此同时，上层1%家庭的收入增长了145 000美元。[24] 上层10%的家庭如今掌握着国家资本净值的三分之一，而底层40%的家庭的资产占比不到1%。[25]

事情并不一定要变成这样。一个拥有如此巨大资源和能力的国家本不必经受这种长期贫困。

我们为什么要消除贫困

贫穷违反了我们作为民主国家和道德意识个体的基本原则。美国的民主建立在一项较为简单的提案之上，在我们的立国文件中得到宣扬，并经过了几个世纪的反复试错而发展起来：所有的美国人都应有机会将愿望转化为有意义且物质上令人满意的生活现实。我们的国家建立在这样一种理念之上，那就是我们可以团结起来，在政府帮助下为所有人创造一个经济进步的社会，这一政府保障个人权利，确保公平竞争，旨在推进更大的共同利益。美国的制度并非为了保证每个人都成为同样的人，有相同的思想，或者在生活中得到同样的经济回报。它只是确保每个人从公平的竞争环境起步，在获得成功方面有着合理的机会，并充分发挥自己的能力。

反观我们国家的历史,经济机会一直是公民身份和公民参与的基础。从托马斯·杰斐逊到马丁·路德·金,政治偶像们在很久之前就已经认识到,自由和民主等核心概念对于那些缺乏经济独立性的人来说毫无意义。简单来说,如果一个人被一贫如洗的状态所局限,那么他将无法充分参与社会事务和推进政府决策及其优先事项的选择。

在我们国家,除我们的建国原则之外,为穷人服务的道德责任是许多以信仰传统为主的社会学说中一个强有力的主题。不同信仰的公民被号召起来向私营和公共部门施压,以保护最弱势群体并帮助那些穷困之人过上经济上自给自足的生活。基督教传统提及,如今"上帝与人所立之约"的破裂,导致我们的同胞在巨大的国家财富中遭受不必要的痛苦。

在新经济中,解决贫困和经济安全问题变得更为紧迫。数百万人的就业都缺乏保障,而且这种情况甚至比"二战"后的任何一个时候都要严峻。提供医疗卫生保障和养老金的工作变得越来越难找。典型的美国工人在其工作年限内频繁更换工作,并且必须适应快速的技术更迭。美国经济中,四分之一的岗位的薪水是无法支撑一个四口之家生活在贫困线之上的。填补这些工作岗位并且保障高就业率符合我们的国家利益,但在这些岗位工作的人受限于贫困并不符合我们的国家利益。

在全球经济中,最有可能获得成功的方法便是拥有一支受过教育的、健康的、适应性强的劳动力大军。让孩子们在为未来经济发展做好准备的条件下成长,符合我们所有人的利益。然而,据估计,有8%的儿童和28%的非洲裔美国儿童在童年时期经历过11年或以上的贫困生活。[26]

在《美国贫困的经济代价:孩子在贫困中成长所产生的后遗症》一书中,哈利·霍尔泽、黛安·惠特莫尔、尚岑巴赫、格雷格·邓肯、延斯·路德维格认为:由于放任孩子们在长期贫困的环境中成长,我们的经济每年因成年劳动力和工资损失、犯罪率增加、更高昂的卫生支出而花费的开销大约为5 000亿美元。[27]

霍尔泽和他的合著者解释说,成年后,相比非贫困的孩子,在贫困中长大的孩子成年后可能收入更低,劳动生产率更低;他们也更有可能参与犯罪(尽管绝大多数情况中并非如此),并且晚年健康状况更差。霍尔泽和他的合著者解释道:

> 我们的结果表明美国每年与儿童贫困相关的费用总计为5 000亿美元,接近国内生产总值的4%。更确切地说,我们估计每年的儿童贫困:
> ● 将生产力和经济产出降低了约1.3%的国内生产总值。

- 将犯罪成本提高了1.3%的国内生产总值。
- 增加了医疗支出,并将健康价值降低了1.2%的国内生产总值。

霍尔泽和合著者强调,贫困为美国经济带来的实际成本肯定是高于这些估计的。他们并没有将那些在儿童时期并非穷人的穷困成人计算在内;也没有将贫穷可能给国家带来的其他成本全部计算在内,比如环境冲击和穷人自身的很多遭遇。

消除贫困能够令更多的人为这个国家的经济和公民生活作出贡献,增强我们的经济实力,巩固我们的民主。

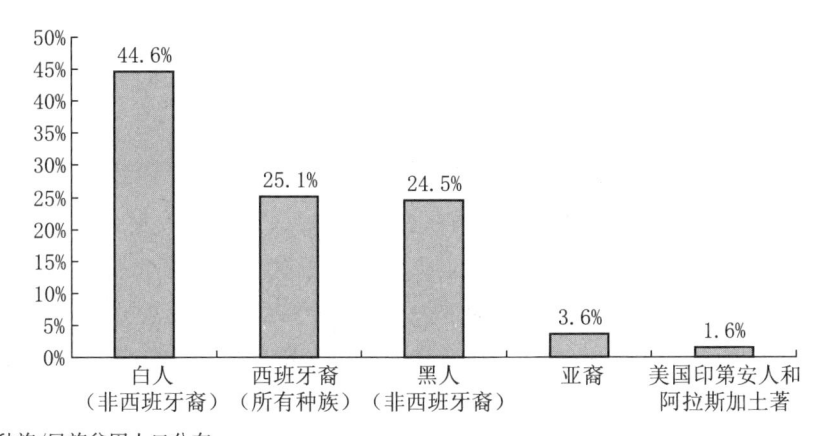

种族/民族贫困人口分布
各类别比例总和超过100%,因为受访者可以选择不止一个答案。

图10-2　白人是最大的贫困群体

资料来源:U. S. Census Bureau, Current Population Survey, 2006 Annual Social and Economic Supplement (Three year average from 2003—2005)。

(编者按:本文注释可以在初始来源中找到。)

第 11 章

日复一日
——无家可归的女人的生活
埃利奥特·利博

在大街上以及收容所里,无家可归之人生活艰辛。这种景象人们第一眼看去便会想,这么多的无家可归之人为何不干脆自我了断?他们如何在苦难看不到尽头的情况下,日复一日挨下去。在这个始终严酷无情的世界里,他们如何努力去笑,去爱,去享受友谊,甚至跳舞和逗人发笑呢?总之,在灵与肉持续遭受严苛攻击的情况下,他们如何保持完整的人类本性?

只要有意愿、愿争取,几乎人人都能填饱肚子。[1]当这些女人四处游荡、淹没在没有来源的需求中时,应急收容所和以现金、食品券、医疗救助形式提供的公共救助使她们能够苟延残喘。使用收容所、施食处、医院急诊室,甚至能够使大多数得不到公共救助的无家可归之人就算他们没有从有组织的救助项目之中获益,也能维持最低限度的生存。

然而,生活维持系统中的这些基本要素充其量使生活成为可能的事,而不一定使生活变得可以忍受或者过得去。严重的问题依然存在。无家可归会把对其他人来说无关紧要的东西变成难以逾越的障碍。实际上,无家可归通常会使"无关紧要的东西"分量倍增。无家可归的女性好像已经学会(可能比我们大多数人都更加)珍惜好的小动作、美好的一天、一个公共汽车辅币,而其他人对这些可能早已习以为常或者根本未加注意。同样,有些事件和情况,对于有些人来说无关痛痒,但对于无家可归之人就会成为临头大难。[2]

对于街头无家可归的女性来说,维持生存的斗争是从动物层面开始的,包括对食物、水、住所、安全、安稳睡眠的需求。[3]相比之下,收容所里无家可归的女性通常拥有这些生活必需品;他们的斗争更多始于人类层面,而不是动物层面,包

第 11 章 · 日复一日

括保护财产、卫生保健、避免无聊。然后斗争迅速转移到寻找陪伴、适度的独立、尊严、自尊以及对未来的一些希望和信念。这些需求并非连续或者有层次的。无望和绝望就像饥饿和寒冷一样让人失去行动能力。灵与肉同样需要滋养,这些女人必须在合适的时机抓住一切所能得到的东西。[4]

* * *

对于一些女人来说,日复一日的困苦是由睡眠不足导致的。一些女人抱怨,在收容所她们从来都睡不够。格雷斯就是其中之一。"收容所里没法睡,"她说,"只能休息。"

晚上确实噪声挺大,动静挺多。有打鼾的、咳嗽的、打喷嚏的、喘息的、干呕的、放屁的,有人大喊着从噩梦中惊醒,偶尔有人哭泣或者发病,自言自语,或者与在场或者不在场的其他人交谈,通往洗手间的路上总有人来来回回。格雷斯抱怨噪声,靠着耳塞部分解决了这个问题。但耳塞无法帮助凯瑟琳那样的女人,使她们睡不着的不是噪声,而是三个问题。第一,这是我待的地方吗?我怎么落到这步田地?我怎样才能出去?但最终,夜越来越深,鼾声一片。就这样,虽然格雷斯和凯瑟琳无法安睡,大家却都沉沉睡去了。

收容所生活最主要的困难是你不得不在早晨 5 点半起床,7 点之前离开收容所。关键并不仅仅是起床离开,而是这些妇女一周当中的每一天、一年当中的每一天(感恩节和圣诞节除外),别管天气如何、心情如何,都得起床离开。在任何一个早晨,当这些妇女到街上游荡的时候,人们可能会看到两三个患病的——这个发烧、咳嗽或者头疼,那个瘸了或者胃疼,或者得了别的病——拿起包,静静地走在外面。

这些女人尤其怀念星期六和星期天的清晨,看上去就和星期二和星期三的清晨一样。偶有机会在床上多待一两个小时尤其让人神往。许多人认为睡不成觉,尤其是周末睡不成,缺乏公平性,把她们跟世界的其他部分撕裂开来。一个星期天的清晨 7 点 15 分,在一个公园之内,几个妇女在寻找那些提供避风设施的长凳。街上空荡荡的,没有车,也没有人,世界的其他部分好像睡着了一样。这些妇女在交谈,能睡一个上午该多好啊,仅仅觉得好玩而已,或者因为你觉得不舒服,有一席之地该多好啊——甚至不需要是你自己的地盘,就是一个地方也行——你可以去躺一会儿,周围没人让你干这干那。

一个非常寒冷的星期天早晨,贝蒂宣布要在次日去市长办公室,告诉市长住在收容所是什么感觉,并要求市长命令国家资助的收容所允许人们在星期天待在里面,睡觉、休息、修指甲、打理头发、看电视或者做任何事情。"人人都有权利休息一天,"她说,"就算是无家可归的女人也不例外。"听到这句话的女人都点头称是。

一些工作的女人每个月去一两次汽车旅馆度周末。简每到周末就消失了。"她去汽车旅馆度周末,这样就可以在里面睡觉了。"一个女人问起简,朱迪解释道。萨曼莎有固定的工作,把收容所作为吃饭、洗澡、社交的地方。但是,星期五晚上和星期六晚上熄灯的时候,萨曼莎就会离开收容所,睡在汽车里,这样就能在星期六早晨和星期天早晨睡个懒觉。

维基得知自己在大约十天之内就可以搬进自己的住所,此时,谈起来收容所的经历就恍如隔世。维基说,在收容所之中生活,最困难的地方就是,不管你感觉如何,每天早晨都得起床。第二糟糕的事情是到大街上消磨时光——确实是消磨时光——直到收容所傍晚再度开放。

* * *

除了常年疲惫不堪之外,无聊乏味也是对无家可归者的最大的考验之一。消磨时间并非对每个人来说都是个大问题,但大多数女人认为消磨时间是个极为棘手的问题。* 当贝蒂谈到消磨时间这个问题时,她可以代表大多数女人。四年之前,贝蒂曾在州立精神病院接受戒酒治疗,如今,贝蒂作为一个普通人去访问这家精神病院,她找到了一位名叫卢的护士。两人拥抱,卢问贝蒂近来在做什么。贝蒂说自己住在收容所里,卢说,这是个耻辱,并问贝蒂如何打发自己的时间。

贝蒂说:"我在街上走,一天有 12 小时 15 分钟我都在街上走。我戒了酒就是为了这个吗? 在街上走?"贝蒂接着说,她在许多公园的长椅上坐过,找人说话。许多次都没人,所以贝蒂就跟鸟说话。贝蒂说,在一天之中,她跟鸟说了许多话。

几个月后,贝蒂在附加保障收入听证会上重复了上述大部分内容。贝蒂告诉听证会官员,自己无家可归,睡在夜间收容所里。听证会官员询问贝蒂最大的问题是什么,贝蒂说是每天要在街上待 12 小时 15 分钟。贝蒂跟听证会官员谈起了公共图书馆、公园长椅和鸟。贝蒂补充说,醒着无事可做是个特殊的问题。贝蒂说,图书馆里不准睡觉,而自己又不敢在公园长椅上睡着,因为害怕有人把她的包偷走或警察以流浪罪拘捕她。

---

* 收容所所长(DIRECTOR):这个世界是高效人士的世界。对于精力充沛、热情高涨的员工来说,日复一日消磨时间是个奇谈怪论。收容所志愿者会定期提出行动计划,以理性的方式开始解决女性的问题。在提供这些解决办法的时候,人们不理解这些女性生活的复杂性。

一些有工作的女性也碰到了如何打发时间的难题。格雷斯和其他人一样，不得不在早晨 7 点离开收容所，但是离 9 点还早呢，格雷斯还不能去上班，她的工作地点开车不到十分钟就到了。"你曾经试图消磨清晨两个小时的时光吗？每个清晨都是如此，无处可去，无事可做。"格雷斯说，"我可以在车上听些磁带——一些圣诞颂歌，读些书。但是，两个小时，天天如此？"

萨拉认为，早晨离开收容所时显然是一天之中最为糟糕的时刻。无家可归的那一刻，萨拉遭遇了最为严重的打击。你无法决定做什么，因为你做什么都无关紧要。任何地方都不需要你，任何地方都不想要你，任何地方都不喜欢你。没人在乎你干什么。

"我坚持不下去了，整个白天在大街上走，晚上到收容所。"埃尔西一个晚上说道，"这不是我的风格，就不是我的风格。"在日间收容所，一些女人比别人更擅长在书籍、电视节目、七巧板或与人交谈之中寻找慰藉。但是，得到的慰藉通常是短暂的。睡眠也是一种解决办法。在公园里，在公共建筑的休息室，在日间收容所，这些妇女睡了很长时间。之所以睡很长时间可能是因为她们晚上没睡好，或者是药物作用，也可能是因为抑郁。但是，其中一些也是一种消磨时间的方式，一种打发无聊时光的方式，直到干点什么的时间到来——去施食处，去预约诊所看病，或者回到夜间收容所。

其他行为的目的也是消磨时间，或者让时间变得更能忍受。比如说，许多妇女定时出现在夜间收容所、日间收容所或施食处附近，而那时，这三处场所还要等很长时间才能开放，甚至也没有优待早到之人的政策。好像匆忙赶赴下一个"事件"，就是从一种无聊状态转向另一种无聊状态的方式。

出于同样的原因，在还有几天的时候，这些女人就开始谈论并规划跟医生或者社会工作者的会面。在某种程度上，这种做法只是说明她们在关注当时对她们最为重要的事务。但是，此种未雨绸缪也会把未来的事务带到现在，由此给单调乏味的现在带来某种焦点和方向。

有时，这些女人好像还会故意把一组任务拆得七零八落，让它们持续数天。比如说，在特定的时间，一个女人可能需要预约一位社会工作者会面，去一家诊所，见一名住宿办公室代表，去失业办公室，或者处理私事。这些任务当中的任何两项通常都可以在一天之内完成，上午一个，下午一个。一天处理三个也并非不可能。

然而，有任务要完成，是一种宝贵的资源。当有了任务的时候，一天就有了目标和支撑。一天完成两三项任务就是浪费资源，所以这些女人经常心不在焉，把任务拖上几天。*因此,外人看来,这些女人好像拖延、懒惰、效率低得气人。但从这些女人的视角来看,她们是在尽可能地把这些安排和意义分配到每一天去完成。[5]

＊ ＊ ＊

人们很容易认为无家可归者基本没有或者根本没有财产("一个无家可归的人能有什么值钱的东西?"金嗤笑道),但是,最常被谈到的一个重要问题就是存储——如何保证个人的衣物、关键文件、其他财物安全且需要时随手就能找到?财物的保存和保护消耗了一个人许多的时间、精力和资源。主要困难在于大多数应急收容所仅提供,有限的空间用于个人存储——空间经常只够放两个包或者两个小型纸板箱。**发现不能存储任何东西的收容所不足为奇。[6] 即使提供有限的存储空间,许多女人也不愿意用,因为无法保证财物归还时完好无损。人们相信偷盗十分常见。"这些事司空见惯。"工作人员和这些女人都这么说。最终的结果是,如果有个安全的地方可以存储财物,这些女人就会把财物存在那里,现在却不得不随身携带。一些妇女一层层穿戴起来,另一些肩扛手提。总之,她们变成了破烂女王。[7]

路德地是华盛顿闹市区运营最好的收容所之一。在谈论路德地的时候,一个女人说那里还行,但是她不喜欢那里的女人,她们都是破烂女王。还有一个女人认为,路德地的女人跟其他收容所的女人大同小异。她说,路德地的女人都是破烂女王,因为那里没有存储空间。

除了一些重要的例外,一个人拥有的"家当"的数量与无家可归的时长成反比。一个女人无家可归的时间越长,不小心丢弃财物的可能性就越大,经常仅仅剩下随身能够携带的东西。对于大多数女人来说,这一精简的过程是痛苦的鉴别分类行为。她们放进袋子、箱子或者小旅行箱里的许多东西都是衣服。有时带着应急食品配给。除了盥洗用品、一些化妆品,或者罐头起子,一瓶阿司匹林、泰诺或者处方药之外,几乎人人都带着出生证明、便携身份证明、各种法律文件或者官方文件,或许还有一些租金收据或者 W-2 税表。

然而,更重要的是其他东西,更为私人的物品。经常会有孩子或者其他家庭成员的快照或者带框照片、个人信件、彩色的耶稣图片、《圣经》以及其他宗教读

---

* 金:我认为这是言过其实了。提供服务的机构散布在全县各地。要换乘几辆车才能到达办另一件事的地点。在公共汽车站,排队等啊等,又消耗了许多时间。处处填申请表,又消耗了许多时间。尤其是涉及社会福利部门时,大量时间都浪费在了撞南墙和走入死胡同的路上。——原书注

** 收容所所长:毋庸置疑,处理这些女人的"东西"令人瞠目结舌。根本没有地方存放这些女人的私人财物。还有一个潜在的忧虑,这些财物会危害健康:一些袋子塞满了陈腐的食物和昆虫。

物和励志读物。可能还有一只泰迪熊或者一只古铜色的婴儿鞋、一根调酒棒,或者一张火柴盒贴画。还有些东西看起来就是一块破布、一根骨头、一绺卷发,但实际上它们代表了一段珍贵的秘密。

考虑到这些女人的袋子、箱子和小旅行箱中的内容,她们对这些东西强烈的保护和占有欲就不足为奇了,有时甚至成了外人的笑柄。衣服和盥洗用品的重要性不言自明。另外,这些妇女不得不携带证明自己社会存在的证据。没有家庭住址、电话号码或者工作来证明自己的存在,她们需要自己的出生证明以及其他文件来证明她们是作为合法的人而存在的,在这个社会上可以维护自己的权利,阐述自己的观点。

大多数私人物品——信件、宗教材料、照片,还有人们的纪念品、关系、经历——回首过去,可能是快乐的时光。实际上,这些女人随身携带着自己的个人经历。失去这些东西,或者丢弃其中一些,就意味着,就算不是跟所有的过去失去联系,也是跟自己的过去失去联系。因此,对于那些仅有一两个小箱子的女人来说,或许这些就可以让她们在收容所里存储她们随身携带的东西,她们用来深刻缅怀过去的私人财物。[8]

然而,许多刚刚变得无家可归或者拥有汽车或其他资源的女人,经常有更多财物,自己无法携带,收容所也存储不了。这些财物通常存储在她们自己的汽车、公共存储仓库、教堂地下室、匿名戒酒协会成员的车库,甚至一个朋友或者亲戚房子的车库或者阁楼里。

在大多数时间里,这些无法携带的财产使人着眼将来,而不是回顾过去。在汽车里,在公共和私人存储空间里,这些女人不仅保留着衣服,还保留着深锅、平底锅、亚麻制品、银器、灯、椅子、帽盒、电动打字机,有时还有小地毯以及其他沉重的大件家庭用品。萨拉定期去她的存储室,抚弄自己精心包装的水晶和亚麻制品。"这给了萨拉活下去的勇气。"萨曼莎说。

显然,这些物件的主要价值不在于情感,而在于希望(如果不是出于这样一种前景的话),即明天或者下个星期或者下个月会用得上,那时这个女人就可以再度在自己的住所料理家务。只要她继续拥有深锅、平底锅、亚麻制品之类的东西,她就至少能在头脑中继续充当短暂离家的主妇,感觉自己很快就会回家操持家务。然而,对于不得不舍弃家庭用品的女人来说,回家操持家务就是个遥不可及的梦想,也会使她更加深陷无家可归的现实之中。

过去和未来,甚至一个人的自我都体现在了个人财物之中。当路易斯再也支付不起存储费用、不得不拍卖个人财物的时候,她自己都感到惊讶,失去这些财物对她的触动竟然这么大。她说,她的财物已经在很大程度上成为她的一部分。如今，失去了这批财物，她就不再是她了。[9]

无家可归的女人为了存储财物作出了巨大的牺牲。失去财物的危险一直存在，成为焦虑和压力的主要来源。在公共存储仓库，最小最廉价的空间是 5 英尺见方，租金每月 37.50 到 42.50 美元，这就意味着一些依靠公共救助的女人单是用于存储就花费了大约 25% 的收入。其他女人花费得更多。在无家可归的头几年，路易斯还有从离婚协议中获得的金钱（卖房所得之中她的那一部分），她每个月支付 156 美元存储她的家当。金在家乡和收容所区域各保留了一个存储空间，一个月为此支付共计约 90 美元。

许多女人很容易拖欠存储费用，因此罚金迅速增加。"滞纳金"在交费日后收取，每天 10 美元。10 天后，管理方在储物柜上加了自己的锁。租户在偿清欠款前，就打不开储物柜了。30 天后，存储的东西将被公开拍卖。

许多女人按月存储她们的物品，不知道自己还能存多久。这种对财物的严重依赖意味着，归根到底，按月支付的存储费用累积起来是存储物品原价的许多倍，也是用新物品替换旧物品花费的许多倍。雪莉的经历就是个例子。雪莉有几个月都无法按时缴纳存储费用。但是，雪莉成功避开了物品被公开拍卖、失去它们的悲剧，因为每个月，雪莉都如同英雄附体一般，在最后一分钟筹到经费。然而，最终，在一个截止日期之前，她没交上钱。我和雪莉猜她储物柜里的东西还没有被拍卖出去，于是，我们开车去了存储机构。经理说确实没卖出去，拍卖会已经举行过了，但是雪莉的东西仍可追回，雪莉的东西连 5 美元都没有人愿出，而雪莉每月支付 42.50 美元存储自己的东西。雪莉灰心丧气。这个消息甚至比得知别人买了更糟糕。"光是这个床脚箱就价值 50 美元，"雪莉抗议道，"还有这把椅子，挺好的椅子，是吧？"

为了减轻经济负担，两三个女人有时共用一个存储空间，但是在 5 英尺见方的空间里，要存放额外的物品，就要堆积得更高。这样就导致了各种存储和寻找问题，每次要用某件东西时就需要费时费力重新分门别类，尤其是如果有大件和易碎品时，琼和佩吉共用时就碰到了这些问题。她们的东西有一个倒立的沙发、一台 IBM 西莱特克打字机、几盏灯、一块小地毯、一些书籍、一些盘，等等。

安全充足的存储空间非常重要，女人们有时将其作为重要人生抉择的决定性因素。金拒绝了一个薪水高得多的新工作，因为她现在的工作允许她把财物存储在工作地点一个上锁的阁楼里。较高的薪水足够支付公共存储空间的费用了，但金认为额外挣的钱不足以弥补自己的损失，因为现在的工作让她能够存储方便，取用便捷。当埃尔西以为（错误地以为）自己可以得到 800 美元的退税时，埃尔西计划备好六个月的存储成本。

第11章 · 日复一日

　　珍妮特把自己的家当存储在自己的车里,这辆车产于1974年,是一辆日产达特桑B-210客货两用轿车。这辆车坏了,珍妮特还没凑钱修理,就被警察拖走了。珍妮特心烦意乱,在该县的废弃汽车停放点找到了自己的车。我们开车去了废弃汽车停放点,抢救出珍妮特的一些细软。废弃汽车停放点管理员告诉珍妮特,下一场拍卖会将在下个星期五举行,或许珍妮特可以买回自己的车(以及车里的一切),价格大约是25美元,报废车现在就这个价。管理员告诉珍妮特,如果竞标成功,有三天的时间可以把车移出废弃汽车停放点。

　　但是,珍妮特的客货两用轿车有三个轮胎瘪了,电池没电了,牌照也过期了,而且肯定还有一连串的问题。购买这辆车,拖出废弃汽车停放点,甚至只是进行最低限度的维修,花费都会达到这辆车价值的许多倍,但是珍妮特决定把车买回来。珍妮特解释道,并不是要作交通工具,而是作为她可以找回并负担保留自己财物花销的唯一方式。对于珍妮特来说,这辆车就是不折不扣的贮藏室。[10]

尾注

　　1. "几乎"是个关键,因为关乎生死。一些无家可归之人死于绝望,一些静静地死去,另一些的死法惨烈。一些人因未得到医治或受伤而死,一些被冻死,还有些失去了手指、脚趾或者四肢。这里是一个治疗过华盛顿几家收容所里无家可归病人的医生的宣誓证词:"据我所知,在1987到1988年那个冬天,大约有30个无家可归之人……因冻伤坏疽切除了一个或者多个手指、脚趾、脚或者腿……有人告诉我,在1987到1988年那个冬天,至少有10个无家可归之人被冻死。"Janelle Goetcheus, MD, *Affidavit*(*W*) *in Support of Plaintiff's Memorandum*.

　　1988年旧金山,冬天过了一半的时候,无家可归之人的死亡率比普通民众高58%。"National Coalition for the Homeless", *Safety Network* 8, No.2 (February 1989), p.1.

　　2. 我跟这些女人学会了用这种方式把微不足道的好事与坏事相提并论。这是观察"微不足道的事情"的崭新视角,印证了奥托·叶斯柏森的观点,奥托·叶斯柏森认为世界是由许多微不足道的事物构成的;关键之处在于举轻若重。转引自 Geoffrey K. Pullum, *The Great Eskimo Vocabulary Hoax and Other Irreverent Essays on the Study of Language*, p.68.

　　3. 跟大家的普遍想法相反,无家可归之人没有秘密的、机巧的、有时容易的过活方式。事实上,街上的无家可归之人面临的问题恰恰是别人以为他们会面临的问题。凯思琳·多基特通过采访研究了华盛顿街上的无家可归之人,报告"洗澡(68%)和洗衣是最难以满足的需求。……需要足够的睡眠(63%)和需要找个安全的地方安睡(58%)是第二难以满足的需求。……人们达成了强烈的共识……收容所不健康、危险、压力大。"Dockett, *Street Homeless People in the District of Columbia: Characteristics and Service Needs*, pp.viii, ix. 如果大家意识到许多无家可归之人——主要是男人——宁愿露宿街头,也不愿住在收容所里,那么大家就会形成一种认识:一些收容所是多么"不健康、危险、压力大"啊。

　　4. 分几部分讨论这些需求并不意味着这些需求具有层次性。

　　5. 有时,独居的老年人采用大致相同的方法让自己忙碌起来,刻意忘记做事,留待以后做。早晨,一个女人去超市,比方说,买了一盒牛奶和一块面包。后来,也是在这个早晨,她说:"哦,我忘了买鸡蛋。"然后她又回到超市。再后来,"我忘了买土豆"或者"我忘了去邮局"等,一天就这么过完了,因此,一天都有事可做。

　　6. 我帮助琼搬到了卡梅尔山,卡梅尔山是华盛顿的一家女子收容所,是华盛顿最受欢迎的收容所之一。琼搬家的时候带了七个袋子、盒子和小旅行箱。负责的修女近乎抱歉地解释道,琼只能在收容所存储其中的两件。琼把东西整理了一遍。她扔掉了一些,把剩下的存在常去的天主教堂里。

　　7. 当然,不是所有的破烂女王都是被迫如此。一些女人之所以现在或者过去成为破烂女王,是出于一些不太理性的原因。但是,这些女人是少数。只要有经济上承受得起、方便取用、安全的存储空间,许多破烂女王肯定会消失。

8. 我在这里就存储展开了讨论,但并未涉及囤积者——这些女人紧紧抓住自己的东西,因为她们不能失去这些东西。然而,需要记住一点,偶尔囤积东西的人也有问题,纵然他们的问题是自己造成的,也和其他人的问题一样严重,甚至更严重。

9. "失去了家或者一切财物,也就失去了一个证据,无法证明自己是谁以及自己属于世界上的什么地方。"Kai T. Erikson, *Everything in Its Path*:*Destruction of Community in the Buffalo Creek Flood*,p.177.参见这本美妙之书里《自己的家具》一节,就能发现关于房子和个人财产所蕴含的意义的其他见解。

10. 事实上,珍妮特确实以 25 美元买回了自己的车,珍妮特找到了"一个信奉基督教的加油站站长",这位站长答应把这辆车拖到他的停车场,等有钱了再处理。这辆车再没依靠自己的动力挪过窝,但是珍妮特可以把自己的东西存在车里。直到六个星期之后,珍妮特去的教堂的牧师找了一个教友,这位教友允许珍妮特把自己的东西放在他的车库里。

第12章
美国贫富差距拉大，阶级流动停滞

戴维·韦塞尔

美国是一个特别的地方，在这里，每个孩子长大都可以当总统，成为精英，智慧与雄心比父荫和阶级更为重要，这种观念可以追溯到本杰明·富兰克林。富兰克林是家里的第15个孩子，他的父亲是个蜡烛、肥皂制造商。一开始，富兰克林只是个身无分文的印刷所学徒，但日后变得非常富有，在42岁时就转而投身于政治与外交。

大多数美国人依然认为，纵然一个美国孩子生于贫困之中，也不一定终身穷困潦倒。小布什总统出身于豪门望族，但也因一些内阁成员出身寒微而欣喜若狂。他说，他的司法部部长"在一栋双卧室房子里长大"，是"连小学都没上完的移民工人"之子。他又指出，他的商务部长出生于古巴，第一份工作是为家乐氏公司开卡车；在家乐氏公司的最后一份工作是总经理。

但是，美国流动性的现实比传说更复杂。自从1970年以来，贫富差距拉大，出身贫穷孩子变富或者富裕家庭的孩子跌入中产阶级的可能性依然微乎其微。尽管平权法案得到普及，社区学院不断扩张，还有其他旨在让各阶级民众都有机会成功的社会变革，但跟35年前相比，美国人超越或者低于其父母经济水平的可能性既没有增加，也没有减少。

虽然美国人依然认为跟阶级分明的欧洲相比，美国这片土地有着异乎寻常的机会，但证据却表明事实恰恰相反。在过去的十年里，学者们逐渐认识到，美国社会的流动性并不像他们原先相信的那么大。

就在不久之前，20世纪80年代末，经济学家还认为父辈的优势并没有多少传递给后代，可能仅有20%。按照这种说法，富人的孙辈比穷人的孙辈几乎没有多少优势。

"三代之内，后代所有收入方面的优势或劣势都会消失，"芝加哥大学经济学家及1992年诺贝尔奖得主①加里·贝克尔写道，"贫穷好像不会成为影响几代人的'文化'。"

但是，在过去的十年里，更完善的数据和更多的数据分析使得经济学家和社会学家达成了新的共识：流动性的增加变得更缓慢了。大量研究发现，至少45%的家长收入优势传递给了孩子，甚至高达60%。按照较高的估计，不仅你父母的金钱数量会产生影响，甚至连你曾曾（外）祖父的财富也会给今天的你带来巨大的优势。

许多美国人相信他们的国家有着无限的机会。这个观点解释了一个现象：美国人远比欧洲人更能容忍近些年不平等现象的加剧。许多美国人似乎认为，只要他们的孩子有充足的成功机遇，贫富差距越来越大并不要紧。

这个持续的信念塑造了美国的政治和经济政策。技术、全球化、自由市场往往会侵蚀底层的薪水并增加上层的薪水。而美国人选出的政治家反对动用政府力量遏制日益扩大的不平等。这些政治家断言，提高最低工资或者要求雇主提供健康保险对经济增长带来的巨大损害是难以接受的。

尽管人们普遍认为美国依然是一个流动性强于欧洲的社会，但经济学家和社会学家还是说，最近几十年来，欧洲大陆（或者加拿大）出身贫寒的孩子有较多

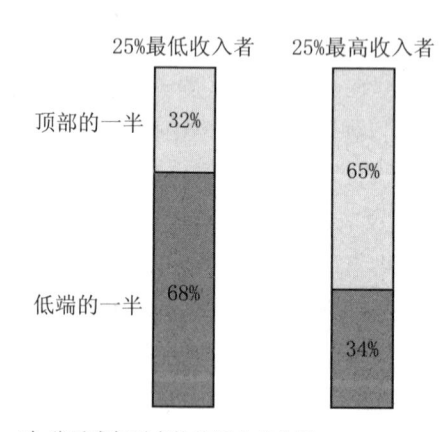

当他们的父亲处于……时，孩子成年后在柱状图上的位置。

注：1963到1968年出生的孩子在1995到1998年的工资。数字加起来不到100%，是因为进行了四舍五入处理。

图 12-1　家庭财富

资料来源：Bhashkar Mazumder, Chicago Federal Reserve Bank。

---

① 加里·贝克尔为1992年诺贝尔经济学奖得主，原书误。——译者注

的机会获得成功。加拿大国家统计机构经济学家迈尔斯·乔拉克编了一本关于欧洲和北美社会流动性的书,最近由剑桥大学出版社出版,整理了美国、加拿大、欧洲国家的几十份研究报告,以便比较。他发现:"研究中的富国,美国和英国似乎是最缺乏流动性的社会。"法国和德国流动性略强于美国;加拿大和北欧诸国流动性更强。

甚至连芝加哥大学教授贝克尔也不情愿地改变了想法。"我确实相信有一点没有改变,如果你出身卑微,在美国成功的概率要大于其他地方,"贝克尔说,"但是,我们得到越来越多的数据表明并非如此,我们也逐渐接受了那些结论。"

尽管如此,社会流动性的阶梯仍在继续发展。去年秋天,四年制大学接近三分之一的新生说,他们的父母也就上到中学。经济的发展提升了每个人的生活水平,典型的美国人生活比父母富足。今天的人享受的服务——手机、癌症治疗、因特网——父辈、祖辈从未拥有过。

我们难以精确衡量美国人的繁荣富足在多大程度上取决于父荫,因为这需要把几十年的收入数据联系起来。美国的研究几乎完全依赖两项长期运营的调查报告。一项是开始于1968年的密歇根大学报告,现在可以追溯7 000多个家庭的6.5万多个个人的情况;另一项是1966年由劳工部创设的调查报告。

这些调查报告的一个缺点是它们没有考察到新移民及其子女的经历,这些人中许多人都经历了非凡的向上流动。比如说,加州大学伯克利分校指出,去年的在校本科生中有52%父母双方都不是在美国出生的,这还不包括数量相对较少的家人住在国外的学生。

无论如何,这两项调查报告提供了衡量美国人的经济成功或者失败在多大程度上取决于他们的父母的最佳方式。密歇根大学经济学家加里·索伦是这个领域的权威。他说有一项结论显而易见:"在过去的二十年里,美国的代际流动性并未发生显著变化。"

芝加哥联邦储备银行经济学家巴斯卡·马宗达最近把政府调查报告与成千上万1963到1968年出生之人的社会保障记录结合了起来,想要搞清楚他们在接近三十岁或者三十多岁的时候能挣多少钱。父亲收入居于收入阶梯后10%的人之中,只有14%到达了收入阶梯的前30%。父亲收入居于收入阶梯前10%的人之中,只有17%跌至收入阶梯的后30%。

白手起家者的土地

本杰明·富兰克林是"美国这片土地是一个流动性社会"的最佳例证,并最早公开宣扬这种观点。"他是白手起家者的典范,他的一生是典型的美国成功故事——在这个故事里,一个人从社会最底层起步,变得腰缠万贯,成为国际上的重要人物。"戈登·S.伍德在2004年写道。戈登·S.伍德是本杰明·富兰克林的众多传记作家之一。

1828年，14岁的爱尔兰移民汤姆斯·梅隆阅读了富兰克林广受欢迎的"自传"。后来，他把这件事描述为生命的转折点。"这就是富兰克林，比我还穷，但是，他勤奋，努力用好每一分钱，勤俭节约，因而变得博学、英明、富有、声名卓著。"梅隆在回忆录中写道。年轻的梅隆离开了家里的农场，成为一名成功的律师和法官，后来成立了一家机构，这家机构日后发展为匹兹堡梅隆银行。梅隆在匹兹堡梅隆银行的大门口竖起了富兰克林的雕像。

甚至连卡尔·马克思也接受了美国是一片充满无穷机会的土地这一图景，并以此来解释美国为什么没有阶级意识。他在1865年写道："对于许多美国人来说，挣工资只是权宜之计，他们有朝一日肯定会摆脱靠工资糊口的状态。"

白手起家的实业家安德鲁·卡内基1890年在《纽约论坛报》撰文，列举了以职员和学徒为起点的"工业巨子"，他们"在最严苛、最高效的学校之中接受了训练，这所学校就是贫穷"。

历史记载表明，这一关于19世纪美国人们普遍认同的理念不仅仅是神话。"无须别人告诉你，你无时无刻不在践行这一信念。即使你没有，那你的邻居也这么干了。"西北大学经济史学家约瑟夫·费里说。他梳理了美国和英国的人口普查记录，这些记录记载了成千上万对生活在1850到1920年间本土出生父子的职业。总之，在19世纪末的美国，无一技之长者的儿子有80%以上流动到了薪水更高、地位更高的工作中，而在英国这一比例不足60%。

费里先生说，最大的原因是，美国年轻人可以做一些大多数英国人无法完成的事：从农村小镇搬到繁华的大都市，以便迅速攀爬经济阶梯。比如，1850年，詹姆斯·罗伯茨14岁，是一个日薪工作者的儿子，住在纽约西部小村庄凯萨琳。手写的人口普查记录揭示，30年之后，罗伯茨先生是个簿记员——在阶梯上上升了许多——与妻子和四个孩子住在纽约城第三大道2257号。

在20世纪，教育变得越发重要——先是中学，然后是大学——在阶梯上跃升开始需要富裕父母才能提供的东西：允许他们的孩子待在学校里，而不是工作。"上至1910年，下至1929—1933年大萧条，在这之间的岁月里，发生了翻天覆地的变化。"费里教授说。

美国和英国在社会流动性方面曾经明显的差距在20世纪缩小了，费里教授断言，其中一个原因就是美国的地区经济越来越趋同。单纯依靠搬家已经很难实现经济阶梯上的跃升。

因为缺乏数据，很难判断在20世纪的大部分时间里，流动性发生了怎样的改变。个体的人口普查记录——费里教授研究的那种——在20世纪的大多数时间里依然处于封存状态。由密歇根大学和劳工部创设的两项国家级调查报告的数据直到20世纪70年代才开始大批解禁。

富兰克林给人留下的印象就是美国是个流动性极强的社会。别管事实如何,在20世纪的大多数时间里,随着"二战"后生活水平的提高以及移民子孙的兴旺发达,这一印象仍根深蒂固。20世纪六七十年代的伤心故事发人深省:贫穷是一种痼疾,将几代人困在低层,而且非洲裔美国人没有取得白人那样的进步。但是,大批美国人都认为,毋庸置疑,他们的孩子会青云直上。

由来已久的判断土崩瓦解

1992年,密歇根经济学家索伦先生粉碎了传统的学术判断,他在《美国经济评论》上指出,早期的研究依赖"满是错误的数据、不具代表性的例证,或者两者兼而有之",错误地比较了父母和孩子仅仅个别年份的简单情况,而没有进行长期考察。"流动性比早期研究所表明的要少得多。"索伦先生说。后续的研究工作证实了他的说法。

芝加哥联邦储备银行经济学家马宗达在新书中的《苹果就落在树的不远处,比我们预想的近得多》一章中阐述了这一点。

为什么无法青云直上呢?除了遗产这一明显但影响有限的因素之外,要算清父母如何传递经济地位并不容易。而教育好像起到了重要作用。与20世纪70年代不同,大学文凭在如今的就业市场上价值日升。有一个趋势:一个大学毕业生跟另一个大学毕业生结婚,并把孩子送到较好的小学和中学,直到大学。这个趋势给予他们的孩子持久的优势。

有个很有吸引力的观点:聪明、成功之人的后代也会聪明、成功,父母和孩子智商数值之间存在着联系。但是,大多数研究表明,在预测经济成功时,智商并不是十分重要的因素。

在美国,种族似乎是孩子的经济成就与父母类似的一个重要原因。密歇根大学长期运营的调查报告记录了6 273个家庭32年的数据。通过这些数据,美利坚大学经济学家汤姆·赫兹计算出,收入居于后10%的家庭之中出生的白人有17%在成年后踏步不动,而黑人为42%。或许是由于这个原因,民意调查显示非洲裔美国人比白人更加青睐政府再分配计划。

有这样一个趋势:富有的父母拥有更健康的孩子,或孩子遇到健康问题时更可能得到救治,这个趋势可能也发挥了作用。"有强有力的证据表明,低收入家庭的孩子会有更多的健康问题,儿时的健康状况确实能影响成年后的健康状况,成年后的健康状况也确实能影响业绩。"哈佛大学著名社会学家克里斯托弗·詹克斯说。

把性格特征传递给孩子可能也是一个因素。马里兰陶森大学经济学家梅利莎·奥斯本·格罗夫斯考察了政府长期运作的国家纵向调查之中195对父子的心理测试结果。她发现,生活态度的相似性与父子收入联系产生的影响占11%。

然而,和几个世纪以来一样,美国人一如既往地珍视他们自我设定的形象:一片独一无二的土地,过去和出身并不会限制机会。在自传中,富兰克林简单明了地写道,他已"从出生和成长时的贫困的卑微中解脱出来,终至富裕状态"。但是,在一个已经成为标准的19世纪课文的版本中,富兰克林的孙子坦普尔换了几个词汇,来强调这一历史悠久的信息:"我自力更生,终至富裕状态……"

第 4 部分
种族主义

在20世纪60年代,争取使少数族裔在就业、住房和教育等方面获得平等机会的立法斗争获得了成功,这为人们创造了一个希望:政府行动会有效地消除美国社会种族平等的最大障碍。人们对经济不断增长的预期加强了这种乐观情绪,经济增长预示着似乎每个人都有机会在美国过上好日子。

在某种程度上,这些预期实现了——一段时间而已。黑人及其他少数族裔取得了巨大的社会和经济进步,尤其是在20世纪60年代,这是民权抗议、政府行为以及经济扩张的结果。但20世纪60年代的城市骚乱展现了种族问题更加不详的一面,还揭示了一点:美国种族劣势的某些方面在一定程度上不受经济增长和公民权利扩大的影响。而在20世纪70年代到80年代早期,少数族裔在早年取得的一些成果开始反转。少数族裔的收入极大程度上落后于白人。少数族裔的贫困激增,在市中心尤其突出。不利的经济趋势、不够慷慨的公共政策、强力执行民权法的警告性承诺,三者累加起来,继续起到反作用,使少数族裔在这些年的进步过程举步维艰。

尽管出现了这些让人不安的新情况,一些评论家还是坚持认为,在美国,种族不再重要。没人否认,少数族裔依然面临着各种各样的经济和社会劣势。但是,现在有些时候人们认为这些劣势跟赤裸裸的种族歧视已经没大关系了——按照这种思路,赤裸裸的种族歧视已经随着时间大幅减少了。毕竟,我们已经选出了一个非洲裔美国人担任美国总统。按照这种说法,美国黑人的高失业率和贫困如今主要是由于文化或态度之类的问题,而不是由于经济机会之中的系统性障碍。

然而,这一部分的文章清楚地表明,现在庆祝种族歧视的终结为时过早。在美国,种族依然重要,而且极为重要。在美国生活的方方面面,少数族裔都必须在一个明显不公平的环境中竞争。

这怎么可能是真的?我们已经创造了那么多旨在消除环境不平等的法律和项目,就像迈克尔·K.布朗及其共同作者所认为的那样,一个原因就是,世世代代以来,政府和私营企业雇主的政策恰恰都跟公平背道而驰——从那时起,美国种族状况就系统地为美国白人制造优势,尽管有时并不明显。比方说,大多数美国人并没有意识到,几十年以来,黑人工人多数没有社会保障和失业赔偿金——这使他们更易陷入贫困和经济不安全状态中,而且在收入阶梯上大幅落后于白人。同时,私人银行和联邦政府的住房政策都有意支持城市的居住隔离,有效地把非洲裔美国人封锁在贫困、充满麻烦的社区,使他们丧失了一项最为重要的个人财富来源——拥有一处有价值的住所。早期的种族政策以这样那样的方式留下了不平等的遗产,我们尚未成功提出挑战。

令人不安的是,这种不平等的影响在刑事司法制度之中显而易见,这里是美国种族差异最夸张、最分裂的地方。民权运动开始半个世纪之后,非洲裔美国人——尤其是年轻的非洲裔美国人——比年轻的美国白人更可能进看守所和监狱。我们重印的"量刑计划"组织的报告指出,当年著名的布朗起诉教育委员会一案中,法庭判决终止了公立学校形式上的种族隔离,而现在身陷牢狱的黑人大约是当年的九倍。就像作者们指出的那样,出现这种恼人的增长的原因是复杂的——涉及从居高不下的犯罪率到禁毒战争所带来的不公平影响等因素。但是,这种史无前例的入狱率的影响体现在许多方面,而且全都跟我们息息相关。今天,黑人儿童在童年的某个阶段父母当中的至少一方蹲过监狱的比例高得惊人。故八分之一的黑人男性没有选举权,因为他们被判过重罪。更为普遍的是,在许多社区,入狱收监的经历好像成为年轻黑人成长中"几乎不可避免"的一个方面。

种族差异在住房、社会福利和刑事司法方面根深蒂固,在教育、就业在内的其他领域也是如此。自从20世纪五六十年代民权运动兴起以来,人们采取了许多措施来应对这些不公并促进种族平等和多样化。

应对歧视最重要的一项战略被笼统地称作"平权法案"——要求各机构采取具体措施保证历史上未被充分代表的少数族裔享有均等的机会。许多人错误地认为,这意味着大学、企业以及其他机构保留"份额",要求特定百分比的雇员或者学生必须来自少数族裔群体。实际上,自20世纪70年代以来,此种"份额"一直是非法的。不过大学以及其他机构已经获准采取多种方式增加种族和族裔多样性。

平权法案已经成为美国最有争议性的社会政策:许多人觉得平权法案不公

平地优待少数族裔而未考虑其品质和表现,而其他人相信平权法案至关重要,可以维持多样性的社区并助力改正过去的歧视性政策。无论人们对这个问题有什么抽象的看法,重要的是把这个问题置于背景之中。公众讨论平权法案时,经常无视一点:除了少数族裔之外,许多其他群体在大学录取之类的事情上也得到了各种各样的优待,而且这种优待由来已久。比方说,长期以来,跟其他申请者相比,运动员都能以较低的学分和考试成绩进入一些特定的大学。而且,就像丹尼尔·戈尔登表明的那样,许多大学为了录取有钱人家的孩子,刻意采取措施放宽标准。有时这被委婉地称作"发展"录取。但别管叫什么名字,这都是一种优待。就像一个学生说的那样,事实是,"杜克大学的每个人都有被录取的捷径"。这样的对比有助于更好地理解平权法案中的少数族裔学生问题。

近些年,种族问题变得比以往更加复杂,因为美国种族和族裔的面貌在改变。我们处于历史上最引人注目的大规模移民时代之一,数以百万计的人口从世界各地来到美国——尤以来自拉丁美洲的墨西哥和亚洲的居多。跟以往的移民潮一样,这些新来的人带来的社会和文化变化在先来美国的人中引发了恐惧和憎恨。这种反应在很大程度上源于一个信念:移民损害了经济并降低了其他人的生活质量。在阿维娃·乔姆斯基的书《他们夺去了我们的工作!》之中,她表明,与其说这种信念是事实,还不如说是谬论。我们在此转载了这本书的一部分。在这部分里,乔姆斯基特地考察了两个谬论——移民不纳税而且是经济的"负担"——发现这两种说法都不确切。

第 13 章

白人优势的根源

迈克尔·K.布朗　马丁·卡诺努瓦　埃利奥特·柯里
特洛伊·迪斯特　戴维·B.奥本海默
玛乔丽·M.舒尔茨　戴维·韦尔曼

民权革命结束大约40年之后,在关于种族经济不平等的讨论中有两个最令人困扰的问题:(1)为什么一方面黑人中产阶级欣欣向荣,另一方面深度贫困却依然在黑人社区阴魂不散? (2)为什么黑人和白人在家庭收入、工资和就业方面依然存在着巨大的鸿沟? 许多人认为这就是民权革命的悖论和祸根。他们不明白,为什么民权法终结了种族歧视,却留下了难以管理的底层黑人和实实在在的种族不平等?……

现代国家支持的种族不平等之起源

想要找到当代白人优势的先例,根本无需追溯到300年前。罗斯福新政是白人特权累积和黑人劣势产生最近的一个基准。富兰克林·D.罗斯福的政策既推进了种族平等事业,又使种族不平等长期延续。罗斯福新政的农业政策为南部农业的机械化铺平了道路,促成了黑人(和白人)移居北方以及黑人进入制造业工作。《瓦格纳法》使工会合法化;最低工资法为所有工人提供了最基本的经济保障;《社会保障法》赋予工人保障措施;1946年的《就业法》明确了政府在就业总量和物价水平方面的义务。这些政策,加上战后的经济增长,削弱了战前北方种族秩序,开启了足以摧毁《吉姆·克劳法》的变化,同时缓解了黑人与白人的贫困。

非洲裔美国人从罗斯福新政中获益。他们得益于公共就业的增加以及政府的转移性支出,比如社会保障和福利。"伟大社会"计划更进一步地减少种族不平等状况,减轻黑人的贫困程度,培育新的黑人中产阶级。但是,如果说联邦社

第 13 章 · 白人优势的根源

会政策推动了种族平等,那么,它同时也创造和维持了种族等级制度。福利国家在促成平等的同时也促成了分层。罗斯福新政以阶级为基础或者种族中立的政策并未以同样的方式影响黑人和白人。自20世纪40年代以来,联邦社会政策尤其促进了白人中产阶级的繁荣。与以往应对经济周期的保护和保障相比,新政给白人带来了更多利益。住房补贴为白人搬到郊区铺平了道路;联邦税收减免保障了工会协商得来的健康和养老金福利,还降低了工人的开销;对于许多白人来说,退役补助金是一种向上流动的途径。许多美国白人所普遍认为,假定政府政策只对黑人有利或者不顾及肤色,那就像用一只眼看世界。

国会在20世纪30年代中期通过的三项法律是新政时期产生的种族分层模式的根源。这三项法律是《社会保障法》《瓦格纳法》《联邦住房法》。这些法律有助于白人家庭积累财富,所有的其他因素加起来都不如这三项法律更加速了未来的城市贫民窟的生根发芽,并催生了一个福利体系,在这个体系中,受惠者中黑人多得不成比例。人们普遍认为,新政是基于广泛而包容性的政策。吉尔·夸达诺认为,罗斯福新政旨在提供"保护产业工人阶级的最低工资",尽管这个说法有一定的道理,但它充满了歧视。新政劳工和社会政策之中达成的妥协也强化了社会福利项目、劳工政策、住房政策之中的种族隔离。[1]这种情况是如何发生的?又为何会发生?

尽管《社会保障法》规定了与工作相关的社会权利,据此可以获得养老金和失业赔偿金,但国会不顾罗斯福政府的反对,公然把家庭佣工和农业工人排除在保障的覆盖范围外。国会还排除了公共雇员以及非营利志愿组织之中的工人。一开始,在所有的工人之中,只有53%,约2 600万人属于《社会保障法》养老保险条款的覆盖范围,失业赔偿金覆盖的人数还不及工人总数的一半。后来,国会还将这些工人排除在《瓦格纳法》和1938年《公平劳动标准法》之外。[2]

国会拒绝社会保障全覆盖并不是一个种族中立的决策,因为正如当时一些人宣称的那样,很难从农业工人和家庭佣工那里征收到工资税。就像霍华德大学法学院院长查尔斯·休斯顿对参议院金融委员会所说的:"社会保障账单就像是一个筛子,筛子上的洞足以筛掉大多数黑人。"几乎五分之三的黑人劳动力未被覆盖,当个体经营的黑人佃农也被排除在外的时候,大约就有四分之三或者更多的非洲裔美国人无法享受联邦法律的补助和保护了。90%的黑人妇女是家庭佣工,她们因职业处于不利境地,已经被排除在外了。[3]

农业工人和家庭佣工之所以被排除在外,主要是因为南方的立法者拒绝施行任何将黑人工人包括在内的国家社会福利政策。罗斯福领导促成了北方产业工人与南方白人的脆弱联盟,与农业经济秩序紧密相连。虽然黑人开始离开林肯的政党,转而投奔罗斯福的政党,但非洲裔美国人之中的四分之三依然生活在南方,没有投票权。南方人担心联邦社会政策会提升南方黑人工人和佃农的工资,继而破坏南方的种族隔离制度。当罗斯福默许南方要求的时候,黑人对立法的批评被忽视了。罗斯福认为自己无法在挑战那些强大的南方委员会主席的同时,还能通过需要的社会福利立法。

随着黑人移居北方走上工业岗位,他们最终被纳入《社会保障法》覆盖范围,国会最终在1950年和1954年将养老保险的覆盖范围扩大至农业工人。虽然社会保障管理局努力做到平等对待黑人和白人工人,但是由于《社会保障法》中存在与工作资格相关的条款,黑人工人还是处于极端不利的境地。养老保险和失业赔偿金无一例外地奖励稳定长期的就业,而惩戒间歇性的就业。本着财政健全的名义,20世纪30年代的社会保障缔造者坚称,如果有人为逃避工作而装病,依靠救济过活,或者跟劳动力市场若即若离,那么他们就没有资格享受社会保障,他们的福利也应受到限制。劳动力市场的歧视和农业劳动的季节性致使许多黑人都没有稳定长期的就业记录。因此,黑人领取养老和失业补助金的资格十分有限。

与工资相关的资格规定对种族造成的影响已经在20世纪30年代显现了出来。劳动力市场歧视使得黑人工资相对低于白人,甚至使得黑人干脆找不到工作,因此,跟白人相比,黑人从养老保险和失业赔偿金中获益相对较少,或者根本就享受不到。比如说,到1939年,在已被社会保险覆盖的行业工作并为养老保险缴纳工资税的白人工人之中,只有20%没有保险,而没有保险的黑人是白人的两倍多(42%)。[4]从一开始,社会保障就把非洲裔美国黑人的收入转移给白人。这种差异一直持续到今天。就算大多数黑人目前已被社会保障覆盖,但是一般来说,他们享受的福利仍少于白人,而支付的社会保障税占收入的比例更高。[5]和养老保险一样,在失业赔偿金方面,几乎没有公然歧视的证据——符合资格的黑人工人几乎与白人工人一样享受补助金。但是,由于在20世纪四五十年代,国家实施了严格的资格要求,大量黑人工人被排除在外。[6]社会保险既不普遍,也非种族中立。

20世纪30年代,劳动力市场歧视加上与工作相关的资格要求把黑人排除在了工作和社会保险项目之外,迫使许多黑人先是依靠救济过活,然后又依靠福利,即贫困儿童补助计划。实际上,直到20世纪60年代末,大多数黑人妇女还被排除在失业赔偿金制度之外。原因是法律把家庭佣工排除在了失业赔偿金之外,甚至直到20世纪50年代,民用劳动力中一半以上的黑人妇女依然做着家佣。失业的黑人妇女通常只能依靠福利过活,而她们也是这么做的。截至1960

年,所有领取福利的人中,黑人妇女占了五分之二。20 世纪 60 年代,福利名单扩充,但是黑人妇女领取福利的比例并没有什么大的变化。就像保守人士认为的那样,伤害黑人家庭的是劳动力市场歧视和新政社会政策,而不是福利。这个问题无法通过病态的黑人家庭结构来解释。[7]

就像查尔斯·休斯顿预言的那样,美国的社会保险运作起来很像筛子,黑人就从筛子的洞里被筛掉了。《瓦格纳法》和 1937 年《住房法》让问题变得更加复杂,使筛子上的洞变得更大了。1935 年的《瓦格纳法》有时被称为劳工运动的《大宪章》,但仔细审视会发现,它就是白人劳动力的《大宪章》。黑人领袖设法给《瓦格纳法》加上反歧视修正案,但是美国劳工联合会以及控制国会中关键委员会的南方白人抗拒这种做法。结果最终版本还是把黑人排除在外。全国有色人种协进会(NAACP)的罗伊·威尔金斯指出,《瓦格纳法》使只雇用工会会员的商店、工厂、企业合法化,此举把权力赋予了"工会工人,这样他们就能把未加入工会的人都排除出所有行业的就业岗位。"此项法律还禁止罢工,而罢工曾是黑人成功挤进北方各个行业的武器。阻止黑人进入刚受保护的工会意味着黑人工人受到了白人工人种族倾向的制约。[8]《瓦格纳法》没能保护黑人工人,后果之一就是工会规章把黑人工人局限在了低收入、技能水平低的工作岗位上。第二次世界大战之后,企业现代化使这些工作岗位被取消,无技能的黑人工人被自动化的制造技术取代。[9]因此,当前黑人的高失业率可以直接追溯到新政立法,因为罗斯福新政立法允许白人工人拒绝给黑人提供工作机会。

第三套罗斯福新政政策——联邦住房和城市翻新立法等——也加剧了国家支持的种族不平等。

联邦住房管理局和退伍军人管理局的抵押贷款项目是对白人工人的额外福利。这两个联邦项目为"二战"后所有的抵押贷款提供了超过三分之一的资助,为新住房提供了超过 1 200 亿美元资金。[10]联邦住房管理局和退伍军人管理局为住房抵押贷款提供担保,从而使贷方放宽贷款条件。退伍军人管理局抵押贷款也为购房者提供直接补贴。和退伍军人管理局贷款不同,联邦住房管理局抵押贷款具有再分配性质,资助工人阶级家庭和中产阶级家庭。这两个项目帮助数百万家庭拥有了住房,否则,这些家庭根本无法负担。这两个项目还补贴资助了战后郊区的发展。联邦住房管理局与退伍军人管理局资助了几乎一半在 20 世纪五六十年代修建的郊区住房,但这项补助金通常是留给白人的。[11]

现在我们知道,联邦住房管理局的贷款指南使用种族标准来评估信贷可靠性。住房专家查尔斯·艾布拉姆斯精确地总结道,联邦住房管理局政策"根本就是脱胎于《纽伦堡法》①"。联邦住房管理局不愿为种族混居地区的抵押贷款作担保,担心如果没有严格的隔离,房产价值就会受损。联邦住房管理局担保手册警告贷方,"如果想让一个地区保持稳定,其财产必须继续由同一社会阶级和种族阶级占有。"贷方被明确告知要在合同以及契约里添加限制条款。因此,联邦住房管理局贷款青睐郊区。在密苏里州圣路易斯县的一份研究报告中,肯尼斯·杰克逊比较了联邦住房管理局贷款在该县郊区城镇和中心城区的分配情况。他的研究报告表明,中心城区和郊区区镇辖区的待遇存在着巨大的差异。比如,圣路易斯县接受的抵押贷款和款项数量是圣路易斯城的五倍。[12]结果住在圣路易斯城的黑人家庭无法得到抵押贷款担保,就算获得了抵押贷款,条款也不那么有利。

联邦住房管理局和退伍军人管理局1960年担保的家庭贷款之中,非洲裔美国人只得到了3%,占所有黑人抵押贷款的30%。另一方面,白人房主在很大程度上更加依赖由政府担保或补贴的抵押贷款:1960年,42%的白人抵押贷款是由联邦住房管理局和退伍军人管理局支付的。黑人退伍军人的遭遇略好于联邦住房管理局的黑人客户(1960年,在所有由黑人持有的政府担保抵押贷款中,非洲裔美国退伍军人获得的占了三分之二),但是,他们的待遇仍不如白人退伍军人。截至1950年,大约5%的黑人"二战"退伍军人办理了退伍军人管理局贷款,而白人退伍军人所占比例为13%。[13]不过这些抵押贷款当然只能用于购买隔离区域的住房。

使用联邦住房政策来维系种族隔离只是此种行为最广为人知的一个例子。直到20世纪60年代,联邦社会政策依然是支持南方隔离不可或缺的一部分。南部诸州使用联邦公共建设工程补贴来强化肤色界限。[14]退伍军人医院执行严格的隔离制度就是一个例子。大多数联邦拨款包含"不得干涉"条款,阻止联邦官员监督或控制这些建筑的建设。虽然1946年的《希尔-伯顿法案》制定了提供"相同质量"服务的条款,但不要忘记此法案还包含了一个明确的例外:可以为"不同的群体"提供不同的设施。《希尔-伯顿法案》隔离但平等的条款在1963年被宣布违宪,但到那时,南方人已经使用了3 700万美元的联邦资金建设了89处隔离的医疗设施。在此过程中,许多非洲裔美国人无权享受医疗服务,而南方白人则从这些联邦政府修建的顶级医疗设施中受益。[15]

这些联邦政策在全国各地促成了一种白人积聚财富、黑人越来越穷的新模式,在北方的城市和南方,这种模式最为盛行。随着郊区房地产的发展,白人家

---

① 《纽伦堡法》,纳粹德国于1935年颁布的反犹太法律。——译者注

庭欣欣向荣，而黑人家庭远远落下，深陷困境。"二战"之后，联邦住房和城市翻新政策为严格隔离的地区提供了方便，使得黑人社区投资减少。联邦政府全面的贷款歧视向私人投资者发出了避免向黑人社区发放住房或者商业贷款的信号。芝加哥的一项研究表明，在20世纪五六十年代，人寿保险公司从芝加哥撤出了抵押贷款资金，原因跟联邦住房管理局拒绝在黑人社区为贷款作担保的原因一样。此举造成了严重的后果。就像道格拉斯·马西和南希·登顿写的那样："由于缺乏流入少数族裔地区的贷款资金，房主难以出售自己的住房，房价暴跌，继而导致年久失修、房况恶化、空置和废弃的局面。"这意味着，白人拥有的住房比黑人拥有的住房更有价值，而且白人住房的价值主要取决于制造和维系住宅隔离的公共政策。结合强调肤色、国家支持的优势，白人收获了拥有住房的所有好处。除了比租房便宜之外，白人还获得了美国主要的中产阶级税收补贴：抵押贷款利息减免。[16]

20世纪50年代的联邦社会政策确保了持续扩大的白人中产阶级能在政府的帮助之下积累大量的财富。因此，今天的白人拥有的财产和金融资产远比黑人家庭多。1993年，白人家庭的净资产中位数是黑人家庭和拉美裔家庭的10倍。相比之下，黑人家庭股票、投资、个人退休账户里的钱都比白人少。黑人的收入是白人收入的62%，而黑人的净资产中位数只有白人的8%。或许，更糟糕的是，61%的黑人家庭没有任何金融净资产，而只有25%的白人家庭处于同样的困境之中。即使在收入相同的家庭之中，黑人的财富也远少于白人。[17]

（编者按：本文注释可以在初始来源中找到。）

第 14 章

学校和监狱

——布朗诉教育委员会案五十年后

判决项目组织

概览

美国正在庆祝历史性的布朗诉教育委员会案五十周年,该案的判决下令废除公共教育中的种族隔离。该判决在许多方面标志着现代民权运动的开始。在接下来的半个世纪里,美国社会取得了巨大的社会进步和经济增长。虽然还有许多工作要做,但社会上的许多机构已经变得更加多元化,并更加积极地响应非洲裔美国人以及其他有色人种的需求。

然而,在此期间,刑事司法体系是所有机制中变化最大的,并且在许多方面对非洲裔美国人共同体产生了最为深远的影响。监狱体系史无前例的扩张使得身陷囹圄的美国人数量达到了历史新高,并对非洲裔美国人产生了尤其巨大的影响。现在,身陷囹圄的非洲裔美国人数量是布朗案判决时期的 9 倍。据估计,1954 年有 98 000 黑人被监禁。如今,这个数字已经上升到 884 500(见图 14-1)。[1]

这些冰冷的数字之中,黑人男性比例尤其惊人。每 21 个成年黑人男子中就有一个在某一天受到监禁。接近 30 岁的黑人男子之中,这个数字是八分之一。如今,此年龄段被监禁黑人(161 600)远超 1954 年被监禁黑人的总数(98 600)。按照这个趋势,这个时代的黑人男子三分之一(32%)会在生命的某个时刻进监狱。

教育与刑事司法的交集也发人深省。1954 年,大法官沃伦指出:"在这个时代,如果不给一个孩子受教育的机会,就难以想象这个孩子会在人生中获得成功。"[2]这是一个由信息科技主宰的时代,一个人的成功是通过其接受的专业培训

第 14 章 · 学校和监狱

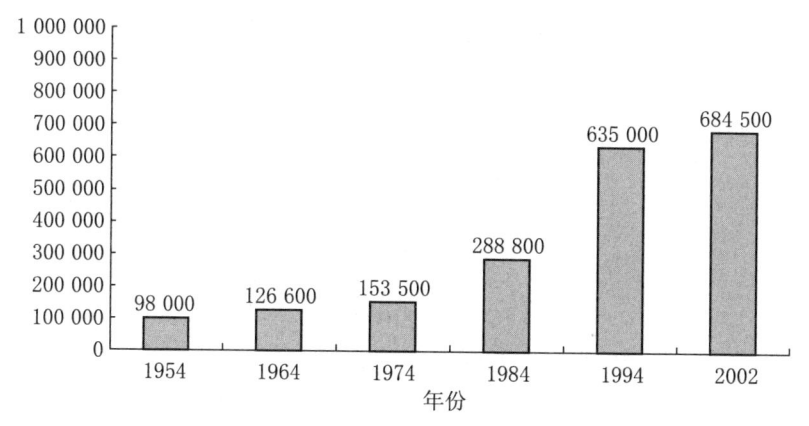

[Bar chart showing:
1954: 98 000
1964: 126 600
1974: 153 500
1984: 288 800
1994: 635 000
2002: 684 500
Y-axis: 0 to 1 000 000
X-axis label: 年份]

图 14-1　身陷囹圄的非洲裔美国人

来衡量的。半数以上（52%）30岁出头、中学时就已辍学的黑人男性有入狱记录，这表明这个国家没有在意大法官沃伦的警告。

虽然女性的监禁率总体上低于男性，但其中的种族差异同样惊人。如果当前的趋势持续下去，那么如今出生的黑人女性就会有十八分之一进监狱，是白人女性比例的六倍。这种可能性在近几十年激增。跟1974年出生的黑人女性相比，如今出生的黑人女性在一生中进过监狱的概率增加了五倍。

原因

非洲裔美国人身陷囹圄人数激增，其原因是复杂的，涉及刑事司法制度内外的动因。总体来说，这些动因代表了一种社会政策，即只强调对犯罪问题采取惩罚措施，而牺牲着眼于强化家庭和社区的措施。包括如下几点：

犯罪率。 黑人入狱率高，部分原因是黑人参与某些犯罪的比率较高。2002年，因财产犯罪被捕的人中，黑人占了29.6%，因暴力犯罪而被捕的，黑人占了38%；而相比之下，黑人只占美国总人口的12.3%。（注意，被捕并不是参与犯罪的准确标准，但这已经是估算犯罪率的最佳办法了。）然而，犯罪学家艾尔弗雷德·布鲁姆斯坦在一份关于种族和监禁的研究报告中指出，毒品犯罪的高逮捕率与普通人群中较高的吸毒率无关。简言之，毒品逮捕率不是毒品犯罪的可靠指标，因为非洲裔美国人被逮捕的频率远高于他们的吸毒率。[3]

有些犯罪好像是以种族关系为基础的，但在许多方面都与社会阶级有关系。青年调查报告表明，所有种族的青少年男性中都有相当大比例的人犯过重罪。跟20岁出头的黑人相比，20岁出头的白人的犯罪率下降得更厉害，因为他们能够更自然地承担起成年人的角色——工作、大学教育、稳定的关系。另外，研究人员发现，贫困，尤其是集中贫困引发的社会经济劣势，极大地提升了犯罪率。

美国的住房模式经常导致低收入非裔美国人生活在集中贫困之中,但是贫穷的白人以及其他群体很少处于此种境地。

收监率上升。 非洲裔美国人收监率上升在很大程度上体现了 1970 年以来整体收监率的剧增。监狱和看守所的人员合计约 33 万,而美国的监狱人口现在已经升至 210 万。这种增长主要是因为采用了强调严厉判决的"强硬"政策,而不是因为犯罪率的明显增长。1992 到 2001 年,一项对监狱人口增长的调查发现,并不是所有的增长都可以用犯罪率来解释,而是源于罪犯被判入狱的可能性增加并且更有可能获得更长的刑期。[4]

向毒品开战。 1980 年以来两种重叠的趋势使得非洲裔美国囚犯的数量大幅增加。首先,禁毒战争启动导致被监禁人数激增:1980 年因毒品指控而等待审判和正在服刑的人数大约是 40 000,如今增加到 450 000 人。当前的数据只是略少于 1980 年所有因犯罪而受到监禁者人数。

其次,禁毒战争中的起诉极大地影响了有色人种社区。卫生及公共服务部进行的调查报告估计每月吸毒的人之中黑人占了 13.3%,然而,因毒品犯罪而被捕的人之中,黑人占了 32.5%。[5] 在所有因毒品犯罪而被监禁的人之中,四分之三是黑人或者拉美裔。这些区别主要是通过禁毒战争中的两个层面的措施来实现的。在资源丰富的社区,吸毒主要是作为公共健康问题来处理的,使用的是预防和治疗措施。在低收入社区,资源有限,毒品问题更有可能通过刑事司法体系来处理。

高纯度可卡因和低纯度可卡因判决。 1986 年和 1988 年通过的联邦立法规定,相对粉状可卡因罪犯,要严惩高纯度可卡因罪犯,而高纯度可卡因却是粉状可卡因的提取物。如销售 500 克粉状可卡因的人将被判处五年监禁;如果是高纯度可卡因,只要持有 5 克就要面临同样的惩罚。这些法律的执行导致非洲裔美国人占了 2001 年高纯度可卡因案件被告的 83%,虽然在普通人群之中,大约三分之二吸食高纯度可卡因的人是白人。由此可见,刑事司法体系旨在"向毒品开战"的政策决策,使用了对非洲裔美国人群体产生有害影响的策略。

此外,14 个州对高纯度可卡因和粉状可卡因案件的量刑差异也是不同的。对这些差异的广泛忧虑使得美国判决委员会在 1995 年建议取消两类案件的量刑差异。国会和克林顿政府干脆地拒绝了这个建议。2002 年,修改刑罚体系的后续尝试遭到了小布什政府司法部的反对。

"学区"禁毒法。 近些年,许多州采用了"学区"强力禁毒法,加大对学校周边毒品犯罪的惩罚力度。这些旨在阻止向学童出售毒品的法律实际上助长了主要由住房模式造成的极端种族/族裔差异。在城市区域,大多数城市的大部分都处于这些法令规定的1 000—1 500英尺典型范围之内,而在郊区或者乡村,处于此范围的地方少得多。因为许多非洲裔美国人住在城市区域,任何此类犯罪(就算是凌晨3点成年人之间私下进行毒品交易)都会加重惩处力度。按照学区法,在最近的一年里,伊利诺伊州芝加哥的库克县被机械地作为成年人进行起诉的99%的青少年都是黑人和拉美裔。

"三振出局法"和惯犯政策。对有前科的罪犯判处更长的刑期的量刑立法对非洲裔美国人产生了极大的影响。法官总是能够对惯犯施以较长的刑期,但是,一些立法强化了这一趋势,这些立法包括惯犯法和"三振出局"立法。有的人认为非洲裔美国人更有可能犯罪,还有的人认为非洲裔美国人受制于裁决中的种族形象偏见以及其他形式的歧视。别管怎么认为,结果就是,跟其他群体相比,非洲裔美国人更容易有犯罪前科。因此,基于犯罪历史而施加更严厉惩罚的政策对非洲裔美国人产生了严重的影响。比如,在加利福尼亚,黑人占了监狱人口的29%,但是他们之中的49%都得到了"三振出局"判决。[6]因为此等政策创造了极端的差异,所以这些差异影响重大。一起非暴力犯罪在其他地方可能仅仅是监禁几日,而在加利福尼亚被作为三击出局罪行要被判25年监禁。

不充足的辩护资源。历史上著名的吉迪恩案裁决保证了刑事案件之中得到律师辩护的权利。但是,40年过去了,在美国的许多地方,穷人依然很难获得辩护。据估计,80%的刑事被告是穷人。而且司法部2000年的一份报告宣称,公设辩护处于"长期的危机"之中。比如,在弗吉尼亚,重罪案件之中的被告如果有可能面临无期徒刑判决,那么,支付的最高律师代理费用是1 096美元。在路易斯安那州的莱克查尔斯,公设辩护律师事务所只有两个调查员应对每年派给该事务所的2 500起新的重罪案件和4 000起新的轻罪案件。因为非洲裔美国人中有极大比例是低收入者,因此,他们更有可能遭受这种机制的缺陷带来的不利影响。

零容忍政策。为了应对明显的校园暴力问题,许多州和学区对违反学校规章的行为实施"零容忍"政策。这种政策导致违规学生自动退学或被开除,而在过去,这种违规可能是由学校领导来处理的。虽然表面上针对的是枪支犯罪以及其他严重罪行,但实际上这些政策导致的后果是:带艾德威尔镇痛药或者水枪进学校等行为也会被惩戒。零容忍政策导致了较高的退学率和开除率,并最终增加了辍学学生的数量。相当比例的有色人种儿童受到了这些政策的影响。根据教育部的资料,7到12年级的非洲裔美国孩子中有35%在学校生涯的某个时刻遭遇退学或者开除,而西班牙裔中的比例是20%,白人是15%。[7]这些数字反过来又增加了有色人种儿童卷入青少年和成人刑事司法体系的风险。

影响

按照目前的监禁率,如今出生的黑人男子三分之一会在生命的某个时刻进监狱。别管人们是否相信当前的犯罪控制政策"能够"减少犯罪,这种结果都足以震撼全体美国人。施行具有如此深刻种族主义色彩的犯罪政策会让人对美国建立自由与民主社会的承诺产生疑问。

当前的监禁政策不仅影响了将近 900 000 名身陷囹圄的非洲裔美国人,还渐渐影响到他们的家庭和社区。在任何一天里,每 14 个黑人孩子之中就有 1 个孩子的父母一方遭到监禁;在童年时期,这些数字会高得多。家庭构成,尤其是在深受监禁影响的城市区域,也受到了这些趋势的影响。在华盛顿监禁率最高的地区,黑人男子入狱,使得男女比率仅为 62 比 100。[8]

社区权力也受到了剥夺重罪之人公民权法律的影响,这些法律限制因重罪而服刑期间的选举权,有些情况下是永久剥夺选举权,这取决于此人生活在哪个州。在即将到来的总统选举中,每 8 个黑人男性(13%)之中就有 1 个因当前或先前的重罪定罪而无法投票。这些法律不仅影响了被判重罪之人的政治权力,还影响了他们社区的政治影响力。在这些地区,未犯过重罪之人的政治诉求也被削弱了,因为代表他们利益的居民有些不能参与选举进程。

这些问题无不表明犯罪是全体美国人的麻烦,对非洲裔美国人尤其如此。但是,在过去的几十年里,应对犯罪问题的方法造成了一种局面,即监禁逐渐被视作黑人男性成长过程中几乎不可避免的一个方面,而对越来越多的黑人女性来说也是如此。这些政策的社会成本巨大,而且逐年增加。值布朗案五十周年之际,美国不仅需要反思教育进程,还应该评估黑人社区的整体状况受到了怎样的影响,刑事司法政策的驱动因素表明美国在这方面是大步后退了。

方法

图 14-1 监禁拘留的数据是从司法统计局不同的出版物里搜集的。在可能的情况下,确切的数字直接取自司法统计局报告。有些年份没有确切的监禁拘留数据,这些数据是根据连续年份的现有信息得到的估值。这些估值的依据通常是时间上两点之间的差额,并基于年份的数量假定平均每年的增长率。

这份简报的作者是判决项目组织副主任马克·莫尔和副研究员瑞安·斯科特·金。

尾注

1. 参见人口估值描述的方法论部分。
2. *Brown vs. Board of Education of Topeka*, 347 U.S. 483, 493. (1954).
3. Blumstein, Alfred. (1993). "Racial Disproportionality of U.S. Prison Populations Revisited", *Uni-*

versity of Colorado Law Review, Vol.64, 743—760.

4. Karberg, Jennifer C. and Beck, Allen J., "Trends in U.S. Correctional Populations: Findings from the Bureau of Justice Statistics", Presented at the National Committee on Community Corrections Meeting, Washington, DC, April 16, 2004.

5. Substance Abuse and Mental Health Services Administration, Office of Applied Studies, *National Survey on Drug Use and Health*, 2002. Table 1.26A.

6. California Department of Corrections. *Second and Third Strikers in the Institution Population*. Sacramento, CA: Data Analysis Unit. (February 2004).

7. *Status and Trends in the Education of Blacks*, U.S. Department of Education, September 2003, p.38.

8. Braman, Donald. (2002)."Families and Incarceration", in Mauer, Marc and Chesney-Lind, Mede. (Eds.), *Invisible Punishment: The Collateral Consequences of Mass Imprisonment*. New York: The New Press. p.128.

第 15 章

许多大学中得到平权法案优待的富家子弟

丹尼尔·戈尔登

尽管上了寄宿学校,还请了私人教师,莫德·邦恩的美国高考成绩还不足以让一个普通学生进入杜克大学。

但是,邦恩女士还有其他优势——咖啡壶。邦恩家的老祖先靠着咖啡壶发家致富,而杜克大学想要邦恩女士富有的父母捐钱,邦恩女士就这么被录取了。

后来,邦恩女士的父母迅速成为杜克大学一项针对这所大学其他学生父亲的筹款活动的联合主席。"我的孩子收到了一个礼物,她被录取了,现在我正在回报。"莫德的母亲锡西·邦恩说,她拒绝说出自己家给杜克大学捐了多少钱。

大多数大学承认优待支持母校的校友。不过为了吸引可能慷慨捐赠之人,大学也在降低录取标准,为那些来自富裕家庭或者有影响力家庭的孩子留下空间,即便这些人跟这些大学并没有什么渊源。有人向学校推荐申请者,有人给学校打招呼求照顾,这样,学校就辨别出了哪些申请者出身优渥。然后,这些学生一被录取,学校就开始索取家长的捐赠。

杜克大学说自己从未拿录取名额交换捐赠。"没有交易,没有讨价还价。"发展通信中心主任皮特·沃恩说。虽然杜克大学不就个案发表评论,但校方指出,来自家长的捐赠被用于升级设施、提供金融资助等方面。

优待富裕家庭学生的正规做法——有时叫作"发展录取制"——有着在法律上挑战平权法案的意味,美国最高法院会在 4 月 1 日(2003 年)就此举行听证会。针对富人的特别录取待遇有着种族色彩,至少间接如此。高等教育捐赠大户绝大多数是白人,这也反映了美国的财富分配。少数族裔优待的捍卫者说,白

第 15 章 · 许多大学中得到平权法案优待的富家子弟

人申请者的这种优势清楚地表明了平权法案依然是必要的。

包括斯坦福大学和埃默里大学在内的顶级高校都说,在决定录取谁时,有时会考虑父辈的财富。其他的名校,比如麻省理工学院,说父辈的财富并不会影响他们的决定。"我理解大学为什么利用家长的关系来发展壮大自己,"麻省理工学院招生办主任马瑞里·琼斯说,"如果有人给张支票,为什么不接受呢?但是,我真的认为此事已经失控了。"

富裕家庭孩子上大学的优势由来已久。看一下杜克大学"发展"录取的状况就能明白,这种录取方式在一些重点大学已经形成制度。

跟哈佛、普林斯顿和斯坦福这些竞争对手相比,杜克大学得到的捐赠不足,因此,杜克大学尤其急于通过录取优惠吸引捐赠者。人们普遍将杜克大学看作美国十大顶尖大学之一,杜克大学每年录取 23% 的申请者,同时拒绝 600 多中学尖子生。美国高考满分是 1 600 分,杜克大学四分之三的学生得分超过 1 320 分。

然而,在近些年,杜克大学说自己放宽了这些标准,根据家庭财富或人脉每年录取 100 到 125 名学生,而 10 年前大约是 20 人。这些学生不是校友的孩子,在正常的录取审核中暂时被拒或者被列入待定名单。他们之中半数以上被录取,约占 6 200 名杜克大学学生的 3% 到 5%。

这项策略好像已见成效。杜克大学说,在过去的 6 年里,杜克大学从非校友父母处得来的不限额捐赠遥遥领先于全国的其他大学:2001—2002 年约为 310 万美元。近期一次大学筹款活动实现了 20 亿美元的目标。除支付 35 000 美元的学费、食宿费之外,35% 的校友为杜克大学捐赠,去年那届新生有 52% 的父母为杜克大学捐款。

杜克大学说,尽管因发展原因而被录取的学生的分数略低,但他们的毕业率高于学生的总体毕业率。这些申请者和顶尖运动员一样享受较为宽松的标准;问题不在于他们能否出类拔萃,而在于他们能否毕业。"只要我们录取的学生,我从不认为会有在杜克无法取得成功的案例。"招生办主任克里斯托弗·古滕塔格说。

杜克大学大四学生卡罗琳·迪马说,她希望在大学录取方面保持对少数族裔的优待,因为根据经验她知道出身名门的白人学生也会得到优待。先前一个投资银行家的女儿虽然高考分数只有 1 190 分,但还是申请了杜克大学。她的候选资格被推迟到了春季。

随后她通过家里两位朋友的推荐信强化了自己的申请,这两位朋友是杜克大学的捐赠人,于是她被录取了。"我需要点让我脱颖而出的东西。"迪马女士说。迪马女士是社会学专业的学生,平均学分绩点 3.2,低于大四年级的平均学分绩点 3.4。"杜克大学的每个人都有被录取的捷径。"迪马女士得到的经验教训是:"人脉就是屡试不爽的解决办法。"

迪马女士被录取之后,杜克大学聘请她的父母担任一项筹款活动的联合主席。她的父亲罗伯特·迪马拒绝说出自己给了杜克大学多少钱。"我们支持我们所有五个孩子的学校。"普林斯顿校友迪马先生说。迪马先生说杜克大学是根据实际情况录取自己的女儿的。

优待潜在捐赠人的孩子这一做法在杜克大学的校园里引发了分歧,有些人担心此举会降低学生整体上的学术能力,还会破坏种族和经济多样性。2000 年 11 月,一份由大学录取委员会提交给受托人的报告,呼吁减少三分之一以发展理由录取的申请人。古滕塔格先生说,自己计划在今年把此类录取名额减少到大约 65 人,以便在塑造下一届秋季新生时获得"更大的灵活性"。

杜克大学校长南内尔·O.肯奥恩认为,最高法院应该支持平权法案,因为对潜在捐赠人孩子的优待"更多地惠及了白人学生……两者肯定是存在联系的,我觉得允许一种优待而否认另一种优待似乎很奇怪。"

密歇根大学是最高法院审理的一宗平权案件里的被告。密歇根大学希望继续允许对少数族裔的优待。密歇根大学也在录取时优待潜在捐赠人的孩子——但仅限于白人或者亚裔。

自由裁量点

在录取本科生的时候,密歇根大学采用 150 点的"选拔指数"。根据该指数,一个审核委员会可能会给予捐赠者、立法者、教师以及其他关键支持者的孩子 20 个"自由裁量"点。未被充分代表的少数族裔——西班牙裔、非洲裔美国人、印第安人——也可以自动获得 20 个点,但是他们没有资格获得自由裁量点。校方说,在被录取的学生中,有这项优势的不足 1%。

1969 至 1985 年,当时的杜克大学校长,已故的特里·斯坦福大规模地优待捐赠者。斯坦福先生是交际广泛的前任北卡罗来纳州州长,运用自己在商界、政界和媒体的庞大关系网,把杜克大学从一个地方性大学升级为全国性大学。按照杜克大学荣誉校长基思·布罗迪的说法,斯坦福先生每年都亲自会见招生及发展主任,以保证特殊关照 200 个申请杜克大学的朋友的孩子。100 多人最终会被录取。

作为 1985 至 1993 年的校长,布罗迪博士说自己置身于录取过程之外,拒绝一些受托人的游说,把因捐赠优待而录取的不合格学生的数量减到每年 20 人。"杜克的教育是一笔价值连城的资产,不容浪费。"布罗迪博士说。精神病学教授布罗迪作为校长,因缺乏筹款热情而遭到批评。"大学校长筹集资金的压力前所未有,"布罗迪博士补充道,"我怀疑许多大学校长借助录取来促进筹款。"

哈罗德·温古德是布罗迪博士手下的招生办资深副主任。据他回忆,每年有三四十个学生因家庭背景从"被拒"升级到"待定",或者从"待定"升级到"录取"。"如果有的学生高考成绩低于平均值100分,或者排名未进班级前15%,在某些情况下,也会被录取。"温古德先生说。他现在是马萨诸塞州伍斯特克拉克大学的招生办主任。"他们并不笨,但是靠他们自己的本事进不了这些学校。"

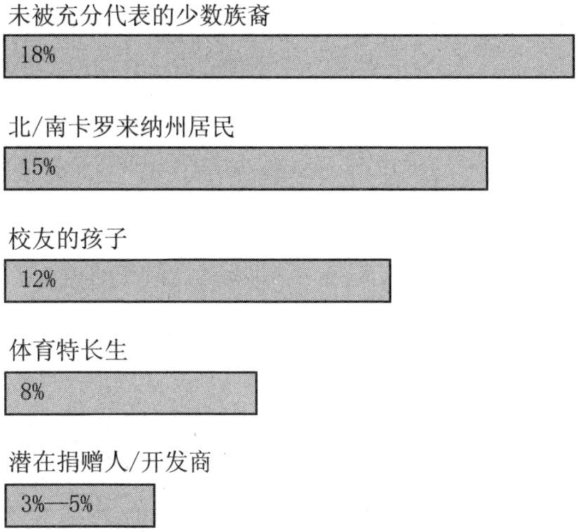

未被充分代表的少数族裔
18%

北/南卡罗来纳州居民
15%

校友的孩子
12%

体育特长生
8%

潜在捐赠人/开发商
3%—5%

注:有些学生可能享受不止一种优待,或者因自己的学业成绩而被录取,并未享受优待。

图15-1　学习的机会:目前杜克大学可享受各种录取优待的新生在1 654名新生中的比例

资料来源:杜克大学招生办公室。

肯奥恩女士是杜克大学的现任校长,在她任内,这些数字都上升了。杜克大学校方说该校1998年录取了大约125个非校友的孩子,1999年录取人数相同,在考虑他们的家庭人脉之前,他们曾暂时被拒或进入待定名单。2000年,杜克大学录取了99名此类学生。校方说,2001年或2002年情况类似,但还没有数据。

肯奥恩女士说,自己并非有意增加富裕申请者的数量。她说,在最近20亿美元筹款活动中"此类学生的数量可能继续上涨",因为"发展录取之中的更多人表现出想成为候选人的兴趣。但是这肯定不是一个政策指令,甚至也不是一个有意识的选择。"

杜克大学的制度运作如下:通过本校的关系网以及受托人、校友、捐赠人等人提供的名单,发展办公室确认大学500名有希望的申请者。这500名申请者的父母财力雄厚,但并不是校友。(重要校友捐赠人的孩子通过另一个程序获得类似的优待。)发展办公室让他们游览校园,为他们提供基本的录取建议,比如,早早申请以便提升概率。发展办公室还把名单转交给招生办公室,如果这些学生之中有人忘了申请,招生办公室就会给发展办公室回复让他们提醒忘了的学生。

此后发展办公室从最开始的 500 人中筛选出 160 名高优先级申请者。虽然这些名字在招生办公室的电脑里标上了记号,但招生人员根据他们的实际情况对他们进行评估,不考虑家庭情况。其中大约 30 到 40 人被录取,其他人暂时被拒或进入待定名单。在 3 月的一次全天会议上,古滕塔格先生和发展资深副主席小约翰·皮瓦讨论了这 120 个案例,权衡他们家庭可能捐助多少来弥补学业成绩上的差距。

杜克大学前录取官员雷切尔·托尔在其 2001 年出版的《秘密录取》一书中回忆道,大多数录取官员"不愿看到这些孩子被录取",因为这些孩子"是申请大军中最弱的部分"。然而,这 120 个学生大多被录取了。

一旦这些权贵家庭的学生被录取,发展办公室就把他们的父母列为捐赠人和筹款对象。据布罗迪博士所说,杜克大学的家长项目前身是关注安全问题的家长论坛,但后来演变成了筹款工具。

一个由 200 多非校友家长组成的委员会目前为杜克大学的四个班级提供志愿服务。委员会成员通常为杜克大学捐赠至少 1 000 美元,8 位联合主席和全国主席提供得更多——包括给杜克大学教职工的至少两笔七位数的赠款。

要想成为家长委员会的成员只能靠邀请,而且成员绝大多数是白人。最近,一个富裕的芝加哥郊区——森林湖——主导了家长委员会的高层。森林湖在委员会的名人包括百货公司继承人马歇尔·菲尔德·V,他至少捐了 100 000 美元;生物科技公司埃克斯公司总经理保罗·克拉克;玉米粉生产商华爱公司董事长罗伯特·第普雷;莫德的父亲投资银行家威拉德·邦恩三世。

森林湖的家长夫妇们都是社会上的好友,在芝加哥地区的许多委员会共事,其中几位还把孩子送去了同一家私立小学——森林湖乡村日小学。他们为彼此的孩子给杜克大学写推荐信。

"相当紧密的群体"

苏珊·第普雷是罗伯特的妻子,把杜克大学家长委员会描述成一个"相当紧密的群体",但并不"排外"。她拒绝说出自己和丈夫给杜克大学捐了多少钱,不过她说他们从一个家长委员会成员那儿筹集了至少六位数的赠款。

莫德·邦恩一家住在森林湖,她上了新泽西州劳伦斯维尔的一个精英寄宿制中学,这所学校的邦恩图书馆于 1996 年开放。莫德·邦恩说,另一对森林湖的家长推荐她上杜克大学。

锡西·邦恩承认自己的女儿并未达到杜克大学学生的学术要求。"她聪明,分数高,但是没有达到独占鳌头的程度。"邦恩太太说,"我这普普通通的孩子有没有占据某个本可以在世上大有作为之人的位置?当然,在一定程度上有的。但是,还有许多事情会让你辗转反侧,无法入眠。我为我和自己的孩子感到高兴。"

莫德·邦恩说自己一开始在杜克大学感到很尴尬,因为她入学"不一定靠的是自己的能力"。但是,这些日子,已经成为大二学生的莫德·邦恩说自己春风得意。"我在杜克大学的时间越长,就越发自信——如果他们觉得我不如他们录取的其他任何学生,他们就不会录取我,"她说,"就算不比我认识的其他人做得好,我至少也跟他们一样出色。"她正在学习艺术史,以后想从事时装行业。

现在,她的妹妹梅格是中学毕业班学生,正在申请杜克大学。莫德说,全家都庆幸梅格的运气好。"与我母亲一起筹款的人告诉我母亲,'送第一个孩子进大学确实困难,'"她说,"此后,弟弟妹妹就容易了。"杜克大学说,跟许多大学一样,更倾向于录取学生的兄弟姐妹。

邦恩太太说自己并没有强人所难。"我告诉他们,'如果我女儿确实够资格了,那就太好了,'"她说,"如果我女儿被录取了,我会高兴地继续留在家长委员会。"

上大学的竞争越来越激烈,父母都不遗余力地帮助孩子入学。杜克大学在2000年录取了简·赫瑟林顿,尽管她的高考成绩是1 250分左右,而且用她的话说她在中学里分数"一般"。她说自己之所以被录取,是因为得到了小诺曼·克里斯坦森的"大力推荐"。小诺曼·克里斯坦森当时担任杜克大学尼古拉斯环境与地球科学学院院长,这个学院有一个研究生项目。在和小诺曼·克里斯坦森见了一面之后,简·赫瑟林顿就得到了小诺曼·克里斯坦森的推荐。

当时,她的父亲约翰·赫瑟林顿是韦斯特瓦科公司的副总裁。韦斯特瓦科公司是一家纸制品公司,曾向尼古拉斯环境与地球科学学院捐赠,资助了学院的研究,并雇用了学院的一些毕业生。赫瑟林顿先生通过一位在校顾问委员会任职的家庭好友让小诺曼·克里斯坦森院长会见了赫瑟林顿女士。

杜克大学教授克里斯坦森先生说,赫瑟林顿女士对环境研究的执着给他留下了深刻印象。她的父亲后来也给予了回报,安排新任院长跟韦斯特瓦科公司首席执行官见了面,希望韦斯特瓦科公司能加大对尼古拉斯环境与地球科学学院的支持。赫瑟林顿先生说,见面并没有什么结果。(去年,韦斯特瓦科公司跟米德公司合并了。)

"我认为我们并没有从你所谓的传统白人权力关系网中获益。"赫瑟林顿先生说。赫瑟林顿先生现在是康涅狄格州共和党议员,倾向于"核查并适时终止"平权法案。赫瑟林顿先生认为自己的地位对女儿读大学并没有什么影响。"她因为某种其他原因而成功了,"赫瑟林顿先生说,"开诚布公地说,我们是幸运的。"

第 16 章

"他们夺走了我们的工作!"

阿维娃·乔姆斯基

引言

如今,关于移民的争论充满了臆想、成见、盲目的假设。我——以及我们所有人——都听到过这类说法:"移民抢走了我们的工作,拉低了工资。""他们为什么不学英语?"或者"我不反对移民,只反对非法移民。"在 20 年关于移民问题的教学、写作和系统研究后,我觉得显而易见,目前流行的许多争论是建立在严重的误解之上的。包括对我们社会和经济的运作方式以及移民历史、移民法和移民原因的误解。

你只需要阅读报纸或者听收音机,就能注意到,一涉及移民问题,人们似乎就极为烦恼和愤怒。移民被视为造成一系列社会问题的罪魁祸首,并被拉来跟前几代的移民做恶意比较。按照法律,移民被剥夺了美国公民享有的许多权利,其中就包括选举权,因此,当选的官员和公众就可以毫无顾忌地边缘化移民,指责、惩罚和歧视移民。非公民很容易成为靶子和合适的替罪羊……

如今,我们中的许多人都未享有充分的公民权并且这一群体日渐庞大。非公民照样要工作、交税、上学、养家;他们住在城市和小镇里;他们参加宗教活动、体育活动和社区活动;他们(中有很多人)从军。但是,法律和公众都认为他们跟我们其余人略有不同,还认为他们不该享有其他 90% 人口享有的权利和基本公民权。

截至 2005 年 3 月,超过 3 500 万人,也就说美国总人口的 10% 以上都是在国外出生的。这些人大多是合法入境的,但是大约三分之一是非法入境。所有在外国出生的人之中,大约三分之一(记录在案的,以及未记录在案的)来自墨西哥。墨西哥是最大的移民来源国。总的来说,一半以上来自拉丁美洲和加勒比海(包括墨西哥),还有18％来自东亚。十大移民来源国是墨西哥(1 080万)、中国(180万)、菲律宾(150万)、印度(140万)、萨尔瓦多(110万)、越南(99.6万)、古巴(94.8万)、多米尼加共和国(69.5万)、加拿大(67.4万)、韩国(67.2万)。[1]

在20世纪90年代,移民数量迅速增加。1990年,据报告只有1 980万的美国人出生地在国外。2000年,这个数字是3 110万。[2](这些数字不包括波多黎各人。根据2000年的人口普查,有340万波多黎各人住在美国本土。他们是美国公民,但他们也是拉丁美洲人。)21世纪前10年,反移民运动风起云涌,虽然不能据此推断20世纪90年代末之后的移民因此而大幅减少,但事实却是如此。[3]本土主义,或者说反移民种族主义对于涌入的移民也像对其他社会趋势那样作出反应。

当前的移民潮经常被拉来跟上次发生于1860到1920年的大规模、持续移民浪潮作比较。上一波移民潮中国外出生人口占美国人口的比率为13％到15％。因为当时总人口较少,所以,虽然移民比例较高,人数并不太多。20世纪80年代之前,国外出生人口最多的年份是1930年,根据报告,1 420万人在国外出生。这些移民大多来自欧洲南部和东部。[4]

1860—1920年的移民浪潮以及20世纪末的移民浪潮之中,本土主义者都作出了反应。本土主义者担忧移民无法同化,会破坏美国的语言、文化和种族同质性,会抢走美国人的工作,拉低工资。很多论坛的评论人士警告,新移民会带来疾病和犯罪。如今,小阿瑟·施莱辛格担心"美国分裂",而塞缪尔·亨廷顿害怕"美国国家身份认同面临挑战"。[5]他们似乎在呼应加利福尼亚州检察长在1930年写下的那句话:"最早发现(美洲)的只有我们白人,我们希望在美洲安居乐业,得到应有的保护。"……

移民和经济

关于移民的一些最广为流传的荒诞言论涉及移民对美国经济的影响。有人指责移民导致或者加剧了各种各样的经济弊病,如从失业到低工资再到政府服务投入不足。毋庸置疑,许多美国人觉得经济紧张、入不敷出,而且处于此种境地的美国人数量还在增加。但是,换个宏观视角,从美国的经济,乃至全球经济来看,移民究竟在扮演着什么角色?

移民不缴税

移民,别管处于什么地位,都跟公民一样缴税——销售税、房地产税(如果他们租房子或者买房子)、汽油税。一些移民从事非正式经济工作,被私下以现金支付薪酬,所以他们不用从薪金中扣除联邦或者州收入所得税或者社会保障税。

一些公民也是如此。实际上,每当隔壁的孩子前来照顾婴儿或者铲雪的时候,他们也是从事非正式经济工作。

许多服务部门属于非正式领域。保姆工作以及家庭清洁工作——主要是由妇女承担——通常采用非正式安排,无论这些工人是公民还是移民,有身份证明还是没有。但是,通过周密的分包体系,以前正式部门的工作——比如工厂的工作——越来越多地转化为非正式部门。纺织和服装制造业在这方面臭名昭著。[6]

对雇主、消费者,这一非正式部门都是有利的。雇主可以支付低于法律要求的工资。消费者可以得到由这些低工资、不缴税工人提供的便宜产品和服务。

但是,非正式经济之中的工人生活得并不怎么好。正式工作对工人有所保护,比如最低工资、健康和安全规章。这些非正式经济之中的工人都无法享受。非正式经济之中的工人无法得到失业保险或者工人的赔偿金,并通常从雇主那里得不到什么福利(比如医疗保险或者病假及其他假期)。

非正式经济从业人员的具体数字难以计算,因为非正式经济显然是不受管控的。洛杉矶最近进行的一项研究估计,移民占了洛杉矶人口的40%,其中四分之一是非法移民。非正式经济占了洛杉矶劳动力的大约15%,非法移民工人群聚于此:其中60%的工人是非法移民。[7]

许多移民从事正式经济工作。在这种情况下,他们跟公民一样从薪金之中扣税。正式经济之中的非法移民通常提供假的社会保障号码来蒙混过关。社会保障管理局估计,大约三分之一的非法移民工人会这样做。[8]

这种行为经常引发公众愤怒的声音。然而,事实是,如果工人使用假的社会保障号码,唯一遭受损失之人就是工人自己。税收会从他们的薪金里扣除——但如果他们是非法移民在案,他们交了钱也无法享受社会保障和失业救济金等福利。

就算用的是假的社会保障号码,从工人薪金里扣除的联邦税和州税依然会进入联邦和州的金库。社会保障资金要么被记入使用号码的人名下,而如果一个工人使用的号码不存在,就会进入社会保障管理局的"收入待定文件"。2005年,社会保障体系一年就从假的社会保障号码接收了70亿美元——实现了保本,因为70亿美元约等于社会保障支付的补助金与接收的工资税之间的差额。《纽约时报》指出:"现在,美国的非法移民工人一年为社会保障提供高达70亿美元的补贴。"[9]然而,这些工人根本无法享受社会保障福利。

移民是美国经济负担

这个问题错综复杂,需要我们为"经济"下定义。通常,那些说移民是经济负担的人会提到这样一种荒谬的言论:移民享受的公共服务比缴的税多。事实上,大多数移民正处于工作的黄金时期,却无法享受许多公共服务,往往对公共部门贡献较大,而实际享受的较少。然而,他们享受的许多服务是地方服务(学校、交通、图书馆),而新一波的移民潮正赶上联邦削减这些服务,给地方政府造成了较大的负担。(应当说,本国出生的人享受的地方服务也往往多于他们支付的地方税收。)

几项州层面的研究试图评估合法和非法移民支付的州税和联邦税,以及他们享受的州和联邦服务的水平。加利福尼亚和整个西南部先前进行的研究以及东南部最近进行的研究,都发现如今移民增速空前,并得到了相似的结论。合法和非法移民缴税的可能性都大于享受公共服务的可能性。非法移民没有资格享受大多数公共服务,并且害怕自己暴露在任何政府当局面前。合法移民有资格享受一些服务——即便如此他们也犹豫着是否要享受这些服务,因为他们害怕被看作受政府救济者而使他们难以留在美国、申请公民身份或者把家人带过来。从全国层面来看,一项研究估计,跟合法移民家庭相比,非法移民家庭享受的联邦服务不到一半。[10]

有一些政府服务则是合法和非法移民都会受益的:公立学校、紧急医疗护理、公共安全系统(比如警察、监狱)。这些服务被称作"法定服务",联邦当局要求州政府给所有的人提供这些服务,不管是什么类型的移民。

移民家庭比本国家庭使用得更多的唯一公共服务是食品援助项目,比如食品券、妇婴童营养计划、减免费用的学校午餐。然而,享受这种资助的并不是移民本人——他们通常没有这种资格——而是他们在美国出生的孩子,这些孩子是公民。[11]

佐治亚预算与政策学会估计,佐治亚州非法移民一年支付 1 800 到 2 400 美元的州税和地方税,包括销售税、财产税、所得税(那些提交带有假社会保障号码的 W-2 表格之人)。这给州预算和地方预算带来了 2 亿到 2.5 亿美元的收入。

"非法移民缴纳的税款足以支付他们享受的服务吗?"报告问道。

> 对于非法移民来说,答案并不清楚。然而,对于合法移民来说,研究表明,第一代移民支付的联邦税高于他们所享受的联邦补助金。然而,州税和服务的情况并非如此,因为第一代移民通常享受的服务较多,而缴税较少。然而,第一代移民的后代改变了这一模式,支付的联邦税和州税都多于他们享受的联邦和州服务。逐代支付的份额逐渐增加,因为他们的工资增加了,提升了语言技能并且接受了教育。[12]

无独有偶,事实证明,在科罗拉多州,非法移民如果从事记录在册的工作,大约要缴纳 1 850 美元州税和地方税,如果打黑工则要支付 1 350 美元(销售税和财产税)。因此,据估计,在科罗拉多州,非法移民缴纳了 1.5 亿到 2 亿美元的州税和地方税。他们享受了大约 2.25 亿美元的州服务和地方服务,也就是说缴纳的税大约可支付 70% 到 85% 的服务费用。[13]

假设移民不大量使用社会服务,同时又确实缴税,那么他们的税为什么无法覆盖他们享受的所有服务,或者超出他们享受的服务?主要原因是他们的工资很低,所以他们缴的税就低于那些高工资者。低工资意味着所得税就扣得少,还意味着他们可以花的钱较少,所以,他们比高工资者缴纳的销售税和财产税少。实际上,我们的所得税的累进制就是要让高收入者比低收入者缴更多的税。所以,如果移民缴税较少,原因是他们挣得少。

佛罗里达州的一项研究得出了类似的结果:跟全部美国人相比,新移民往往受教育程度较低,工资较少——因此交税较少。不过在 15 年之内,移民的收入——及其缴的税——就赶了上来。[14]

自从 20 世纪 90 年代,经济学家就开始采用更为复杂的模型来估量移民对税收和公共服务的影响。比如,经济学家不仅考察移民后代的教育成本,还考察在将来有可能从这些孩子身上收多少税。这种方法叫作"代际核算",是基于一个理念:当政府支出大于税收收入时——也就是说,当政府就像现在这样赤字运营时——子孙后代就得一分不少地把这笔债还回来。所以,未来几代新移民的数量会影响这笔债的成本如何分配——移民越多,本地出生者的负担就越小。[15]

从企业角度来说,雇用移民工人以及其他国家的工人,会带来一些特殊的优势。此外,想想奴隶制度就豁然开朗了。奴隶主通常喜欢购买身强力壮的青壮年劳动力。奴隶主发现,不断进口新的奴隶并让奴隶过劳死,比不得不花钱让奴隶劳动力繁衍生息更划算。巴西奴隶主发现两年的高强度劳动就可以收回购买奴隶的成本,所以,此后,奴隶无论再活多长时间都是纯利润。平均是三年——这三年的利润就可以用来购买新的奴隶工人。

当奴隶贸易被废除时——美国是 19 世纪初,巴西和古巴则是 19 世纪晚些时候——奴隶主只得改变策略。为了保持奴隶人口,奴隶主不得不促进奴隶的繁殖。这意味着,奴隶主不得不在现有奴隶身上进行更多投资。奴隶主不得不供养太小无法工作的孩子,还要供养照顾孩子的妇女和老人。他们不得不提高奴隶的生活水平。这样,奴隶就不会在五年内死去。

从企业的角度来看,移民和外包(把生产转到国外)实现了同样的逻辑。新政的社会契约让企业承担了回馈工人和社会的负担,以便支撑劳动力的繁殖。工资、补助金和税收是企业促进社会再生产的方式。

然而,如果企业能够发现一种在美国之外增殖且不受新政社会契约制约的劳动力新来源,企业就能节省资金。如果一个工人在墨西哥出生长大,在20岁至40岁之间为美国企业工作(别管是在墨西哥还是美国),然后回到家乡的社区,那么,承担繁殖成本的就是墨西哥家庭、社区和机构。美国公司就得到了跟奴隶主一样的东西:青壮年工人。而公司也无需对养育他们或在他们老去时照顾他们的社会投资。

当然,一些移民本来打算短期工作一段时间,然后回家,但他们最终留在了美国。假以时日,这些移民失去了特殊的移民性质,不再愿意在标准条件之下为低工资而工作。换句话说,他们变得更像公民了:这些移民需要为工资而工作,而且在一定条件下,他们就能在美国生活下去了。欧洲移民所享受的那种向上流动的机会可能已经不复存在,但移民乐意从事的工种确实不同了,接受的条件也改变了——缴纳的税额也改变了。

当工人离开第二产业——无论是因为工人回老家了,变老了,还是在美国扎下了根——雇主依然渴望有新的移民来取代他们。随着时间的推移,经济发展模式的一个重大例外是非法移民。"合法"移民(难民、合法永久居民、成为归化公民之人)的收入随着他们在美国的时间而增长。跟"合法"移民不同,非法移民往往处于美国经济的边缘。在2003年,就算是那些在美国已经待了10年或者更长时间的非法移民,他们的家庭收入也仅有29 900美元——比较一下,本国人的平均家庭收入是45 900美元,难民是45 200美元,合法永久居民是44 600美元,归化公民是56 500美元。[16]

因此39%非法移民儿童生活在贫困线之下,53%没有健康保险也就不足为奇了。[17] 1986年的《移民改革与控制法》特赦了大批当时美国的非法移民人口,其结果也是显而易见。一旦获得了合法地位,移民就能提高教育水平和收入水平。[18]美国的政策维持武断的身份差异,使数百万人无法享受法定权利,同时确保移民会源源不断地涌入,将一些移民继续归入"非法行列",这样,就能保证会有一个永久的下层阶级的存在。

(编者按:本文注释可以在初始来源中找到。)

第 5 部分

性别歧视

众所周知,20世纪60年代这10年之中,民权运动风起云涌,黑人展开斗争,反战抗议盛行,校园里躁动不安。好像容不下另一场社会运动立足并发展壮大。但是,人们逐渐意识到妇女所受的压迫,并且这种意识得到了发展,在短短几年内就产生了深远的影响。

黑人斗争、学生运动、反战运动、青年斗争、种族主义,都强调自由、平等和解放。但是,人们,尤其是激进的男人认为,以上五点都跟女人没大关系。具有讽刺意味的是,正是在与激进的男人们共同参与政治活动时,激进的女人们才意识到女人是一个受到了特殊压迫的群体,而且因此有着特殊的利益关系。

实际上,20世纪70年代出现的女权主义是个新鲜事物,还是漫长且艰难的一系列女性解放运动中的一部分。一个多世纪之前,女性权利第一次被提出。但是,因为两项紧急事态的出现,女性平权运动戛然而止,一是1929—1933年的大萧条,二是第二次世界大战。胜利之后,男性和女性都恢复了中产阶级的梦想:家庭、保障、向上流动的机会。20世纪40年代末到50年代初是"女性的奥秘"[1]的时代。当时,女性的家庭角色主宰着美国文化。

在20世纪70年代,女性又开始重新主张追求自身的权利,并宣称女人可以成为医生、律师、银行家和飞行员。但是,她们遭到了嘲笑。"长期健忘症"偏见根深蒂固,人们对女性的角色抱有成见,还固守20世纪四五十年代的陈词滥调。然而,女性坚持不懈。在历史上,那只是个短暂的时期,难以想象的是,播放新闻的,发放贷款的,在美国空军学院接受喷气式飞机飞行员训练的人中,没有一个女性。

到了21世纪,大多数美国年轻女性的成长环境已经跟20世纪50年代迥然不同。因此,对于她们中许多人来说,这种斗争就像是遥远的过去。但是,为真正的性别平等而进行的斗争难以终结，原因会在本书的这一部分阅读材料中说明。尽管在大多数工业化国家，男性至上这种想法都在逐渐衰落，但在许多方面，我们还有一段漫长的路要走。

在经济规模的顶端，上述说法有多大可信性？《经济学人》杂志指出，"玻璃天花板"牢不可破，使得女性无法平等地参与最高级别的美国商业活动。今天，在许多国家，包括美国在内，女性都比前一代更容易成为公司高管，但是，却没有什么进步。虽然女性已经占了美国劳动力总数的几乎半壁江山，但女性只占了美国企业高层管理者的大约8%，在首席执行官里不到1%；这些比例在过去的整整10年里几乎没有改变。

为什么"玻璃天花板"始终牢不可破？《经济学人》提出了三个关键原因。第一，女性被排除在非正式的社会关系网之外，男性传统上靠着这些社会关系网获得影响力和晋升。第二，人们有这样一种刻板印象，普遍认为女性不太适合当领导。第三，在公司等级制度中缺乏引导女性向上的榜样。一般认为，我们这个社会致力于实现男女平等。那么，这些障碍为何还如此根深蒂固呢？部分原因是，性别范式和性别预期始终根深蒂固，尽管往往不易察觉，但依然使得男女生活方式大相径庭。就像佩吉·奥伦斯坦在《学习安静》之中所表明的那样，这些态度早就出现了。奥伦斯坦考察了加利福尼亚的一所学校，这所学校开设规范化课程。但是，她也发现学校里的"隐性课程"，给学生开设的一种心照不宣课，传递着一种"潜台词"，使女孩怀疑自己的学习能力，尤其是学习科学和数学等关键科目的能力。女孩和男孩也会得到隐晦但有效的提示，知道自己在教室里该怎么做，在学校文化和社会组织中如何摆正自己的位置。奥伦斯坦总结，这些不起眼但无法抗拒的课程能够教会学生如何在更宏大的社会地位等级制度中找到合适的位置。

这些性别预期的早期发展有助于解释《经济学人》所谓的"极其缓慢"的变革步伐。就女人融入美国经济的上层来说，变革步伐"极其缓慢"。

但是，当然，在许多领域，女性都面临着特殊的风险和劣势，经济只是其中一个领域。比如，性骚扰和暴力对女性来说依然是社会上方方面面持续存在的威胁，而且比官方统计数据所显示的要普遍得多——也比大多数权威愿意承认的要普遍得多。我们在这里节选了美国大学女性协会的调查报告，说明了大学校园里性骚扰问题的程度和后果。调查报告表明，这是一个跨越性别界限的问题，但也表明这个问题对女性来说更为严重和普遍。

尾注

1. Betty Friedan, *The Feminine Mystique*, New York: Norton, 1963.

第 17 章

玻璃天花板难题

《经济学人》

为什么女性始终难以在公司高层职位获得一席之地？

20年前，《华尔街日报》造出了"玻璃天花板"这个词来描述那些阻碍女性进入公司高层的无形障碍；10年前，美国政府专门任命的玻璃天花板委员会发布了建议。1995年，玻璃天花板委员会指出，这一障碍继续"使得无数本有资格的女性丧失机会，无法竞争或者担任私营企业的高管职位。"委员会发现，女性从事着美国45.7%的工作，并有半数以上获得硕士学位。然而，95%的高级管理人员是男性，而且女性管理者的收入平均只有男性管理者的68%。

十年来，女性占据了美国劳动力总数的46.5%以及企业高层管理者的不到8%，虽然在《财富》五百强大公司里，这个数字略高一点。现在，女性管理者的收入平均是男性管理者的72%。博思艾伦咨询公司监测了美国离任的首席执行官，发现1998年美国离任的首席执行官有0.7%是女性，2004年也是0.7%。在中间的年份，数字出现了浮动。但这家公司说可以确定一点：数字"极低且并未升高"。

其他国家有着类似的图景。根据《财富》杂志的列表，今年6月，欧洲25位薪水最高的首席执行官之中，没有一位女性。民意调查公司益博公司的总经理劳伦斯·帕里佐刚被选为法国雇主协会主席，她是个罕见的特例。法国能源公司法国电力集团经济学家科琳娜·马耶尔在去年的畅销书《你好，懒惰》里对法国的公司生活进行了尖刻的描述，"在许许多多富裕的经理之中，"她写道，"只有5%是女性。"马耶尔女士说，法国工作场所的平等，"是个遥不可及的梦想"。

日本的情况更糟，直到二三十年前，人们的普遍看法还是下午5点之后女性不得留在办公室。海外跨国公司一名雄心勃勃的女雇员鼓起勇气藏在女厕所里,直到男人离开,然后她才回到自己的办公桌前完成自己的工作。自那以后也已经取得了一些进步。今年,两位女性得到委任领导庞大的日本公司。林芙美子现在是大荣集团的董事长兼首席执行官,大荣公司是一家处于麻烦之中的连锁超市企业;曾任新闻主播的野中知世被任命为三洋电机公司的老板。日产汽车公司有位负责"多样性发展"的总经理。当被问起日本企业在过去20年里什么变化最小时,这位经理回答:"日本绅士的心态。"

克兰菲尔德大学是一所商学院,其指出,在英国,富时100指数公司里女性执行董事的人数从2000年的11上升到2004年的17——女性与男性比例约为17比400。2003年,更大规模的取样发现65%的英国上市公司董事会里根本没有女性。尽管劳动力总数的44%是女性,但还没有一个英国女性领导过一家英国大公司。培生集团首席执行官玛乔丽·斯卡尔迪诺是《金融时报》股东,拥有《经济学人》50%的股份,她和伦敦商学院校长劳拉·泰森一样是美国人。伦敦证券交易所老板克拉拉·弗斯出生于加拿大。

这是一种进步,但却是极为缓慢的进步。事实证明,玻璃天花板现象尤为根深蒂固。公司阶梯的高层依然是男人的天下,为数不多上升到公司高层的女性薪水也远低于公司的男性高层。

不过,事实是公司比以往更加卖力地帮助女性爬得更高。所谓的"多样性项目"(旨在提携少数族裔以及女性)遍地开花,不过董事会的多样性仍未实现。"多样性项目"不仅存在于金融和零售等服务行业。以前绝对的纯男性俱乐部,比如IBM(20年前,衣冠楚楚、如假包换的白人男性几乎将其逼到破产边缘)、通用电气公司(传奇性的领导杰克·韦尔奇曾经长期掌权,在此期间,公司文化对女性并不太友好)、英国石油公司(长时间在海上狂风呼啸的石油钻塔上工作就能在公司里获得提升),都已经委派负责多样性的高级经理。令人意想不到的是,这三家公司共同赞助了最近举办的一场关于"女性领导地位"的会议。

多样性是有益的

这些公司不再把女性升职单纯看作机会均等和报酬均等这样的道德问题。它们相信了多样性的商业案例。长期以来,人们就知道思维不同之人凑在一起比思维相似之人凑在一起更容易解决问题。但是,多样性的好处不止于此。旨在增加"女性和企业机会"的美国组织"催化剂"的研究表明,就1996到2000年《财富》500强企业来说,高管职位女性数量和金融业绩之间存在着强烈的关联性。

对于一些公司来说,其客户促使了多样性的增加。卢·格斯特纳在IBM提倡多样性,在一定程度上挽救了公司。卢·格斯特纳说:"我们让多样性成为以市场为基础的问题……多样性关系到对我们市场的理解,我们市场是多样的、文化多元的。"大型会计师事务所德勤多样性领袖莉萨·邦德修说,多样性就意味着"让我们在市场上与众不同"。

令人惊奇的是,其他的公司没能反映顾客的多样性。比如说,生产某知名品牌尿布湿和某知名品牌化妆品的公司在其 2004 年的年度报告中说,其被全国女性经理协会列为"女性经理心目中的顶尖公司之一"。然而,该公司的 16 人董事会里只有 2 位女性,并且她们都不是高管。而且,在其列出的 45 名高层"公司官员"之中,只有 3 人是女性——也就是说,93% 是男性。该公司是家极为成功的公司,而且其管理项目备受推崇。股东们可能想知道,如果高层的性别比例不那么悬殊,该公司会不会更为成功。

许多公司都想扩充"人才"库,以备其人力资源部门挑选。它们通常担心发达国家人口老龄化。但是,特定的行业之所以增加人才储备,还有其他的原因。比如说,安然公司及其审计公司安达信会计师事务所的破产使大型会计师事务所的声誉严重受损,而此前大型会计师事务所的业务出现了史无前例的增长,原因是《萨班斯-奥克斯利法案》为大型会计师事务所施加了额外的责任。将大型会计师事务所作为"首选雇主"的毕业生更少了,而当时本需要吸引更多的雇员。结果大型会计师事务所不得不去招募和提拔更多的女性。

在管理咨询业,公司都往往采用"非升即走"职业战略,愿意留住更多的女性。但是,非升即走跟产假几乎是不可调和的。所以,在管理咨询业的中层,离职的女性是男性的两倍并不足为奇。

博思艾伦咨询公司是业内领头羊,经常想要搞清楚如何才能改变合伙人中只有 1%—2% 是女性这一事实。在女性普遍被排除在高层之外的情况下,博思艾伦咨询公司的竞争对手贝恩公司董事长奥里特·加迪斯是个著名的例外。然而,先前在以色列军队的经历可能为她提供了跻身高层的必要技能。

一些公司的多样性项目正在发挥作用。目前,IBM 的 40 名高层经理之中有 7 名女性。通用电气公司说目前其"高管"中有 14% 是女性,但是,在最近一次总经理的重新调整中,她们都没有出现。通用公司六家新成立的分公司都由男人领导。

相比之下,加拿大跨国金属制造商加拿大铝业集团已经取得了巨大的进步。其四项主要业务中有三项现在由女性领导(包括铝土岩和氧化铝业务)。加拿大铝业集团人力资源总监史蒂文·普赖斯说"经历了漫长的过程"才有了今天的地位。关键在于"高层的基调",还要坚定摒弃一种认知:长期的工作和积累航空里程一般取得成绩就像"战役勋章"一样,保障了一个人的上升通道。

为什么女性晋升公司高层如此困难？只是因为她们对无休止的（尽管是头等舱）旅行、熬夜工作以及越来越多的规定带来的沉重义务的想法没那么雄心勃勃和兴奋了吗？2002年针对美国在全球范围内的跨国公司进行的一项调查发现，至少是就顶层工作而言，女性不够雄心勃勃：接受采访的男性有19%希望成为首席执行官，而只有9%的女性有此志向。在较低层次上，差别较小：43%的女性想加入高级经理委员会，而男性的比例是54%。另一方面，催化剂组织说他们所做研究表明，女性和男性同样有着成为首席执行官的愿望。"雄心壮志不分性别。"伊列娜·兰说。她是催化剂组织的总裁，还曾在硅谷担任高级经理。

俱乐部里都有谁？

为什么达到"高管级别"，即那些头衔带"总"的经理级别的女性如此少？美国商界高层女性给出了三个主要原因。第一是非正式关系网的排斥。在许多企业，高谈阔论和深夜痛饮依然是促成晋升的手段。在美国以及其他地方，销售团队带潜在客户去脱衣舞俱乐部等场所几乎成为惯例。而这些活动尤其不适合女性。

亚斯闵·热塔是一位亚裔穆斯林，成功进入了阿比银行董事会。阿比银行是一家进入富时100榜单的英国银行，去年才被西班牙的标准银行接管。亚斯闵·热塔说，虽然自己不喝酒，也不支持任何一支橄榄球队，但是自己主动参加行业范围内的活动，因为这些活动不太排斥女人。越来越多的商界女性在打造自己的关系网，此举也能抗衡男性的俱乐部文化。

第二个障碍是兰女士所谓的"对女性领导能力的普遍成见"。人人都在无意识当中怀有偏见。有充足的证据表明，男人抵触女性在公司内部升职。在1989年美国标志性的普华永道诉霍普金斯一案中，这是问题的关键点。在这起案子中，安·霍普金斯起诉雇主，原因是她没有获得合伙人资格。最终，在最高法院，她赢了这个案子。从那时起，一些公司在防范偏见方面取得了不少的进步。比如说，德勤公司详查其在薪水和晋升决定中是否存在偏见，尤其是其每年6月发布的新合伙人名单。

第三个障碍是缺少榜样。高层职位当中，女性太少，无法充分展示女性的成功案例。经济学人集团总经理海伦·亚历山大是为数不多的接替女性首席执行官（斯卡尔迪诺女士）的女性首席执行官。不过，海伦·亚历山大说，有影响力的榜样在生命的早期就出现了——在学校或者在家庭之中。另外，对于许多成功的商业女性来说，有个给予支持的父亲好像至关重要。

克里斯·伯恩斯曾任吉百利公司高级人力资源经理，后在今年年初执掌亨利管理学院。他提出了另一个原因。近年来，随着管理层的剥离，组织机构变得扁平化，这意味着目前的晋升阶梯比过去要陡峭得多。人们在劳动力市场上重返高层的机会减少。许多女性不可避免地需要在其职业生涯中脱身休息一部分时间。在美国，有证据表明，跟前些年相比，更多孩子不满一岁的女性选择休假。

也有越来越多处于上层社会顶端的女性，在某段时间，退居二线去照顾年迈的父母。北卡罗来纳州凯南-弗拉格勒商学院教授本·罗森对这个问题进行了研究，他指出，许多女性放弃公司生活，成为自雇顾问和创业者，从事的工作具有较大的自由度和自主权，可以计划将来的生活。此举可能强化了公司由来已久的信念：公司不应在女性的职业生涯中投入过多，因为女性待不长。

马耶尔女士从法国人的角度研究了这个问题，发现法国男人的工作时间多于女性，因为"男性有着贪得无厌的掠夺本能和对待乏味家务活漫不经心的态度"。因此女性在家中有太多的事情要做，她们从事兼职的概率是男性的两倍多，"这使得玻璃天花板更加难以打破"。在美国，工作—生活政策中心的调查报告发现，在有配偶的高素质女性之中，有40%认为丈夫在家里做的家务活还没有他们制造的麻烦多。

这项研究的另一个发现是，符合职位要求的女性之所以放弃工作，原因多种多样——一些女性因主观原因离职（家庭和家庭生活），一些因客观原因离职（工作类型、共事之人）。在商业领域，客观因素占比极大，"与医药或者教学领域不同"。绝大多数女性（93%）说她们想重返职场，却发现对她们来说，可以选择的余地"寥寥无几且代价高昂"。在各行各业之中，如果女性有三年或者以上没有工作，那么，她们挣钱的能力就会降低37%。

很少有女人（5%）想回到先前离开的公司，她们称对以前的工作并不太满意。在英国，女性对工作的满意度越来越低。最近，巴斯大学开展了一项关于1992到2003年女性工人的研究，结果表明，总体来说，女性工人的工作满意度在下降。对于全职女性管理者来说，降幅为6%，高于平均降幅。而对于男性来说，同期的工作满意度在上升。

女性工人满意度大幅上升（达到19%）的唯一领域是兼职手工艺人。与一位徒劳地试图加入董事会相比，吹玻璃与设计园林显得非常有成就感。

需要做出的变革

单纯依靠时间能否消除男女之间的差距？女性对工商管理硕士学位的兴趣大大降低以及（至少在美国）在公司里飞黄腾达的一些必要条件都表明事实并非如此。另外，获得工商管理硕士的女性很快就会从劳动大军中退出。美国的一项研究表明，每3名符合职位要求的女性之中，就有1名不是全职。对于男人来说，相应的数字是每20人中有1人。

第 17 章 • 玻璃天花板难题

怎样才能改善高层的性别平衡？在挪威，已经通过相关立法：在 2006 年底之前，所有公司必须拥有至少两位女性董事。挪威已经在女性公司董事人数方面领先世界。（见图 17-1）

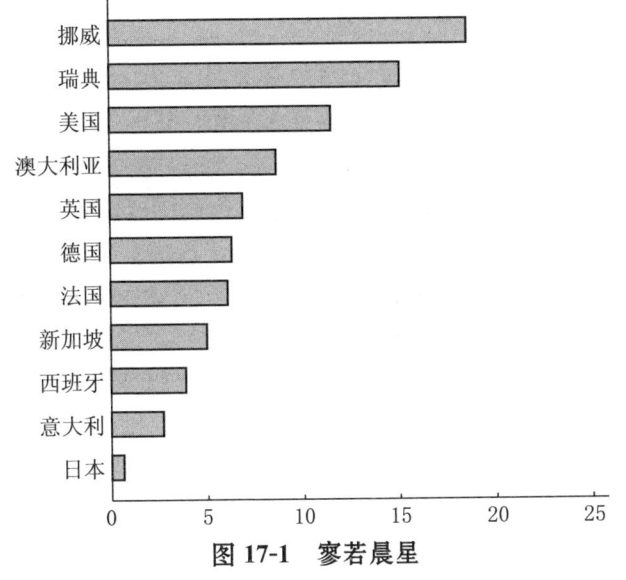

图 17-1　寥若晨星

资料来源：种族投资研究服务组织。

在英国，一批商业女性已经建立了一个叫作女性董事的组织，旨在"改变英国企业的面貌"。该组织的主管杰西·格雷厄姆表示希望看到英国几乎停滞的女性经理百分比到了 2010 年可以不止翻一番（达到 10%）。

格雷厄姆女士说，这种变革"不会轻易发生"。这种变革需要公司内部的专门干预——由高层领导的干预。弹性工作的机会尤其有助于女性留在劳动大军之中。四大会计师事务所之一的毕马威致力于让其女性合伙人比例翻一番（目前是 13%）。毕马威会计师事务所说，弹性工作是助力实现这一目标的关键措施。在过去的 12 个月里，提出弹性工作要求的有四分之三是女性。

职业指导也是有用的。女性董事组织发起了一个项目：25 位富时 100 公司的董事长和首席执行官同意对女性进行职业指导，这些女性是从其他公司挑选出来的，她们被认为具有加入董事会的潜力。"可悲的是，"格雷厄姆女士说，"有些公司无法找到一名女性来接受指导。"但女性之间热情地互相指导。IBM 欧洲、中东和非洲分公司总经理科琳·阿诺德正式指导了 27 人，无意间指导了 100 人。格雷厄姆女士说："指导是免费的。"

董事长由董事会的下属委员会任命，经常由猎头推荐。如果下属委员会女性较多,且猎头中是老年白人男性较少,那么,女性董事长就会较多。就像催化剂组织的兰女士所说:"有资格进入董事会的女性很多,但却被晾在了一边,入不了别人的法眼。"猎头公司海德思哲公司说,董事会可能需要放眼高层管理结构之外,如果非经理董事"能够显著提升女男董事比率",那么,就通常从高层管理结构之外吸收非经理董事。

有人认为此项任务刻不容缓。总部设在美国的猎头公司博伊登公司首席执行官兼英国亨利管理学院客座教授克里斯·克拉克认为,在应对多个任务、营造团队和交流方面,女性优于男性,而在经营一家21世纪公司的时候,这三项技能至关重要。波兰柏傲银行行长兼世界大企业联合会国际顾问玛丽亚·维希涅夫斯卡说:"女性大脑中的理性分区和感性分区的联系要强于男性。如果说确实如此,并且领导能力就是在感性和理性之间建立联系,那么,女性可能比男性更适合当领导。"

第 18 章

划出界线
——校园性骚扰

凯瑟琳·希尔　埃琳娜·席尔瓦

性骚扰在大学生活中非常普遍,就像一个学生所说:"性骚扰好像司空见惯。"大多数大学生(89%)说性骚扰就发生在他们学校的学生之中,五分之一的学生(21%)表示,同伴骚扰经常发生。当被问及具体的骚扰情况时,三分之二的学生(62%)说他们遭受过性骚扰,类似比例的学生(66%)表示他们本人认识遭受过性骚扰的人(比如朋友或同学)。这意味着大约 600 万大学生在大学中遭遇过性骚扰。换句话说,在一个有 10 000 名大学生的校园中,大约会有 6 000 名学生遭受骚扰。

本章研究的是校园性骚扰的普遍程度,描述了性骚扰的类型、场所、受害人、加害人。学生们指出,在多数情况下,言语和眼神类的性骚扰常有,但是涉及身体接触和人身威胁的事件并不多。另外,相当多学生——41%——承认他们曾对别人实施过性骚扰。这些学生说,在大多数情况下,他们只是觉得好玩,或看到别人喜欢这么做,或者认为这就是"学校生活的一部分"。就最后一点而言,受害人和加害人都认为:性骚扰确实是校园生活中的普遍现象。

性骚扰类型

根据大学生的说法,校园里最常见的性骚扰类型是令人反感的评论、玩笑、举动或者表情(见图 18-1)。约半数大学生曾是这些评论、玩笑、举动或者表情的目标,类似数量的学生称自己认识遭受过此类性骚扰的人。被叫作同性恋也是大学生的普遍经历。超过三分之一的大学生认识被叫作同性恋的人,大约四分之一的学生曾被叫作同性恋。身体上的性骚扰也司空见惯。比如,四分之一的大学生曾被色眯眯地触碰、抓握或者挤压,还有将近三分之一的学生本人认识经历过此种骚扰的人。其他较普遍的性骚扰类型包括露阴或露臀,带有性意味地故意触碰某人,散播某人的性谣言。

	亲身经历	认识有此经历之人
经历过某种性骚扰	62	66
遇到过涉及性的评论、玩笑、举动或者表情	53	51
遭遇露阴狂或露臀狂	28	35
带有性意味地擦身而过	25	33
被色眯眯地触碰、抓握或者挤压	25	31
被叫作同性恋	24	42
收到过涉及性的图片、照片、网页、插画、短信或者便条	18	19
遭遇性谣言	16	30
衣服被恶意骚扰性地拉扯	15	21
被人堵住路、逼到墙角或者色眯眯地跟随	11	15
性信息被传播于因特网、电子邮件、即时短信或者文字短信	9	13
被强迫亲吻某人	7	12
衣服被扯去或者扯下	7	11
被要求做出涉及性的行为,以便交换某种东西(比如较高的分数、推荐、课堂笔记,等等)	6	7
被要求做出亲吻之外涉及性的行为	5	8
在学校里穿衣或者沐浴时被偷窥(比如在宿舍、健身房里,等等)	5	7

基数=所有合格的调查对象(2 036 人),1 096 名女大学生和 940 名男大学生,年龄 18 到 24 岁。

图 18-1　遭到性骚扰的大学生的百分比,或者与性骚扰受害人熟识之人的百分比

尽管经历过某种性骚扰的大学生百分比较低,但是暗示性事件数量就相当高了。有5%的18岁到24岁大学生说,他们被强迫进行接吻以外涉及性的行为,这就意味着,在全国范围内大约有50万名学生有过这种遭遇。11%的学生说曾被人堵住路、逼到墙角或者色眯眯地跟随,换算为全国范围内的人数就是100万学生。[1] 换句话说,在一个有 10 000 名大学生的校园之中,500 名学生会在大学里经历某种性侵犯,而大约1 000名学生会在大学生活中被人堵住路、逼到墙角或者色眯眯地跟随——对于学院和大学来说,这都是不容忽视的问题……

性骚扰的受害者是谁?

男女学生都是性骚扰的受害者,但是方式不同　男生(61%)和女生(62%)都可能在大学生活中遭遇性骚扰。然而,就骚扰的类型以及对此作出的反应来

说，男女之间的重大差异显而易见(见图 18-2)。女生比男生更有可能遭遇有身体接触的性骚扰(35%比 29%)。

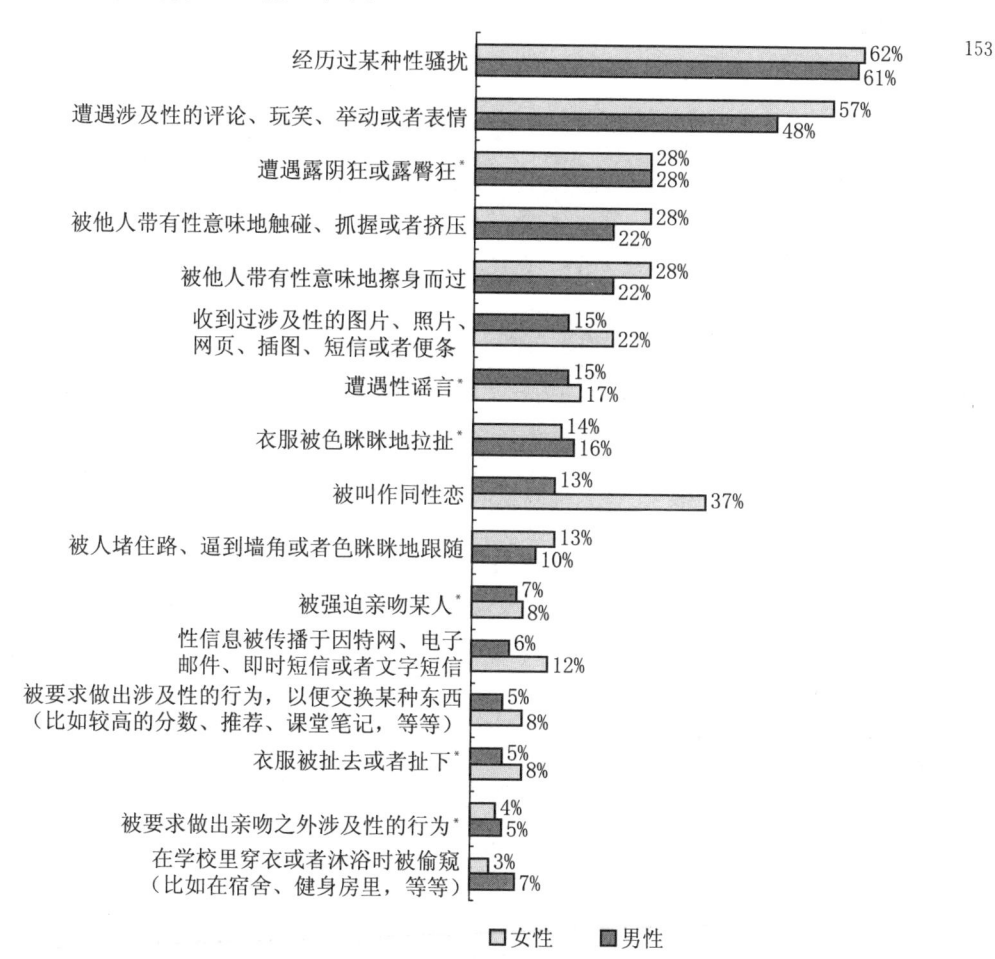

类别	女性	男性
经历过某种性骚扰	62%	61%
遭遇涉及性的评论、玩笑、举动或者表情	57%	48%
遭遇露阴狂或露臀狂*	28%	28%
被他人带有性意味地触碰、抓握或者挤压	28%	22%
被他人带有性意味地擦身而过	28%	22%
收到过涉及性的图片、照片、网页、插图、短信或者便条	15%	22%
遭遇性谣言*	15%	17%
衣服被色眯眯地拉扯*	14%	16%
被叫作同性恋	13%	37%
被人堵住路、逼到墙角或者色眯眯地跟随	13%	10%
被强迫亲吻某人*	7%	8%
性信息被传播于因特网、电子邮件、即时短信或者文字短信	6%	12%
被要求做出涉及性的行为，以便交换某种东西(比如较高的分数、推荐、课堂笔记，等等)	5%	8%
衣服被扯去或者扯下*	5%	8%
被要求做出亲吻之外涉及性的行为*	4%	5%
在学校里穿衣或者沐浴时被偷窥(比如在宿舍、健身房里，等等)	3%	7%

* 女生和男生的差异在数据上并不明显。

调查问卷问题：在你整个大学生活中，假如有的话，在你并不情愿的情况下，有人……对你做下列事情的频率是多少？可能的答案：从来没有，很少，偶尔，经常，或者拒绝回答。

基数＝所有合格的调查对象(2 036 人)，1 096 名女大学生和 940 名男大学生，年龄 18 到 24 岁。

图 18-2 遭到性骚扰的大学生百分比(按性别)

在所有学生之中，三分之一以上的女性(41%)和男性(36%)在大学生活的第一年经历了性骚扰。在遭到性骚扰的学生之中，66%的女性和 59%的男性在大学生活的第一年经历了性骚扰。

性别认同和种族/族裔的差异 有些群体的学生比其他学生更可能遭到性骚扰。同性恋、双性恋和跨性别者等性少数群体的学生比异性恋学生更可能在大学中遭到性骚扰，也更常遭到性骚扰(见图 18-3)。无论是接触性性骚扰还是非接触性性骚扰,性少数群体都有着较高的风险。[2]加害人来自学校的各个层面。在经历过性骚扰的学生之中,性少数群体学生更可能被同伴(92%比78%)、教师(13%比7%)和学校雇员(11%比5%)骚扰。

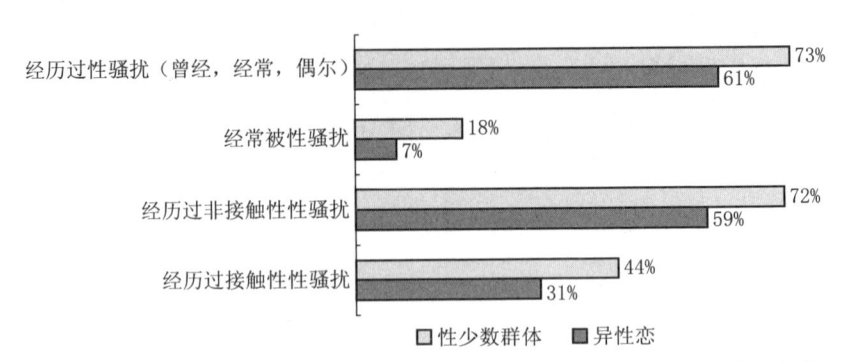

经历过性骚扰(曾经,经常,偶尔) 73% / 61%
经常被性骚扰 18% / 7%
经历过非接触性性骚扰 72% / 59%
经历过接触性性骚扰 44% / 31%
□ 性少数群体 ■ 异性恋

基数=所有合格的调查对象(2 036人),155名性少数群体学生和1 881名异性恋学生,年龄18岁到24岁

图18-3 遭到性骚扰的大学生百分比(按性取向)

调查报告显示,大学生中普遍存在的性骚扰存在着种族/族裔差异(见图18-4)。白人学生比黑人学生和西班牙裔学生更容易遭到性骚扰。白人学生更容易遭到语言和其他非接触性性骚扰。需要特别指出的是,白人学生比黑人学生和西班牙裔学生更容易遭遇涉及性的评论、玩笑、举动或者表情(白人为54%,黑人为49%,西班牙裔为49%),遭遇露阴狂或露臀狂(白人为30%,黑人为19%,西班牙裔为21%),或者被叫作同性恋(白人为26%,黑人为14%,西班牙裔为14%)。不管种族/族裔如何,大学生都有可能经历身体性骚扰或者接触性性骚扰。

所有形式的性骚扰 54% / 54% / 64%
非接触性性骚扰 51% / 52% / 62%
接触性性骚扰* 33% / 29% / 32%
□ 黑人 ■ 西班牙裔 ■ 白人

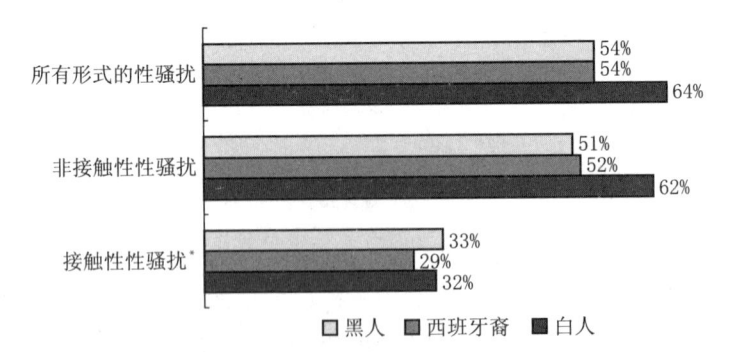

*就接触性性骚扰而言,种族/族裔存在统计数据上的巨大差异。

注:无论从哪个统计类别来看,黑人和西班牙裔在统计数据上的差异都不大。

基数=所有合格的调查对象(2 036人),340名黑人,316名西班牙裔,1 183名白人学生,年龄18到24岁。剩下的197名学生选自不同的族裔,比如亚裔、太平洋岛民、混合种族背景,或者其他种族,或者拒绝回答。

图18-4 遭到性骚扰的大学生百分比(按种族/族裔)

第 18 章 · 划出界线

学生的声音

学生之间性骚扰的类型

在我待过的所有班级之中都有一个家伙，总是色眯眯地触碰我，我真的不喜欢。

——女生，二年级

就在一次聚会的时候，有人想让我亲吻他们，我不愿意，但被逼着这么做。

——男生，一年级

电话骚扰，把我叫作变态同性恋，还给我发短信。

——男生，四年级

在一场足球赛上，一个关于强奸的黄色笑话开到了我的头上。

——女生，二年级

一个女孩总是显摆她的乳房来吸引我的注意力。

——男生，三年级

跟其他人互开玩笑，说对方是同性恋。

——男生，四年级

有人试图强迫我亲他们，并把我推进一个房间。

——女生，四年级

我遭遇了露臀狂，还被人取笑。

——男生，一年级

另一个同学迫使我做我不想做的事情。

——女生，四年级

跟我住在同一栋宿舍楼里的人们散播关于我性生活的谣言，这些谣言跟事实根本不沾边。她们还在我的房间周围扔避孕套。

——女生，三年级

就是有个女人色眯眯地抓住我。

——男生，四年级

有人通过电子邮件发给我讨厌的淫秽图片。

——男生，四年级

在校园的空地上，有人冲我吹口哨以及/或者对我做出涉及性的评论。

——女生，二年级

谁是骚扰者？

学生之间　学生之间的骚扰是校园性骚扰之中最为普遍的形式。超过三分之二的学生(68%)说同伴性骚扰在大学里经常或者偶尔发生,四分之三以上经历过性骚扰的学生(80%)是被学生或者校友骚扰的。学生占了校园人口的绝大多数,因此大多数性骚扰都是在学生之间发生不足为奇。另外,大学里普遍存在的同伴性骚扰说明学生在文化上接受这种现象或者至少好像容忍此种行为。

教职工对学生　教职工对学生的性骚扰不如同伴骚扰普遍,但确实会发生。[3] 大约五分之一的学生(18%)说,教职工经常或者偶尔对学生进行性骚扰。另一方面,只有四分之一的学生(25%)说教职工从不骚扰学生。

大约7%性骚扰受害学生曾遭到教授的骚扰。只有为数不多的学生提到宿舍管理员、保安、教练、辅导员或者院长是骚扰者。尽管教职工对学生的性骚扰不常发生,但这一比例就意味着大约有50万大学生在学校的时候被教师或者其他大学工作人员性骚扰。

教师施加的性骚扰极具杀伤力,因为骚扰者具有权威或者权力。因此学生非常反感教职工实施性骚扰。有一组统计数据可以证明：大多数学生(78%)说,如果性骚扰涉及教授、助教或者其他工作人员,他们就会举报；而不到一半的学生(39%)说,如果性骚扰涉及另一个学生,他们会举报。学生可能觉得举报教职工骚扰较为安全,因为教职工的骚扰行为好像比同伴骚扰更恶劣。遭同伴骚扰可能会被嘲笑,而且学生可能觉得自己应该能处理同伴骚扰事件。

男骚扰者和女骚扰者　在被骚扰的学生之中,[4] 既有男生(37%),也有被男性骚扰的女生(58%)。这些女生的一半以上(58%)曾被单个男性骚扰,略低于一半(48%)曾被一群男性骚扰。女生对女生的骚扰好像是最不可能出现的一种情况。不到10%的女生曾被另一名女性(9%)性骚扰,或者被一群女性(6%)性骚扰。

学生的声音

教职工对学生性骚扰的类型

一位教授总是对女性讲荤段子。他不是针对班里特定的人讲,但是,他的荤段子总是关于女性的性取向。

——女生,四年级

我和一位教授谈过。他暗示,如果我对他更感兴趣,我的分数就会更好看。

——女生,二年级

我的一位导师经常告诉我她希望我喜欢较老的女性,还表示希望我跟她同龄或者她跟我一样年轻,还说我们会非常般配。

——男生,二年级

我所在的班级里,教授接受并鼓励讲下流笑话。

——女生,五年级

有个教授用我举了一个妓女的例子。

——女生,三年级

当我上(大)学的时候,一位教授当面告诉我他想跟我发生性关系。

——男生,四年级

一名助教给我打了较好的分数,原因是他对我有意思。

——女生,四年级

当我住在宿舍里的时候,宿舍舍监会用淫荡的目光盯着我和我的舍友。

——女生,三年级

就遭到性骚扰的男生来说,情况更加复杂。其中大约三分之一被一名男性(37%)或者一名女性(33%)骚扰,还有大约五分之一曾被一群男性骚扰(21%)或者被一群有男有女的人骚扰(23%)。

相对较多的学生(占总数的13%,占男生的20%,占女生的7%)不确定谁骚扰了他们。估计这些性骚扰事件(比如散播谣言、发布信息)都是匿名进行的。

大约十分之四的大学生(41%)承认骚扰过别人。在这些学生之中,非接触性性骚扰最为普遍。比如,这些学生之中,有三分之一(34%)说他们做出过令人讨厌的涉及性的评论、玩笑、举动或者表情,17%承认发表过侮辱同性恋的言论(见图18-5)。

一半以上的男大学生(51%)承认他们曾在大学里对别人进行过性骚扰,五分之一以上男大学生(22%)承认经常或者偶尔骚扰别人。五分之一的男生(20%)说他们对别人进行过身体上的骚扰。

虽然男性更可能被视作骚扰者,也更有可能承认自己的骚扰行为,但是校园性骚扰问题实施侵害的人并不局限于男大学生。在被骚扰的学生之中,五分之一(20%)曾被女性骚扰。大约三分之一女生(31%)承认实施过某种骚扰。这些发现提醒我们,并不是所有的男性都是性骚扰者,也并不是所有的女性都是被动的受害者。男性和女性都会做出一些被他人认为是明显性骚扰的行为。

骚扰者和受害者间的界限并不分明,因为许多承认骚扰过别人的学生自己也曾被骚扰。在那些曾是性骚扰目标的学生之中,大多数(55%)说他们骚扰过

第 5 部分 • 性别歧视

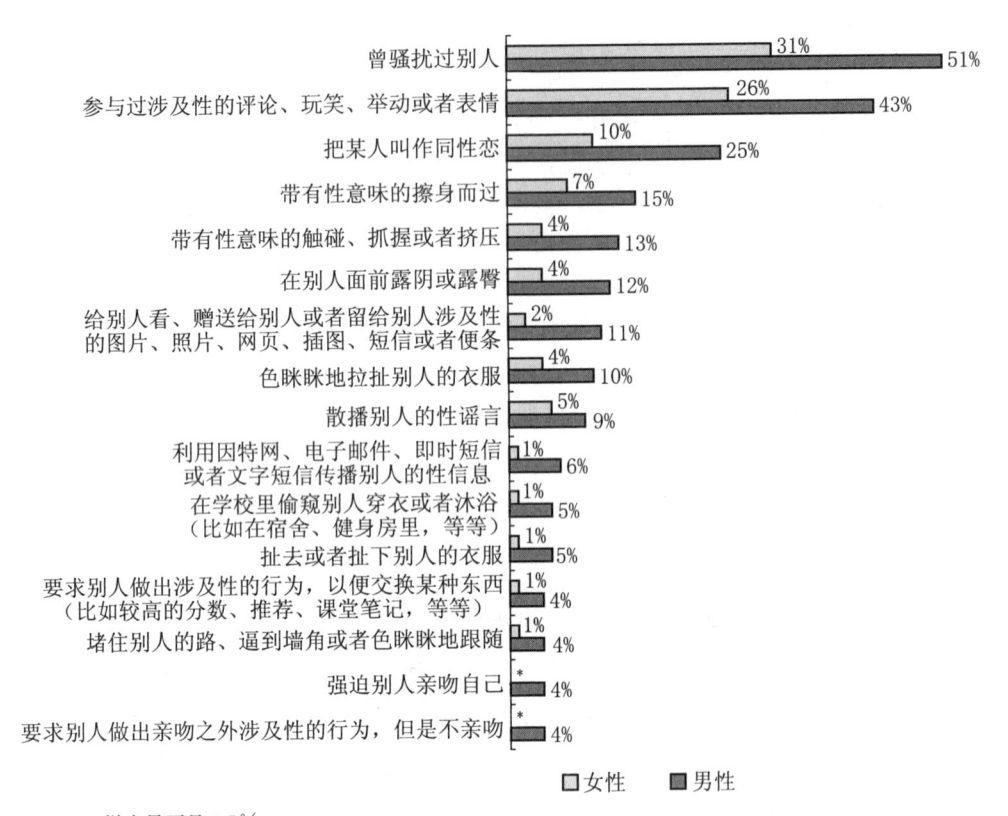

行为	女性	男性
曾骚扰过别人	31%	51%
参与过涉及性的评论、玩笑、举动或者表情	26%	43%
把某人叫作同性恋	10%	25%
带有性意味的擦身而过	7%	15%
带有性意味的触碰、抓握或者挤压	4%	13%
在别人面前露阴或露臀	4%	12%
给别人看、赠送给别人或者留给别人涉及性的图片、照片、网页、插图、短信或者便条	2%	11%
色眯眯地拉扯别人的衣服	4%	10%
散播别人的性谣言	5%	9%
利用因特网、电子邮件、即时短信或文字短信传播别人的性信息	1%	6%
在学校里偷窥别人穿衣或者沐浴（比如在宿舍、健身房里，等等）	1%	5%
扯去或者扯下别人的衣服	1%	5%
要求别人做出涉及性的行为，以便交换某种东西（比如较高的分数、推荐、课堂笔记，等等）	1%	4%
堵住别人的路、逼到墙角或者色眯眯地跟随	1%	4%
强迫别人亲吻自己	*	4%
要求别人做出亲吻之外涉及性的行为，但是不亲吻	*	4%

*样本量不足 0.5%。

调查问卷问题：在你整个大学生活中，假如有的话，在别人并不情愿的情况下……你对别人做下列事情的频率是多少？可能的答案：从来没有、很少、偶尔、经常，或者拒绝回答。

基数＝所有合格的调查对象（2 036 人），1 096 名女大学生和 940 名男大学生，年龄 18 到 24 岁。

图 18-5　说本人曾对他人进行过性骚扰的大学生百分比（按性别）

别人。相比之下，就从未被骚扰过的学生而言，只有 17% 说他们骚扰过别人。就曾被骚扰的学生而言，五分之一以上（21%）的学生说他们经常或者偶尔骚扰别人。

这些模式在一定程度上反映了学生所认识到的自己讨厌的性行为和他们认为别人讨厌的性行为间的差异。这些模式也反映了性骚扰的循环性。

学生为何进行性骚扰？

- 我觉得好玩（59%）
- 我觉得那个人喜欢这样（32%）
- 这就是学校生活的一部分/许多人这么做/这不是什么大事（30%）
- 我想跟那个人约会（17%）
- 我的朋友鼓励/"催促"我这么做（10%）

- 我想从那个人那里得到点什么(7%)
- 我想让那个人觉得我对他们有某种控制力(4%)

男学生(63%)比女学生(54%)更容易觉得性骚扰好玩。不同种族/族裔群体也存在着显著的差异。白人学生(36%)比黑人或者西班牙裔学生(各 25%)更有可能会说他们对别人进行过令人讨厌的涉及性的评论、玩笑、举动或者表情。白人学生(61%)也比黑人学生(46%)更有可能说他们觉得好玩才骚扰别人,而黑人学生(45%)比白人学生(30%)更有可能说他们觉得那个人喜欢这样,所以他们进行性骚扰。

学生的声音

性骚扰让我觉得……

不安和尴尬。

——女生,二年级

被轻视,孤单,不适。

——女生,五年级

略感不适,但是没有受到威胁。

——男生,三年级

忸怩,生气,焦虑,这是先后感受到的。

——女生,三年级

性骚扰经常发生,我完全躲不开。我最烦的就是性骚扰。

——男生,二年级

厌烦,但是好像不用严肃对待。

——男生,一年级

性骚扰让我觉得自己无法掌控自己的生活。

——女生,四年级

厌烦,受挫,尴尬,被亵渎。

——男生,四年级

愤怒,忸怩,羞愧。

——女生,三年级

一开始觉得好玩,但是他们老是这么做。

——男生,四年级

我确实不喜欢性骚扰,但是我并未觉得受到什么威胁。

——女生,四年级

我开始质疑我的道德规范,质疑我的立场。

——女生,一年级

性骚扰让我觉得受到了威胁。让我害怕被强奸。

——女生,三年级

通常,(性骚扰)让我觉得尴尬和受伤。

——男生,年级不详

性骚扰让我觉得自己相当廉价……就像一块任人宰割的肉,但是我猜你会在大学见怪不怪。

——女生,二年级

我感觉糟透了。性骚扰让我觉得自己是二等公民。

——女生,二年级

受伤和悲伤。

——女生,二年级

一开始糟糕。但是你得学着一笑置之。

——男生,五年级

当被问及个人经历时,男性和女性对性骚扰所做出的反应的差异是最为明显的。大多数女生(68%)说感觉非常或者有点不安,而有同感的男生占三分之一(35%)。剩下的三分之二男生(61%)分为两种情况,一种不会非常不安,另一种完全未感到不安。相比之下,只有五分之一多一点的女生(23%)说自己不会非常不安,而6%的女生说完全未感到不安。[5]

学生的声音

性骚扰影响了我的教育,因为……

性骚扰让我觉得非常不舒服,使得我不太情愿接受教授给出的建议或者上其开的课。

——女生,四年级

不舒服,不想上课。

——女生,年级不详

性骚扰破坏了工作环境,让人难以集中注意力,因为你变得多疑。

——男生,年级不详

在学校里,如果有事让你心神不定,你就无法正常学习生活。最好的办法是摆脱它,勇往直前。

——男生,年级不详

第18章 • 划出界线

我觉得受到了冒犯,无法专心于学业。我也觉得校园里有些地方是禁区。

——女生,四年级

去上那门课就觉得尴尬并略微不适。

——男生,四年级

学生的声音

我没把关于性骚扰的事告诉任何人,因为……

现在不知道、过去也不知道告诉谁或者怎么说得出口。

——女生,四年级

不是什么大事。

——男生,二年级

没什么人可告诉。另外,如果我决定告诉同学之外的其他人,可能就会遭到质疑或者被忽视。

——女生,四年级

我以前有过不好的性经历,因此我更不想向任何人倾诉。

——女生,三年级

不确定……我猜(我被)吓到了,或者觉得别人不会认真对待我说的事情。

——女生,一年级

我感觉我可能是多疑。性骚扰极为罕见,甚至连一般的程度都到不了。所以,我只是淡然处之,努力忘掉它。

——女生,二年级

我觉得尴尬。

——女生,二年级

不是什么大事。我自己就能应付。

——女生,五年级

觉得最好自己独立处理这件事。

——男生,五年级

不值得一提。

——男生,四年级

不是什么大事。我不想让任何人陷入麻烦之中,也不想让我自己显得幼稚。

——女生,三年级

我觉得不严重,就是日常琐事的一部分。

——男生,二年级

> 好像不是什么大事,而且我觉得做什么都无济于事。
>
> ——女生,二年级
>
> 烦恼,令人害怕,反感,不舒服。但是还没达到需要投诉的程度。
>
> ——女生,五年级

情绪反应的差异 女生比男生更可能因为遭到性骚扰而觉得尴尬、愤怒、自卑、害怕、困惑,或者对大学经历失望(见图18-6)。女学生也更可能担心(至少有一点)受到性骚扰。只有五分之一的男生(20%)说自己担心受到性骚扰,而女生中这一比例占一半以上(54%)。然而,还有很少的男女学生(1%到2%)说自己经常会担心受到性骚扰。

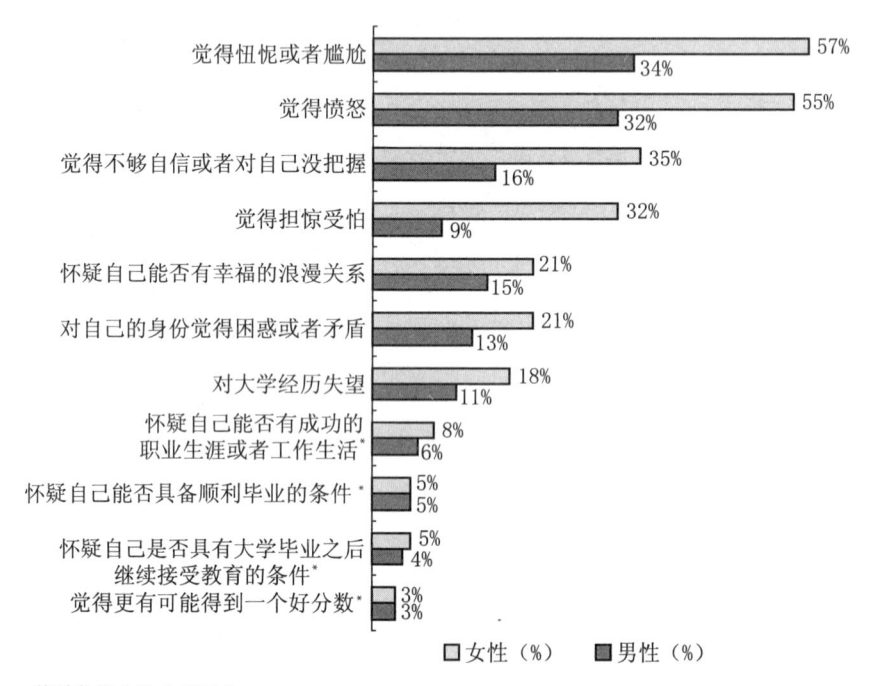

反应	女性(%)	男性(%)
觉得忸怩或者尴尬	57%	34%
觉得愤怒	55%	32%
觉得不够自信或者对自己没把握	35%	16%
觉得担惊受怕	32%	9%
怀疑自己能否有幸福的浪漫关系	21%	15%
对自己的身份觉得困惑或者矛盾	21%	13%
对大学经历失望	18%	11%
怀疑自己能否有成功的职业生涯或者工作生活*	8%	6%
怀疑自己能否具备顺利毕业的条件*	5%	5%
怀疑自己是否具有大学毕业之后继续接受教育的条件*	5%	4%
觉得更有可能得到一个好分数*	3%	3%

*统计数据上的差异不大。

调查问卷问题:有没有跟大学生活相关的任何一种性骚扰曾经使得你……?所有可能的答案都列在了上面。

基数=所有合格的调查对象(1 225人),659名女大学生和556名男大学生,年龄18到24岁。

图18-6 对性骚扰经历的反应(按性别)

情绪反应的差异也存在于性少数群体学生和异性恋学生之间。跟异性恋学生相比,虽然都对调查中假设的情况感到烦恼,但是,性少数群体学生更容易因自己的实际所受性骚扰经历而感到不安。

对教育的影响

性骚扰多多少少影响着教育经历。最普遍的情况是，学生会回避骚扰他们的人(38%)，并且避开校园里特定的建筑或地点(19%)。只有一小部分学生转学(3%)，约6%因性骚扰而考虑转学。

有些学生更可能受到性骚扰的不利影响。跟男生相比，女生的教育经历更有可能受到干扰(见图18-7)。

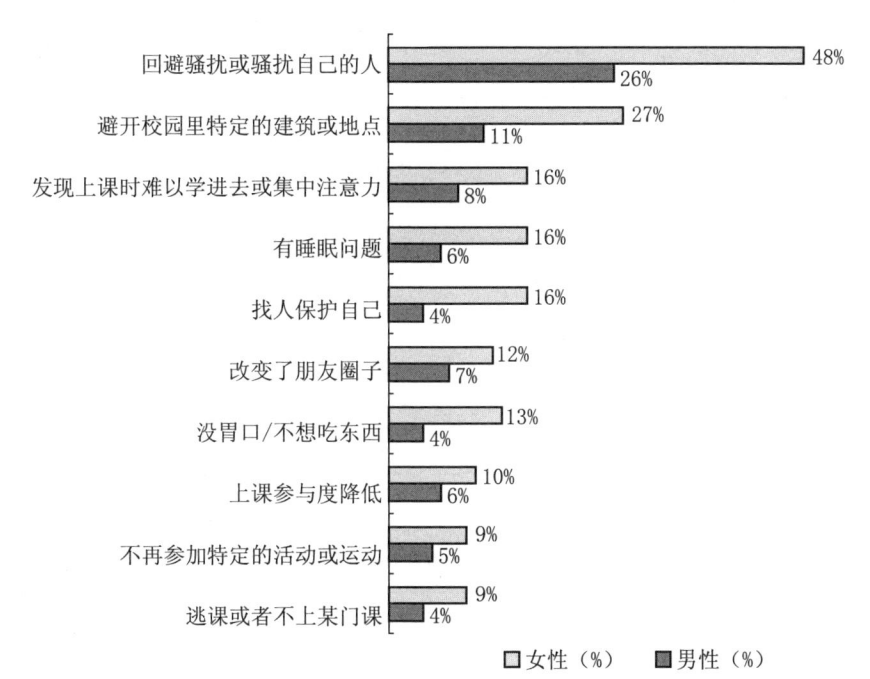

影响	女性(%)	男性(%)
回避骚扰或骚扰自己的人	48%	26%
避开校园里特定的建筑或地点	27%	11%
发现上课时难以学进去或集中注意力	16%	8%
有睡眠问题	16%	6%
找人保护自己	16%	4%
改变了朋友圈子	12%	7%
没胃口/不想吃东西	13%	4%
上课参与度降低	10%	6%
不再参加特定的活动或运动	9%	5%
逃课或者不上某门课	9%	4%

调查问卷问题:有没有跟大学生活相关的任何一种性骚扰曾经使得你……？所有可能的答案都列在了上面。可能的答案包括上述答案，以及下列答案:考虑转学，回避一个学习群体，考试或者试卷上得分比预计的低，不在办公时间去教授/助教的办公室，回避图书馆，转学，考虑转专业，转专业，不确定。只列出了男生和女生在回答上有显著差异的答案。

基数＝所有合格的调查对象(1 225人)，659名女大学生和556名男大学生，年龄18到24岁。

图18-7　性骚扰对教育经历的影响(按性别)

学生的声音

当我跟别人说起性骚扰的时候，他们说……

性骚扰不对。

——女生，四年级

避开性骚扰狂人。

——女生，四年级

冷静处之。

——男生，五年级

他们会调查这事的。

——女生，四年级

帮我渡过难关，告诉我在遭到性骚扰时怎么办。

——女生，四年级

他们跟那个人谈话，让那个人住手。

——女生，二年级

她告诉我，你应该向校警举报这些情况，但我不敢。

——女生，五年级

直面那些人，要求他别再这么干了。

——男生，三年级

我跟治疗师谈了谈，由此开始应对现在的局面。

——女生，三年级

他们主动安慰我，并与我简单讨论了这个情况。

——男生，五年级

这一切是为了好玩。我甚至知道这事儿。我们只是笑笑。

——男生，一年级

他们证实了我的感觉，并告诉我无论我做什么选择，他们都会支持我。

——女生，五年级

我应该举报。

——女生，三年级

这是个严肃的问题，而且他们会处理。他们建议我避开惹事的人。

——女生，四年级

有一个人说避开他——切断所有的联系。其他人除了同情之外，没提供任何建议。

——女生，二年级

朋友和家人要我告诉校警。校警联系了涉事雇员的上级。

——女生，三年级

163　　女生更有可能回避骚扰她们的人，发现在上课时难以学进去或集中注意力，避开校园里特定的建筑或地点，或者因性骚扰产生睡眠问题。女生也更有可能找人保护她们。

性少数群体尤其可能因性骚扰而影响学习经历。在大学里遭到骚扰的性少数群体学生中,一半以上(60%)逐步回避骚扰他们的人,大约四分之一(24%)发现上课时难以学进去或集中注意力,14%上课参与度降低、逃课或者不上某门课。或许,最棘手的是,17%的性少数群体学生觉得被性骚扰的经历如此令人不安,以致他们甚至考虑转学了,还有9%确实转学了。因为70%以上的性少数群体学生在大学里遭遇过性骚扰,所以估计这个群体学生中有6%因为性骚扰而转学或者转专业了。

举报性骚扰

考虑到受害者对性骚扰的强烈反应,我们觉得学生应该会举报,然而,大多数情况并非如此。三分之一以上的学生(35%)一个人都没告诉。大约一半(49%)仅偷偷告诉过一个朋友,而只有大约7%向大学雇员进行了举报。

男生比女生更有可能把性骚扰的事情告诉别人,不过女生在倾诉这一经历的时候会有所保留。女生的一个普遍问题是,在举报可能的"不够严重的大事"时,会觉得紧张或不舒服。一名年轻的女性说性骚扰让她觉得"可怕"与"无助",但是,她并未举报,原因是"好像没那么重要"。……

尾注

1. 这种算法基于一项估计:2005年,18到24岁大学生有1 000万(请看附录A:方法论)。
2. 一个例外是"强迫性接触",其中的样本规模不足以得出结论。
3. 这份报告对性骚扰定义广泛,因此,跟同伴骚扰相比,教师对学生的骚扰可能相对不常见。比如,我们估计,教员不会在学生面前露臀——露臀狂是学生举报第二多的性骚扰类型。
4. 这个问题指的是大学里经历的所有性骚扰,可以包含多个事件;因此,百分比加起来并不是100。
5. 一小部分男女学生说他们不确定。

第 19 章

学习安静

佩吉·奥伦斯坦

加利福尼亚州韦斯顿坐落于旧金山湾区的远端。从旧金山开车会经过一片城郊住宅区,宛如别具匠心的田园诗里的画面一般。随着车一英里接一英里开过,纳税等级逐渐上升,政治立场逐渐偏右,白人越来越多。但是,韦斯顿与众不同:这里从前奇特地混居着乡下人和化工厂工人,是个古旧的小镇,这种地方的居民依然会聚在枫树大街装饰着彩旗的路灯下,观看 7 月 4 日国庆节的游行。韦斯顿中心的许多商店——甜甜圈店、女士服装店、一些老酒鬼的酒吧、二手商店——30 多年都没换老板。这里还有一些单身时尚酒吧和一家供应浓咖啡的咖啡馆,但是如果人们想去高档场所,人们就会去旧金山。

韦斯顿的时间并没有停止。闹市区破烂不堪的房子里可能还是住着机械工人、工厂工人。在脏乱的公寓大楼里住着一小群贫穷的工人,而韦斯顿周边的小山上挤满了开发的住宅,年轻的专业人员住在这里——跟城市的痼疾保持了安全的距离——以便抚养他们的孩子。高速公路旁边甚至还有一家干净的现代化超市,明显是为新来的郊区居民修建的,街对面还有一家多厅影院,供他们偶尔晚上出来娱乐。

韦斯顿两类人通常的交集就是韦斯顿中学。韦斯顿中学是一座摇摇欲坠的西班牙风格建筑,南面就是邮局和市政厅,对于全体学生来说更重要的是,还有一家麦当劳。韦斯顿中学是镇上唯一的中学,因此这所中学一年要服务属于两类不同人,接近 900 名的学生。送孩子的汽车保险杠上粘贴着的小标语反映了这种人口的混合性:丰田小车上是国家公共电台在当地分公司的广告,它就停靠在锈迹斑斑的皮卡后面。皮卡上的标语是:"我妻子说如果我再买一支枪,她就跟我离婚;上帝,我会想她的!"这里还有一群虔诚的基督徒——摩门教徒、基督复临安息日会教友和其他不那么需要苦修的教派,他们的车让人想到"耶稣爱你!"

近些年来,韦斯顿中学很好地完成了它的使命:学校入口处挂着"加利福尼亚州优质学校"的横幅,原因是去年学生量化标准测试成绩良好,全体教员的表现堪称模范。教师是一个令人印象深刻、满腔热情的群体,总是在寻求指导方法,以求让自己的学生更专注一点,更用功一点:一位八年级历史课教师使用卡拉OK麦克风来活跃课堂气氛;一位英语教师给学生放录像带展示原创诗歌,让文学活灵活现;一位科学教师给跟他一起清理当地河堤的学生提供额外的学分。教育中的性别问题也令人担忧:韦斯顿中学的历史教师接受了加利福尼亚州采用的更包容的新教材;英语课上,学生写论文论述他们对堕胎的看法,并阅读《小溪汇聚成河,河流入海》等书。这是一本历史小说,书中的萨卡加维亚被重塑为一位勇猛的女英雄。

虽然公开的课程可能不错,但却并不是教室里唯一的力量。还有一些其他的东西。"稳性课程"包括学生在学校里学习的心照不宣的课程:是一种"盛行的潜台词",老师借此传递学校文化中的行为范式和个人地位,这个社会化过程向学生暗示了他们在更宏大的社会等级制度中的位置。"稳性课程"曾被用来描述教育制度的运作的一些方式,这些方式再现了我们文化之中的阶级制度。当下无论学校是有意的还是无意的,它已被学校用作强化性别角色的方式。

日常苦学:稳性课程之中的课

艾米·威尔逊想一直做八年级学生——至少在最近两年是这么想的。当你13岁的时候,似乎也会这样想。到了9月的第二个周,她已经顺利适应了自己的角色:学校的风云人物。每天早晨上课之前,艾米跟二十几个八年级女孩和男孩在校园里最显眼的地方闲逛:在校园的中央,一边是建成于20世纪70年代末的活动教室,另一边是从停车场旁逸斜出的古老橡树。这些女孩和男孩闲聊,调情,或者闲散地站着,享受着自己显赫的地位,消磨着时间,等待着早晨的铃声响起。

在星期二8点15分,这些女孩和男孩就已经聚在了一起,艾米站在女孩群中,笑着。艾米·威尔逊发育良好,而她自己本不希望这样。她臀部宽大,四肢粗壮,有着蜷曲的金发、矢车菊色的蓝眼睛,还有一个高高的翘鼻子。她的妈妈是名戏剧指导。在妈妈的帮助下,她成了学校的当红女演员:去年,她在韦斯顿中学编排的《窈窕淑女》中扮演伊莉莎。虽然艾米·威尔逊所有学科都得了高分——会入选今年秋季的光荣榜,但她说戏剧是自己的最爱,因为"我喜欢给人带来欢乐,我喜欢扮演角色"。

毫无疑问，这还因为艾米·威尔逊喜欢聚光灯：这天早晨，当艾米提到一个我没见过的男孩时，她转身，把双手放在臀部，双脚叉开与肩同宽，冲着校园那边喊："格雷格！到这儿来！你得见见佩吉。"

艾米·威尔逊扮个怪相笑起来。格雷格吃了一惊，开始穿过校园，让艾米·威尔逊引荐双方。"我可不害羞，"艾米·威尔逊说，双手依然放在臀部，"我胆子很大。"

艾米胆子大，脸皮还厚，意志坚强。跟所有少男少女一样，艾米套上不同的自我，然后又丢弃，就好像它们是格尔柏兰牛仔裤一般，无情地要找出最佳搭配。就在学年开始之前的一次晨聊中，艾米告诉我她的父母努力指导她如何回答我的问题。"他们让我告诉你他们想让我独立自主，"艾米抱怨道，"妈妈让我跟你这么说。我确实想独立自主，但是，你在采访我，问我是谁，而妈妈告诉我应该怎么说，这好像——我并没有独立自主，是吧？"

早晨的铃声响起，艾米和朋友们中断了谈话，抓起书本，小跑着奔向学校入口。在学校里面，韦斯顿中学的门厅里是粉笔味、纸张味，还有一点健身课后的汗味。两层主楼两边的木栏杆楼梯的中间都被磨薄了，因为将近 75 年的每 48 分钟间隔里，几百双运动鞋拖地而行，敲击着楼梯。艾米的母亲沙伦和外祖母都是上的这所学校。艾米的两个妹妹也会在这里上学。艾米的父亲是钻塔上的机械工人，是韦斯顿的新居民：他长在佐治亚州，与沙伦结婚后来到韦斯顿。

艾米抓住我的一只手，拉着我向前走，仿佛把我当成了小孩或者初来乍到、略微迷糊的学生：三分钟之后，我们就穿过了昏黄的门厅，来到了她的锁柜前，然后上楼到 238 房间，去上里克特夫人的数学课。

22 个学生跟我们一起从房门鱼贯而入。就身体发育程度来说，他们各有不同。一些男孩身材矮小结实，就像是四年级学生，露在短裤外面的双腿就像是烟斗通条。一些学生因发育迅速而痛苦，另一些还长了毛茸茸的胡子。女孩的身材并不那么两极分化：大多数身高都已经定型，除了个别女孩之外，所有的女孩都经历了青春期的洗礼。她们梳着顶髻或者马尾，衬衫干净利落地收进牛仔裤里。

里克特夫人面色红润，如同运动员一般，声音洪亮，已经把椅子围成了正方形的三条边，每边两排。艾米走到房间的边缘就座，摆出一副典型的女性仪态：她双腿交叉，双臂抱胸，向前趴在桌上，好像蜷成了一团。运动场上的调皮劲儿消失了，实际上艾米在课上几乎一言不发。同时，男孩们，尤其是身体上较为成熟的那些，懒洋洋瘫在椅子上，双腿尽量伸展，充分利用现有空间。

纳特是一个笨拙、乐观的男孩，几乎剃了个光头，仅留一撮头发盖在奥克兰

第 19 章 · 学习安静

运动家队的帽子下面,靠在椅背上,让椅子的两条后腿着地。虽然铃声已经响了,他还是开始跟朋友凯尔(Kyle)喧闹地谈论起来。

里克特夫人转向纳特。"到底在讨论什么,纳特?"她问道。

"是他在和我说话。"纳特指着凯尔回答道。里克特夫人把纳特的名字写在黑板上以示警告,可能会让纳特课后留堂,纳特大声叫着抗议。他们开始嘀咕里克特夫人的决定是否公平,这是他们那天第一次——当然不是最后一次——权力斗争。当他们争论的时候,阿利森举手,要问问题。阿利森是一个瘦瘦的高个子女孩,曾告诉我,"我的目标是尽可能成为贤妻良母"。里克特夫人正在对纳特做最后的处理,并没有注意阿利森。

"所有人,把作业拿出来!"里克特夫人发出低沉的吼声,在学生之中走来走去,确保没人开小差。阿利森坐在前排,离黑板和老师最近,耐心地又等了一会儿,然后,她意识到自己不会得到结果,把手放下了。当里克特夫人走向阿利森时,阿利森换了个方法,把自己的问题喊了出来。阿利森还是没有得到回应,于是她放弃了。

学生们的一项家庭作业就是把自己的纸张分成 100 个正方形,给这些正方形编号,并将素数和合数涂上不同的颜色——素数只能被 1 及其本身整除,剩下的数是合数。里克特夫人要求大家喊出发现的素数,从 10 以上的开始。

纳特第一个喊道:"11!"一分钟之后,班里其他同学附和了起来。到了 20 多和 30 多,在班级后面挨着坐的纳特、凯尔和凯文喊得越来越响,漫不经心地展开竞争,要做反应最快、分贝最高的那个。里克特夫人纵容着男孩们的行为,虽然这些男孩在向其他学生示威。

"好的,"里克特夫人说,这时候他们已经到了 100,"现在,你们觉得 103 是素数还是合数?"

皮包骨头、有点肿眼泡的凯尔叫道:"素数!"但里克特夫人转向别的地方,想要给其他人一个机会。当被忽视的时候,阿利森就放弃了。而跟阿利森不同,凯尔不愿意让出老师对他的关注。凯尔开始在凳子里扑腾,反复叫道:"素数!素数!素数!"然后,得知自己给出了正确答案,凯尔指责老师说:"看,我早就告诉你了。"

当里克特夫人班里的女孩们真的开口说话时,她们都是循规蹈矩的。当阿利森又有问题时,她再次举起手,等着轮到自己;这次,老师回应了。当艾米想要给出自己在这节课的唯一答案时,她也举起了手。艾米回答了一个简单的乘法问题却给出了错误答案,她脸通红,头向前倾,这样头发就能遮住脸了。

女孩们偶尔喊出答案,但通常这些都是最容易、风险最低的问题,比如 4 或 6 的因数。而且女孩们能得到多少公开的认同取决于男孩们的施舍:当女孩们冒险回答较为复杂的问题时,男孩们迅速宣示主权,大声叫出自己的答案,压制住女孩们。纳特和凯尔尤其善于压制住勒妮。里克特夫人告诉我,勒妮是班里最聪明的女孩。(再来这所学校的时候,我会看到勒妮把头埋在书桌上,因为纳特镇住了她,她嘟哝道:"我恨这门课。")

里克特夫人并没有说一点宽恕男孩们咄咄逼人行为的话,但是,她不用说:男孩们坚持不懈地去吸引——也吸引了——她的注意力,就算她有意识地把注意力转向他处,以便让课更加公平合理。

订正了昨天的家庭作业之后,里克特夫人开始讲新内容,内容是关于指数的应用。

"3的3次方是什么意思?"里克特夫人问全班学生。

"我知道!"凯尔叫道。

里克特夫人并未叫凯尔回答问题,他回答的问题已经太多了。里克特夫人转向唐。唐是一个略微健谈一点的女孩,她的眉毛已经被拔得寥寥无几。

"你知道吗,唐?"

唐犹豫了,然后开口:"嗯,你数那些3,然后……"

"我知道嘛!"凯尔横插一杠,"我知道!"

里克特夫人刻意没理凯尔,但是唐紧张起来,唐话没说完,只是停顿一下。

"我知道!**我**!"凯尔再次叫道。然后,不等唐恢复镇定,凯尔脱口而出:"是3乘以3乘以3!"

此时,里克特夫人让步了。她的目光从茫然无措的唐身上移开,对着凯尔点头。"是的,"里克特夫人说,"3乘以3乘以3,大家明白了吗?"

"**是的!**"凯尔叫道,唐什么都没说。

里克特夫人捡起粉笔。"让我们做点别的。"里克特夫人说。

"我来!"凯尔说。

"谁举手,我就让谁回答问题。"里克特夫人告诉凯尔。

纳特、凯尔和其他两个男孩,立刻急不可耐地举手,手指并拢伸直,就像敬礼一般。

"你们不等等,先听听什么问题吗?"里克特夫人笑着问道。

他们迅速放下了手,里克特夫人把"8^4"写在了黑板上。"好了,黑板上写的是什么?"

虽然班里三分之一的人举手要求回答问题——包括许多目前还没说一个字的学生——里克特夫人还是让凯尔回答问题。

"8乘以8乘以8乘以8。"凯尔踌躇满志地回答,其他学生放下了手。

当铃声响起时,我问起艾米在课上犯的错误以及随之而来的困窘。艾米再度脸红了。

"喔,是的,"艾米说,"这大概是我唯一一次在这节课上发言。我以后再也不这么做了。"

不良人际关系:"当你彷徨无助的时候,男孩乐在其中"

另一个晚秋的清晨,在韦斯顿的橡树之下,艾米、贝卡、艾维聚在一块儿,跟其他学生保持一定距离,几人肩膀亲密地凑在一起。显然,她们在讨论最为有趣的小道消息。一队七年级男孩骑着自行车呼啸而过,三个女孩抬起头来,面带不悦,靠到左边,避免被撞。

几秒钟之后,贝卡尖叫起来,而贝卡本是三个女孩之中最为内敛的一个。

"把那东西从我眼前拿开!"

女孩们尖叫而四散而去,脸涨得通红,骑自行车的男孩已被抛在脑后。卡尔·罗斯来了。卡尔跟艾维一起上数学课,现在正稳稳地站在女孩们刚才站立的地方。一个没盖盖子、标着"费利西娅"的罐子悬在卡尔·罗斯的左手上,就在一分钟之前,罐子里还有一只大蜘蛛。卡尔抓它是为了获得科学课的额外分数。费利西娅现在垂在卡尔·罗斯右手的干松针上。费利西娅的脚收起来了,身体因恐惧而缩成一团。

贝卡跑了大约10英尺,然后转过身来。当贝卡微笑的时候,可以看到她的一嘴牙套。"我怕死蜘蛛了。"贝卡说。当她转身看向折磨她的人时,她的眼中泪光闪闪。

另两个女孩跑到贝卡跟前。"上帝,我也是!"艾米上气不接下气地说,紧抓住朋友的胳膊。"当我看了《小魔煞》后,我爸爸就得每天去为我检查房间。他必须爬到床下查看!"

艾维的面颊粉红,盘成圆髻的头发散开了。她把散乱的头发重新理齐。此时,另一个男孩让一个大网兜里的甲虫从指尖滑落下来。"呸,真恶心,"艾维说,瞪大了眼睛,"我希望他别带着那个东西靠近我。"

作为站在这些女孩之中的女人,我不确定应该做出什么反应。我非常希望这些女孩勇敢面对那些男孩,否则那些男孩会乐此不疲。我希望女孩们勇敢起来,对蜘蛛的宝石绿身体啧啧称奇,也要求拿过来玩一玩,看着蜘蛛转着圈想逃走。但是,我也感受到了压力:一个真正的女孩,一个想让男孩喜欢的女孩,会尖叫着躲避蜘蛛。一个女孩越喜欢一个男孩,就越喜欢男孩吓唬她,就会装得越无助。对蜘蛛表现出任何真实的兴趣不是体面女孩的作为,而是在背弃自己刚刚获得的重要女性气质。待在韦斯顿的这一年里,我多次看到女孩躲避蜘蛛;每当女孩在塑造自己的传统女性气质时，我就在想，在我们的文化之中，谁得到了许可，谁有权利，去探索自然世界，去弄得肮脏泥泞，去认为蜘蛛和虫子和青蛙是好东西，去抓来蜘蛛、虫子和青蛙获得科学课的额外分数。实际上，就是全身心地投入科学研究。

"我并不是真的害怕那东西，除了蛇和血之外，"被这么吓了一下之后，艾米承认，"但是如果你表现得像个无助的小女孩，男孩们就会喜欢，所以你就会这么做。"

与对数学的态度一样，女孩们对科学的热爱、女孩们的自尊、女孩们的职业生涯规划间形成了一个闭环。但是，跟在数学方面的情况不同，女孩们和男孩们在科学上的成绩鸿沟实际上在扩大：国家教育进步评测发现，就 13 岁的孩子而言，在 20 世纪 80 年代，除生物学之外，所有科学课程中表现出的性别差异实际上增加了，男孩们技能提升了，女孩们技能下滑了。尤其令人不安的是，今天的年轻人成长于技术迅速变革的时代；没有坚实的科学基础，女孩们不仅无法参与到变革过程之中，在面对变革时也会显得无助。

当然，教室之外的文化抑制了女孩们的科学能力。男孩们依然能更随意地接触科学——别管是电表、化学实验套装，还是卡尔和他朋友们的蜘蛛——男孩们更有可能在家里拥有电脑。科学玩具的销售对象几乎无一例外都是男孩，出现在玩具包装上的是男孩（或者还有更糟的，在一边看着男孩的是女孩），而且，电子游戏世界好像是完全为男性玩家而建的。

在学校的每个发展阶段，女孩们自愿——或者被迫——远离科学。在中学，选择学习初级生物学和化学的男孩和女孩人数差不多，但继续学习物理学或者高级化学的更多是男孩。而女孩，如果真的学习了科学，通常继续学习生物学。另外，虽然从事科学事业的女性数量大幅攀升，但是，从前从事科学事业的女性过少，就算现在取得了长足的进步也依然成果不显著：比如，女性工程师数量在 20 世纪 80 年代增长了 131%，但是，该领域的女性依然仅占 8%。实际上，当前，只有不到 16% 的在职科学家是女性，而且，这一数字很可能已经达到了顶点：截至 20 世纪 80 年代末，攻读科学和工程学（不包括社会科学）学位的女性数量已经稳定，并且正在减少，尤其是在高级物理学和计算机科学领域。

然而，尽管存在成绩鸿沟，今天的女孩们还是相信自己可以在科学方面脱颖而出；问题在于，男孩们（可能是因为女孩对蜘蛛和蛇的过度反应而产生了偏见）并不认同他们的女性同学。因为这种差异，科学实验室小组——男孩们从女孩们手里夺过设备，做实验给女孩们看，并且嘲笑女孩们没做什么贡献——这已不是协同合作的机会，而更多成为隐性性别课的缩影。

第 19 章 · 学习安静

艾米的科学课程是由辛克莱先生教的。辛克莱先生是一个留着八字胡的家伙,发际线后退,在 20 世纪 60 年代末选择教书作为自己的职业,他说那时自己还处于充满理想主义的青年时代。他三天两头地考虑换工作,主要原因是个人收入低,但是,他太喜欢这份工作了,无法割舍。他通过参加科学教学会议、订阅业务通讯、寻找新的教学方法来保持敏捷的思维。他竭尽所能推陈出新,原因是,据他自己说,孩子们往往不太喜欢物理。但是,根据辛克莱先生的课堂情况来看,真正不喜欢物理的是女孩们。

和里克特夫人一样,辛克莱先生从没有刻意歧视班里的女孩们;他和韦斯顿其他的八年级科学老师一样——这些老师也是男性——迅速指出有些女孩确实上了科学课(不过,在进一步谈话的时候,我发现那些女孩中许多人都对科学课缺乏热情和兴趣)。我在科学课上看到的情况甚至要比在数学课上观察到的还要糟,就上科学课而言,因为老师不提问女孩,她们存在着一种消极抵触情绪。暂且称其为因忽视而体现出的性别偏见。就这样,一周又一周,举手提问或者回答问题的男孩人数远多于女孩,只有男孩会喊出答案,只有男孩热切地证明自己获得额外学分,而老师根本未注意上述情况。

就在艾米尖叫着躲避蜘蛛费利西娅的那个早晨,辛克莱先生邀我去观察艾米在物理课上的表现,艾米做了一个简单有趣的实验。这个实验叫作"浮沉子"。每组三个学生,他们要用到一个空的洗洁精瓶子、一个眼药水滴管、一烧杯水。实验方法是把水倒进瓶子,把眼药水滴管扔进瓶子里,通过一个魔术般的过程(原来是事先在眼药水滴管放一点水,然后挤压洗洁精瓶子,使得水进入眼药水滴管,取代眼药水滴管里的空气),让眼药水滴管按照实验者的意愿沉浮。学生必须搞清楚这个过程的原理。

在艾米的实验小组,还有一个叫唐娜的女孩和一个叫利亚姆的男孩。利亚姆坐在两个女孩中间。利亚姆做实验,两个女孩在一旁看,偶尔鼓励一下他,但是不会批评。当利亚姆成功的时候,艾米发出长而尖的叫声,并拍了拍利亚姆的手臂。最终,利亚姆让唐娜和艾米都只试着浮沉了一次;然后他就拿回去,自己接着玩。

在另一组里,有两个女孩和一个男孩,正好在艾米的后面。男孩罗杰站在两个女孩的后面,在某种程度上……是在指导。

"你做错了,哈哈。"罗杰带着唱腔嘲笑道。罗杰扎着长长的马尾,打了耳洞;他穿着一件过于肥大的扎染 T 恤。女孩们长长的金发梳成整齐划一的发型,挤在一起,试图无视罗杰,继续尝试完成实验。罗杰看了她们半天,然后夺过女孩们手里的瓶子,把水倒进烧杯,带着眼药水滴管离开了。女孩们没有抗议。当罗杰几分钟后回来的时候,女孩们已经把瓶子重新装上了水,但还是不知道怎么进行下去,于是决定把水倒了,重新开始。

"哦,聪明,"罗杰冷嘲热讽地说道,"真聪明。"罗杰再度夺过瓶子。"我来做。"他把瓶子重新装上水,把眼药水滴管仍进瓶子里,完成实验,女孩们全程安静地观看。

我来到房间的角落,艾米数学课上的阿利森、圆脸拉美裔女孩卡拉也在实验中碰到了问题。卡拉有着一对深深的酒窝和挽成顶髻的黑发。有几个女孩坐在她们身边,不过她们已经要求一个男孩来帮忙了。

"我告诉他他可以帮我们做,因为他有男人的双手。"卡拉微笑着告诉我。卡拉以前曾经告诉我她想当宇航员。

还有一个男孩在看看眼前的一幕。当他的朋友完成实验时,他在空中挥舞着自己的拳头。"对!"他说,"这就是男人干的活!"

"但你是怎么做的呢?"阿利森问道。

"我有魔术师的双手,"第一个男孩答道,"男人的双手。"然后,他大笑起来。

女孩们也笑了——恰如其分地表现得像个"无助的小女孩"——但是,她们根本没学会怎么做这个实验。和其他组里的女孩们一样,她们已经成了学习过程的局外人、被动的观察者,而不是合格的参与者。事实上,"男人的双手"确实完成了房间里的大部分实验。

危机之中的制度

第 6 部分

家庭

美国家庭中出现了危机吗？当然，这是一个家庭变革的时代，而对于许多家庭来说，这也是个问题重重的时代。在"传统"家庭里，丈夫是唯一的财政支柱，妻子是全职家庭主妇，这种家庭依然存在，但是，统计数据表明现在这种家庭是少数。越来越多的女性，别管是否结婚，都加入了劳动大军。还有的女性处于非传统的亲密关系之中，促成了美国家庭生活模式日益增长的多样性。可以这么说，在许多人看来，这种多样性与宽容性，好像正在威胁美国家庭的完整和稳定。

然而，这些变革不一定就意味着衰落。若要得出家庭在衰落的结论，就必须指出曾经的一个相对美好的历史时期。当然，家庭的理念、母性、苹果馅饼是我们浪漫神话的一部分，但是神话并不总是与实际经历相符。

尽管如此，许多美国人——男人和女人，丈夫和妻子，父母和孩子——都在经历着明显的不安与焦虑。我们知道家庭生活和社会都发生了深刻的变革。但是我们对于这些变革的理解——以及应对方法——由于缺乏对家庭生活和社会之间关系的认识，尤其是缺乏社会力量对家庭生活日常运转影响而变得不恰当。

在《婚姻之外》一章中，阿琳·什科尔尼克考察了这些变革对婚姻制度的影响——在热烈讨论家庭状况以及许多其他社会问题的时候，婚姻制度成为"主战区"。广受热议的社会问题还有贫困、福利、同性恋权利。美国历史上多次有人宣称婚姻已经过时，但什科尔尼克表明，虽然存在这些不时出现的说法，婚姻制度还是"长盛不衰"。大多数美国人依然把婚姻看作个人关系的金科玉律，而且大多数人最后都会步入婚姻的殿堂。那些相信家庭在分崩离析的人可能混淆了衰落与多样性。确实，今日的美国家庭跟以往不同，美国文化也逐渐接受了更多的家庭类型。但是，无论何种形式的家庭，都显示了自己强大的生命力。

然而，这并不意味着美国家庭毫无问题，什科尔尼克的讨论会表明这一点。尤其是变化无常的全球经济在社会和经济层面都对家庭造成了重创。美国已经变成了一个高风险、高压力的社会，而家庭生活也感受到了这种压力。经济繁荣和衰退、工作时间和家庭时间的权衡，给家庭及家庭成员都造成了压力。经济不平等和无家可归已经成为美国生活中的顽疾，在此情况下，家庭以及家庭成员面临的压力尤其沉重。而中产阶级家庭也因经济衰退遭到了异乎寻常的打击。蓝领工人和白领工人失业导致郊区家庭和市中心家庭的社会流动性下降，而其他人则兴旺发达。

对于许多美国家庭来说，部分问题在于我们无法达成全面的国家政策来缓解家庭与工作之间的对立。在20世纪90年代，国家已经采取了一些措施来制定关于家庭假期和育儿的新政。但是这些努力足够了吗？接下来的两篇文章表明还不够。

跟世界上的发达国家——甚至跟许多欠发达国家相比，美国对家庭和儿童的支持都堪称吝啬。比如，最近的一项调查发现，作为调查对象的173个国家之中，只有4个没有为产妇提供某种形式的带薪假期：这四个国家是利比里亚、巴布亚新几内亚、斯威士兰、美国。[1]在育儿方面情况也类似。大多数发达工业国家有既定的政策，提供安全和经济适用的儿童保育服务，并将其作为一项权利。但是，在美国，就像沙伦·勒纳的文章所表明的那样，许许多多的家庭不得不手忙脚乱地寻求儿童保育服务，可就算找到了，他们也往往负担不起。而能负担得起的，最终得到的服务质量有时也十分差劲。从长期来说，这种后果对于孩子及其父母来说都是麻烦不断、代价巨大。就像勒纳指出的那样，尤其令人灰心丧气的是，要修补这种明显的儿童保育赤字，其实相对简单又便宜。

我们知道，更好的且更有支持性的家庭政策是可行的，因为许多其他国家都有这样的政策。居住在瑞典的美国记者布里塔尼·莎莫里在文章《大受欢迎》中为我们深入描述了瑞典对家庭的支持，这是世界上最慷慨的支持之一。瑞典方法的关键是，当孩子出生的时候，为新生儿父母提供假期，这一假期不仅比我们国家短暂的育婴假长得多，还是带薪假期。另外，慷慨的育婴假只是瑞典诸多"家庭友好型"政策之一。这些政策提供了一种扶持家庭和养育孩子的方法，与美国几近于无的努力形成了鲜明的对比。瑞典的核心区别是，与其他一些欧洲国家一样，在瑞典，人们认为，所有孩子的福祉与整个社会都有利害关系，社会须为其负责。

尾注

1. Jody Heymann, Alison Earle, and Jeffrey Hayes, *The Work, Family, and Equity Index: How Does the United States Measure Up?* Montreal, Project on Global Working Families, 2007.

第 20 章

婚姻之外
——错综复杂的政治和婚姻网络

阿琳·什科尔尼克

30 年的迂回之路

1992 年年底,媒体总结了年度大事。其中包括一些众所周知的事件:总统大选,洛杉矶大规模种族骚乱。这场种族骚乱的导火索是警官们殴打一位名叫罗德尼·金的手无寸铁的黑人,过程被拍了下来,这些警官却被无罪开释。而另一个至少榜上有名的事件是大受欢迎的情景喜剧《墨菲·布朗》里一个虚构的婴儿角色的诞生。

这三件事混杂于错综复杂的琐事和悲剧之中,标志着 1992 年为美国政治的未来所作的斗争。到了 6 月,洛杉矶骚乱之后不久,当时的副总统丹·奎尔在旧金山联邦俱乐部发表演讲。"我们之前所看到的目无法纪的社会无政府状态,"他指出,"与家庭结构的崩溃直接相关。"

就在演讲要结束的时候,丹·奎尔斥责《墨菲·布朗》里由坎迪斯·伯根扮演的角色,原因是这个角色产下了私生子。她和她的"好莱坞精英"创造者在"嘲笑父权",由此鼓励穷人家庭分崩离析。

奎尔的攻击弄巧成拙。这没有使得大家义愤填膺,却成为一些深夜脱口秀的笑料并得到了媒体的一顿冷嘲热讽。奎尔懊恼不已,否认自己曾经批评过单身妈妈。

总统候选人比尔·克林顿打动了全国民众的心,他提出了一个构想:"建设一个能够包容每一个家庭的美国——每一个传统家庭和几世同堂的大家庭,每一个双亲家庭和单亲家庭,每一个寄养家庭。"

然而,结果表明,《墨菲·布朗》的插曲只不过是一场真正的政治/文化战争之中未打响的第一枪。比尔·克林顿刚刚入主白宫,就出现了大量专栏撰文、报道、书籍、脱口秀辩称,就像《大西洋月刊》封面故事说的那样,毕竟"丹·奎尔是正确的":单亲现象的增加会对美国的孩子以及我们所有人都造成严重的影响。无论这一现象是离婚还是未婚生子造成的。

虽然保守人士领导并资助了这项新运动,但是民主党人以及许多自由派人士加入进来。再也没有听到过任何关于"我们所有的家庭"的说辞。相反,克林顿的顾问把双亲家庭赞为"最好的反贫困项目"。在媒体上,各种政治信仰的权威人士都警告说,单亲家庭已经成为美国的头号威胁,因为它是所有其他威胁的根源:贫困、犯罪、毒品、青少年暴力、濒临倒闭的学校——乔·克莱因把这些威胁称作"令人恶心的一组社会疾病"。

从20世纪90年代早期至今,婚姻已经成了文化战争的主战区,处于关于贫穷、福利、性、离婚、种族、性别、同性恋权利讨论的中心。婚姻还是各级政府关注的焦点。1996年,《婚姻保护法》由国会通过,并由总统签署。这项法律宣布联邦政府可能不会把同性关系视作婚姻,尽管不止一个州认可同性婚姻。这项法律还宣布,就算一些州认可同性婚姻,另一些州也可以不承认同性婚姻。

另外,州政府和地方政府都参与了一系列的婚姻促进行动——中学开设的关于婚姻的益处的课程、婚前咨询、给予同意结婚贫穷夫妇的补贴、契约婚姻等。1996年,福利改革重启。除了大量削减食品券等社会保障项目,福利改革还包括五年之内为促进"健康婚姻"和"负责任的父亲"提供7.5亿美元。

此外,一场实至名归的"婚姻运动"开始于20世纪90年代。这是一场广泛的社会改革,旨在"抑制美国的道德滑坡"。方法有三个。第一,恢复"婚姻文化"和传统的父道。第二,抑制其他的家庭形式。第三,重新给离婚和单身母亲打上耻辱的标签。

社会学家斯科特·科尔兰指出,继已投入的7.5亿美元之后,婚姻运动已经成为宗教保守人士和经济保守人士的共同事业,得到了一批右翼基金会的资助。然而,许多主流婚姻运动组织通常称自己不属于任何党派和教派。它们招募了一批持不同政治观点之人参与自己形形色色的活动。这些人包括教士、婚姻和家庭治疗师、社会科学家、法官、律师、政策分析师。

此外,这些组织举办了多次大会,作报告,写文章,专栏撰文,写书,用社会科学的语言来证明自己的观点:婚姻可以解决贫困问题,而且是孩子健康成长的唯一背景。

婚姻运动从未遭到过一致且政治上有效的反对。社会科学家已经挑战了保守人士的说法:我们生活在"后婚姻社会"。必须说服美国人,尤其是穷人,让他们相信三个观点。第一，婚姻是个好东西。第二，婚姻是贫穷和其他社会痼疾的解药。第三，就算没有任何其他支持，一点婚姻教育或者咨询服务也能带来稳定"健康的"婚姻。研究家庭的历史学家也质疑两点内容。第一，关于长期稳定婚姻历史的过度简单化的看法。第二，婚姻应该是在女权主义者和20世纪60年代反正统文化的影响下消亡。家庭总是处于变化之中。

然而，婚姻运动的政治目标是将婚姻问题框定为一场两方的争论，一方是勇敢地试图拯救婚姻制度的人，另一方是旨在摧毁婚姻制度的自由主义者和女权主义者。但是没有这样的议程。如果有人质疑保守人士的社会科学，或者怀疑大力"拯救"婚姻的必要性，保守人士就会妖魔化此人，说此人反对婚姻。如果有人说，政府采取措施惩罚单亲家长、同性恋家庭以及其他"异常"家庭形式，却没有考虑生活在其中的孩子，这种措施不够公平，那么保守人士就会把这些人当作敌人。

不过，确实有大量左翼知识分子和活动家对婚姻颇有微词。有人认为婚姻是白人中产阶级的东西，跟穷人、非白人、非异性恋无关；在更远的政治层面，婚姻实际上是个富含斗争意味的词；"粉碎一夫一妻制"的回声依然能够听到，同性恋解放论者现在也加入进来，指责同性恋婚姻是一种被父权常态同化的结果。

而且，一些法学教授以及其他学者认为，州根本不应该干预婚姻——换句话说，法律婚姻应该取消了。别管这些观点在理论上具有多大价值，它们都与当前的政治现实和社会现实无关。

婚姻衰退论之所以引发共鸣，恰恰是因为美国人跟其他西方国家不同，非常在意婚姻制度。美国历史上无数次宣告婚姻消亡；然而，无论婚姻挺过来多少次，其遭受的威胁好像从未消失。

虽然自20世纪60年代以来，婚姻制度发生了巨大的变化，但与此同时，婚姻制度仍长盛不衰。同性恋解放论者反对同性婚姻。社会学家史蒂文·塞德曼却为同性恋婚姻辩护："这一现实必须作为所有严肃政治讨论的出发点。"

另外，我们需要从某种历史视角来理解我们的婚姻和家庭生活是如何进入了当前的困境，以及我们将来会身处何处？我们应当反驳保守人士讲述的过度简单化的前后对比的故事。在这个故事里，婚姻的历史漫长且一成不变，而女权主义者和20世纪60年代的反正统文化却让婚姻突然消亡。没有哪位著名的历史学家认同这种说法。家庭总是多种多样，总是处于变化之中。

我们也需要另外一种解释来代替道德滑坡的叙述，即人们亲眼看到的家庭、性别、性行为、个人生活的巨变及这些巨变所导致的压力、不确定性和迷惑。我们需要把讨论的范围从个体的道德沦丧转向更为广泛的社会结构变化。我提出的故事是关于历史转变、文化滞后和家庭可持续性的。

这并不是美国人第一次不得不改写家庭生活的剧本了。这一轮家庭变化浪潮类似于先前的时期。当时,经济转型使得已经存在的社会分工不再稳定。一人挣钱一人顾家的家庭模式是公认的"传统"家庭模式,实际上是19世纪的产物——适应了工业化时代。家庭和工作的分离破坏了早期的农民、匠人和店主的"家庭经济"。在后工业化时代,泾渭分明的带有严格性别角色的"区域分割"家庭分工已经过时了。一种更加灵活、平等主义的婚姻及家庭模式正在挣扎着诞生。

总之,我们正在经过一个历史转折点——一个为期几十年的不安定时期,就像彼得·德鲁克所说,社会不得不自我"重组"——"其世界观、其社会和政治结构……其关键制度"。从过去的经验来看,我们可知为家庭生活重塑蓝图并不是个容易的任务。这种"重组"发生的时候伴随着痛苦、混乱、政治和文化冲突。努力恢复过去的家庭模式并没有任何用处,但不可避免的"重组"因文化和政治僵局而停滞。

但这并不是家庭在后工业化美国所面临的唯一挑战:全球化和放松管制的新经济瓦解了战后维系工人阶级家庭和中产阶级家庭的社会契约。就像社会学家弗兰克·弗斯滕伯格所说,与保证孩子们的福利关系较大的不是家庭的婚姻状况,而是资源——金融资源、心理资源和社会资源——孩子的父母用这些资源来抚养孩子。近些年,婚姻已经成为"奢侈品",只有工作稳定且收入高的人才能享受。

这里是保守思想固有的矛盾之处。尽管保守人士对家庭价值观推崇备至,但他们在原则上还是反对能让家庭兴旺的经济格局,而且大力推动破坏家庭的经济力量。

这里是第二个矛盾之处:共和党已经放弃了其长期坚持的(可能只是形式上的)给予女性同等权利的承诺,并把自己的灵魂出卖给了宗教基要主义——而共和党的经济政策破坏了基要主义者秉承的"传统的"男性养家糊口的角色。

要支持新时代的家庭,我们需要再三思考关于男性、女性、工作的根深蒂固的想法——还要再三思考家庭、政府和私营企业之间的关系。

家庭经济学

美国人担忧的许多家庭问题——晚婚、贫穷未婚女性产子、无法适应成年生活的啃老族——都更多地跟经济因素相关,而跟心理因素或者文化因素关系不大。在过去25年里,美国社会最显著却最少被谈及的特征之一就是经济增长的不稳定性和不安全性。

第20章 · 婚姻之外

我们确实听说过时间压榨以及金钱压榨——经常一方面被归咎于女性的离家工作的错误选择,另一方面被归咎于消费主义肆虐。但令人惊奇的是,宏观层面却鲜有报道。"有产者"和"无产者"之间的鸿沟在扩大。另外,中等收入阶层和高等收入阶层之间的差异也在增大。而且,经济不安全性日益影响到中产阶级。

没人关注家庭生活新经济图景的意义,更不会去考虑如何应对了。然而,一些特立独行的保守人士首先提出警告:如果不在自由市场价值观和社会责任间取得更好的平衡,美国或者新自由主义版本的全球化可能无法持续。"通过其对家庭的影响,"玛格丽特·撒切尔的前顾问约翰·格雷提出警告,"美国自由市场弱化了一项社会制度,正是通过这项制度,自由资本主义文化才得以重生。"

媒体描绘的故事有两类内容。一是"母亲战争",二是可能决定辞职的职业女性。但事实是大多数母亲,甚至幼儿的母亲,依然在工作——这是不得已的。但是,媒体的先入之见可能正在变化。民意测验表明,即使在基本经济指标提升的情况下,公众越来越担忧经济安全。大量论述美国家庭的经济基础以及美国家庭经济基础的不足的文献开始出现。

经济压力在年幼时期开始造成影响,延迟了向成年时期的转变。"被学生贷款和信用卡债务淹没?没钱结婚,买房子,生孩子?这里有一本为35岁以下一代准备的书……"塔玛拉·德劳特《身无分文:为什么美国二三十岁之人入不敷出》的护封推介上这样写道。许多新书论及年轻美国人面临严峻的新经济图景。这本书就是其中之一。

耶鲁大学政治经济学家雅各布·哈克一直在写他所谓的"重大风险转移,即风险从公司和政府向家庭和个人的大规模转移"的相关内容。他的研究揭示,家庭收入在过去的20年变得极为不稳定。这种不稳定性的一个症状就是较高的债务水平。哈佛大学法学院的伊丽莎白·沃伦阐明了一个几乎无人注意但却普遍得惊人的现象:宣告破产的人比提出离婚的人多;到2010年,美国每七个孩子里面就会有一个家庭破产。但问题不是"富贵病"或者"奢侈病"。在《双职工陷阱》里,沃伦和她的女儿阿梅莉亚·塔佳摧毁了左翼以及右翼社会批评家钟爱的"过度消费神话"。确切地说,家庭在越来越深地陷入债务之中,以便支付基本、固定的开支——抵押贷款、税收、托儿所和大学的学费,健康保险,等等。

稳定工作的减少和大规模裁员的增加是《用后即弃的美国人》一书的两个主题,这是一本重要的新书,作者是《纽约时报》经济学作者路易斯·乌奇捷利。他揭穿了维系裁员行为的荒诞说辞:裁员是商业不可避免的做法,产生的收益是更强劲的经济和更好的工作机会。另外,他还指出,裁员带来了严重的人力成本损耗,以家庭不稳定性、抑郁情绪以及其他心理健康问题等形式表现出来导致了美国生活的普遍恶化。

显然,在这里,民主党人和改革派人士有机会与中产阶级和收入水准降低之人对话。甚至全球化最知名的鼓吹者之一托马斯·弗里德曼也担忧,不平等和不安全性可能是新资本主义的致命伤。他呼吁建立"可持续全球化政治"和实施国内"新的新政"。自由主义者和左翼应该能整合出一个连贯且诱人的政治项目,其基础是我们自己的传统价值观:公平和机会。这样,个人和家庭就能应对后工业生活中的危险。

婚姻之中的(新)麻烦

21世纪的另一个困境,甚至比经济挑战更令人忧虑,就是在性别关系的巨变之中维系家庭。"据我所知,从没有一个社会,"安东尼·吉登斯写道,"……其中女性与男性大致平等。"在21世纪之交,美国即将变成这样的社会。另外,这一对传统性别等级制度的挑战,并不局限于一国或者西方,而是传遍了全球,遭到了不同程度的抵制。

一个广为流传的假定是:女权主义,以及享乐主义和"20世纪60年代"的纵欲过度,诱惑女人——以及男人——脱离婚姻和家庭。实际上,性别革命的根源可回溯至100年前20世纪之交的潮流之中,而且可能更为久远。我们需要把女权主义从经济转型和社会转型之中摘离开来,这些经济转型和社会转型在无意之中破坏了性别不平等。向服务型经济的转变,已经把女性拉入了劳动力大军。两性的教育水平都提升了。一系列的人生革命把女性生命中的积极照顾孩子的时间缩短到了80年里的一小部分。

实际上,在19世纪90年代,女性就开始进行有偿劳动。不过直到20世纪70年代,才等来性别成为热门公共话题的临界点。根据古老的婚姻约定,丈夫赚钱养家,是一家之主,女性相应地提供性服务,生儿育女,料理家务。而现在,对于大多数美国人来说,这种婚姻约定已不可能也不可取。然而,跟危言耸听之人描述的后婚姻时代相比,美国还相距甚远。婚姻依然是美国文化的中心,是几乎每个人都在期待的人生大事。多年来,人口普查局一直预计,90%的美国人会在人生的某个时刻结婚,而在1994年,91%的女性实际上已经在45岁之前结婚了。调查显示X世代和Y世代甚至比他们的前辈更想结婚。真正困扰婚姻运动中人的是,虽然婚姻是美国人首选的生活方式,但是他们抵制婚姻运动中积极分子想要恢复的红字道德观①。

---

① 红字道德观(scarlet letter morality),指的是小说《红字》里清教徒式的道德标准。——译者注

没有证据表明，美国人变得对婚姻不屑一顾。对不同种族、阶级和族裔民众态度的研究表明，婚姻依然是两性关系的金科玉律。也没有证据表明，接受福利救济者以及其他贫穷女性的价值观和婚姻预期与中产阶级女性有显著区别。婚姻激进分子引用的一些统计数据——已婚双亲有子女家庭只占家庭总数的四分之一或者更少，或者说大多数美国人生命中的一半时间都不是处于已婚状态——反映出在过去的一个世纪里，人的寿命延长，但婚姻并未衰落。

离婚如何？

婚姻运动坚持认为，20世纪50年代以来离婚率的上升确凿无疑地表明美国人不再珍惜一生一世的婚姻。离婚率在1979到1981年之间达到顶峰，此后略有下降。当前的估计是大约43%的婚姻会破裂。大多数家庭研究人员把高结婚率和高离婚率结合起来，看作是美国人高婚姻期望值所导致的矛盾结果。这些期望值（再度）与婚姻运动背道而驰，不能归咎于反正统文化。美国人总是珍惜配偶之间的陪伴，从未把婚姻视作不可打破的契约。实际上，"五月花号"抵达美国的时候，就几乎开始有离婚行为了。与之同来的是新教改革者对传统婚姻体制的其他修正。

今天的离婚率或许充分反映了，要建设性别更加平等的家庭和社会，有着种种困难。从法律上说，婚姻是经历了大量转型和改革的体制，而女权主义者和同性恋跟这种变化有着密切的关系。历史学家亨德里克·哈尔托赫所谓的"漫长的19世纪"对婚姻法则的坚守一直持续到20世纪70年代。法律婚姻依然是导致性别不平等长期存在的主要制度，把个体男性和女性变成丈夫和妻子，扮演大不相同的角色，承担迥然不同的义务。尽管多年来进行了一系列的改革，婚姻法则依然对女性施加了种种限制和障碍，直到女权主义者的诉讼挑战了固有的状况。比如说，反婚内强奸法曾是难以想象的。要实现性别平等，任重道远，但至少在法律面前，目前承认丈夫和妻子是平等的。

对同性恋婚姻的认可远未腐蚀婚姻制度，而是婚姻最好的广告。显而易见的是，同性恋经历粉碎了一个陈词滥调：法律婚姻"只是一张纸"。异性恋夫妇可能没有意识到法律婚姻赋予了配偶几千项权利，但同性恋伴侣深刻认识到了这些权利的缺失。比如，乔治·昌西在其关于同性恋婚姻运动根源的书里，描述了同性恋伴侣的痛苦和脆弱，他们的关系得不到法律认可，所以在医院、学校、银行以及其他场合中，同性恋伴侣不能被视作"近亲属"。把一个性别分明的制度变成亲密平等之人的联合体，是一个挑战，可能还需要一代人的努力才能实现。

艾米莉·波斯特和新沉默的大多数。 1992年，针对单亲家庭和离婚的道德恐慌爆发，而犯罪和吸毒等其他令人不安的趋势正在减缓或者逆转。未婚生子的比例趋于平稳。少女怀孕的情况开始减少。就像尼古拉斯·莱曼 1997 年所说，针对道德滑坡和社会离析的危机感是一种"独立于现实之外的现象，不受实际当代发展的推动"。

15 年之前，E.J. 迪翁指出，公众感到灰心丧气，因为道德说教和人身攻击逐渐主导了美国政治。"如果有那么一批美国人不想过于极端化、不想政治作秀的问题，"他写道，"那肯定是涉及家庭、孩子、性行为的问题。"然而，作秀和极端化仍在持续，而且民主党人继续受此困扰。自从比尔·克林顿针对丹·奎尔做出"我们所有的家庭"回应以来，还没有其他哪个政治要人挑战过当前家庭问题的政治话语中比比皆是的分歧。然而，美国人主流的态度在近些年并未右转。右翼的信息机器和当今媒体对激烈冲突贪得无厌的胃口间的共生关系，已经把政治话语推向了极右。但是，社会中仍然存在着一个大型多样性中心，只是被各种各样的噪声淹没了。

然而，每隔一段时间，在美国就能够听到对此持宽容态度的大多数的声音。这体现在克林顿遭弹劾人们做出强烈反应以及保守人士竭力利用特丽·夏沃一案中。但是，这些反应之中蕴含的观点却很少明确地表达出来。然而，最近，从一个意料之外的来源，我获悉了对宽容和多元主义的公开辩护——三本关于礼仪的新书。一个是初版于 1922 年的艾米莉·波斯特的美国经典之作的第 17 版；其他两本分别是艾米·范德比尔特的礼仪指南的 50 周年修订本以及拉蒂萨·鲍德里奇作品较早版本的修订本。

这三本书里的常识性说法宛如一剂清神醒脑的良药，治疗了甚嚣尘上的道德滑坡论。这三本书一致认为，我们生活的世界在过去 40 年经历了转型——"自从 20 世纪 60 年代初以来，就好像有个超人一样的家伙拖着我们穿越时间。"鲍德里奇写道。但鲍德里奇接着指出："我们必须清醒地认识已经发生的改变——警觉即将发生的改变——让我们自己知晓如何在今天的环境下应对这些改变。"

波斯特的书甚至提供了一种历史展望，来考察今天的家庭变化。在提供给读者的一条注释里，艾米莉的曾孙媳妇佩吉·波斯特写道："时光似箭，日月如梭，我们大多数人都难以跟上时代的步伐。但是，我高兴地向你保证，帮助人们适应时代一直是艾米莉·波斯特传统的支柱。"她接着指出，这本书的第一版也写于一个社会巨变的时代，20 世纪 20 年代。"维多利亚时代走了，爵士时代来了，更加非正式的处事方法预示着 21 世纪日常生活的方方面面充斥着随意性……"

这三本书还告诉你如何布置正餐餐桌，如何操办婚礼、葬礼及其他生命周期中的仪式与典礼。不过这三本书强调了应对新情况以及人们个人生活之中新的

第20章 · 婚姻之外

多样性的方法：比如，如何"在双方父母都离婚再婚并且依然恶语相向的情况下安排婚礼座位"；如果新娘怀孕了或者新人是同性恋，如何规划婚礼；如何教给少男少女注意性安全；如何适应"关于性、约会、女性浪漫地采取主动、男女因公一起旅行"。

总之，这三本书把传统价值观中的礼貌、和善与新价值观中的宽容、推崇多元结合了起来。比如说，艾米·范德比尔特指出："我们是幸运的。因为在我们生长的时代，民主原则渗透到了私人层面"。

艾米莉·波斯特就同样的问题表态："只要爱生长壮大，人人相互尊重，友善与关怀生根发芽，那么，今天的'理想'家庭就比比皆是。"而且"你可能会觉得困惑，为什么商业广告之中的家庭这么相似……（是因为）已婚夫妇占了美国家庭的一半，但却占了消费总额的三分之二……媒体形象有办法塑造不反映现实的准则……这会导致人们对非传统家庭的刻板印象、偏见和无礼对待。"我想不出有什么比这更好的对于美国多元化家庭的道德辩护了。

第 21 章

孩子们状况不妙

沙伦·勒纳

亚历山德里亚是个胖乎乎的十个月大的婴儿,一个粉红色的蝴蝶结卡在她小小的马尾辫上,她正在等待。她靠在棕榈滩公寓整洁的起居室的枕头上,安静地喝着配方奶粉,而她的妈妈在为工作做准备。不久,她就会被放进婴儿座椅,系好安全带,坐车离开。去哪儿?她必须等待才能知道。在大多数日子里,她会去几分钟车程之外的一位女士家里。但有时,她会去舅舅的公寓,或者跟妈妈的朋友待在一起。如果亚历山德里亚能开口说话,她可能会告诉你,她真正等待的是一个妈妈出去工作时自己可以待的安全的地方。她可能要等很久了。

亚历山德里亚在补贴保育的等待名单之中。同在等待名单之中的有佛罗里达州的 4.5 万多个孩子,以及全国接近 50 万个孩子。无数家庭期待儿童保育成本降低。现在,工作的父母花在儿童保育上的钱比大学学费、购买食物的钱、购买汽车的钱还高,在许多州甚至高于房租。但就算上了等待名单,家庭还必须满足各州制定的严格的收入标准,因为各州都想筛选并留下最贫穷的家庭。比如说,亚历山德里亚的妈妈丹尼丝抚养着四个孩子,同时在一个家庭服务机构担任全职的助理社会工作者。去年只挣了 19 000 美元,丹尼丝符合救助条件——而且女儿一出生她就申请了救助。但是,她们还在等待。

在整个国家,经济状况窘迫的家庭都有资格获得帮助——实际上却没有获得帮助,因为资金不到位。在 2000 年,全国有 1 500 多万个孩子有权获得儿童保育帮助,但是只有七分之一获得了帮助,这是总部设在华盛顿的游说集团法律和社会政策中心给出的统计数字。最迟从 1974 年开始,政府就在为一些最为贫穷的工人家庭提供育儿补贴。然而,从那时起,劳动大军中的女性人数以及保育

第 21 章 • 孩子们状况不妙

成本相对于工资的价格猛增,而政府用于日间托管的资金并没有相应增加。而且援助似乎后劲不足。自从小布什政府上台以来,儿童保育投资一直没有增加,大约 30 万孩子可能会在 2010 年失去儿童保育救助。

当父母去工作的时候,这些婴儿、学步幼童、学童怎么办呢?对于亚历山德里亚来说,通常的计划一点儿也不理想。照顾她的女人年龄大了,电视经常开着,一周收 150 美元,使得丹尼丝的经济状况雪上加霜。或许,最令人沮丧的是,就像今天一样,这位老年女人没空。丹尼丝还有第二个计划:亚历山德里亚的舅舅答应今天早晨照看她。但是,驱车前往的路上,丹尼丝在车里给孩子的舅舅打电话,他没接电话。

如果一个女人上班要迟到了,并且找来看孩子的人擅离职守,她该怎么办?丹尼丝把车停到一个加油站,思考起这个问题。如果她带着亚历山德里亚去上班,先要开车三个小时去接一个被她看护的孩子,带这个孩子去见自己的母亲,这样,丹尼丝有可能丢掉自己的工作。但是,丹尼丝不知道还有哪个信得过的人可以照料亚历山德里亚。工作与亚历山德里亚孰轻孰重,一目了然。因此,就像以前多次做过的那样,丹尼丝长叹一口气,带着后座上襁褓之中的女儿去工作了。

佛罗里达州等待名单上的其他孩子,比如年龄只有一岁半的瓦莱丽,是个爱笑的学步幼童,黑头发齐肩,发梢向内蜷曲,父母花了大价钱送瓦莱丽去一家体面的幼儿园。支付儿童保育费用的单身妈妈中,10 个里面有 4 个在儿童保育上花费了一半或者更多的收入,她们中许多人可能只负担得起不那么可靠的幼儿园。而瓦莱丽的妈妈格莱比德斯对女儿白天待的中心感到满意。繁忙蜜蜂幼儿园是一栋满是玩具的两层建筑,位于威尔顿马诺斯。一把瓦莱丽放到那里,她就跑去玩耍,而不是哭泣着紧抱住妈妈。而当格莱比德斯把瓦莱丽交给邻居的时候,瓦莱丽常常哭泣着紧抱住妈妈。瓦莱丽正在学习颜色和形状。她显然喜欢自己的老师。

但是,瓦莱丽依然在补助等待名单上,还得不到保育补助,因此,格莱比德斯把本该用在食品杂货上的钱用来支付瓦莱丽的幼儿园学费。虽然她在一家生产防飓风门的工厂全职工作,但依然在每周支付给繁忙蜜蜂幼儿园 135 美元之后,无法负担得起公寓的租金。于是格莱比德斯为自己的大多数家当租了个存储空间,又租了一幢房子里的小房间供两人现在居住。她们靠着当地一家食品分发处的捐赠过活。

有些父母负担不起保育费用,债台高筑,靠信用卡支付儿童保育费用。还有一些父母把孩子留在家里,交给孩子的哥哥姐姐照看——地方儿童权益倡导者说,此举导致了该州的逃学问题。有些父母虽然一贫如洗,但还是跟孩子一起待在家里。研究表明,接受儿童保育经济资助的父母更可能被雇用,收入也较高,这不足为奇。

相反,没得到儿童保育经济资助的父母,更有可能跟孩子一起待在家里,经济窘迫,艰难度日。

希瑟·汤姆林森的情况就是如此。我采访汤姆林森时,她和她16个月大的儿子伊恩以及到达学龄的女儿,靠着她男友极不稳定的薪金生活。汤姆林森的男友给汽车安装皮坐垫,按辆收取报酬。就算是在收入不错的时候,他每星期的收入也仅够勉强维持一家的花销。所以,当伊恩出生的时候,汤姆林森就申请了儿童保育资助。在等待名单上久拖不决,汤姆林森无法想象怎样负担伊恩的保育费用。不能让伊恩享受保育,汤姆林森就不能参加工作面试,更不用说保住一份工作了。然而,因为汤姆林森不工作,她在等待名单上就无法享受优先权。所以,这一家人生活艰难。汤姆林森提到,最近仅靠八块纸尿裤就让儿子撑了三天。"我不得不让每块纸尿裤撑得比正常时间长点,"她说,"最后,伊恩出了疹子。"

不幸的是,全国上下都在为儿童保育争论不休时,伊恩的尿布疹和瓦莱丽靠捐赠食物过活都未被报道,或者至少主流媒体没有报道。争论双方就日间托管和职业母亲唇枪舌剑,你攻我守,好像陷入了无尽的循环。今年早些时候,研究人员杰伊·贝尔斯基警告家长,跟那些由居家母亲亲自照料的孩子相比,非母亲照顾的孩子在幼儿园和托儿所行为相对恶劣。虽然研究发现日间托管时间和恶劣行为仅仅存在微弱的联系,而且孩子的行为也全都在正常范围之内,但保守人士迅速众口一词地宣布日间托管是件坏事。同时,却很少提及一个事实:儿童保育五花八门——或者说,受到良好照顾的孩子往往行为较好。

实际上,良好的照顾与较好的结果之间的显著联系是贝尔斯基研究报告《早期儿童保育与青少年发展研究》发现的重大真相之一。这一发现有两个重要的推断,两点美国好像都难以接受。第一个推断是让孩子表现好的良好的保育需要钱。这种良好的保育需要多少钱?这方面的研究已经足够多了。其中,幼儿园的儿童需要一对一的关注,与受过训练且知识渊博的成年人建立起稳定的关系,还需要具有教育意义的玩具和书籍的环境——这些都价格不菲。

第二个推断可能更难面对,尤其是对于儿童保育的支持者来说,这就是如果没有这些资金投入,儿童保育质量会相当差。并且,并不仅仅是等待名单上的穷孩子保育情况欠佳。有些父母有幸得到了补贴,可以支付任何州立中心或者以家庭为基础的日间托管,但由于资金不足,保育机构良莠不齐。

佛罗里达州可提供些最为确凿无疑的低质保育的例证。之所以质量低,是

第 21 章 · 孩子们状况不妙

因为受资助孩子提供给保育机构的报酬不高,各县的情况还不一样,但是在整个州都低得吓人。比如,在迈阿密-戴德县,保育员照顾一个受资助的学步幼童,每小时的报酬只有 1.76 美元,照顾一个婴儿是 2 美元。一直以来都严重缺乏有耐心、有技能且愿意照顾小孩的人也就不足为奇了。亚历山德里亚的妈妈丹尼丝已经充分意识到了这个问题。两年前,在孩子们多次抱怨遭到一名教师殴打后,丹尼丝就让自己三个较大的孩子离开了他们使用资助的一家中心。

迈阿密肯德尔区发现自我幼儿园有 8 个在围栏童床里的婴儿,他们还太小,不会抱怨,但他们的眼泪和张开的双臂都表明他们都想大人抱抱他们,跟他们玩耍,而不是被禁锢在小床里。发现自我幼儿园坐落于迈阿密西南部郊区社区肯德尔一家商场后面的巨大无窗空间里。发现自我幼儿园为 52 个孩子提供保育。按照官方要求,1 个成年保育员最多照顾 4 个孩子。但是,在这里,8 个孩子仅靠 1 个保育员照顾,每个孩子几个小时就靠一块纸尿裤。

实际上,通过暗访南佛罗里达州一些接收使用补贴孩子的中心发现,仅靠一个成年人来照顾多得离谱的孩子是稀松平常之事。在佛罗里达州,1 个儿童保育员可以合法地照顾多达 11 个 2 岁孩子,15 个 3 岁孩子,或者 20 个 4 岁孩子。你可能觉得没有什么地方能够超过佛罗里达州制定的这些限制,这已经是全国最松的规定了。然而,就算是这些比例,也经常被打破。

比如,我来拜访的那个下午,在庞帕诺比奇的彼得·潘儿童发展中心,19 个三四岁的孩子、1 个学龄女孩与 1 个轮椅上的老女人共处一个小房间里。虽然当时应该是午睡时间,几个孩子却并没在睡垫上。穿过一条小道,是中心的另一间教室,教室里满是孩子,人手也不够,2 个成年人照看着 4 个婴儿以及 13 个一两岁的孩子。

与此同时,在发现自我幼儿园,并不只有婴儿处境艰难。该中心主管奥尔加·塞巴洛表示,38 个 2 岁、3 岁、4 岁的孩子仅仅配备了 2 个保育员。塞巴洛说,就在今天,因为手下的一名教师预约了去看医生,所以幼儿园比以往更缺人手。

没有储备代班老师供塞巴洛调用——薪金微不足道,因此很难招到正式职工。所以,主管亲自去照看孩子。"孩子太多了,我不得不开着电视。"塞巴洛说。然后,孩子们去了停车场旁边的操场。负责将近 30 个玩耍的学步幼童是个沉重的负担,因此,塞巴洛说如此大的工作量是一种身体创伤。"到了该我去开会的时候,我会全身颤抖。"她说。

就算是运营最好的中心也在竭力招收合格的成年人。优卓早期学习中心坐落于迈阿密一群住宅间的一座小型都铎风格建筑里。中心主管琳达·卡尔莫纳·桑切斯努力让这份工作能吸引到潜在的员工。这里的教师以及佛罗里达州大多数此类教师没有健康补助金、带薪假期或者病假。即便他们经受了指纹和背景核查，还要上45小时的训练课以及接受后续教育，大多数佛罗里达州的儿童保育工人也只是拿到佛罗里达州的最低时薪6.67美元，全职工作一年大约有14 000美元。就在优卓早期学习中心的街对面，在汉堡王或者麦当劳卖薯条就能轻松挣到这么多钱。在当地沃尔玛为货架备货也比这里挣得多。桑切斯运营这家中心已经十年了，一周至少工作60个小时，一年也只挣17 680美元。

佛罗里达州的一些儿童保育困难是其自身造成的。佛罗里达州有着较高的贫困率。32个地区性网点机构发放联邦救济款——而发放州救济款的只有一家——造成了不必要的行政成本。不过这一危机也显然是个全国性危机。超过25个州降低了其资格标准。在几个州里，现在收入20 000美元的三口之家没有资格申请补贴。其他的州把收入门槛提高，并单纯地限制等待名单上的人数。或者，他们把父母都放在名单上，但只在成千上万人中选一个，这就意味着他们的孩子可能最终会在少年时代的某个时候才得到补贴保育。另外，因为联邦资金缺乏，所以，儿童保育机构不得不削减工人工资；减少书籍、玩具和蜡笔；挣扎着支付租金。

美国的儿童保育的混乱之所以令人沮丧，在一定程度上是因为这个问题本不难解决。根据美国发展中心马克·格林伯格的估计，每年需要投入300亿美元提升儿童保育质量，并确保收入低于贫困线两倍水平的人都能得到儿童保育支付帮助。这就意味着，让儿童保育补贴扩大范围，比以前多惠及大约100万低收入家庭，因为根据现在一些州制定的标准，略高于贫困线的家庭可以获得儿童保育补贴。而格林伯格的计划就意味着，在原有低收入家庭儿童保育补贴的基础上追加180亿美元州和联邦资金，这还不到我们在伊拉克浪费的钱的5%。

或者，我们可以仿照法国、比利时、丹麦和瑞典等国的做法，提供高质量普遍或者近乎普遍的儿童保育。根据国际社会福利政策专家珍妮特·戈尼克的说法，对于每个15岁以下的孩子来说，美国只花费了大约200美元用于保育。按人均算，儿童保育投入是法国的五分之一，法国99%的3岁、4岁和5岁孩子都享受公费保育；是瑞典和丹麦的十分之一，那里几乎所有有工作的家长到幼儿园年龄的孩子都可以就近入学。实际上，1971年的一项议案《综合儿童发展法》已经在美国创造了一个普遍的体系，把儿童保育作为所有家庭的一项权利，而不管家庭收入如何。这项得到广泛支持的立法，旨在建立国家质量标准，提供资金培训儿童保育员并购买设备。达到收入中位数44%的家庭接受免费保育，达到74%的家庭按浮动费率计算费用。但是，虽然众议院和参议院都通过了这项法案,尼克松却否决了,他在发表由帕特·布坎南起草的演讲时,告诫大家不要指望"靠公有制抚育儿童"。

这项1971年的法案部分是由菲莉斯·施拉夫利设计的。自从折戟以来,综合儿童保育方法在美国就算没有烟消云散,也已经偃旗息鼓了。资金严重不足的情况下,联邦补贴的儿童保育乏善可陈,保守人士因而批评说低质量的政府服务不值得扩张。(就健康护理而言,谁想让自己的孩子接受二流服务,是吧?)就这样,陷入了恶性循环。实际上,在6年的时间里,用于儿童保育的联邦投资没有增加。

要改善儿童保育状况,最大的希望在2008年。有望当选总统的希拉里·克林顿、克里斯多夫·杜德、贝拉克·奥巴马都是健康、教育、劳工及养老金委员会成员,该委员会监督儿童保育的大量资金。三人都口头承诺要解决儿童保育方面的资金困难。奥巴马在演讲时指出儿童保育成本增加。在10月中旬,作为希拉里·克林顿工薪家庭议程的一部分,她推出了其新闻发布会上所谓的"大胆新尝试",提供2亿美元的联邦资金,用来培训儿童保育工人并为其发放福利。就关注儿童保育问题来说,这是急需的第一步,但是,2亿美元太少了,对缓解美国的儿童保育危机没大作用。与此同时,名声最小的杜德已经完成了儿童保育的大部分工作,一方面创建了《家庭与医疗休假法案》,另一方面提出了跟希拉里·克林顿类似的立法。但在大约十年的时间里,这类立法都没有引起国会的注意。

从历史上说,两种观点都在为儿童保育的公共支出辩护。第一,家长需要工作。第二,在到达学龄之前,孩子从教育中受益。现在,三分之二小孩的母亲都有工作,工作的必要性从没有像现在这么清晰。不难推断,在佛罗里达州以及别处,等待补贴的家长比任何人都理解工作的重要性。一旦有了福利救济,至少在到达最后期限之前,他们都能获得与工作福利制相伴而来的低成本儿童保育。所以,通过拥有一份低薪工作,他们已经在与找工作的不利因素进行斗争,并靠工作糊口。

早期教育的必要性也越发明显。如今,一解释教育小孩——而不是仅仅照顾小孩——的重要性,科学家就谈到在生命前三年大脑的快速发育,这段时期是学习的关键时期,接受知识的门户完全打开了。但是,没有什么比那些整天攀爬伊尔玛·亨特·韦斯利劳德代尔堡儿童发展中心周围篱笆的孩子更能说明人们需要并渴望得到养育帮助的了。这个中心是栋一层建筑,位于劳德代尔堡西斯坦克大道一个破败地段,无疑给人一种熟悉的感觉。保育室里有几把木头摇椅。后面是一个采光极好的图书馆,那里既有中间夹着立体图片的书籍,也有硬纸板书。阅读区域装饰着毛绒动物和招贴画。甚至还有一个小小的长沙发,学步幼童可以蜷在上面阅读。但是,围观的孩子们,有的只有 5 岁,没钱进入这家中心。他们没有一个安全的地方玩耍,每天攀爬篱笆,想玩一玩操场上的玩具车和秋千。

结果是,这个秋天,年幼的亚历山德里亚——现在 17 个月大——终于好不容易到了等待名单的顶端,现在得到了她和母亲梦寐以求的补助。但是,为此等待几乎一年半是根本没有道理的。亚历山德里亚不该被拽着跟母亲一起去工作。劳德代尔堡西斯坦克大道的孩子,还是没有什么有意义的事情可做,他们应该有个好地方玩耍才对。格莱比德斯应该能负担得起食物。发现自我幼儿园的婴儿应该被人接走。然而,孩子们只能七手八脚地爬篱笆,抓住围栏童床——等待。

第 22 章

大受欢迎
——家庭在瑞典是第一位的
布里塔尼·莎莫里

最近,我丈夫的笔记本电脑需要维修,他打电话给技术支持,以便安排服务。当他解释问题的时候,这家跨国电脑公司的接线员说:"我要建议的是二级支持,但是,技术人员得明天给你打电话安排服务时间。今天,他在家照顾生病的孩子。"

当我们还住在美国的时候,我丈夫可能会感到困惑,别人的孩子生病跟他的笔记本电脑有什么关系。但去年,我们搬到了瑞典。在瑞典,法律赋予了家长在家陪伴生病孩子的权利,而且还是带薪的。最令人惊奇的是,这没有什么好羞耻的。无论是父亲,还是母亲,假如你的孩子生病了,你就需要去照顾孩子,这比马上给别人修电脑重要。电脑公司了解这一点,我丈夫的雇主也了解。不管什么情况下,笔记本电脑都可以等上一天。

甚至来访的游客也能看出瑞典的儿童友好型文化。在公共卫生间和电梯里,婴儿小推车的标识和轮椅标识一样普遍。公共汽车里可以容纳婴儿小推车,火车上有供儿童玩耍的地方。(另外,儿童乘车免费。)加油站通常不仅有标准便池,也有小型儿童便池,动物园以及其他儿童场所都是如此。"太棒了。"第一次去瑞典的时候,我这么想。

但是,仔细一看会发现,所有这一切都才只是表面上的。瑞典还有着世界上最慷慨的育婴假政策。每个新生儿或者新领养儿童的父母都能够享受450天的育儿带薪假期。儿童保育系统质量极高,提供范围广泛的选择,为所有家庭提供补贴。按照法律,在孩子8岁(正式进入学校)前家长有权缩短当前的工作时间,还可以申请高达60天的带薪假期来照顾患病的孩子。想想吧,工作时候还有规定的哺乳时间,上大学免费。对于美国工作的家长来说,这听起来像乌托邦!

为什么得到如此广泛的支持?

瑞典家庭政策专家艾琳·文内马博士指出,在瑞典,考虑如何支持家庭通常是国家应该如何实行政策以及应该投入多大的资源的出发点。"在瑞典,人们普遍认为国家应该对儿童的生活水平负责,"文内马告诉我,"孩子不是私人物品,社会有责任承担部分成本。"

这种看法的大多数原因都显而易见。孩子是社会的成员。人们,尤其是孩子,不应该生活在贫困里。孩子应该拥有均等的机会。社会需要人们生儿育女,所以,把工作与生儿育女结合起来应该并不困难。男人和女人都能在工作和家庭方面享受平等是件好事。

"如果在一个社会里,预期的是伴侣双方都出去工作,那么人们的需求就该被认真对待,"隆德大学社会学家冈纳·安德森说,"必需确保提供优质的学校和儿童保育,而且对所有人来说都应该有充分的灵活性。"[1]

"这就是我们父母奋斗的事业。"一个有着两个年幼儿子的瑞典助产士安内利·埃尔文解释道。在20世纪50年代,大多数瑞典女性都在家里陪伴孩子。20世纪60年代末,女性开始工作,对更大力度的家庭政策的需求变得清晰。育儿假政策的现代版本和儿童保育补贴的现代版本实施于20世纪70年代初,受到了大众的支持。我问埃尔文为什么对家庭政策的支持如此普遍,她笑了:"可能是母乳导致的。我们觉得非常自然。"

如何运作

1995年,埃尔文的大儿子西蒙出生,埃尔文有权享受惠及所有瑞典家庭的育儿假福利。埃尔文和她的丈夫可以灵活地安排450天的假期,虽然埃尔文专享一个月,她的丈夫专享一个月,但如果他们之中任何一方决定不享受个人假期,他们就会都失去这部分假期。

瑞典育儿假的一项最独特之处是可以分别休假。埃尔文和丈夫利用育儿假的灵活性,保证西蒙在家的时候总有父母一方陪伴。靠着带薪假期、灵活工作以及孩子祖父母的帮助,埃尔文夫妇力图维持一个双职工、双亲家庭。当第二个儿子奥勒于1998年出生的时候,奥勒也能享受父母450天的陪伴。埃尔文因而有可能保住自己喜爱的工作,并让孩子在3岁前都待在家里。育儿假起到了重要的作用。

在孩子8岁前,家长可以继续按缩短的小时数工作。我知道有一对夫妇就做了这样的选择,这对夫妇是学校老师。母亲一个周减去一天的工作,父亲也减去一天，剩下的日子，他们错开工作时间。这样，他们的孩子在可以较少地接受儿童保育服务。父母双方都可以在分担抚养孩子义务的同时，维持职业生活。

儿童保育选择

埃尔文到了为西蒙选择幼儿园的时候，他们选择了沃尔多夫的一所学校，这所学校师生比例低，提供有机蔬菜食物。还有传统的关注性别平等的幼儿园、基督教学校、蒙特梭利学校、合作学校甚至日间托管所。家庭付钱给县，而不是儿童保育中心，付钱的数量取决于每个家庭的收入。这意味着，除个别情况之外，家长可以把孩子送到任何一家儿童保育中心，而不用考虑经济问题。所以，一个在大学就读的单身妈妈可能为孩子上学每月支付30美元，而一个有3个孩子且家庭收入40 000美元的家庭为了孩子上同一所学校会支付每月大约240美元。在2002年，第一个孩子有每个月115美元的限额，并根据收入阶梯减少。

当然，情况并非十全十美。在年中的时候找到个地方并不容易，所以需要提前规划。我们为自己4岁孩子选的学校并不合适，所以我们让他留在家里，等待新的学校空出位置来。然而，在查看可能选择的学校时，我们留下了深刻的印象：我们去的每家幼儿园师生比例都很低，提供稳定的高质量保育服务。

不同的税收和儿童津贴

还有点细枝末节需要说。瑞典是按个人征税，所以不会仅仅因为家庭收入高，家中的女性就被课以重税。现金支付补贴代替了儿童减税。每个月，每位儿童大约有95美元会被存入其家庭账户，别管是失业家庭还是皇家。有两个以上孩子的家庭会得到小额奖金，所以对于我的3个孩子来说，每月我们可以得到300美元的现金支付补贴。许多家庭在孩子15岁的时候把这笔钱转交给孩子。这样，孩子们就能学习打理一个活期账户，自主购买衣服或者娱乐。

雇主的角色

在瑞典，平衡工作和家庭生活不光是政府的事情，也是每个家庭的事情。瑞典《机会均等法》第5节规定："无论是对于女性雇员还是男性雇员，雇主都应该一方面保证工作卓有成效，另一方面保证家长顾及家庭。"换句话说，法律规定雇主有责任帮助雇员把工作和家庭生活结合起来。如果雇员认为雇主直接违反了这一原则，就可以把自己的案例提交给机会均等调查官。

克拉斯·伦德奎斯特归档了去年在机会均等调查官提交的8个案例，都是关于处理家长顾家和工作关系的。伦德奎斯特是瑞典无线电台的广播记者，通常每天早晨把孩子带去日间托管所。他的妻子是个有着自己诊所的理疗师，在傍晚把他们接走。但是，有一份新的合同需要伦德奎斯特调动工作，去一个多小时车程之外的分公司,而且工作时间也是固定的。"把所有照顾孩子的责任都压在我妻子身上,她受不了,"伦德奎斯特说,"这样不行。"看了机会均等调查官的网页之后,伦德奎斯特决定反映这个问题。

机会均等调查官认为,应该鼓励父亲作为家长参与进来:"当丈夫想自由地照顾患病的孩子或者要求更灵活的工作时间以便把工作和家庭结合起来时,那么,雇主可能对家长顾家保留着老式观念,或者认为'你的妻子能够解决'。"[2] 改变此类雇主的这种态度是机会均等调查官的目标之一。机会均等调查官受理了伦德奎斯特的案例,确认如果不对伦德奎斯特的工作条件进行一定调整,伦德奎斯特把工作和家庭结合起来的能力就会严重受损。这个案例一开始遭到伦德奎斯特雇主的抵制,而且由于他是合同工,机会均等调查官的权力受到了限制。不过伦德奎斯特由此谈判获得了一个解决方法,这个解决方法确实提供了一些灵活性。

每归档一个案例,由此带来的公众关注都会引发公众关于男性权利和父亲义务的争论。"性别角色难以改变。"斯德哥尔摩社会研究院的博士生汤米·费拉里尼说,他目前正在研究家庭政策。但是,费拉里尼相信,为父亲分配育儿假期等措施,转变了社会的期望值:"当某事变成了权利,就给雇主带来了压力。这是非常个人化的……(意味着)母亲、父亲和孩子的个人自主权提高了。父母双方都有了自我实现的机会。"

家庭政策对女性意味着什么

瑞典母亲并不认为该采取的措施都采取了,也并不认为这一制度是完美的。一些女性的工作比别人灵活;一些比别人更满意自己的儿童保育。而男性比以往分担更多的家务劳动,而夫妻还在就谁洗衣服争斗。你难以找到一个自称女超人的瑞典妈妈。

然而,就目前的情况而言,我认为女性已经在很大程度上实现了美国的"女超人"神话。大多数女性都有职业生涯。在伴侣的帮助下,她们平衡了孩子、工作、生日聚会,还能每周去进行有氧健身。

相比之下,在美国,女超人神话是在男性主导的公司文化里运作,而且社会把接受帮助看作虚弱。如果你有了一天的假期,你就要感恩戴德。如果你的丈夫在孩子出生的时候得到了两周无薪假期,他也应该感恩戴德。如果丈夫的公司一周后打电话,让丈夫提前回去工作(我丈夫的公司就是这样),丈夫应该在说不的同时道歉,然后感谢公司的理解。

在瑞典,如果你愿意,你肯定也可以说"谢谢你",但是这不算别人对你施以什么恩惠。在首席执行官和企业主之中,你可能会看到一种更强的男性主导的文化。但就算在这个圈子里，人们仍可能选择度过 5 到 8 周年假之中的一大部分。

瑞典女性和美国女性一样面临着许多共同的问题。孩子还小的时候，瑞典女性的职业生涯进展变缓，要平衡一切是很有挑战性的。但是，瑞典女性不必独自解决这些问题。家庭是由社会支持的，无论是经济上还是在文化上。这意味着，女性也回馈社会，并不是仅仅靠缴纳的税收回馈社会——就算是在孩子还小的时候，女性的贡献也是巨大的。让女性进入工作场所改变了文化。今天，瑞典议会 43% 的人和半数的内阁部长都是女性。从长期来看，政府的氛围以及通过的法律都有可能因此受到影响。

孩子也是人

瑞典儿童并不仅仅被视作一种生活方式的选择。瑞典儿童是真正的社会成员。灵活性和对家庭的支持意味着家长能够较好地满足孩子的需要，而这些需要是孩子们应得的。这一方法为儿童提供了无数的援助，既有感情上的，也有身体上的。最近的研究表明"育儿假对儿科健康产生了有利影响，可能在成本上也划算。"[3] 该研究还指出，有了较长的育儿假，儿童和婴儿的死亡率也下降了。[4]

尊重儿童是瑞典文化的一个重要方面。瑞典设立了儿童调查官，在公共辩论之中代表儿童和年轻人，其最终目的是让他人听到年轻人的声音并让年轻人的观点得到尊重。鉴于此，任何体罚都是非法的。虽然这种观点在一开始提出的时候引起了争议，但是，一位议会部长就此发表了如下观点："在我们这样一个民主国家里，我们用言语，而不是暴力，作为论据……如果我们不能用言语说服我们的孩子，我们也绝不会用暴力说服孩子。"[5]

瑞典儿童是人，不是财产。家庭政策在很大程度上为那些决定组建家庭的男性和女性创造了较好的条件，但是，家庭政策的核心是要为儿童服务。一个珍惜和尊重儿童的社会必须保证抚养儿童的特定最低标准。保证健康护理的覆盖，确保儿童有足够的食品，使儿童远离贫困带来的不可避免的危险，这只是几项最低目标。在瑞典，每个儿童在生命的第一年都有权在家里得到父亲或者母亲的陪伴。这是瑞典社会选择的最低标准。

这意味着，你在街上看到的每个孩子都能在成长的最重要时刻有父母陪伴，也能享受免费的高质量医疗护理和齿科治疗。你知道她有足够的食物可吃，也有可能去一所井井有条的幼儿园。这个孩子在政府里有拥护者，在社会上有支持者。这个孩子会变成什么样的人？目前并不重要。关键是她所生活的社会珍惜她，给她提供健康成长的必要条件。

尾注

1. Kristina Hultman, "A Step Away from a Childless Society?", *New Life: A Gender Equality Magazine for New Parents* (Stockholm: Swedish Government Division for Gender Equality, 2001): 10.

2. "What Is JämO?", a brochure published by the Equal Opporrnity Ombudsman's office; see www.jamombud.se.

3. C.J.Ruhm, "Parental Leave and Child Health", *NBER Working Paper* No.W6554(Cambridge, MA: National Bureau of Economic Research, 1998): 27.

4. Sheila Kamerman, "Parental Leave Policies: An Essentail Ingredient in Early Childhood Education and Care Policies", *Social Policy Report 14*, No.2(2000): 10.

5. Louise Sylwander, "The Swedish Corporal Punishment Ban—More Than Twenty Years of Experience", Barnombudsmannen website, www.bo.se(choose the British flag for English).

要了解关于瑞典的更多信息,参见《育儿》(*Mothering*)第63期的这篇文章:《瑞典家长不打孩子》("Swedish Parent Don't Spank")。

第 7 部分

环境

有一种说法,在今天的美国,人人都变成了环保主义者。如果是这样,这表明在较短的时间里发生了大变化。美国环保运动在 20 世纪六七十年代才开始。许多当年似乎标新立异的行为现在都已经司空见惯。学童在课堂上了解了回收利用的价值;公司在杂志上刊登广告,力促公众认识到其对洁净空气和水的承诺。民意测验表明,绝大多数美国人相信,要不惜一切代价保持洁净的环境。

这些变化发生得如此普遍而迅速,以至于有些人坚称,反对破坏环境的战役已经基本胜利,我们现在可以放松一下神经了。还有人认为,我们在追求环境质量方面做得太过了,以至于繁琐的规定束缚了经济且降低了我们的生活水平。

而就像这一部分的文章表明的那样,关于环境状况的任何沾沾自喜都是过于乐观的表现。确实,在一些环境问题上人们已经取得了重大进步。但是,有人认为,现在充其量算取得了缓慢的进展,而同时,几十年前还基本无法预计的极具威胁性的新问题层出不穷。比如说,最近的一份报告估计,半数以上的美国人口"生活的社区空气污染严重,到了危险的程度,而他们却在呼吸着这样的空气"。[1]另一份报告告诉我们,在美国,好像没有哪条小溪或者河流没有遭到化学污染。[2]

就像詹姆斯·古斯塔夫·斯佩思指出的那样,这些问题不是孤立存在的。它们反映了人类和自然环境之间关系的更大规模且更可怕的转型——这种转型已经持续了一个世纪,但在近年来剧烈加速。尤其是人口激增、经济活动频繁,留下了比以往深得多的"人类足迹"。而且,这一进程在未来一些年里只能继续,尤其是当一些以往经济落后的国家竭力要成为发达工业化世界的一部分时。全世界人口、生产和消费的剧增导致旧有的、熟悉的环境问题增加——比如工业污染和污水——也产生了新的问题,甚至是更为严重的问题——比如全球气候变化、自然资源极度枯竭。从长期来说,事实可能会证明,这些是人类社会如今面对的最可怕的问题。

在环境面临的新威胁中,可能最令人不安的就是全球变暖问题。到目前为止,大量科学证据表明,全球变暖是一个实实在在的问题,主要是人类活动导致的——尤其是燃烧化石燃料——有可能给地球环境和世界经济带来巨大且代价高昂的变化。但是,到目前为止,我们的回应还不足以匹配威胁的急迫性。

对全球变暖的反应迟缓,部分原因是我们可以采取的减少全球变暖的措施——尤其是减少对化石燃料的依赖——遭到美国一些最为强大的公司的强烈抵制。这种抵制包括它们投入大量资金来宣扬一个理念:全球变暖的威胁被过分夸大了。忧思科学家联盟的报告《烟、镜子和热空气》,详述了一家公司如何处心积虑地对抗在全球变暖问题上日趋达成的科学共识。这家公司就是埃克森美孚公司,当时世界上最大的股票公开上市公司。早些时候,烟草行业发起运动否定烟草对健康的危害。埃克森美孚公司借鉴了烟草行业的策略,资助各种各样表面上的科学组织。这些组织唯一的目的就是要就全球变暖的危险以及人类在全球变暖中的作用"制造不确定性"。从长期来看,可以证实这一目的没有达到,就像这篇报告指出的那样,正规的科学家越来越一致地认为全球变暖会产生威胁,美国公众也大多持这种观点。但此类做法确实使得全国无法更为有效地回应棘手的全球变暖问题。

这些文章里描述的环境恶化趋势影响了这个星球上的每一个人,但不可否认的是,一些人比其他人受的影响更严重、更直接。实际上,一些最恶劣的环境问题在美国最弱势群体之中积累,是日益增长的不公平之中最令人困扰的方面之一。我们在本书前面的章节中已经记录了这些不公平。黑人、西班牙裔、印第安人现在承受的环境污染负担远超过他们应承担的比例。他们的居所更可能靠近有毒废品倾倒处以及其他危险设施,他们呼吸着污染最严重的空气,他们更常被铅毒和不洁供水伤害。此外,白人社区可能比少数族裔社区更热衷于对违反污染方面规章的行为提起诉讼。换句话说,经济发展的好处——工作和收入——更多地流向了富人。而发展产生的有毒成本被分配给了穷人,把一些穷人社区变成了社会学家罗伯特·布拉德[3]所谓的"牺牲区域"。戴蒙德是一个小型贫困社区,路易斯安那州规模庞大的壳牌集团石油化工厂的"围挡区域"就近在咫尺。史蒂夫·勒纳描绘了戴蒙德非洲裔美国人的悲惨处境,呈现这一广泛的社会不公之中触目惊心的人类面孔。

尾注

1. "More than half of Americans living with dirty air", http://www.nim.nth.gov/medline-plus/news/fullstory_83560.html.

2. John Heilprin, "Report Paints Gloomy U.S. Ecological Picture", Associated Press, September 25, 2002.

3. Robert Bullard, "Environmental Racism", in Jerome H. Skolnick and Elliott Currie, eds., *Crisis in American Institutions*, 12th edition, Boston, Allyn and Bacon, 2004, p.241.

第 23 章

伤痕累累的世界

詹姆斯·古斯塔夫·斯佩思

危机(1. 医疗。疾病的这一变化表明结果是康复还是死亡。2. 决定性的时刻;转折点。3. 关键时刻。)

我们生活在 21 世纪,但身上仍带着 20 世纪的印记。在 20 世纪,尤其是在第二次世界大战之后,人类事业的扩张是让人赞叹的。就是在 20 世纪,人类社会真正离开了过去的停泊区,以前所未有的方式在这个星球上高歌猛进。

最耳熟能详的是人口爆炸。1900 年以前的所有时间加在一起,全球人口才增加到 15 亿。但是,在过去的一个世纪里,平均每 33 年,人口就增加 15 亿以上。在过去的 25 年里,全球人口增加了 50%,从 40 亿增加到 60 亿,人口增长几乎都发生在发展中国家。[1]

人口在过去一个世纪可能增加到了 4 倍,但是,世界经济产出增加到了 20 倍。从人类历史的开端到 1950 年,世界经济产值增加至 7 万亿美元。现在,每 5 到 10 年就增加 7 万亿美元。自 1960 年以来,世界经济体量已经不知翻了多少番。[2]能源利用与经济扩张如影随形,在 20 世纪增到了至少 16 倍。有估算表明,20 世纪消耗的能源超过了先前所有的年份。[3]

因此,20 世纪是一个非比寻常的时期,人口激增,人类的产出和消费激增。需要指出的是,这些发展带来了 4 个结果。

第一,尽管 20 世纪的发展给健康、教育和整体生活水平带来了巨大的裨益,但是这些成果的取得是以对环境的巨大破坏为代价的。环境之所以严重恶化,部分原因是原有的破坏加剧了:比如油烟、硫氧化物和污水等传统的污染,从少量变为大量。曾经仅仅局限于地方的影响不仅在地方加剧,也影响到了整个地区,甚至全球范围。

许多先前未知的环境风险也在20世纪浮现。第二次世界大战之后,化学工业和核工业兴起,带来了大量新型化学物质和放射性物质。许多物质只需要微量就可以毁灭生命,一些物质可能在生物系统或者空气中积累。1905到1985年,美国化学工业的产出增加到了10倍。到1985年,美国需要清理的危险场所数量估计在2 000到10 000之间。在此期间,杀虫剂的使用也迅速增加。[4]今天,全世界注册使用的杀虫剂大约有600种,每年有五六十亿磅杀虫剂被释放到全球环境中。[5]

从污染转向世界自然资源基础,我们发现了严重的损失。世界三分之一到一半的森林现在已经消失了,同时消失的还有大约一半的红树林以及其他湿地。[6]由于使用过度和管理不善,全世界四分之一可耕土地的农业生产力大幅降低。[7]1960年,5%的海洋渔业资源或者达到了捕捞极限,或者遭到过度捕捞;今天处于此状况的海洋渔场达到了75%。[8]生物多样性受损带来的危机令我们措手不及。四分之一的鸟类灭绝了,还有12%被列入了濒危名单。濒危的还有24%的哺乳动物,25%的爬行动物,30%的鱼类。[9]如今,物种灭绝的速度估计是正常速度的100倍到1 000倍。[10]

环保主义者奥尔多·利奥波德写道:"生态教育的一个处罚就是人们独自生活在伤痕累累的世界。"[11]显然,环境事务领域有许多坏消息。自从利奥波德写下这句话,科学家就开始研究还有什么破坏利奥波德没有写出来。自从1948年利奥波德去世后,我们的世界所遭受的伤痛折磨已超出想象。

据说,在最近几十年,工业国家大力投资,旨在减少各种广为人知的污染物,并禁用许多非常危险的物质,比如含铅汽油、滴滴涕、多氯联苯。无独有偶,农业生产力的发展使得人类不必那么急切地扩张耕地和牧场,侵占自然领域。

第二,20世纪的扩张意义重大,因为它将人类事业及其影响推向全球范围。这是环境影响以及经济活动的全球化。人类对环境的影响随处可见,影响了所有自然系统和循环。环保作家比尔·麦吉本在1989年写到了其所谓的"自然界的终结"。按照他的说法,"自然界的终结"即几千年的终结。在已经过去的几千年里,人们可以把自然视作独立于人类之外的力量。[12]先前,我们可以把自然看作不受人类控制的地方,一个维持地球生命的外在复杂系统。但是,20世纪让我们跨过了门槛,面临着新的现实。

有许多措施来应对这一现实。人类活动已经大大损耗了平流臭氧层,由此增加了到达地表的紫外线辐射,损害了人类健康和生态系统。我们使用化石燃料——煤、石油、天然气——以及砍伐森林,使空气中二氧化碳浓度增加了约32%,由此启动了人为造成的气候变化,二氧化碳是一种能够留住热量的"温室气体"。[13]春天来得更早了,物种的活动范围向两极发展。[14]化肥制造等工业进程以及其他人类活动使得从大气中的元素转变为生物活性形式的氮的数量加倍,[15]后果就是在海洋中创造了至少 50 个死水区,墨西哥湾的那片死水区有新泽西州那么大。[16]每年,人类社会都在擅用、浪费、破坏自然界大约 40％ 的净光合作用产物。[17]这一产出是所有生物的基本食物供应,所以我们没有为其他物种留下太多东西。擅用淡水供应的问题也同样普遍存在,大面积的淡水栖息地遭到了破坏。[18]超过 40％ 的世界人口居住在江河流域,却在面临水资源压力。[19]到了 20 世纪 90 年代中期,拥有占世界 40％ 人口的 80 个国家正面临严重的水资源短缺。[20]

就人类对自然系统的掠夺而言,我们对全球气候机制的影响是最为危险的。部分由于 20 世纪化石燃料的使用,目前空气中的二氧化碳含量达到了 42 万年以来的最高水平。美国,尤其是国外的公众日益认识到这个问题,但很少有美国人意识到美国景观的大面积消失近在咫尺。当前乐观的估计是,如果世界没有大范围的改观,那么,这个世纪末期的气候变化会使美国半数土地难以维系当前的植物和动物种类。[21]美国的大片保护区——无论是社区管理委员会拥有的林地,还是我们的国家公园、森林和荒地——都受到了威胁。据预测,备受喜爱的新英格兰枫树-山毛榉-桦树林将完全从美国的地图上消失。[22]根据另一项预测,美国东南部会变成巨大的稀树草原,没法供森林生长了,原因是太热太干了。[23]

生态学家简·卢布琴科于 1998 年作为美国科学发展协会主席发表演讲,指出:"结论……是不可避免的:在过去的几十年里,人类在自然界中异军突起。我们在以新的方式修改物理系统、化学系统和生物系统,速度之快、空间规模之大为地球上前所未有。人类不知不觉地在我们的行星上开始实施宏大的实验。实验结果未知,但会对地球上的所有生命产生重大影响。"[24]

10 年前,包括大多数诺贝尔奖获奖科学家在内的 1 500 位世界顶级科学家发出了具有说服力的恳求,给出了类似的观点:"地球是有限的。地球处理垃圾和破坏性废料的能力是有限的。地球提供食物和能源的能力是有限的。它供养日益增长的人口的能力是有限的。我们正在迅速接近地球的许多极限。无论是在发达国家,还是在欠发达国家,当前的经济实践都在破坏环境。如果任其发展下去,不可避免地会造成风险:至关重要的全球系统会遭到难以修复的破坏。

"对于我们来说,我们必须认识到地球供养我们的能力是有限的。我们必须认识到地球的脆弱性。我们决不能再任由地球遭受蹂躏。这个伦理标准必然激起一场伟大的运动,让不情愿的领导人、不情愿的政府、不情愿的人们全都做出必要的改变。"[25]

第三,世界经济发展势头强劲。经济增长会继续在这个世纪迅猛扩张。在接下来的20年,人口会增长25%,人人都想要自我提升,政府意欲采取非同寻常的措施来维系高水平的经济扩张,因此,有理由相信世界经济会翻番,或许会在如今年轻人的有生之年再次翻番。

下一次经济活动翻番肯定会在某些方面不同于过去的增长。但从环境的角度来看,有充分的理由相信,这次的翻番会与上次有许多相似之处。坚持使用会引发环境问题的技术和做法有巨大的压力。美国能源信息局预计,作为导致气候变化的主要气体,2001到2025年二氧化碳在全球的排放会增加60%。[26]总部设在巴黎的经济合作与发展组织估计,如果没有重大政策干预,其成员1995到2020年的二氧化碳排放会上升大约三分之一[27],而经合组织机动车的使用会增加近40%。[28]在此期间,经合组织之外地区二氧化碳排放预计会增加100%。对食物需求的增加预计会扩大非洲和拉丁美洲的耕作面积,农业会进一步扩展到曾经森林密布的地区和半干旱地区脆弱的土地。由于种种原因,非经合组织国家预计会在2020年之前再失去其15%的森林。[29]

在一个领域,不断增长的人口和不断增长的需求会共同给我们带来巨大的挑战,这个领域是水——洁净淡水的供应。联合国2003年《世界水资源开发报告》得出结论:25年的国际会议(收效甚微)没有产生什么解决办法。世界五分之一的人口缺乏干净的饮用水;40%的人缺乏卫生设施。1970到1990年,全球人均供水量减少了三分之一,如果国际社会不采取协调一致的应对措施,可能会在接下来的20年再下降三分之一。[30]《自然》杂志的新闻主编皮特·阿尔德斯恰如其分地阐述了水资源的现状:"水危机是真实存在的。如果不采取行动,数百万人会早逝……人口增长、污染和气候变化共同加剧了这一状况。在接下来的20年里,人均供水量会减少三分之一。饥饿和疾病会随之加剧。人类对水的需求也威胁着自然生态系统,并可能使国家陷入冲突:不一定会导致战争,但会非常考验外交官的能力。"[31]联合国报告指出,要达到国际公认的供水目标和公共卫生目标,在2015年之前必须每天多向34.2万人提供卫生设施。[32]

当然,经济增长会对环境产生益处,在很多情况下都是如此。随着人们越来越富裕,公众对以健康环境和以自然为基础的休闲活动的支持也越来越多。当人们离土地更远的时候,穷人对资源基础的压力就会随之减少。富有国家的政府往往是更有能力的调控者和管理者,有更多的收入用于环境规划、计划生育和其他项目。毋庸置疑,一些重要的环境指标,比如卫生设施,会随着收入的增加而改善。但是,如果像有些人那样,仅仅根据这些原因得出世界绝对会摆脱环境问题的结论,那就大错特错了。如果这个结论成立,真是这样富裕国家早就解决了它们面临的环境挑战,也就不会有上文刚刚引述过的经合组织与联合国所做的预测。在经历快速工业化的发展中国家,新的环境问题(比如,严重的城市空气污染、大范围的酸雨和雾霾)正在取代旧的环境问题。总的来说,富裕国家和贫穷国家的环境影响都随着经济的增长而增加,而且,我们还没有采取措施使人类在地球上足迹减少的速度大于经济扩张的速度。[33]

对20世纪经济扩张的第四个也是最后一个观察评论是在前三个观察评论的基础上得出的:人类社会正处于一种全新的道德立场,因为人类社会现在正处于地球控制之下。科学家皮特·维陶谢克和其合作者于1997年在《科学》杂志上发表文章,有力阐述了这个问题:"人类对地球的统治意味着我们无法逃避管理地球的责任。人类活动正在使地球生态系统发生迅速、新奇、重大的变化。面对这些变化,保持人口、物种和生态系统,让这些变化为人类提供的商品和服务保持流动,就需要在可以预见的未来进行积极的管理。"[34]

总的来说,科学家是个谨慎的群体。所以,当最受尊敬的科学家发出"积极管理这颗行星"的请求时,我们应该谨慎对待了。我认为维陶谢克等呼吁"行星管理"之人并不是持下面的观点:我们现在进行的未经控制的行星实验可以安全进行,只要有了完美的计划、更复杂的人类干预,或者大规模的工程伟绩(比如,把铁播撒在海洋里,从空气中吸收更多的二氧化碳)。恰恰相反,我们的义务是管理好自己,妥善处理我们对自然界的影响,以便尽可能减少对地球上伟大的生命支持系统的干扰。

我们知道是什么在驱动这些全球趋势。广泛使用的"IPAT方程"认为,产生环境影响的是人口规模、我们的富裕程度和消费模式以及我们用来满足可感需求的技术。[35]这三个因素都是环境恶化的重要推手。然而,这个有用的IPAT公式化不仅模糊了贫穷的影响,还模糊了人类事业庞大且迅速增长的规模。

关于这一增长,下面只是最近20年的数据。[36]

全球人口	增长35%
世界经济产出	增长75%
全球能源利用	增长40%
全球肉类消费	增长70%
全球汽车生产	增长45%
全球纸张使用	增长90%
全球广告	增长100%

第23章 • 伤痕累累的世界

今天,跟过去的半个世纪一样,世界经济规模有望在世纪中叶再次翻两番,年度全球产出可能达到惊人的180万亿美元。就算我们想阻止这种增长也无能为力。就算可以阻止,我们大多数人也不会去阻止。世界上近一半的人口每天靠不到两美元生活。他们需要,也应该得到更好的东西。经济扩张至少提供了改善生活的可能性,虽然近几十年经济扩张更多惠及了富裕阶层。还要记住,虽然增长是一个严肃的复杂因素,但是即使我们立即停止所有的人口和经济活动增长,仅仅继续做我们今天在做的事,我们依然会给地球栖息地带来可怕的恶化。

所有这些都意义深远。我们与自然世界的传统关系已经进入了尾声。当前的自然保护运动有个恰当的名字:他们在寻求保护"最后的伟大之地"。我们处于一场赛跑的冲刺阶段。打个比方,很快,任何未受保护的都会被用来铺路。对生物学家皮姆和雷文来说,过去一半热带森林的消失可能会让我们失去15%的热带物种。未来相同的森林砍伐速度会让我们失去更多的物种。[37] 从更广泛的意义上来说,对环境各种各样的攻击可能会产生越来越严重的后果。大自然曾经对我们的宽容也不复存在了。

今天人类以前所未有的方式统治着地球。我们现在生活在一个完整的世界里。现在我们肩负着一项史无前例的行星管理责任,不管我们是否乐意。没有前例,我们几乎没有准备,这个巨大的新负担是我们经济成功的代价。这是我们自己造成的负担,我们必须紧迫地、以更大的决心和更多的政治关注来处理这一问题。以往,我们解放贸易,为市场资本主义营造安全的世界,但以往的决心和政治关注都无法和如今相比。不作为带来的风险并不仅仅是空前的环境恶化,紧随其后的会是广泛的民不聊生,社会紧张和冲突,以及巨大的经济代价。

(编者按:本文注释可以在初始来源中找到。)

第 24 章

戴蒙德

——路易斯安那州"化学走廊"之中为环境正义而进行的斗争

史蒂夫·勒纳

约瑟芬·贝林 87 岁了,[1] 大多数日子都在起居室里,坐在鱼缸旁边舒服的扶手椅里,她住在非洲裔美国人社区戴蒙德,位于密西西比河畔的新奥尔良以西 25 英里,她的房子距离壳牌石油化工厂围挡区域三条街。我见到她的那天,她穿着白绿相间的格子连衣裙,穿着白袜子。她的一个孙子睡在长沙发上,还有两个在后房玩耍。她的家里里外外,空气中弥漫着一股气味,那是在储存工业级强效清洗剂的密闭储物柜里才会有的。

贝林在围挡区域生活了 60 多年,与化工厂为伴。她已故的父亲以前在这家化工厂擦地板、修剪草坪。几年前,作为对贝林父亲长期服务的褒奖,这家化工厂派高层帮助贝林修缮了房子。但是,贝林指出,自己要是能从围挡区域搬走并远离导致健康问题的化工厂废烟就好了。壳牌集团的工作人员唐·贝克回答道:"修理是一回事;异地安置是另一回事。"

对于贝林来说,这还不够好。"出于健康考虑,我想离开这儿。"贝林说。她的姐姐也是戴蒙德居民,43 岁去世,贝林说死因是"肺部黏液"。医生告诉她是因为住在化工厂和提炼厂附近,才会得这个病。"她这个病拖了挺长时间。"贝林回忆道。和姐姐一样,贝林也有呼吸问题——"气短"。只有离开围挡区域的时候,她的哮喘才会好转。贝林说戴蒙德周边的空气有氨水和漂白剂的味道。"这种气味对我极为不利。"贝林说。她的一个孙辈也有哮喘;当他与贝林在一起的时候,贝林必须给他挂着"呼吸机"。

在这个家庭里肆虐的还有难以解释的过敏和皮肤问题。贝林认为,是附近的壳牌集团工厂的化学物质导致了她腕部皮肤开裂脱色。为了强调问题的严重性,贝林把一个孙女从卧室叫来,并告诉这个高瘦的少女:"让这个男人看看你的胳膊。"这个 14 岁女孩不情愿地伸出了胳膊。"她全身都这样。"贝林主动说道,她的姐姐也受着类似的折磨。

"我没有足够的钱搬离这里,所以,我只能留下来遭受折磨,"贝林说,"壳牌集团要做的是出一笔钱,让大家搬走。得给我们足够的钱才能离开这里。如果他们愿意让我搬离这儿,去其他地方安家,我肯定会很高兴的。"……

戴蒙德并不是大多数人愿意居住的地方。这里处于"化学走廊"的心脏地带,一边是密西西比河口,另一边是巴吞鲁日。这个住宅小区有四条街,都紧靠着壳牌化工厂和巨大的壳牌集团/魔滴石油提炼厂的围挡区域。[1]这里的居民长期以来都呼吸着这两座工厂的废气,忍受着疾病的折磨,悼念这些设施爆炸中的遇难邻居和朋友。他们认为正因暴露在有毒环境之中,才引发了疾病。

从戴蒙德的一户户家庭里可以看到如火如荼的重工业。那里有催化裂化塔,烟囱顶端的火焰正在烧掉多余的气体,巨大的储油罐里是石油和汽油,石油及其衍生物在巨型处理装置里被加工成花样繁多的化学制品,还有像迷宫一样千折百回的大型管道。火车车厢挂钩和脱钩的哐当之声震耳欲聋。巨型油轮无声地在密西西比河逆流而上,进入港口,卸下原油,这幅阴森恐怖的画面为工业风景抹上了最后一笔。

在四处扩张的壳牌集团/魔滴诺客建筑群厂区内,工厂源源不断的化学制品从厂房中流出,供应美国各地的工厂。确实,这两家庞然大物一般的工厂是一个系统前端的一部分。这个系统生产廉价方便的产品,塑造了美国生活方式。对于这些科技巨兽的创造力、坚韧和勤奋,人们不禁感到敬畏。

一个小型住宅区夹在了两个巨型工厂之间似乎格格不入,把重工业引入住宅区的可怕代价很快变得显而易见。戴蒙德居民家中有很多迹象表明这里不是一个适合居住的健康环境。在许多日子里,工厂臭气熏天。壳牌集团的高层说,这种气味并不危险,是个堵塞的有机消化器导致的,数以百万计的微生物死去时就发出了腐烂的气味。他们说,他们正在研究解决这个问题的办法。但是,在某些日子里,工厂散发出有毒的香味。偶尔是刺鼻的金属味道,导致头疼、鼻窦问题、眼睛刺痛。据当地居民和游客说,在有些日子里,他们甚至真的能看到化学烟雾在他们腿边打转,渗进房子的缝隙。

然而要证明工厂释放的有毒化学物质和附近居民健康存在因果关系,简直难于登天。但是,在戴蒙德居民的家中,患哮喘儿童的数量令人坐立不安;年轻人存在严重的呼吸问题、过敏问题和不寻常皮肤问题;年纪较大的人必须依靠氧气罐辅助呼吸。

另外，周期性爆炸也由来已久。1973 年的爆炸夺去了两名戴蒙德居民的生命。1988 年的爆炸杀死了 7 个壳牌集团的工人，炸裂了许多家的窗户、门，掀掉了许多家的石膏灰胶纸天花板。戴蒙德居民在午夜被疏散。许多住宅需要大修。

这里毒气熏天，如此危险，戴蒙德的居民为什么不一走了之？答案是几乎没有戴蒙德居民想要留下。如果有机会卖掉房子搬走，他们当然乐意。但如果房子不卖个好价钱，他们就没钱搬走。他们说，住在壳牌集团工厂旁边，不仅对健康有害，对房价的影响也是致命的。化工厂和炼油厂已经扩张到了一街之隔的地方，所以，想卖掉房子异地安置的居民找不到买家，没人傻到想要购买他们的房子。换句话说，他们进退两难：因为空气不好，原来的地方已经住不下去了，但他们又没钱搬到别的地方……

目击者称，在 1973 年一个美丽的夏日，壳牌化学公司的一根管道发生了泄漏。管道与戴蒙德的华盛顿街平行，形成了工业设备和居民区之间的围挡区域。戴蒙德的居民看到白色的气体曲曲折折地沿着街道蔓延。多萝茜·佩戴斯科洛记得自己当时跟一些年轻人说："你们看到街上那些白色东西没有？我敢打赌一定会着火的。"就在街的另一端，16 岁的勒罗伊·琼斯正在修剪海伦·华盛顿家周围的草坪。海伦·华盛顿是个老妇人，正在屋里打盹。剪了一会儿之后，琼斯稍作休息，与一些朋友聊天。这些朋友刚才骑自行车绕着居民区转圈，现在停了下来。朋友们离开后，琼斯拉绳启动割草机。居民们推测，是发动机的火星引燃了从壳牌集团管道外泄的气体。随后的爆炸烤焦了勒罗伊·琼斯，把海伦·华盛顿的房子烧为平地。严重烧伤的琼斯，在震惊中蹒跚而行，紧抓住自己的眼睛。"当紧急救援工人抵达的时候，他们把（琼斯）起了水疱的身体裹在一床儿童被子里，被子原本是一个邻居拿出来晾晒的。"邻居们报告。[1] 琼斯几天后死在医院里，而海伦·华盛顿在自己的房子里被烧成灰烬，当场死亡。

拉里·布朗说，勒罗伊·琼斯和海伦·华盛顿去世的日子是他生命中最为悲伤的一天。他记得像雾一样的气体从壳牌集团的管道逸出，并说他向勒罗伊·琼斯发出警告，让他不要启动割草机。"当勒罗伊·琼斯启动割草机的时候，大爆炸发生了……火势熊熊……我看到他倒下抓眼睛。"布朗回忆道。然后，海伦·华盛顿的一个孙子冲进燃烧的房子，把祖母拉了出来。"她被烧伤了，"布朗说，"我不忍直视，只能离开。我努力在想如何描述：看着别人燃烧……看到这一幕，让人肝胆欲裂……我看到了，我闻到了，我依然能感觉到肉体的臭味……我逃命去了。我感到不安，因为我逃跑了，并没有想办法提供帮助。我不知道接下来会发生什么（爆炸）。"

第 24 章 · 戴蒙德

51 岁的德尔文·史密斯还记得华盛顿和琼斯的尸体被抬到她母亲的地产上:"他们把尸体带过来,就放在前院妈妈的橡树下面。"

爆炸发生时,两个骑摩托车的男孩刚好经过。其中一个是德瓦连特·克里斯托弗·科尔,当时 13 岁。科尔记得那天和一个朋友骑车从一个年轻男子身边经过,那个年轻男子正在摆弄割草机。离开了有两个街区之后,传来一声巨响。"我回头一看,哇……就像是个特大号火球……燃烧了有那么一会儿,"科尔回忆,"看起来像个喷火器。熊熊燃烧的火焰就沿着街道扫荡而下。把房子夷为平地……就是顷刻之间的事……我以前从未见过这幅画面。"

烈火肆虐,死亡的恐怖席卷了这个挤挤挨挨的社区。"在一定程度上,我后悔去看了,因为那幅画面深深印在了我的脑海里,挥之不去。火球就像是一团滚动的烈火穿过街道,那位女士和那个小男孩着火了。"奥德丽·尤金说。后来,壳牌集团在管道旁边立了一个小牌子,上面写着"这些管道很危险"。

爆炸发生时,当时 52 岁的欧内斯廷·罗伯茨正在看电视。她回忆:"我们开始奔跑,当我们到达那儿的时候……整个房子都被炸平了。到处都是大喊大叫的声音,因为在小镇里,大家彼此都认识。"

这次致命的事故改变了戴蒙德居民对于住在壳牌公司设施附近的看法。"那次(爆炸)[1]产生了深刻的影响。"洛伊丝·盖尔回忆说,那天,她就在戴蒙德,怀着第一个孩子。突然,她意识到,工厂发生的事故会越过围挡区域,夺去人们的生命。就在那时,盖尔意识到"住在这儿,有点危险"。

这起事故造成的恐惧部分是因为一个事实:没人确定什么时候会再次爆炸。"我就是无法停止尖叫。"洛伊丝·帕尔凯说,她当时担心下一个爆裂的会是自己房子附近的管道。"谁能说清我的房地产下面有什么?……你不知道地下潜藏的危险……这次是他们的出问题,下次可能就是我们的出问题……"

因为害怕再出现爆炸,戴蒙德的一些居民在几年里都心神不安。"爆炸发生时,我在晾衣绳下面,"72 岁的德洛里·布朗回忆道,"那些人死的时候,我的神经土崩瓦解。我走上华盛顿街,看着火焰和一切。……我震惊不已。其他人迅速从(事故)中恢复过来,但是我再也恢复不过来了。"61 岁的珍妮·泰勒有着同样的问题:"那次迅猛的爆炸之后,你就再也不是原来的自己了。原因是,如果火车撞击得太厉害(挂钩和脱钩),你会觉得其中一家工厂爆炸了。"

当被问及受害者的家人得到了多少赔偿金时,壳牌集团的高管表示,他们没有相关记录。但是,戴蒙德居民的回忆全都一致:海伦·华盛顿的亲戚因被烧的房子和土地得到了 3 000 美元,勒罗伊的母亲露丝·琼斯得到了 500 美元。[2]而在加拿大,管道爆炸杀死了两个男孩,壳牌集团赔偿了数百万美元才得以解决。

两相比较,戴蒙德的两位居民得到的赔偿太寒酸。

壳牌集团不仅没有 1973 年发生在戴蒙德的两起死亡事故的记录;诺客博物馆也未提及此事。当被问及这一事件时,博物馆馆长克拉里斯·韦布并不知道细节。事实上,她问,这跟壳牌集团有什么关系。然而,戴蒙德居民对这次事故记忆犹新。"我想我听说他们给了露丝·琼斯 500 美元,但是露丝·琼斯年龄大了,不知道(应该得到更多的赔偿),可怜的家伙。"温迪·马蒂亚说,并补充道,几年来壳牌集团一直在"虐待大家"。盖纳尔·约翰逊发现,给予华盛顿街死亡者的最低赔偿金令人不安:"你们(壳牌集团)本可以每月给她(露丝·琼斯)一张支票,也可以给她买栋房子。但是,(你们没有)这位女士死之前一直租房子。"玛吉·理查德甚至更进一步指出,壳牌集团在 1973 年的爆炸之后应该异地安置整个社区,因为住在这儿显然是不安全的。

莫尼克·哈登以前是地球正义法律辩护基金的律师,现在也对壳牌集团处理琼斯和华盛顿死亡事件的方式感到愤怒。"1973 年的这次可怕的悲剧表明,当时对于壳牌集团来说,戴蒙德社区非洲裔美国人的性命一文不值。这不仅仅是侮辱。壳牌集团对发生的事故并不感到抱歉,对逝去的生命不感到抱歉。壳牌集团不重视这两个死去的人,没有认识到他们对于戴蒙德社区、他们的家庭和幸存者意味着什么。"

贝弗利·怀特提供了一些历史背景,以便我们理解为什么壳牌集团仅仅为勒罗伊·琼斯和海伦·华盛顿的家人提供了最低赔偿。她说:"原因在于,在南方腹地,存在着种族问题。在一定程度上,非洲裔美国人被剥夺了公民权,没有政治权力或者支持。因而人们有可能贬低他们的价值,并知道自己不会遭到质疑。"

壳牌集团说公司没有记录给了 1973 年的事故受害者多少赔偿。但是,壳牌集团发言人戴维·布里尼亚克说,他理解戴蒙德居民为什么说壳牌集团给的是最低赔偿,有力地说明在当时他们的生命在壳牌集团眼中的价值。"今天,我们的做法大不相同,不同于你描述的人们口中我们在 1973 年的做法,"他继续说道,"如果(最低赔偿)是个痛点而且人们念念不忘,那么,我们应该对此采取行动。"

大爆炸

戴蒙德"大爆炸"不是发生在多少光年之外的宇宙事件,就发生在我们身边。1988 年 5 月 4 日凌晨 3 点 40 分,壳牌集团提炼厂催化裂变器爆炸,7 名壳牌集团工人死亡,另外还有 48 人受伤(一些是工人,一些是居民)。爆炸释放出 1.59 亿磅有毒化学物质,导致了大面积的财产损失,需要疏散 4 500 人。

第 24 章 · 戴蒙德

直径 8 英尺的管道中的腐蚀性物质会释放 20 000 磅 C-3 碳氢化合物。一朵蒸汽云形成了，然后被点燃。爆炸掀翻了 16 层楼高的分馏塔，爆炸碎片在 5 英里外还能找到，炸点周围 1 英里内的房屋和商店都遭到了结构破坏。25 英里之外的新奥尔良都能听到这次爆炸，并触发了报警器。第 4 街诺客合作超市的东墙被炸掉，比尔 1 美元商店的天花板部分坍塌。爆炸发生后，提炼厂的火烧了 8 个小时才被控制住。周围各个小镇的住宅和汽车都覆上了一层黑膜。州长宣布诺客和圣查尔斯县进入紧急状态。3

"爆炸发生的那个晚上……我还以为是原子弹袭击了我们这个地区……我们遭到了另一个国家的入侵。"51 岁的拉里·布朗说，当时他坐在自己的房子里，旁边是他父母被焚毁的小酒馆。"那时，我就在这里，跟父母在一起。爆炸把我从床上震了下来，我吓得要死，因为眼前全是闪光，一切都坍塌了……我跑出门去，这很愚蠢，我看到火在 150 英尺高的空中燃烧。所以，我告诉父母我们该走了。当时，我父亲因为血液循环不畅而双腿截肢，于是我背上他和母亲一起上了汽车，开走了。警察就在镇上，车上开着扩音器，告诉大家撤离。我们从溢洪道开走……如果溢洪道是满的，我简直无法想象当时会怎么样，因为路上真的很拥挤。人人都想离开，造成了（交通）堵塞。"

布朗是壳牌集团在爆炸之后雇用的清洁工之一。一个死去的壳牌集团工人是布朗的朋友，布朗说他们在距炸点 8 个街区之外的地方发现了他的脚。当接到指示去捡拾石棉覆盖的东西时，布朗辞去了清洁工作。布朗被告知，未经检测，没有理由相信这些东西是危险的。布朗的回答是："我不关心你们是否检测了，我就是不去。"布朗就这么离开了。"他们没有合适的装备可以处理石棉。"布朗说。他怀疑，许多居民从疏散地回到家的时候，接触到了空气中的石棉。"我们后来逐渐发现，空气中的石棉太多了，不应该让我们一个星期内就回来，……但是，（壳牌集团）的档案里找不到这些。"布朗控诉。

正如小马丁·路德·金和约翰·F.肯尼迪被暗杀的时候还活着的大多数人都记得自己当时身在何处，戴蒙德的每个人都记得壳牌集团提炼厂的催化裂变器爆炸的时候，自己身在何处。人人都有自己的方式来描述大爆炸制造出的噪声。

德尔文·史密斯记得，她刚从床上起来拿了一杯水，回到床上就发生了爆炸。"砰。我以为是一架飞机坠毁了。"史密斯回忆。她指出，戴蒙德位于附近的新奥尔良机场航线上。史密斯家的所有窗户都被炸烂。门破了，只有顶端的铰链还连着。史密斯需要买汽油才能出城。"混乱不堪……人们在那里哭泣……我姨妈也在哭，她的丈夫刚做了心内直视手术。"爆炸让史密斯意识到"（在戴蒙德)根本不安全"。

52岁的欧内斯廷·罗伯茨最恰如其分地描述了这场爆炸对于孩子来说有多可怕。她回忆,那晚躺在床上,听着壳牌集团的工业噪声:"壳牌集团整夜都在轰鸣,但不同以往。我能听出来区别,而且你知道有事将要发生,你能感觉到有事将要发生。就这样,我躺在床上,噪声在继续,继续,继续……你了解这种声音……但是,这次的与众不同。我起床去厨房,然后突然之间,轰隆隆。我被震倒了。我跑到门口,眼前一片火海。我跑回去找我的儿子,我喊他,但他没回答。我看到的只是火烧进了窗户。我喊儿子,我找不到他,我把所有隐蔽的地方都找了个遍,还是找不到……现在,我慌了。……我找不到他。最终,我找到了他,他在床底下。我没法把他弄出来,因为他抓着床垫上的弹簧,于是我跟他说'出来,出来'。儿子没哭,只是紧抓着不放,我没法把他弄出来。我拉着他,努力想把他弄出来……最终,我把儿子弄出来了,用毯子把他包住……我们跑了起来……"

其他人也被爆炸吓坏了。"吓人,吓人,真吓人,"72岁的德洛里·布朗说,"我跑过后院……我只祈祷脚别被割破(地上都是碎玻璃)……但是我跑错了路……爆炸最让我心烦……还有气味。你听到噪声,你想:我想知道诺客发生了什么。我害怕爆炸,害怕不时来这么一下子。"

许多居民在爆炸之后都睡不好。"我们很长时间都穿着衣服睡觉,"珍妮·泰勒说,"实话告诉你,我的衣服还放在椅子上,这样,我就能迅速穿上衣服了……我们不知道它们(工厂)会怎么样,所以,我根本不能放松。"

许多人决定搬出戴蒙德。"戴蒙德社区惨遭破坏。有些人重建了房子。但也有许多人没有。"德瓦连特·克里斯托弗·科尔回忆。一些人就此离开。用木板封住的房屋使戴蒙德社区显得破败不堪,房价因而下降。

自1988年以来,德瓦连特·科尔一直在等待下一次事故。"甚至如今,如果旁边有火车,如果火车车厢挤挤挨挨,叮叮哐哐,我也会跳起来。"他说。傍晚开车回家,看到诺客上方升起浓烟,他就想知道发生了什么。

爆炸之后,一些戴蒙德居民只想离开这个小镇。奥德丽·尤金跟壳牌集团高管谈论了出售房屋的事宜。"我准备离开……你知道发生了那种事,你就休息不好了。受够了。你睡觉的时候就把鞋子放在床边,所以,虽然爆炸发生在1988年,其影响犹存……不卖掉房子,我就没法离开这儿……这个问题不是我造成的……如果这片土地对他们来说很重要,就让他们去拥有吧,只要他们给我合理的补偿。"尤金说。

壳牌集团发言人戴维·布里尼亚克评论了壳牌集团/魔滴建筑群的安全记录,说他"有信心,我们的安全状况将会改进,会持续改进"。他指出,壳牌集团建设了强大的安全项目,不光是为了戴蒙德社区的利益,也是为了自己工人的利益。壳牌集团高层的态度是,事故并不是突然发生的,而是可以避免的。他补充说,他们在安全上投入了大量的时间和金钱。"遗憾的是,我们出现了多起重大事故。"布里尼亚克承认,他指的是1973年和1988年的两次爆炸。1988年的爆炸是最近的一次重大事故。从那时起,安全程序就有所改善。虽然有所改善,布里尼亚克也不敢打包票。"我无法告诉居民(再)不会有重大事故,"他说,"所以,我不知道如何应对那种恐惧,我没有一个好答案。"

"我觉得自己在一个洞里"

"我80岁了。"当被问及年纪的时候,贾尼·坎贝尔说。她说这话的时候没有丝毫自豪感。她说,她的许多朋友都生活在同样污染严重的戴蒙德社区,都过早地去世了。虽然无法证实,但坎贝尔把他们年纪轻轻就得了病以及早死归咎于附近壳牌集团石油化学制品厂的废烟。这些工厂离她家的前门仅有3个街区。"我认识的每个人都死于癌症。而且,他们都用呼吸机。一位女士前天去世了,她一个老大的旧呼吸罐,出门的时候总得带着,因为她无法呼吸。还有一个年轻女孩也死了。"坎贝尔说。她之所以有这样的怀疑,是因为附近的提炼厂和化工厂长期超标向空中排污。坎贝尔屋里屋外的空气都有刺鼻的金属味。

40年前,坎贝尔家搬到了戴蒙德。她带着生病的丈夫和7个孩子来到圣查尔斯教区。她选择戴蒙德,是因为她发现一栋价值4 500美元的房子,买下这栋房子,意味着她可以有自己的家,不用付租金了。这栋房子很便宜因为就在围挡区域,旁边是壳牌集团化工厂和提炼厂。到达后不久,她的丈夫就死于中风。她丈夫曾是路易斯安那州电力和天然气公司的劳工。为了养活一家人,坎贝尔先是在壳牌集团提炼厂当看门人,后来又在一个白人家里做女佣,直到70岁,慢性健康问题迫使她退休。

坎贝尔出生的时候视力就不好,后来又患上了糖尿病、心律不齐,脊椎上还有囊肿。她还有关节炎,经常喘不上气。"有时,我可以自己缓过来,有时不行。"她解释道。虽然她好几个孩子都离开了戴蒙德,但女儿玛丽仍住在几个街区之外,照看母亲,为她做饭、购物,还开车带她去看医生。

1973年和1988年发生在壳牌集团工厂的两次爆炸,使得坎贝尔处于不妙的境地,坎贝尔称其为"神经质"。据坎贝尔描述,1973年发生爆炸时,她正坐在阳台上,当时"化工厂那儿有什么爆炸了,炸死了那个老妇人(海伦·华盛顿)和院子里的那个小男孩(勒罗伊·琼斯)。(爆炸)大火好像烧过了我的房子。"坎贝尔变得歇斯底里起来。"最可笑的是,每当孩子们开始大喊大叫时,我都让他们闭嘴,然后我自己就开始尖叫。但这并不好笑。"她说道。听说了这次爆炸,她的一个女婿开着自动倾卸卡车来带她和孩子们撤离。车的底盘很高,通常坎贝尔都爬不上去,但这次她做到了。"我害怕极了,多高我都爬得上去。"她说。

坎贝尔发现自己并未从惊恐之中缓过来。她当女佣的雇主家里有个吱嘎作响的水龙头。每当这家的主人打开水龙头,坎贝尔都以为又是一次爆炸:"我跑下大厅,尖叫着说(工厂)又爆炸了。"情况非常糟糕,因此雇主说她必须得去看医生。到了心理健康诊所,坎贝尔告诉医生"我的神经很紧张,但我认为我没疯"。"贾尼,"医生说,"你没疯,你只需要吃些药。"

1988年的爆炸"把我的房子从柱子上掀了起来,又扔了回去。"贾尼·坎贝尔回忆。"那……就像从地狱里走一遭一样。从那时起,我就睡不着觉了,我睡得浅。如果房子吱嘎作响,我就会醒来。如果火车在彼此连接的时候碰撞,我就会从床上坐起来,自言自语'嗯,那只是火车'。所以,真吓人啊,我不得不靠神经药过活。我认为晚上靠神经药镇静下来真是糟透了。我抖个不停,因为压力太大了。我害怕。"

坎贝尔依然担心提炼厂或者化工厂会再度爆炸,担心自己会在混乱之中被抛下或者撤离的道路被切断。坎贝尔认为上次大爆炸的时候溢洪道没满,戴蒙德居民可以从溢洪道逃走是上天保佑。但是,下次爆炸的时候,如果溢洪道满了,她就不知道如何脱身了。她不会开车,也不会游泳。"我觉得自己在一个洞里,"她说,"你可曾看到下面有一个深洞,你没办法出来?嗯,我觉得我在一个洞里,我被困在这儿,没地方去。我被包围了。(铁)轨在那里,河在那里,你不知道事故什么时候会发生,而且溢洪道可能积满水。而且,我无法游过去,无法走过去,也不能乘车过去,因为(水位)太高了……我该去哪儿?我只希望死之前能离开这儿,这样,我就能心平气和地睡一个晚上,不用担心工厂会爆炸。"坎贝尔敏锐地认识到了工厂离她有多近:"好像并没有10英里远。工厂就在这儿。还有气味……太糟糕了。而且,时不时地,(工厂会发出巨大的噪声,比如)呜,呜,就好像他们在竭力阻止什么爆炸。它(气体)想要爆炸,竭力想从什么东西里逃出来。当火焰从顶端冒出时,发出的噪声就好像是什么太满,要鼓胀而出……压力。你不知道是不是要爆炸,你不知道会发生什么。只有老天爷知道。"壳牌集团高管告诉她工厂不会爆炸,但是,就像她指出的那样,他们没料到催化裂变工厂会在1988年爆炸。实际上,1990年的《清洁空气法》要求化工企业准备一个工厂周边易受污染区域的"最坏情况方案"地图。结果表明,戴蒙德位于三个重叠的易受污染区域之中。

坎贝尔向上帝祈祷,壳牌集团高层能让她搬走,这样,她就能有几年的平静生活了。"我的(政府)支票是每月525美元,"她指出,"靠这笔钱你搬不走,而且

第 24 章 · 戴蒙德

没有人会在诺客这个地方买房子,因为人人都害怕(住在工厂附近)。我的房子卖不掉,没人想要。"

和许多邻居一样,坎贝尔更想离开戴蒙德,而不是与壳牌集团对坑。"我想走。"她坚持说,只要壳牌集团给她的房子支付足够的钱,这样她就能搬到一个安全的区域。"我不挑,只要是个过得去的地方就行……我不是个挑剔的人……我只想离开这儿。我就是盼着离开。我就是想走……人们急切地想要离开这儿。他们迫不及待,因为他们知道自己在这里经历了什么,而且他们不想在这个一团糟的地方抚养孩子。"

(编者按:本文注释可以在初始来源中找到。)

第 25 章

烟、镜子和热空气

——埃克森美孚公司如何使用烟草巨头的策略来给气候科学制造不确定性

忧思科学家联盟

埃克森美孚公司真相

背景

埃克森美孚公司是世界舞台上的强大玩家。它是世界上最大的上市公司：其 2005 年的收入为 3 390 亿美元[1]，超过了世界上多数国家的国内生产总值。[2]它是历史上最挣钱的公司。2005 年，公司净赚 360 亿美元[3]——每天的盈利接近 1 亿美元。

作为世界油气行业的最大玩家，埃克森美孚公司也是全球排放温室气体最多的企业之一。根据公司报道，2004 年单是公司经营就向大气中排放了相当于 1.38 亿吨的二氧化碳[4]，2005 年排放量大体相当。[5]2005 年，埃克森美孚公司产品（汽油、取暖油、煤油、柴油产品、航空燃料、重燃料）最终燃烧产生 10.47 亿吨二氧化碳当量的排放。[6]如果是一个国家，那么，埃克森美孚公司在排放量上位居第六。

虽然英国石油、西方石油、壳牌集团等一些石油公司开始投资清洁能源技术，并公开承诺减少温室气体排放，但是，埃克森美孚公司没有做出这样的承诺。

李·雷蒙德在 2006 年之前一直担任埃克森美孚公司首席执行官。在全球变暖问题上，他定下了一个厚颜无耻、毫无歉意的公司基调。李·雷蒙德担任埃克森美孚公司首席执行官的近 13 年，公然反对限制二氧化碳排放，并拒绝认可关于全球变暖的科学共识。就像《纽约时报》的保罗·克鲁格曼说的那样，在雷蒙德的指导下，埃克森美孚公司给自己的定位是"这颗行星的敌人"。[7]在任职期

第 25 章 • 烟、镜子和热空气

间,他不仅没有采取任何措施抑制公司的温室气体排放,而且几乎把公司所有的可替代能源股份都卖掉了。[8] 在担任首席执行官期间,埃克森美孚公司董事会给予了李·雷蒙德丰厚的薪水,超过了 6.86 亿美元。[9] 当雷蒙德在 2005 年底退休时,得到了一笔价值近 4 亿美元的巨额退休金,引发了股东的尖锐批评。[10] 埃克森美孚公司现在由首席执行官雷克斯·蒂勒森领导,但是,到目前为止,雷蒙德制定的公司政策基本未变。

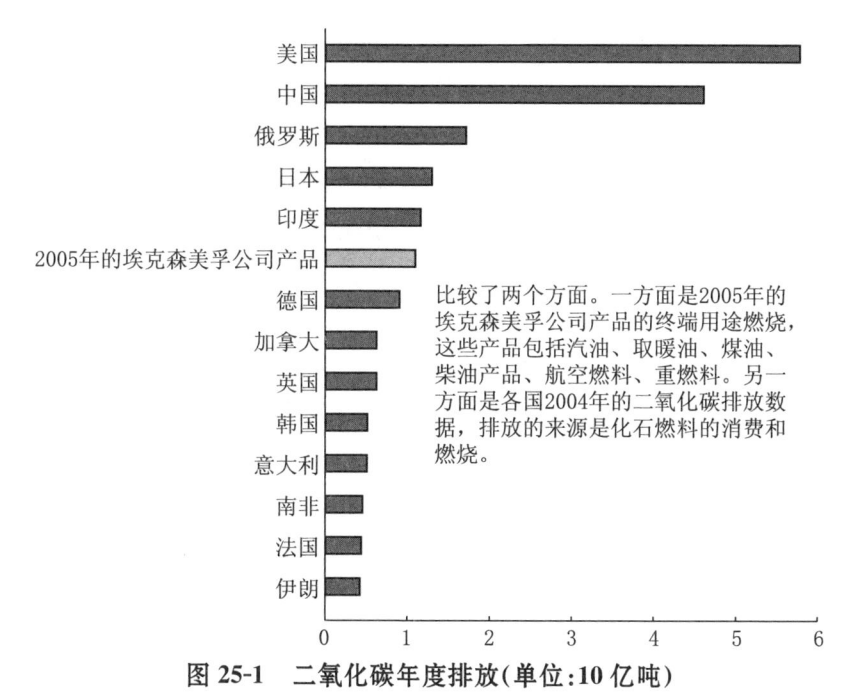

图 25-1　二氧化碳年度排放(单位:10 亿吨)

比较了两个方面。一方面是2005年的埃克森美孚公司产品的终端用途燃烧,这些产品包括汽油、取暖油、煤油、柴油产品、航空燃料、重燃料。另一方面是各国2004年的二氧化碳排放数据,排放的来源是化石燃料的消费和燃烧。

资料来源:国家数据在线,http://www.eia.doe.gov/iea/carbon.html。

埃克森美孚公司不遗余力地支持破坏气候变化规章。比如,响应性政治中心指出,在 2000 到 2006 年选择周期内,埃克森美孚公司的政治行为委员会及公司相关个人花费的政治献金超过 400 万美元。埃克森美孚公司一直是最具影响力的能源行业捐献者之一。光是在 2004 年选举周期,埃克森美孚公司政治行为委员会以及公司相关个人就给出了 93.5 万美元的政治献金,比其他任何能源公司都多。这些钱大部分转而用于小布什总统的竞选活动。[11] 另外,埃克森美孚公司在 1998 到 2005 年间支付给说客 6 100 多万美元,以便在他们的帮助下接触到关键的决策者。[12]

这一报告并未试图说明埃克森美孚公司跟全球变暖相关的一切活动,只是深入探究了 1998 至 2004 年间,埃克森美孚公司如何投入相对微薄的 1 600 万

美元挑选政治组织[13]，对制造有关全球变暖科学共识的不确定性产生显著效果。这一报告举例说明，埃克森美孚公司对关键的政府官员和国会议员施加影响，助长了虚假信息运动，并阻止了联邦采取行动减少全球温室气体排放。该报告指出，埃克森美孚公司所采用的战略战术与烟草业通过制造公众对吸烟与疾病之间的联系的困惑，从而与阻止政府管制的有据可循的运动如出一辙。

埃克森美孚公司的虚假信息运动

> 只要普通公民"理解"（认识到）气候科学之中的不确定性，胜利就来临了。
>
> ——美国石油学会内部备忘录，1998年

20世纪80年代末，公众刚开始听说全球变暖，科学家已经就二氧化碳对地球气候的影响展开了一个多世纪的研究（见附录A）。20世纪80年代末，随着这项科学成熟，作为科学进程的一个关键成分，争论在德高望重的科学家之间展开。争论的内容是全球变暖的范围，以及人类活动对全球变暖有多大的影响。与20世纪50年代早期吸烟有害健康的科学知识的处境一样，新兴的研究表明了担忧的原因，但是，许多科学家有理由认为还需要做更多的研究。[14]

埃克森公司（后来的埃克森美孚公司）担忧这种学说对其业务的潜在影响，从一开始就辩称两点。第一，全球变暖趋势是不存在的。第二，人类活动和气候变化之间不可能建立联系。[15]起初，烟草公司联合起来应付抽烟对健康的影响问题，无独有偶，埃克森公司、美国石油学会（埃克森公司前任首席执行官李·雷蒙德曾两次担任其主席）以及其他能源公司、汽车公司、工业公司在1989年联合起来，组建了全球气候联盟。[16]对于新兴的全球变暖科学研究，全球气候联盟的回应咄咄逼人，反对政府采取措施解决全球变暖问题。

20世纪90年代早期和中期，全球气候联盟找了几个科学代言人，强调气候科学依然存在不确定性。[17]埃克森公司以及全球气候联盟的其他成员对采取行动改善全球变暖这一问题提出了挑战，否定全球变暖的存在并将其归为一种自然现象。[18]不过，虽然埃克森公司及其代理人动员力量质疑全球变暖，但是，科学共识已经达成，他们的论点缺乏稳固科学基础的支撑，摇摇欲坠（见附录A）。

制造不确定性

人类排放的温室气体正在导致全球变暖，这项科学认识促成了1997年《京都议定书》的制定。在《京都议定书》中，世界上大多数工业化国家都承诺按照特定的时间表开始减少全球温室气体的排放。一方面，全球变暖有了有力的科学证据。另一方面，政府采取行动誓要解决全球变暖。在这两方面的压力下，英国

石油公司、壳牌集团、德士古公司等主要石油公司都改变了他们在气候科学问题上的立场,退出了全球气候联盟。[19]

埃克森美孚公司选择了不同的道路。

1998年,埃克森美孚公司推动建立了一个自称"全球气候科学小组"的小型特别工作组,成员包括埃克森美孚公司当时的资深环境说客兰迪·兰多尔、美国石油学会公共关系代表乔·沃克。[20] 全球气候科学小组特别工作组的成员史蒂文·米洛伊,领导着一个非营利组织,名为健康科学发展联盟。这个组织是1993年由烟草公司菲利普·莫里斯公司秘密建立的,旨在就二手烟的健康危害制造不确定性。[21]

全球气候科学小组特别工作组1998年的一份备忘录规划出了明确的战略,即投入数百万美元制造全球变暖问题的不确定性[22]——这个战略完全是在照搬烟草巨头的虚假信息运动。尽管气候变化的证据越来越多,全球气候科学小组规划的目标依然简单且熟悉。就像备忘录指出的那样,只有当普通公民"理解(认识到)气候科学之中的不确定性,并且这种认识变成'传统思维'的一部分时,胜利就来临了"。[23]

虽然气候变化的证据越来越多,全球气候科学小组1998年的备忘录还是声称:"如果我们可以表明科学并不支持《京都议定书》……这使美国处于强大的道德制高点,使得美国的谈判者不用做出让步,不会被别国指责为了维护自私的经济利益而放任全球变暖。"[24]

毫无疑问,埃克森美孚公司及其合作伙伴明白这一点,科学证据对其不利,所以他们无法影响德高望重的科学家。1998年的备忘录提议,埃克森美孚公司及其公共关系伙伴"发起并实施一个全国性媒体关系项目,让媒体知道气候科学的不确定性"。[25] 在接下来的几年里,埃克森美孚公司按照计划实施了这一战略,支持一大批前卫组织发表精选科学家及个人的内部文章,对正统的气候科学研究提出反对,这些研究经受住了严格的同行审议,并被多个独立同行审议研究所复证——换句话说就是攻击科学领域证据确凿的研究发现。埃克森美孚公司创建的网络伪装成可信的科学替代方案,但它发布了不可信的研究和精心挑选的信息,以便呈现误导性的结论。

信息滤涤

详加调查发现,埃克森美孚公司致力于某些人所谓的"信息滤涤":通过貌似独立的非营利组织投放公司想要的信息。第一,埃克森美孚公司为久负盛誉的团体提供经济支持,比如美国企业研究所、竞争企业协会、卡托研究所,这些团体积极反对针对全球变暖的强制性行动以及许多其他环境标准。不过资助并不仅限于此。埃克森美孚公司还支持大量不太出名的组织，这些组织帮助推广和散布全球变暖虚假信息。这些组织大多不为人所知。比如，大多数人可能并不知道美国资本结构委员会、政策研究中心、美国立法交流委员会、建设性明天委员会、国际政策网络等。然而，这些组织——以及许多其他类似的组织——因他们关于气候变化的活动而得到了埃克森美孚公司的巨额捐赠。[26]

从1998到2005年(公司提供公开数据的最近年份)，埃克森美孚公司向精心挑选的组织投入了大约1 600万美元，这些组织散播全球变暖虚假信息。[27] 就像《纽约时报》报道的那样，埃克森美孚公司经常是许多此类非营利组织的单一最大捐赠公司，经常占他们年度预算的10%以上。[28]

深入研究这些组织的工作就会发现埃克森美孚公司的战略。这些组织几乎都发布和宣传基本同一批代言人的作品。这批代言人之中有些是歪曲同行审议的气候发现的科学家，混淆公众对全球变暖的理解。这些人也在大多数组织中，担任董事会成员或者科学顾问。

为什么埃克森美孚公司选择资助这么多代言人和项目重叠的组织？通过慷慨资助一批有着冗余人员、顾问或代言人的组织，埃克森美孚公司就能安静有效地为一群声明反对气候科学的人组成的紧密组织提供广阔的平台。这些组织表面上的多样性创造了一个"回音室"，美化和维系了科学上的虚假信息，尽管这些组织的许多断言一再被科学界揭穿。

比如，埃克森美孚公司资助了一个总部设在华盛顿的组织，叫作自由前沿。[29] 自由前沿由前参议员梅尔科姆·沃洛普在1996年建立，目的是推动产权并批判环境法规，比如《濒危物种法》。[30] 自由前沿有一位工作人员叫作迈伦·埃贝尔，是名经济学家，后来成为全球气候科学小组的一员。全球气候科学小组是一个小型特别工作组，规划了埃克森美孚公司1998年的全球变暖信息战略。1998年，按照全球气候科学小组的计划，埃克森美孚公司开始资助自由前沿——最近，副总统迪克·切尼称该组织为"在全国辩论中积极、明智且必要的存在"。[31]

自1998年以来，埃克森美孚公司花费了85.7万美元支持自由前沿的气候变化相关活动。[32] 比如，在2002年，埃克森美孚公司给予了自由前沿23.2万美元[33]（该组织接近三分之一的年度预算），以帮助其成立一个新的分支机构，叫作科学和公共政策中心，该机构将主要关注气候变化。

最近访问自由前沿网站，几乎找不到关于科学和公共政策中心背景或者工作的信息。[34] 网站上没有提到科学和公共政策中心的工作人员或者董事会成员，只是说现任执行董事是罗伯特·弗格森，也没有提供他的生平信息。然而，2006

年9月,这个网站确实大张旗鼓地特载了弗格森未经同行审议的气候科学报告,报告有38页,充斥着大量地图和图表,标题为"当前气候科学状况问题:政策制定者与舆论导向人指南"。[35]这份文件里充满了形形色色的歪曲和诱导,却被用来充当严肃的科学审议。清晰的数据表明,地球上大多数冰川正在消退。弗格森却提出了质疑,无力地争辩说,虽然全世界成千上万的冰川都受到了监测,调查范围并未涉及所有冰川。[36]有充分的科学证据表明气候变化导致了动物物种灭绝。为了反驳这些证据,弗格森提供了不合逻辑的推论:最近在新几内亚发现了几个新的蝴蝶和蛙物种。[37]

或许最值得注意的是弗格森的参考文献,他引用了人们耳熟能详的气候科学反对者的言论,比如威利·苏。实际上,虽然苏的头衔没有列在自由前沿的网站上,但是2005年《华尔街日报》由弗格森和苏合著的专栏版附了个人简介,指出苏是科学和公共政策中心的"首席科学研究员"。[38]弗格森的报告没有经过同行审议,但这个报告仍然得到了话语权威科学和公共政策中心的赞助。

另一个常常滤涤信息的组织是乔治·C.马歇尔研究所。在20世纪90年代,马歇尔研究所就已经出名,主要原因是其致力于鼓吹"星球大战"导弹防御项目。然而,马歇尔研究所迅速成为工业资助的"气候反对者"的重要家园,这一定程度依靠埃克森美孚公司的资金支持。1998年以来,埃克森美孚公司支付了63万美元,主要用来支持马歇尔研究所气候变化相关活动。[39]马歇尔研究所首席执行官威廉·奥基夫曾担任美国石油学会的执行副总裁和首席运营官,担任竞争企业协会董事,现在是全球气候联盟的荣誉主席。[40]

自从埃克森美孚公司开始支持马歇尔研究所的活动以来,这个研究所已经成为全球变暖反对者的交流中心,开展圆桌会议,频频出版和发布作品。最近,马歇尔研究所正在兜售其新书《破碎的共识:全球变暖的真实状况》,这本书的编者是气候科学的长期反对者帕特里克·迈克尔斯(气象学家)。在过去的几年里,迈克尔斯与至少10个受埃克森美孚公司资助的组织联系紧密。[41]这本书的撰稿人有着类似的背景,都与受埃克森美孚公司资助的组织联系紧密:萨莉·巴柳纳斯、罗伯特·巴兰、约翰·克里斯蒂、罗斯·麦基特里克、威利·苏。[42]

信息滤涤模式在埃克森美孚公司资助的几乎所有私人非营利气候变化项目中反复出现。总部位于芝加哥的哈特兰研究所2005年从埃克森美孚公司获得了11.9万美元的资助,[43]提供同一批科学家的最近文章。美国立法交流委员会2005年从埃克森美孚公司获得了24.1万美元的资助,[44]访问美国立法交流委员会网站的气候部分会发现帕特里克·迈克尔斯另一篇未经同行审议的文章。[45]建设性明天委员会在2004年和2005年这两个资助周期从埃克森美孚公司获得了 21.5 万美元的资助[46]，鼓吹一批类似的文章，其科学顾问小组成员包括萨莉·巴柳纳斯、罗伯特·巴兰、罗杰·贝特、舍伍德·伊德、帕特里克·迈克尔斯、弗雷德里克·塞茨——都与埃克森美孚公司资助的其他组织联系紧密。[47]

埃克森美孚公司资助的一个更为著名的组织是总部设在华盛顿的竞争企业研究所。这个组织成立于 1984 年，旨在反对政府对商业的监管。迈伦·埃贝尔于 1999 年从自由前沿转入竞争企业研究所时，竞争企业研究所开始吸收埃克森美孚公司的大量资助。从那时起，竞争企业研究所做了两方面的工作。第一，炮制了源源不断的辱骂性文章和评论，攻击全球变暖科学，主笔的经常是同一批全球变暖反对者。第二，起诉联邦政府，以阻止一份国家评测综合小组报告的传播。这份报告广泛记录了美国各个地区气候变化的影响。[48] 从 1998 到 2005 年，通过自己的努力，竞争企业研究所从埃克森美孚公司得到了 200 万美元以上的资助。[49]

所有这些尝试的讽刺之处在于，埃克森美孚公司宣称自己支持的组织全都支持/赞成"公共政策问题的自由市场解决方案"。[50]但是如果不是埃克森美孚公司积极支持这些不可信的研究和误导性的信息。这些研究和信息永远不会在科学市场上蓬勃发展。

附录 A
全球变暖的科学共识

> 现在,气候变化的科学理解足以清楚地证明各国应该立即采取行动。至关重要的是,所有国家都要明确现在可以采取什么划算的措施,以便投身于宏大而长期的斗争之中,削减全球温室气体净排放。
>
> ——十一国科学院联合声明
> 2005 年 6 月 7 日

自从斯万特·阿列纽斯在 1896 年发表《空气中碳酸对地面温度的影响》以来,科学家就意识到了温室气体排放及其对地球温度影响的基本原理。发电厂以及交通工具使用的化石燃料的燃烧排放了温室气体,主要是二氧化碳,会在大气里积累起来。这些排放物就像一条毯子,聚热,使这颗行星变暖。自工业时代开始以来,空气中二氧化碳的浓度已经增加了近 40%。跟上个世纪相比,全球平均温度大约高了 1 华氏度。

气候学家预计如果全球温室气体排放不受控制,本世纪全世界平均气温会急剧上升。[51] 如果人类不协调一致采取干预措施,努力纠正或者至少稳定这个趋势,那么,研究人员认为会产生许许多多破坏性的后果,可能难以逆转。这些后果包括,海平面上升导致沿海地区洪涝灾害,强力热带风暴增加,夏天出现极端的热浪,全世界农场、森林和渔场减产。[52]

最近的变暖速度史无前例,主要原因是人类活动。简而言之,自从 2001 年由联合国主持的国际专门小组政府间气候变化专门委员会发表标志性的评论文章以来,科学界就全球气候变化达成了压倒性的共识。[53] 2001 年的政府间气候变化专门委员会评估报告吸纳了 1 200 多位科学家和大约 120 个国家的建议。这份评估报告迅速成为标准参考文件,强化了国际上关于全球变暖问题的科学共识。政府间气候变化专门委员会报告发布于乔治·W.布什总统宣誓就职仅仅几天之后,就全球变暖提供了越来越多协调一致的科学证据。2001年5月,白宫正式要求美国国家科学院就政府间气候变化专门委员会评估报告作出自己的评论。[54]在一个月之内,2001年6月,国家科学院就确认了政府间气候变化专门委员会的结论:全球变暖正在发生,主要原因是人类活动。[55]最近,包括主要工业化国家科学院在内的世界上11个重要的国家科学院发布了联合声明,指出:"现在,气候变化的科学理解足以清楚地证明各国应该立即采取行动。至关重要的是,所有国家都要明确现在可以采取什么划算的措施,以便投身于宏大而长期的斗争之中,削减全球温室气体净排放。"[56]

科学家之所以认为证据如此令人信服,一个原因就是证据来源广泛多样。气候专家使用精密的电脑模型来研究气候趋势。除此之外,各个学科的研究人员,包括大气科学家、古气候学家、海洋学家、气象学家、地质学家、化学家、生物学家、物理学家、生态学家都证实了全球变暖,方法是研究包括动物迁徙和冰川融化在内的一切。显著的全球变暖趋势的证据存在于以下几个方面:从两极地区提取的冰芯,表明极地冰面缩小的卫星图像,树木年轮,海洋温度监测,等等。

2006年7月27日,国家科学院主席拉尔夫·奇切罗内在美国众议院听证会上向能源和商业委员会做报告:"我认为我们对二氧化碳和气候之间机制的理解比我们对肺癌成因的了解更深入……实际上,可以说,全球变暖可能是人类历史上研究最细致、最充分的科学课题。"[57]无独有偶,《科学》杂志编辑唐纳德·肯尼迪也指出:"就(全球变暖)达成的强烈共识在科学方面是罕见的。"[58]

要知晓全球变暖科学共识有多强大,请思考一下:《科学》杂志2004年12月发表了一篇文章,加州大学圣迭戈分校的科学历史学家内奥米·奥雷斯克斯在这篇文章之中回顾了1993到2003年发表的经过同行审议的全球气候变化科学论文文献。奥雷斯克斯随机抽样了大约10%的文献作为样本;在928份研究报告之中,没有一份反对那项共识:人类导致了全球变暖。[59]

虽然2006年埃克森美孚公司竭力推销自己的观点,但世界上可信的气候科学家还是达成了广泛的一致:人类导致的全球变暖正在进行之中。如果不采取协调一致的行动来遏制温室气体的排放,就会给健康以及我们这颗行星的福祉带来麻烦。

(编者按:本文注释可以在初始来源中找到。)

第8部分
工作和福利

美国人以守"职业道德"为荣。在20世纪五六十年代有个预言:我们即将变成一个"休闲"社会。但工作依然是我们大多数人生活的中心。作为成年人,工作是我们安身立命的方式,决定了我们的身份,限定了我们在物质社会中的位置。从理想的角度来说,工作是我们能够融入广阔的人类社会的最重要的方式之一。

但是,对许多人来说,工作的现实总是不够理想。在19世纪,许多社会理论家和社会批评家认为,对于新兴工业社会里的绝大多数人来说,工作带来的是折磨和剥削,而不是成就。此类批评家中最有影响的一位卡尔·马克思这样说:

> 劳动的外化表现在什么地方呢?首先,劳动对工人来说是外在的东西,也就是说,不属于他的本质;因此,他在自己的劳动中不是肯定自己,而是否定自己;不是感到幸福,而是感到不幸;不是自由地发挥自己的体力和智力,而是使自己的肉体受折磨、精神遭摧残。因此,工人只有在劳动之外才感到自在,而在劳动中则感到不自在。他的劳动不是自愿的劳动,而是被迫的强制劳动。这种劳动不是满足一种需要,而只是满足劳动以外那些需要的一种手段。劳动的异己性完全表现在:只要肉体的强制或其他强制一停止,人们就会像逃避瘟疫那样逃避劳动。[1]①

在21世纪的今天,可以说,19世纪批评家的忧虑变得更加急迫。经济和技术变化翻天覆地,日新月异,工作和福祉之间的关系越来越成问题。全球经济竞争日趋激烈,给工作制度带来了新的压力——工作场所从根本上重塑,工作岗位

---

① 译文转引自卡尔·马克思著,中共中央马克思恩格斯列宁斯大林著作编译局译:《1844年经济学哲学手稿》,人民出版社2000年,第159页。——译者注

变少,许多按部就班工作之人的收入和补助金降低。虽然这些变化影响了全世界的工人,但对美国工人产生的影响却有着异乎寻常的破坏性。以前,人们普遍认为美国工人比欧洲工人富有。而今天,欧洲工人比美国工人富有。通常,欧洲工人薪水较高,假期较长,工作周数较短,享受着一系列更为慷慨的社会福利。

就像我们先前看到的那样,这就能够解释为什么跟大多数欧洲国家相比,美国的贫困现象更广更深。经常有人告诉我们,美国已经变成了一个高科技经济体,在这个经济体中大多数工作需要大量的教育和技能,并会得到相应的回报。但是,现实并不那么光明。近些年经济的发展确实创造了许多高技能、高工资岗位,但也创造了更多的低端工作,仅支付最低工资,或者略高于最低工资。这意味着,越来越多美国工人及其家庭的压力和苦难增加了;除此之外,我们的经济还削弱了美国精神之中的一个基本信条:坚信努力工作就会带来经济保障和个人成就。对于越来越多的美国人来说,这只是个梦。

对于许多移民工人来说更是如此,移民工人在美国劳动大军中的比例越来越高——经常做着最没吸引力却关键的工作,因为经济的其余部分都要依赖这些工作。我们已经向发展中国家出口了许多低端职位(也逐渐出口一些高端职位),但是,我们在国内还保留了许多低端职位,并"进口了"许多第三世界工人来承担这些工作。这些工人中有一些肯定会脱离低端工作向上流动,过去许多人都是如此。但是,还有许多人不会如此,原因是——就像我们看到的那样——向上的流动在今天的经济中变得更加困难,而且充满不确定性。同时,这些工人和其他国家的低水平工人一起提供了美国人期待的源源不断的廉价商品和服务,但代价是长时间的工作和极为有限的机会。

皮耶雷特·洪达纳-索特洛在《家仆》一文中阐明了一群贫穷工人的处境——主要是做私家女仆的移民女性,面临着令人气馁的一系列状况:长时间工作,报酬低,跟社会脱节,而且还经常受到雇主的苛待。

如果通过工作获得成功对于许多"贫穷工人"来说愈发成为问题,那么,对于那些没有工作的人来说就更是如此了。早在20世纪50年代,一些观察家就警告,制造业就业岗位的减少迫在眉睫,如果我们找不到别的方法保证就业的话,会对那些已饱受犯罪、毒品和家庭破裂之苦的内地城市产生毁灭性后果。然而,很大程度上,我们没有注意到这些警告。结果就和预言的一模一样。去工业化毁掉了内地的就业前景,随之而来的是相应的——但却不足为奇的——社会问题的加深。

就像彼得·埃德尔曼、哈利·霍尔泽、保罗·奥夫纳所表明的那样,这种影响对年轻的少数族裔男性尤其具有破坏性。这些年轻人当中有很大一部分都既不上学,又不工作。无论是在顺境还是逆境中他们始终与合法经济"脱节"。这些"脱节"的年轻人数量的原始数据冰冷抽象,却在人类社会产生了非常真实的后果——绝望、犯罪、病态、吸毒、身陷囹圄。我们未能认真处理这些年轻人的困境,所付出的代价就是机会不足、寿命缩短。

为了应对大量工作岗位的流失,我们会创造新的工作岗位来代替流失的工作岗位,这看似符合逻辑。然而,在大多数情况下,我们并不是这么做的。我们不愿意直接投资于新的工作岗位的一个原因是,人们普遍认为工作岗位不足并不是真正的问题;就像常说的那样,如果真的想找工作的话,人人都能得到一份工作。许多人反而把顽固的失业率、贫困或者相关的城市病归咎于所谓的"下层社会"的个人或者文化缺陷。就像赫伯特·甘斯指出的那样,给许多穷人——尤其是无业穷人——贴上棘手"下层社会"的标签,就能够在强调穷人道德和心理失败的同时,免除富人的责任。甘斯认为,这种标签可能会让主流社会的美国人把愤怒和失望发泄在穷人身上,但是,它们不能帮助我们制定切合实际的方法去解决贫困或者失业的根源。

认为无业穷人的问题主要是他们自己错误的倾向有力影响了我们为失业人群或者边缘就业人群提供支持的方法。一方面,我们避免作出关于充分就业战略的严肃承诺。另一方面,我们也吝啬于为那些无法通过合法工作谋生之人提供收入福利。实际上,到了20世纪80年代初,人们经常听说,我们为帮助经济不安全的受害者而建立的制度——福利制度——本身就是个问题。有人认为,福利导致了无业和贫困,因为福利破坏了职业道德标准,鼓励人们依靠"州"过活。事实上,跟大多数其他发达工业化国家相比,美国提供的福利已经算最低限度的了。但是在美国社会政策之中依然存在着一种广泛的看法:福利制度过于慷慨,会难以为继。在20世纪90年代,美国开始了"具有争议的"福利"改革",旨在让人们脱离福利救济名单去工作——没怎么考虑是否有足够的适合他们的工作岗位,工资是否真的足以支撑一个家庭。但福利制度本身真的是个问题吗?最近关于福利制度改革效果的证据表明,虽然这一政策确实成功将许多人移出福利救济名单,但是,这根本没有成功地让人们摆脱贫困。

在《孩子一文不名》一文中,沙伦·海斯仔细剖析了福利制度作为终结贫困的一个战略而存在的局限性,并令人信服地表明这一政策并不像许多人认为的那样近乎成功。在当前经济衰退的情况下,对于抚养孩子的低收入女性来说,经济机会和安全的前景变得更加渺茫。

尾注

1. 转引自 Shlomo Avineri, *The Social and Political Thought of Karl Marx* (Cambridge, Eng.: Cambridge University Press, 1971), p.106。

第 26 章

家仆

皮耶雷特·洪达纳-索特洛

想象一下,你是位年轻女性,刚到美国。你身无分文——不,因为这趟旅程而背上了沉重的债务——你不会说英语,没有护照,也没有任何其他合法证件。在政治运动中被污蔑为"非法移民",或者只是被嘲讽为"墨西哥人",你过着逃亡的生活。你只认识一个远房表亲,一个儿时的朋友,或是一位兄长,这位兄长的妻子决定让你尽可能少地住在他们已经拥挤不堪的公寓里。你怎么办?你找了一份住在雇主家的工作,或者像女性们说的那样自我监禁。你把自己封闭了起来……

这些来美国找工作的女性是什么人,这些工作怎么样呢?家政工作的形式各种各样。在这一章里,我描述了住在雇主家的工作、不住在雇主家的工作、保洁工作,并且勾勒出了做此类工作的一些拉美裔移民的形象以及她们对自己工作的感受……

住在雇主家的保姆/管家工作

1989 年,22 岁的马里贝尔·森特诺刚从危地马拉城而来,她在这里无亲无故,没有住处,因此,她找到住家的工作很有必要。她知道自己不必把钱花在食宿上,而且很快就可以开始存钱还债。通过中介得到一份住家工作轻而易举。夫人只是用基本的西班牙语问马里贝尔·森特诺从哪儿来,是否有丈夫和孩子。马里贝尔咯咯笑着回忆一开始的误解,当时夫人用食指在马里贝尔的手掌上写下了两个数字"2"和"3"。"我想,嗯,她一定有两三个卧室,所以,我说:'好。''不,'夫人说,'非常,非常大。'她开始数数:'1,2,3,4……2—3 个房间。'是 23 个房间!我想,天啊!在一张纸上,夫人写道:'一周 80 美元。'她说:'你,孩子,还有整个房子。'所以,我想,嗯,我必须做好自己的工作,所以,我高兴地说:'好的。'"

第 26 章 · 家仆

"我星期一黎明到的,"马里贝尔回忆,"星期三晚上就开始工作了。"当夫人和孩子跟马里贝尔说话的时候,她记得自己"只是笑,感觉自己真没用,我什么都不懂。"在那里的第一天晚上,夫人播放古典音乐,马里贝尔迅速辨别了出来。"我说:'贝多芬。'夫人说:'是的。'然后她开始用英语问我:'你喜欢这个音乐?'我说:'是的。'或者我说的是:'是'①,夫人开始播放其他的磁带和CD。里面有理查德·克莱德曼,我听出来了,当我说出来的时候,夫人停止播放,大张着嘴巴,只是盯着我。她肯定在想:'没有上过学,没有准备,不会英语,她是怎么知道这些音乐的?'"但是,可能是因为语言障碍,或者因为她觉得这个家仆对古典音乐的了解让自己相形见绌,夫人并没有问出这个问题。马里贝尔非常想得到夫人的尊重,希望夫人认可她在艺术方面的机敏、教育和修养。虽然马里贝尔竭力想表明自己的地位,"他们对待我,"马里贝尔说,"跟对待其他乡下来的姑娘一样。"她从未从夫人那儿得到自己渴望的言语认可。

马里贝尔这样总结自己第一份住家的工作经历:"挣得少。得到的对待,我该怎么说呢?热情友好,有点,呃,没有种族色彩,但是,得不到什么体谅和尊重。"她喜欢照顾那个7岁的小男孩,但是力不从心,因为她要打扫有23个房间的房子,房子里满是大理石地板和玻璃餐桌。最终,她辞职了,并不是因为要擦洗清洁,而是因为受到了忽视,没有社交。

跟许多其他拉美裔移民相比,马里贝尔·森特诺第一份住家工作已经相对不错了。她不用不分昼夜24小时随叫随到,那对夫妇也照顾孩子,她不必睡在孩子的卧室里,也不用睡在洗衣房角落的行军床上。但是,拥有一个设施齐全的房间,并不意味着她拥有隐私,或者可以做人们可能习以为常的简单事情。"我有自己的房间、电视、盒式磁带录像机、私人浴缸、盥洗室,甚至某种形式的起居室——但是一切都是最小的,拇指姑娘风格的。"她说,"在这方面我是有隐私的。但是,有许多事我不能做。如果我想穿着T恤到处走,或者就像在自己家里一样,那是不行的。如果我晚上饿了,我不能出去拿个香蕉,因为我得走过家庭娱乐室,人人都能看到和闻到香蕉。我永远不能像在自己家里一样随便,永不。永不,永不,永不!总是有无形的东西告诉你,这不是你的房子,你只是在这儿工作。"

加利福尼亚的家庭很少提供单独的女仆住处,但这并不妨碍他们雇用家仆;也不妨碍新来的拉美裔移民工人从事他们急需的工作。家仆甚至无法回到自己的房间,工作渗入了她们的睡眠和梦乡。没有放下工作的时候,她们说自己如笼

---

① 原文此处是西班牙语,用的是斜体,以示与英语的区别。——译者注

中之鸟一般，局促一室，不得自由。

"我经常失眠，"24 岁的墨西哥人玛加丽塔·居蒂耶雷说。她是一名住家保姆。在帕萨迪纳一个中等大小的公寓工作时，她睡在 3 岁孩子卧室的一个角落里。就这样，她发现自己要日夜随叫随到照顾孩子，因为母亲在保险公司的工作安排，这个孩子有时几天见不到母亲。玛加丽塔得一天 24 小时工作；和我采访的其他住家保姆/管家一样，玛加丽塔宣称自己几乎没时间洗浴或刷牙。"上床时一切挺好，"玛加丽塔报告说，"然后，我在凌晨两三点醒来，因为女孩要喝水或者吃东西。"等孩子接着睡了，玛加丽塔却清醒地躺着，考虑如何辞掉工作，却发现甚至连走进厨房都很难。像玛加丽塔这样的住家工人几乎没有自己的空间和时间。

在大宅中工作或者置身于奢侈品之中，私人住处并不能保证隐私或者避开工作。44 岁的埃尔维亚·卢塞罗在峡谷边的一处大宅院里工作，住在雇主家里，负责照顾两个 5 岁大的双胞胎女孩。我曾多次去拜访她，都看到她在自己的卧室里。卧室装饰得很漂亮，摆放着精美的古董，铺着白色的地毯，墙上是雇主不辞辛劳用模板画出来的粉红色玫瑰。这间卧室看起来宁静美好，但离双胞胎的卧室只有三步远。每天晚上，双胞胎中的一个就爬上床跟埃尔维亚一起睡。埃尔维亚不喜欢这样，但是她说自己不能改变这个女孩的习惯。家长的房间位于"L"形大宅（超过 3 000 平方英尺）之中对面的角落里。

不管房子有多大，住宿条件有多好，就住家的工作而言，我们通常认为理所当然的界限消失了。就像伊芙琳·纳卡诺·格伦指出的那样，"工作和非工作时间做不到泾渭分明。"就连工作空间和私人空间的界限也同样模糊了。[1]住在雇主家的保姆/管家会立刻跟社会脱节，被其他人的领地包围；只要是在雇主的地盘上，她们的空间就和时间一样都属于别人。身处他人包围之中，自己就像是个隐形人，不为人所知，跟人咫尺天涯，永远无法摆脱边缘化，因此，许多住家员工悲伤、孤独、情绪低落。悲哀挥之不去，就算周末可能也处于悲哀之中。

规章制度可能全天有效。有些雇主限制住家员工接电话、招待朋友、参加晚上的第二语言英语课程、在工作周见男朋友。有些雇主不施加这类限制，但原因是他们的家在遥远的山边、郊区聚居地或者在封闭式社区，他们的住家保姆/管家实际上是远离类似的社会生活或公众文化的。一个西班牙语无线电台，或者一个拉美国家电视肥皂剧，就是他们与外部世界的唯一联系。

在拉美裔住家保姆/管家之中，食物——一些雇主无论是储存食物、浪费食物、否定食物，还是就干脆一点食物也不放在厨房里——是个经常被论及的话题。这些女性谈论的不是计算卡路里，而是食物对她们这份工作的社会意义。

她们的工作几乎没有书面合同，但是，任何从事住家工作且由雇主包"食宿"之人，都会假定雇主会提供充足的食物。但是，充足的食物是什么意思呢？人人都有不同的想法。拉美裔家用工人经常用秘密握手等方式彼此问候，谈论这项工作涉及的管理食物和三餐的问题。食物不可避免地进入了她们的对话。

在食物问题上，没人比住家员工更加义愤填膺，她们从未有一次超过6天不工作。对于她们来说，工作场所肯定会成为他们获取日常生活资料的地方。在她们工作的一些家庭里，雇主整天都在外面。当这些成年人回到家时，他们可能就吃点快餐，手里拿的基本上都是为孩子准备的热狗、一盒盒的通心粉和奶酪、谷类食物，还有花生酱。拉美裔移民认为这些食物既没有营养，也不好吃。许多拉美裔移民已经习惯了坐下来吃饭，享用新鲜的蔬菜、大米、豆子和肉。在一些雇主的家里，橱柜几乎是空的。格拉迪斯·维尔戴斯回忆，在从事一份住家工作时，"夫人优雅地说道：'去吧，到厨房想吃什么就吃什么吧。'但有时，"她回忆说，"冰箱里空空如也，空空如也！没有任何东西可吃！"就算是配备着绝对零度牌冰箱和进口橱柜的奢华厨房，食物可能也很少。一个为时尚杂志拍摄豪宅的著名摄影师向一个记者描述了自己打开比弗利山庄一些住宅里的冰箱门时看到的情景："一排排健怡可口可乐罐子，可能还剩了点比萨。"[2]

在阶级稍低的家庭中，一些雇主不遗余力地节省食物花费。玛加丽塔·居蒂耶雷声称，在从事住家工作时，那家的丈夫每周都去买食物，但是买的量小——比如说，两个土豆一次只做半个，四分之一个西瓜让一家五口吃一整个星期。那家的丈夫定量供应瓶装水，并警告玛加丽塔牛奶会让她发胖。他说，近来，那家的丈夫带她和孩子们去一个高档食品商场，这里供应免费的样品，有美味的奶酪、面包、酱料，并要求他们靠这些免费的东西填饱肚子。"我从没想到，"以前在墨西哥城担任秘书的玛加丽塔叫道，"我到了这个国家要挨饿！"

许多从事住家工作的女性都深刻地认识到食物和三餐使她们与雇主家庭泾渭分明。"我从不和他们一起吃饭，"马里贝尔·森特诺回忆自己第一份住家的工作时，"首先，夫人从不说，'来和我们一起吃'，其次，当他们要吃饭的时候，我就躲开了。"她为什么在吃饭的时候躲开呢？"我觉得自己不是家庭的一员。我知道他们喜欢我，但原因只是我工作做得好，只是我对小男孩倾注了感情；但除此之外，我就和园丁、泳池清洁工一样，只是他们的又一个工人。"坐下来一起吃饭就意味着是家庭的一员。但是，在大多数情况下，一个拉美裔雇员知道自己根本不是雇主家的一员。

就这些女性工作的家庭来说，食物缺乏并非普遍现象。在一些家庭，厨房里满是新鲜水果、奶酪、鸡肉。一些雇主愿意分享所有的食物，但是在其他家庭里，一些较高品质、昂贵的食物品类可能家仆还是触碰不得的,这些雇员得到的指令是和孩子们一起吃热狗。一个拉美裔住家保姆/管家告诉我,在她雇主的食品储藏室里,小小的"不得触碰"标签表明哪些食物品类她不能动;另一个说她的雇主总是把冷冻过的剩菜解冻给她吃,有些都能追溯到近十年前。

另一些女性则感受微妙的压力,要她们保持不引人注目、谦逊、低调。所以,她们即使饿了也不吃东西。关于这些并未言明的规则如何适用于水果,她们谈了很多,"看,如果他们(雇主)买了水果,他们也只是买三根香蕉,两个苹果,两个梨。如果我吃了一个,谁拿了?是我,"一位女性说,"他们会知道是我拿了。"另一个保姆/管家回忆:"他们会把水果带回家,不用他们说,你也知道不是为你准备的。你立刻就会明白,你心知肚明。"或者就像另一个保姆/管家说的那样:"美国人会把苹果数得清清楚楚,一周七天,一天一个。"甚至,种在花园里的水果有时也会成为禁脔。在南加利福尼亚适合农业发展的气候条件下,许多住宅都有果树、橙子、李子、桃子,硕果累累。在这些家庭工作的拉美裔女性摘了水果的话,有时就会陷入麻烦。[3]最终,许多女性解决食物问题的方法是购买并带回自己的食物;星期一一大早,你看到她们带着塑料食品袋赶路,里面可能是一袋苹果,一些鸡肉,也许还有一些塑料容器装的现成的食物。

食物问题集中体现了拉美裔住家工人对工作的感受。它表明了雇主家庭在多大程度上排斥或者接纳住家保姆/管家,标志着雇主家庭在多大程度上认可住在他们家的是拥有基本人类需求的人。一开始工作的时候,大多数住家保姆/管家并未想到在工作期间还要用微薄的薪水购买吃食,但最后,大多数都买了——有时,她们购买的食物甚至会被雇主家庭成员吃掉。

虽然报酬各异,但许多从事住家工作的拉美裔家庭工人收入低于最低工资,但工作时间却无穷无尽:在20世纪90年代中期,我调查的93%的住家工人时薪不到5美元(她们之中79%的人收入低于最低工资,当时的最低工资是4.25美元)。根据她们的报告,她们一周平均工作64小时。[4]一些工资低得惊人的住家工作是由其他工薪阶层拉美裔移民提供的,这成为一些女性刚到洛杉矶时的第一份工作。比如卡门·瓦斯凯就为两个墨西哥家庭做了7年的住家工作,一周仅挣50美元。相比之下,她目前的薪水是170美元一周,为住在小山旁边的律师和教师一家做住家保姆/管家,收入好像颇丰。

许多人假定富人家庭比中等收入家庭付钱多。但是,在一个封闭富裕社区做住家的工作,或者在一个有23个房间的房子里工作并不能保证高薪。1995年秋季一个星期一的早上,我和一群住家的保姆/管家站在贝弗利山酒店的街对面角落里。她们在等待雇主来接他们,这时,一辆大奔驰轿车载着两位女性(女

第 26 章 · 家仆

儿和母亲或者岳母?)过来了,摇下车窗,问是否有人对 150 美元一周的住家工作感兴趣。几个女性匆匆记下了电话号码,没人对这个开价感到震惊。戈尔·维达尔曾经说过贝弗利山酒店半径两英里之内没有一个揭不开锅的人,但事实证明,这片区域的许多女性都入不敷出。在洛杉矶一些最为富裕的西边地区——马里布、宝马山花园、贝莱尔(Bel Air)——有许多住家保姆/管家一周挣 150 美元。1999 年,《洛杉矶时报》周日刊登的分类广告依然罗列了工资仅为 100 美元和 125 美元①的住家保姆/管家工作。[5] 然而,对于住家工作来说,薪水已经大幅提高了。我采访的薪水最高的住家雇员是帕特里夏·帕雷德斯,她是个墨西哥人,说着一口纯正的英语,有合法身份,经验丰富,有推荐信。她告诉我,她现在的住家工作一周挣 450 美元,并已经得到承诺:如果一个房间改建之后,她还在这个雇主家从事周末清洁工作,薪水会涨到 550 美元。有了如此高的周薪,帕特里夏·帕雷德斯觉得应该整周都从事住家工作,远离了丈夫和三个年幼的女儿,他们还在洛杉矶东边。这种薪资水平需要作出这种牺牲。

但是,一旦经历之后,大部分女性就会厌恶住家工作。没有隐私,强行与家人和朋友分离,全天候工作,食物问题,工资微薄,尤其是经常感到孤独,所以,大多数拉美裔移民会找其他工作。一些年轻的单身女性学会了说流利的英语,努力向上爬,得到了薪水较高的住家工作。然而,只要有可能,大多数还是会干脆利落地摆脱住家工作。大多数住家保姆/管家在美国都待不到 5 年;在我采访的住家保姆/管家之中,只有两个(卡门·瓦斯凯和相对高薪的帕特里夏·帕雷德斯)在美国的时间超过了 5 年。20 世纪初的非洲裔美国女性厌倦了历史学家伊丽莎白·克拉克-刘易斯所谓的"摧残人的心灵、让人空虚的住家工作"。[6] 大多数拉美裔移民也努力去寻找其他的选择。

直到 20 世纪初,住家工作还是美国带薪家庭工作最为普遍的形式。但 20 世纪上半叶,住在雇主家的工作逐渐被家庭"日工"取代。[7] 然而,住家工作并未完全消失。在 20 世纪的最后几十年,这种工作强势复兴了。之所以获得新生是因为父母工作且孩子年幼的家庭有此需要——而且,就像我们看到的那样,初到美国的拉美裔移民也有此需要,这些移民许多都没结婚,也没有家庭可以依靠。这些女性想要摆脱住家工作往上爬,却发现几乎没有别的工作可以选择。通常,她们最好的选择就是改做另一种带薪家庭工作,要么做不住在雇主家的保姆/管家,要么做每周一次的家庭清洁工。当她们做此类日工的时候,她们就能较好地限定工作时间,用较少的时间挣更多的钱。[8]……

---

① 一般美国工资都是周薪。——译者注

工作结构

住家保姆/管家和不住家保姆/管家发现这份工作造成的空间隔离和社会隔离强化了她们对私人交往的渴望。通常,她们只为一个雇主工作,每天都待在同一个家里。被收入极高家庭雇用的是个例外,这样的家庭同时雇用几个家庭工人。除此之外,他们通常没有可以交谈的同事。正如一个雇主承认的那样,这个工作是个"孤单的工作"。保姆/管家可能一天大多数时间都形单影只,或者整天跟婴儿待在一起。如果幸运的话,她们可能会在公园或者安排好的影片上映日跟一群保姆聚上一两个小时。

住家保姆/管家是最为孤单的。她们工作时间漫长——平均超过每周60小时——只有在星期六下午才离开雇主的家,她们回到一个共享的公寓或者租来的房间,直到星期一早晨。在一周的其余时间里,她们一直困守在工作地点。日复一日,没有人可以对话,她们中许多人变得情绪不振,心烦意乱,灰心丧气。她们经常寻求与见到的仅有的成年人,即她们的雇主,建立私人关系,也就不足为奇了。

危地马拉中年妇女埃尔林达·卡斯特罗是5个孩子的母亲,三年里在三个不同的家庭做过住家管家,最后建立起了自己的家庭清洁渠道。在她第一份住家工作之中,用她自己的话说,自己为一个好雇主家庭工作,原因有两个。第一,这家雇主支付给她想要的薪金。第二,这家雇主不会不合情理地派给她一大堆工作。学龄儿童一天大多数时间都不在家,她的工作任务好像公平合理,身体也可以承受。雇主不挑剔她的工作,也从不侮辱她或者向她吼叫。跟许多其他住家工人不同,埃尔林达·卡斯特罗有自己的房间,也有食物可吃。然而,埃尔林达发现自己的雇主态度冷淡,没有人情味。埃尔林达想加入他们的谈话,但是,雇主置若罔闻。而且,她告诉我雇主的冷漠驱使她辞职。

"我会问候夫人:'早上好,朱迪夫人!'"埃尔林达·卡斯特罗回忆,"他们会说点西班牙语,但是,先生从来不说。如果我跟先生打招呼,先生可能从齿缝里嘟哝出'呵'之类的话。我就经常被这么对待,这让人觉得残忍。你离开自己的家,抛弃一切,发现得到的却是敌意。你对他们有用,只是因为你打扫卫生,洗衣,熨烫,做饭——这是唯一的原因。没有感情,什么都没有。"她期望得到一些温情和喜爱,但却得不到。她离开了自己在危地马拉的家和5个孩子之后就直接进入了这些雇主的家。周末,她在洛杉矶与丈夫汇合,一起游玩。这是她第一次从事带薪家庭工作。虽然这份工作的工资、工作任务和低下的社会地位并没有让她退缩,但非人的待遇让人无法忍受。"我感觉不好,非常不好。我坚持不下去了,只能说'早上好,夫人'和'晚安,夫人'。仅此而已。他们什么都不愿意

第 26 章 • 家仆

说,什么都不愿意说,根本不愿意跟我说话！他们跟我说话的时候就是发号施令。"埃尔林达的那份工作坚持了大约一年,然后离开去做了朋友介绍的另一份住家工作。

为白人雇主工作的有色人种家庭工人经常抱怨雇主拿他们当透明人一样。历史学家戴维·卡茨曼在其关于美国南部职业的研究报告中指出:"家庭服务特别且最有辱人格的方面就是需要隐形。理想的仆人……会是隐形而安静的(,)……对周围人的情绪和想法敏感,但不奢求家庭的温暖、爱意或者安全。"[9] 朱迪思·罗林斯 20 世纪 80 年代初进行了人种志研究,把自己扮成一个家庭清洁工,揭示了一个表露心迹的时刻:一个雇主和她未成年的儿子在她全程在场的情况下交谈私人问题。"情况是,"罗林斯在自己的实地记录里写道,"那天最特别的感觉是:在那儿却又不在那儿。"[10] 在不同的时候,美国的非洲裔美国人、日裔美国人、女奇卡诺人家庭工人有着同样让人困扰的经历。[11]

一些家庭工人把人格主义看成是侮辱和耻辱之中的调剂。言语互动赋予了她们工作上的尊敬和认同。墨西哥人埃尔维亚·阿雷奥拉为一个家庭工作了 11 年。我采访她的几天前,她刚跟雇主发生了激烈的争斗——分歧变成了肢体冲突——阿雷奥拉因此失业,没了收入。作为一个单身妈妈,埃尔维亚·阿雷奥拉发现自己处于可怕的境地。但她依然不后悔,部分原因是,几年来,她与东家几乎没有言语交流,剑拔弩张。她的女雇主没工作,就待在家里,但她们几乎没有互动。"我会(在清晨)到达,她有时到了下午两点才跟我打招呼……我在厨房,她会走进厨房,但是一言不发。她会无视我,好像在说:'我自己在家,家里没别人。'有时,她一整天都不跟我说话……她的表现就好像我是一把椅子、一张桌子,似乎她的房子在没有我的情况下实现了一尘不染。"她对缺乏赞赏和言语认可的不满在许多其他女性的讲述中得到了响应。

尾注

1. Glenn 1986: 141.
2. Lacher 1997: E1.
3. 一个保姆/管家告诉我,一位夫人因她摘了一袋水果而警告她,并想让她为这袋水果付钱;另一个保姆/管家声称,她的雇主宁愿看着水果从枝头掉落腐烂,也不愿看到她吃。
4. 许多拉美裔家庭工人并不知道自己的时薪是多少;另外,由于工作和不工作往往并非截然分明,住在雇主家的保姆/管家尤其难以计算时薪。在调查问卷之中,我问住家保姆/管家一周工作多少天,什么时间开始,什么时间结束,还让她们估计在普通的工作日她们有多少休息时间(39% 说没有休息时间,32% 说她们每 1 到 3 个小时休息一次)。47% 的女性说她们在早晨 7 点或者更早就开始工作,62% 在下午 7 点或者更晚结束工作。她们大多数(71%)每周工作 5 天,她们一周的平均工作时间是 64 小时。乍一看,这个估计是夸大其词;但是,考虑一下,比如说,典型的住家保姆/管家一周工作 5 天,从早晨 7 点到晚上 9 点,孩子午睡时间休息一个半小时(可以躺下休息或者看电视)。在岗工作时间会总计每周 64.5 小时。接受调查的住家保姆/管家周薪从 130 到 400 美元不等,平均 242 美元。把这个数字除以 64 就是时薪 3.80 美元。住家保姆/管家食宿都不要钱——这种做法是法律规定的——但是 86%住家保姆/管家说自己要随身携带食物到工作岗位。大多数都报告报酬是现金支付的。

5. 例如 Employment Classified Section 2,*Los Angeles Times*,June 6,1999,G9.

6. Clark-Lewis 1994:123."平均 7 年之后,"伊丽莎白·克拉克-刘易斯针对 20 世纪初从南方移居华盛顿的非洲裔美国女性进行了分析,并指出,"所有移居而来的女性都开始害怕住在雇主家的处境。她们认为自己的工作伤害了她们生活的各个方面"(124)。这些非洲裔美国女性几乎都转为了私家日工。今天,洛杉矶的拉美裔移民重复了这一模式。这一模式反映了劳动力市场的机会和约束。在得克萨斯州休斯敦,许多马雅族危地马拉移民女性如今都住在雇主家工作。杰奎琳·玛丽亚·黑根(1998)的研究指出,她们要摆脱住家工作会面临巨大的障碍。在休斯敦,家庭清洁工作主要由扎根较深的移民女性女卡奇诺人承担,而最近则是商业清洁公司承担——所以,马雅族人难以保住家庭清洁工作。另外,黑根发现,随着时间的流逝,从事住家工作的马雅族女性会发现自己的社交网络契约,从而进一步减少她们的国内工作流动性。

7. 几个因素解释了向日工的转变,包括城市化、城际交通系统、更小的私人住宅。历史学家也归纳了非洲裔美国家庭工人的工作喜好:非洲裔美国家庭工人拒绝住家工作的约束,选择跟自己的家庭和社区住在一起。这种工作喜好在一定程度上促使了 1900 年以后城市化北方向日工的转变(Katzman 1981;Clark-Lewis 1994:129—135)。在美国的许多城市地区,向日工的转变在第一次世界大战期间加速,就这样,不住在雇主家的安排变得更加盛行(Katzman 1981;Palmer 1989)。在其他地方,对于不同种类的家庭工人来说,这种转变发生在 20 世纪晚些时候。伊芙琳·纳卡诺·格伦(1986:143)指出,日本移民和在旧金山湾区从事家庭工作的日裔美国女性在第二次世界大战之后的年份撤离了住在雇主家的工作,进入了现代化的日工。

8. Katzman 1981;Glenn 1986.

9. Katzman 1981:188.

10. Rollins 1985:208.

11. Rolins 1985;Glenn 1986;Romero 1992;Dill 1994.

第 27 章

重新联系起弱势群体的年轻人

彼德·埃德尔曼　哈利·J.霍尔泽　保罗·奥夫纳

最近的一些统计数据表明,在美国,有 200 万到 300 万 16 到 24 岁的年轻人没有接受过高等教育,并且与学校和工作生活"绝缘"(Wald and Martinez 2003)。说到"绝缘",我们的意思是年轻人不上学并有相当长的时间不工作,这段时间在一年左右。[1]对于年轻的少数族裔男性,尤其是非洲裔美国男性来说,这些事实尤其令人不安。比如,

- 在任何时刻,黑人青少年的就业率都只有 20%。
- 年龄 16 到 24 岁未上学的年轻黑人男性之中,只有约半数在工作。
- 在任何时刻,在所有的年轻黑人男性之中,都有大约三分之一涉及违反刑事司法制度的行为(等待审判,在监狱或者看守所,处于缓刑或者假释期),差不多比例的年轻黑人男性会在一生之中在监狱或者看守所度过一段时间。[2]

为什么如此多的年轻人与学校和工作生活"绝缘",公共政策如何应对这个问题?……

关于年轻人赋闲的一些统计数据

先看看入学、就业和赋闲方面的数据。几位作者最近详细描述了年轻人群的特性(e.g. Sum 2003；Wald and Martinez 2003)。在此,我们不重复他们的结果,而是突出一些事实。这些事实阐明了年轻人问题的特定维度以及我们(作为一个社会)所能采取的措施。

我们把 16 到 24 岁的群体界定为年轻人。[3]我们提供的数据来自当前人口调查报告(CPS),这是一份每月发布一次的家庭调查报告,联邦政府对 60 000 个家

庭进行调查,从而计算失业率以及其他统计数据。[4]作为家庭调查报告的一种,当前人口调查报告着眼于那些非制度内人口——略去了被监禁或服兵役之人。因为年轻人口中监禁人口所占比重越来越高,我们调整了下面的一些数字,以便解释监禁率的群体区别。[5]

表27-1　1999年16到24岁年轻人的入学率和就业率

	男性(%)			女性(%)		
	白人	黑人	西班牙裔	白人	黑人	西班牙裔
平民中的非制度内人口						
入学的	49.0	47.6	36.6	50.8	46.5	38.6
中学	25.3	28.1	23.8	23.4	25.0	22.2
大学或者其他学校	23.7	19.6	12.8	27.4	21.5	16.4
就业但并未入学	42.3	29.6	50.6	35.9	31.9	32.6
赋闲	8.7	22.8	12.8	13.3	21.6	28.8
平民中的非制度内人口和被监禁人口[a]						
入学的	48.5	44.1	35.6	50.8	46.1	38.6
中学	25.1	26.0	23.1	23.4	24.8	22.2
大学或者其他学校	23.4	18.1	12.5	27.4	21.3	16.4
就业但并未入学	41.8	27.4	49.1	35.9	31.6	32.6
赋闲	9.6	28.5	15.3	13.3	22.4	28.8

a. 美国司法部司法统计局关于年轻人监禁率的总结数据补充了当前人口调查报告的计算数字。
资料来源:人口普查局,当前人口调查报告(1999)。

在表27-1中,我们提供了1999年16到24岁年轻人的入学率和就业率。1999年是20世纪90年代经济繁荣最后几年中的一年。[6]我们提供了所有入学年轻人中的各个类别(中学与高等教育对照),就业但并未入学,"赋闲"。我们对种族/族裔和性别进行了清楚的划分。

- 年轻非洲裔美国男性的就业率远远落后于白人甚至西班牙裔男性。非洲裔美国男性的赋闲率也极高,尤其是把那些被监禁的也算在内时。
- 在每个种族/族裔,如今,女性的大学入学率都高于男性。在教育成就方面,年轻女性优于男性,"性别鸿沟"因此形成。年轻黑人女性的就业率也超过了受调查的年轻黑人男性——尽管年轻黑人女性有抚育孩子的义务。
- 跟年轻白人和年轻黑人相比,西班牙裔年轻人的入学率,尤其是大学入学率要低得多。而且,非洲裔美国人的大学入学率低于白人(中学毕业率也是如此,虽然表 27-1 的数据并没有表明中学毕业率)。[7]

在表 27-2 中,我们又一次提供了 1999 年的赋闲率。但这次,我们关注的年轻人在接受调查的时候,已经在先前赋闲了至少一整年。这是我们在本书中定义为"绝缘"的年轻人。这一区分是重要的,因为暂时赋闲是年轻人中的常见现象,跟长期赋闲相比,消极的长期影响要少得多。另外,对于那些赋闲时间更长的人来说,我考虑了其婚姻状况和育儿行为;生儿育女或许能够解释一些人尤其是年轻的单身母亲为何未入学和就业。我们也提供了平民中的非制度内人口的长期赋闲率——这个群体是大多数公布的教育和就业统计资料的基础——如果想要扩大规模,就可以把被监禁之人包括进来。

结果表明,整年赋闲率,或者说绝缘率略低于表 27-1 中的数字。另外,按照表 27-2 的数字,就平民中的非制度内人口而言,每年有 10% 的年轻黑人男性和 9% 的年轻西班牙裔男性赋闲。假如把监禁人口也算进去的话,年轻黑人男性和年轻西班牙裔男性的赋闲率大幅上升——达到 17% 和 12%。此外,在这一类别,黑人和西班牙裔年轻女性的长期赋闲率比这一群体男性大约低 10%。而且,就持续赋闲的年轻女性非制度内人口来说,超过三分之一以上的黑人和西班牙裔是家长。相比之下,在每个种族或族裔群体之中,几乎没有赋闲的男性是已婚或者需要照顾孩子的。

表 27-2　1999 年 16 到 24 岁年轻人赋闲率

	男性(%)			女性(%)		
	白人	黑人	西班牙裔	白人	黑人	西班牙裔
平民中的非制度内人口						
绝缘(赋闲至少一年)	3.2	10.5	9.3	7.1	9.0	10.4
已婚家长	0.2	—	0.3	3.1	0.3	3.1
单亲家长	—	—	—	1.3	3.2	0.6
未婚未育	3.0	10.5	9.0	2.8	5.4	6.8
平民中的非制度内人口和被监禁人口						
绝缘(赋闲至少一年)	4.2	17.1	11.9	7.1	9.9	10.4

资料来源:人口普查局,3 月当前人口调查报告(2000)。

换句话说,超过六分之一的年轻黑人男性和接近八分之一的年轻西班牙裔男性在没有主要抚育儿童义务的情况下,经历了长期赋闲。无疑,这些年轻男性之中许多人都活跃于临时或者"地下"经济之中,用或合法或非法的手段获取收入。但是,如果我们把生产性劳动定义为官方报道的稳定工作,那么,大批年轻少数族裔男性都正在放弃生产性工作以及学校教育。而且，2001 到 2004 年，劳动力市场下行，赋闲率肯定更高。[8]

虽然跟少数族裔相比，年轻白人的长期赋闲率低得多（占年轻男性总数的 4%，占年轻女性总数的 7%），但白人占总人口的百分比也高得多。因此，虽然跟少数族裔相比，白人年轻阶层的长期赋闲率低得多，但年轻白人在总人口中却占据了相当高的比例。[9]

不同年轻人群体的入学率和就业率是如何随时间变化的？在表 27-3 中，数据表明：

- 对于受教育程度低的年轻白人男性和年轻西班牙裔男性来说，就业率保持恒定，但是，年轻黑人男性的就业率在 20 世纪 90 年代却猛烈下降。
- 受教育程度低的年轻女性，尤其是年轻黑人女性的就业率大幅攀升。
- 对于所有年轻人群体，尤其是年轻白人群体和年轻黑人群体来说，入学率都在上升。[10]

表 27-3　1989 年和 1999 年受教育较少的 16 到 24 岁年轻人入学率和就业率

	男性(%)			女性(%)		
	白人	黑人	西班牙裔	白人	黑人	西班牙裔
1989						
入学率	35.6	38.3	25.9	32.9	32.2	26.6
未入学者就业率	80.2	59.3	77.7	64.1	40.4	44.1
1999						
入学率	47.3	46.0	34.3	50.1	44.2	34.6
未入学者就业率	80.0	50.0	78.4	64.8	52.3	47.4

资料来源：人口普查局，当前人口调查报告（1989，1990）。
注：样本包括所有最高学历为中学的 16 到 24 岁年轻人。

年轻非洲裔美国男性就业减少尤其让人不安，因为在 20 世纪 80 年代末，他们的就业率就已经落后年轻白人男性和西班牙裔男性大约 20 个百分点。到了 20 世纪 90 年代末，这一差距扩大到大约 30%。就像上文指出的那样，虽然受教育较少的年轻黑人女性经常有照顾孩子的繁重义务，但受教育程度低的年轻黑人男性在就业率上却落后于黑人女性。如果把被监禁人口也计算在内，这一差距就更大了。

而且，或许更令人困扰的是，尽管美国经济在 20 世纪 90 年代后半段极度繁荣，年轻黑人男性的就业率还是下降了。实际上，跟 1989 年相比，1999 年的劳动力相当短缺,虽然这两年都是经济周期的顶点。

这些结果好像表明,受教育程度低的非洲裔美国人目前好像未受到经济周期的影响,但事实并非如此。根据历史,跟其他所有主要群体相比,黑人在经济下行时受影响更严重,在经济复苏时受益更多。事实上,萨姆(2003)、霍尔和奥夫纳(2002)都发现这种观点如今依然适用。此外,霍尔和奥夫纳(2002)发现,地方失业率每增加1个百分点,年轻黑人男性的就业率就减少近3个百分点。对于年轻黑人男性来说,不幸的是,20世纪90年代经济周期的积极影响被就业的下行趋势抵消。就业的下行趋势已经持续了几十年,并且好像在20世纪80年代加速。如果不是20世纪90年代末经济强劲,接受调查的年轻黑人男性的就业率只会更糟。[11]

年轻黑人男性和年轻西班牙裔男性间的就业率差距不断扩大,格外引人注目,尤其是考虑到我们发现的年轻西班牙裔男性较低的入学率(以及推测出来的毕业率)。但是,美国的西班牙裔是一个极为多种多样的群体,既有国外出生的,也有本国人,母国也是五花八门。在表27-4中,我们提供了受教育程度较低的(还是指的最高学历为中学)年轻西班牙裔的入学率和就业率,依据是国外出生还是本国出生,如果在国外出生母国是哪个。

表27-4 1999年受教育较少的西班牙裔16到24岁年轻人入学率和就业率

	国外出生(%)					本国出生(%)
	波多黎各人	墨西哥人	古巴人	其他	全体	全体
入学率						
男性	18.7	16.1	31.7	23.6	18.2	38.2
女性	14.3	14.6	—	17.4	15.3	37.4
未入学者就业率						
男性	49.7	75.4	—	66.0	71.6	60.3
女性	16.9	29.6	52.9	51.3	35.8	44.3

资料来源:人口普查局,3月当前人口调查报告(2002)。

结果表明,国外出生的西班牙裔入学和就业不同于本国出生的西班牙裔。国外出生的西班牙裔入学率低得多;国外出生的西班牙裔男性就业率更高,而国外出生的西班牙裔女性比本国出生的西班牙裔女性就业率低。这与移民的传统家庭模式一致:男性工作的概率高,而女性专职抚养孩子。

但是,即便在国外出生的西班牙裔之中,入学率和就业率也存在广泛的区别。比如,来自墨西哥的男性就业率是最高的,来自波多黎各的最低。实际上,有人(比如,博尔哈斯,1996)已经指出,波多黎各男性的就业率并不比黑人男性高太多,而墨西哥裔美国人的就业率高得多。我们在考虑针对未入学或未就业年轻人的政策时,必须记住不同出生地和母国的西班牙裔男性有不同的结局。

最终,这些各不相同的入学率说明整体教育成就和相关劳动力市场结局存在着什么样的区别?在表 27-5 中,我们提供了未入学年轻白人、黑人、西班牙裔男性的就业率和真实时薪,分类标准是每个群体的受教育程度。

结果表明,不同受教育群体的就业和收入结果存在着巨大的差异,但存在例外,通常就业和收入之间也存在着强大的正相关关系。无论受教育程度如何,年轻黑人男性的就业率低于年轻白人男性和年轻西班牙裔男性,但是中学辍学生的结果格外惊人。实际上,只有略高于三分之一的年轻黑人辍学生就业了——如果把被监禁人口也算在内,这个数字就低于三分之一。[12] 在每一组里,年轻黑人男性的真实时薪也低于年轻白人男性和年轻西班牙裔男性,只有大学毕业生例外。

表 27-5 的数据也表明了入学率和毕业率都相对较低的年轻西班牙裔男性付出了什么样的真实成本。显然,西班牙裔比年轻黑人的就业率高得多,具体原因列举如下。在每个教育程度层级之中,西班牙裔挣的工资也完全可以和年轻白人相提并论。但是,年轻西班牙裔的整体劳动力市场结局不佳,原因是他们更多地聚集在低教育程度类别之中。西班牙裔和白人的收入差距也会随着时间的流逝而扩大,原因是随着经验的增长,大学毕业生的收入增长大于中学毕业生或者辍学生(法勒、哈默迈什、里斯,1996)。

表 27-5　1999 年未入学的 16 到 24 岁年轻人的就业率和工资

	白人	黑人	西班牙裔
就业(%)			
中学以下	58.2	36.2	55.9
中学	80.0	65.2	75.0
大学	83.5	81.1	82.7
大学及以上	92.3	77.8	95.9
真实时薪($)			
中学以下	7.29	6.58	7.03
中学	8.23	7.54	8.66
大学	8.56	7.11	8.49
大学及以上	10.51	11.37	10.09

资料来源:人口普查局,3月当前人口调查报告(2000)。
注:时薪是 1999 年的美元。

总的来说，这些统计资料告诉了我们关于赋闲、受教育程度低的年轻人的情况。我们发现年轻女性呈现出的趋势是相当积极的——她们的入学率和就业率都在上升。事实上，在每个种族或者群体中，尤其是黑人和西班牙裔中，女性的大学入学率都已经超过了男性。当然，至少在就业和收入方面，传统的男女差距依然部分存在。但在每个群体之中，差距都在缩小；然而，跟年轻的非洲裔美国男性相比，年轻非洲裔美国女性的就业率实际上更高，赋闲率更低，尽管大量女性有抚育儿童的义务。

相比之下，年轻非洲裔男性的就业率进一步落后于年轻白人男性和年轻西班牙裔男性（以及年轻黑人女性），尤其是把被监禁趋势也考虑在内的话。年轻西班牙裔男性也有着稍高的长期赋闲率；虽然跟其他受教育程度低的年轻男性相比，受教育程度低的年轻西班牙裔男性就业率相当高，但是，他们较低的受教育程度暗示他们一生可能都会拿着低薪。而且，年轻白人男性甚至也有着较低的赋闲率但却人数庞大，这就能解释为什么全国范围内有那么多的年轻人赋闲……

年轻人绝缘带来的诸多成本

对于与学校和工作绝缘的年轻男性来说，就失去的就业机会和收入而言，他们一生中付出的代价会是巨大的。缺乏教育会减少他们的收入，而缺乏早期工作经历会使他们在将来损失工资和就业机会。[13]

而年轻人的绝缘也给其他人带来了巨大的成本。卷入犯罪活动以及被监禁的年轻人给社区带来了巨大的公共安全成本。自20世纪90年代以来，州惩教预算大幅增加，而刑满释放人员无法就业给国家带来了经济成本。实际上，弗里曼(1996)估计，犯罪的这两个因素给美国造成了高达国内生产总值4%的成本，现在每年达到4 000亿美元。

有些父亲置身于家庭之外并对家庭几乎没有经济上的贡献。这些家庭也耗费了较高成本。年轻男性惨淡的就业前景也有助于解释他们的低结婚率（布劳、卡恩和魏德弗格，2000；埃尔伍德和詹克斯，2004；威尔逊，1996），这又导致了单亲家庭儿童的高贫困率（麦克拉纳汉和桑德福尔，1994）。低收入且不照顾孩子的父亲工作动机不强，也减弱了他们提供经济支持、可能还有感情支持以及参与家庭生活的能力（明希，2002）。

最终，绝缘年轻人就业方面的损失——无论是现在还是在他们将来的人生阶段——都会减少国家的劳动力以及最终的经济产出和收入。当劳动力短缺且雇主难以找到工人时，这种情况更是严重。几年后，"婴儿潮一代"开始退休，这种情况将会出现得更为频繁。

（编者按：本文注释可以在初始来源中找到。）

第 28 章

下层社会标签

赫伯特·J.甘斯

美国的一个流行贬义标签是"贫民窟",将低收入住宅及居民描述为对其贫困的居民及社会的其他成员有害的存在。在 19 世纪,贫民窟遭到了公开指责,说贫民窟把值得帮助的穷人变成不值得帮助的穷人。但在 20 世纪,因果关系有时候反转了,有着"贫民窟居民心态"的穷人遭到了批评,有人说他们破坏了生机勃勃的建筑和居民点。

第二次世界大战之后,"贫民窟""贫民窟居民""城市癣疥"全都或多或少地成为官方标签。当时,联邦政府受各种建筑商和不动产压力集团的怂恿,开始大笔拨款,用来"清除"低收入居民区,因为不幸的是,按照 1949 年的《美国住房法》,这些低收入居民区符合上述标签的定义。总的来说,如果在一些区域,私营企业建造豪宅以及其他有利可图的住宅,那么这些区域的贫民窟就会被拆除,也只有这些区域的贫民窟会被拆除。但是这导致超过 100 万的贫困家庭在接下来的 20 年里失去了家园,这些流离失所的人们几乎没有得到任何帮助。

想着这段老生常谈的历史,写下了这一章,旨在表明下层社会标签——以及除了最不含感情色彩的行为术语以外的一切——都会对穷人以及反贫穷政策产生危险的影响。虽然重点放在"下层社会",但也会论及相关标签的危险。

标签可能只是几个单词,却是判断性的或者规范性的,促使制度和个人采取惩罚性措施。这种标签的危险有很多。但是所有行为标签和术语的共同危险是它们聚焦于行为,而行为掩盖了导致行为的贫困。它们认为这些行为是由道德、文化或基因方面的缺陷导致的。

作为代名词的"下层社会"

"下层社会"这一术语产生了引人注目的力量,构成其第一个危险。这一单词有一种技术光环,使其可以作为贴标签的委婉语或者代名词。这一标签的使用者因而就能把对穷人的反对藏在这个给人留下深刻印象的学术术语后面。"下层社会"在道德上也变得模糊,因为它通常未被定义,人们能够随心所欲地理解"下层社会",包括将其理解为一个标签。

由于"下层社会"是一个代名词,把一些穷人置于社会之下,并暗示这些穷人不在社会之内,或者不应该在社会之内,因此这一术语的使用者喜欢把这些穷人跟社会的其余人员区分开,而无需明说。从前,白人把奴隶、"原始人"、战时的敌人看作非人的"他物",但是把一些人置于社会之下可能并无二致。

对于这种排斥机制,有一个较为微妙但有些阴险的版本:"下层社会"是穷人的同义词,值得帮助和不值得帮助的都包括在内。虽然没有把任何人排斥在社会之外,但却拉开了穷人与其他人的社会距离。这个距离被一种当代趋向进一步拉大:民选官员和记者给工人阶级重新命名并将其升级为低层中产阶级——甚至直呼其为中产阶级。

因为"下层社会"也用作种族甚至族裔代名词,所以可以方便地隐藏对黑人或者西班牙裔的反感。作为一个代名词,"下层社会"容纳了当代的禁忌语,避开了公然的偏见,未提及仇恨言论。此种禁忌语有时模糊了——甚至抑制了——人们不想公开表达的种族对立。

具有讽刺意味的是,这个种族代名词隐藏了极度贫穷的白人的存在,他们和贫穷黑人一样面临着许多同样的问题。用作种族术语时,"下层社会"模糊了白人以及黑人遇到的一些麻烦的程度。这些麻烦是由经济、阶级论或者阶级歧视导致的,需要建立在阶级和种族基础上的解决方案。

和其他代名词一样,"下层社会"可能会干涉公共讨论。对他人行为的反对是民主的一部分,但代名词把需要公开的东西隐蔽了起来,以使这种反对避免遭到质疑和争论。如果公开指责性质的术语,比如"懒汉"和"穷鬼"仍在使用,如果"下层社会"之类笼统术语由"乞丐"或者"福利寄生虫"之类的具体术语取代,不安的公民可以清楚地按照自己的想法指出穷人犯了什么错误。在这种情况下,公共讨论或许能够更公开地应对较为幸运的阶级对穷人的态度、穷人的真实情况、与贫困和贫困相关行为有关的政策问题。

"下层社会"标签的灵活性

术语和标签经历了扩张,以便适用于不同的情况。这种扩充也使标签变得灵活,可以用来羞辱新的移民,或者指责饱受非议的人接二连三的失败。

对这些人造成伤害的一个原因是含义的灵活性,这源于一个新的单词可能意思模糊,或者没有统一的定义。当年,奥斯卡·刘易斯为自己的贫困文化确立了将近 65 个"特征"。从那以后,下层社会标签取代了刘易斯的术语,并为灵活性创造了因地制宜的先例。如果在一些描述性术语前面加上贬义前缀,那么,灵活性就会更具伤害性;比如,一个女性福利寄生虫也可以被描述为永远的下层社会一员,这表明她根本无法脱离福利。给年轻人的下层社会加上"桀骜不驯"的前缀,就会威胁性大增。更糟糕的是生物下层社会这个想法,这暗示了有一群人在基因上永远处于劣势,而公共政策使他们变得无害的方式是绝育、监禁或杀戮。

另一个严重的危险来自对象的灵活性:人人都具有贴标签的权力,把更多人口归入下层社会,却不用对任何人负责。别忘了,穷人没钱起诉诽谤和诋毁。如果公共住房的租户也被划入下层社会,那么他们受到的羞辱远大于他们从脱离"低收入住宅区"标签的那一刻。有些非法移民是难民,来自不被国务院或者移民归化局支持的国家。如果他们本国出生的邻居认定他们的行为标志着他们是下层社会的一员,那么他们就更有可能遭到公众的骚扰或被驱逐出境。他们可能在做着别人不愿做的工作或者领取政府津贴并为此缴纳自己的那份税收。但是,一旦被贴上下层社会的标签,上述一切都会化为乌有。

下层社会标签的具体化

危险的另一个来源是下层社会标签的具体化。具体化的条件有两个。第一,其定义被赋予了生命的特质。第二,标签的使用者相信,确实存在一个同质下层社会,形形色色的穷人都可以归入其中,目前下层社会就是这么定义的。具体化把"下层社会"具象为一群活生生的人,掩盖了一个事实:下层社会是定义者脑海里构建出来的一个假想的群体。然而,羞辱性的标签一旦具体化,人们迟早会需要用来辨别标签的显性符号,然后制造出来,具有这个符号的人因而更容易受到骚扰。

另外,一旦有了符号,假想的群体就会变为现实,标签就有被当作因果机制的危险。因此,富裕阶级可能认定,身处下层社会导致了无家可归和街头犯罪。然后,无家可归就成了下层社会成员的症状,还有一个危险就是潜在的政策含义:消除下层社会就会终结无家可归,从而就不需要为无家可归之人提供负担得起的住房、工作和收入。

甚至连纯粹指代活生生之人的描述性术语,比如"福利寄生虫",也能被具体化,并变成因果标签。人们会因此自我劝导,相信靠福利过活是贫困的原因,是单亲家庭的原因。一旦被这样劝导,人们就会提议通过终止福利来消除贫困和单亲家庭,而且不觉得不人道——自从 20 世纪 90 年代初,竞选公职的保守政客以及支持他们的知识分子就是这么做的。他们罔顾一个事实:在现实世界里,因果关系反过来了,但他们实现了自己的政治目标,尽管伤害了贫困的母亲和她们的孩子。

因为流行的因果思维几乎总是道德层面的,也是经验主义的,所以,"下层社会"之类标签的具体化通常导致道德因果关系论。如果下层社会引发了偏离主流范式的行为,那么,解决方法就是道德谴责、行为纠正,或者通过停止经济资助来进行惩罚。因此,人们指责的往往是受害者,而不是始作俑者,罔顾了街头犯罪等的经验主义原因,干涉了有些反犯罪政策的制定。指责别人可能会使指责者自我感觉良好,公平正义(就犯罪的原因来说,非常合情合理),义愤填膺,但就算是合情合理的指责也不会构成或者促成终结街头犯罪的政策。

那些科学术语的标签也可以有具体化的学术形式。这样,这种标签和科学术语就混为一谈,标签也就获得了科学概念的合法性。反过来,被贴上标签的道德谴责允许社会科学家在其概念中加入明显的偏见,或者心安理得地把社会概念变成易操作的标签。

一个恰当的例子就是埃罗尔·里基茨和伊莎贝尔·索希尔给出的"下层社会"的操作性定义,这个定义被政府、学者广泛采用,其简化形式甚至被流行作家使用。这两位社会科学家认为,下层社会有四类人:"中学辍学生"、"没有固定工作的盛年男性"、福利寄生虫、"当家女性"。里基茨和索希尔认为这四类人表现出了"下层社会行为"或者"失调行为",并认为这两类行为"不同于主流人口行为"。

这两位作者指出他们"可以就这些行为的基本原因持不可知论"。不过,他们实际采取的是含蓄的道德因果关系,因为他们把下层社会定义为"行为离经叛道之人",并对因果关系三缄其口,他们暗示因为违背了主流价值观才会出现这些行为。

然而,里基茨和索希尔没有提供证据证明他们说的四类行为确实是离经叛道的产物。更重要的是,里基茨和索希尔的操作性定义并未考虑四类行为的其他因果性解释。无疑,一些贫困的年轻人辍学是因为他们拒绝了教育的主流范式。但是,里基茨和索希尔忽视了三类辍学生。第一类因为不得不工作养家而辍学,第二类觉得就算上学在就业市场上也希望渺茫。第三类年轻人被学校管理人员逐出学校,应被称作"被开除学生"。

同样,除了里基茨和索希尔所认为的因不愿工作而无业的"盛年男性之外",一些男性拒绝从事没有前途的工作,而另一些之所以无业基本上是因为没有他们可以干的工作。实际上,里基茨和索希尔定义的讽刺之处在于,当一个雇主破产的时候,以前被誉为"穷忙族"但现在找不到工作的工人就会被放逐到下层社会。

贫穷的母亲因为多种多样的原因而靠福利过活。一些妈妈是职业女性,她们需要给孩子上医疗保险,同时从雇主那儿得不到健康补助金。当家女性经常单身,是因为无业男性难以养家糊口,而不是因为她们质疑主流婚姻范式的吸引力。

如果我正确理解了里基茨和索希尔的观点,那么,他们是在对他们定义的四类下层社会人群进行异常规范的分析,尽管他们可能本没有打算标准化。因此,他们操作定义的措施与流行的贬义标签形成了一些相似之处,去谴责而不是去理解行为。反过来,里基茨和索希尔好像没有去考虑一种可能性:主流经济的失败使人们无法实现他们为穷人设定的范式。

因此,里基茨和索希尔没有提供证据来衡量主流经济的失败,也没有收录——或者操作——大量其他信息。比如,他们可以把干涉或者破坏学习的家庭状况、学校状况和居民区的状况算在内,也可以把使工作消失并使人无心工作的经济状况算在内。另外,他们可以获取无业盛年男性的工作机会以及依赖福利的女性的工作机会的信息——只需提及一些公开提供的相关数据。只有包含了这些数据,他们的"下层社会"定义和操作才能达到科学的程度,因为这时,他们的计算方法遵循了科学规则。

不加区分地混杂科学和贴标签以及刻板印象具体化,采用了一个不同的方法,这个方法出现于20世纪80年代的一些提议之中。这些提议根据穷人对态度问题的回答来衡量下层社会的状态。比如,是否会提前规划。这种态度问题可以在广泛使用的《收入动态小组调查》中找到。这种问题假定了两点。第一,人们应该提前规划。第二,穷人未提前规划表明穷人不愿,而不是不能提前规划。许多实证研究报告都记录了这两点。不过,有些人因贫穷而无法提前规划,并诚实地回答未提前规划,就会被贴上羞辱性的标签——依据的只是他们对肤浅笼统问题给出的答案。幸运的是,目前好像没有任何极具影响力的人士使用这种"衡量"下层社会的方法。

最后一项具体化是空间方面的。根据这种方法,行为标签被用于人口普查地段来制造"下层社会区域"。这些区域源自美国人口普查局的人工统计资料。美国人口普查局为那些穷人占比至少40%的区域炮制了"极度贫困区域"的概念。虽然非常不精确——尤其是对于那60%的非穷人来说——但里基茨和索希尔还是认定了"下层社会区域",在这个区域显示出所有四种下层社会行为指标的人群比例是"一个高于整个国家平均水平的标准差"。两人并未解释自己的衡量标准,尽管贫困不是分散在美国各地的普遍现象,而主要集中于东北部、中西部和南部城市，而南部的农村也是最为贫穷的地方。

大多数人缺少社会科学家的方法论技能，没有理解下层社会计算方法背后的假设。然而，一旦社会科学家认定一些区域为下层社会区域的消息传开，那这些居民区就很容易受到羞辱，这里的人口就会被贴上相应的标签，并被指责附上"下层社会"术语所包含的任何地方意义。

当一些区域成为众所周知的下层社会区域，地方政府和商业企业就获得了撤出或不提供可以缓解该区域居民贫困的设施和服务的合法性。给一些区域贴上下层社会的标签也能够鼓励政府在此设立过量的无家可归者收容所、戒毒中心以及其他为极穷之人服务的设施，这些设施也因而遭到其他居民区的拒绝。

实际上，"下层社会区域"基本上是旧日"贫民窟"标签的当代版本，"贫民窟"也把贫困指标看作是行为失败。第二次世界大战之后，经济富足，类似的定义方法和后续的计算活动被用来证明"贫民窟拆迁"和为保障富人住房而使穷人流离失所的合理性。就像所有的标签一样，穷人一旦被贴上了标签，就得自谋生路。

雨伞效应的危险

"下层社会"是一个笼统标签，可以在其定义中囊括各种各样的行为过失和道德过失，标签制造者和使用者可以把各种各样的行为过失和道德过失与这个标签联系起来。因此，被贴上这个标签的人还面临着两个危险。

这个标签囊括万象，似乎吸引了一些危言耸听的作家，他们夸大了"下层社会"的多种道德加害和行为加害。与雨伞效应相关的是，有些作家忘了被贴上这些标签的人处于极端贫困之中，这种贫困通常根深蒂固。因此，相信下层社会标签的人越多，这个标签的影响之伞就越大，政治状况也就越有可能禁止重新制定有效的反贫困政策。如果下层社会是危险的，而且危险多种多样，那么政府就有义务强化政策，增加法庭可以施加的惩罚，建立其他的惩罚机构，以便保护社会的其余部分免受危险的下层社会的侵害。

当把有着不同问题的各色人等归入一个术语之中时，笼统标签也会产生危险。这种做法罔顾了一个事实：被贴上下层社会标签的人群只有一个共同点，那就是他们的实际的行为或者假想的行为让主流人口不安，或者让声称为主流人口代言的政客不安。光靠这一特征把人们归入一个标签之下是灾难性的，尤其是如果政客和选民开始谈论综合性的"下层社会政治"或者克里斯托弗·詹克斯所谓的"元解决方案"。一方面，许多被贴上"下层社会"标签之人并未离经叛道，另一方面，还有些并未违法乱纪。因此，下层社会政策是对公民权利和公民自由的严重侵犯。

在写本文时，积极参加竞选的政客以及愤怒的选民依然满足于伤害带有特定标签的人,比如福利寄生虫、非法移民和无家可归之人。然而,在过去,早期笼统标签的制造者已经提出了极为严厉的政策。在1912年,亨利·戈达德提议,对付低能群体的方法是"使失去性功能……不管男女,都摘除必要的生殖器官"。意识到公众会强烈抵制阉割和切除卵巢,亨利·戈达德提出了次佳的解决方案,那就是低能群体的"隔离和殖民"。几十年之前,查尔斯·布思对同等类别的贫困人群提出了同样的解决办法。就在斯皮罗·阿格纽1974年被迫辞去美国副总统职务前不久,他提出,被控具有行为缺陷的穷人应该被重新安顿到远离现有城市和郊区的新乡镇。

即使经过深思熟虑的下层社会政策也是危险的,原因是被按到下层社会雨伞之下的人群的贫困样式各种各样,而且有时还面临跟贫困相关的问题,而这些问题需要不同的解决办法。要使身强体壮的工人摆脱贫困,就需要劳动力市场的政策变化;要使无法工作之人摆脱贫困,就需要人性化的收入拨款项目。跟消除无家可归相比,确保并鼓励年轻人留在学校里需要不同的政策,终结精神药物滥用和街头犯罪也需要其他的政策。宣称一个政策就可以一劳永逸的贴标签之人或者专家彻彻底底地错了。

贴标签的人身危险

最直接的影响是,下层社会标签对穷人造成了危险,因为穷人不得不接触的机构会伤害被贴上下层社会标签的救济对象。首先,面向穷人的机构有时会把标签带入自己的操作程序,并用在所有的救济对象身上。因此,他们或者未收集到真正救济对象的证据,或者假定标签合适而不顾相反的证据。负责公共安全的机构通常用这种程序来预防犯罪或者作为一种威慑措施,尤其是当被贴上标签的人几乎没有法律力量或者政治力量时。比如,在1993年,丹佛警察局基于"着装""显眼的帮派标志"或者与已知帮派成员的联系,编制了一本帮派成员嫌疑人名单。名单包括了丹佛三分之二的年轻黑人男性,其中只有一小部分是真正的帮派成员。

贴标签也导致了几种直接的惩罚效果。布鲁斯·林克研究了被贴上精神病标签之人,发现贴标签行为本身会导致抑郁和自暴自弃,使那些被贴上标签之人无法在工作面试以及其他竞争性场合之中保持最佳状态。同样,如果在街角徘徊的贫穷年轻人被作为"闲汉"对待时,他们最终可能锒铛入狱,因而破坏将来的生活——这可能就是同样在街角徘徊的中产阶级少男少女很少被称作"闲汉"的原因。

贴标签对人的一些影响甚至早在儿童生活中就感受到了。如果老师认为学生来自破裂的家庭,就会对他们区别对待。一项针对伦敦工人阶级的长期研究

第 28 章 · 下层社会标签

发现，贴标签的影响甚至会影响几代人。如果家长被贴上了罪犯的标签，那么，孩子就更有可能也被贴上这个标签。这样，在两代人之中，因违法犯罪行为而遭到指控的人数就会增加。

有时，贴标签的一些影响不太直接：机构阻断了机会，标签变成了自我实现的预言。当老师给低收入家庭学生和极深肤色学生贴上不能学习的标签时，老师可能就不会那么卖力地教这些学生——通常是无意的，但即便如此，学生的学习能力也会下降。假设人们认为被指控为"闲汉"的贫穷年轻人在成长过程中缺乏自控思维，而这种思维是由男性监督来培养的，那么这些年轻人可能会受到骚扰——有时揶揄和苛待会使他们做出愤怒的回应。随之而来的逮捕和逮捕记录可能会让无父家庭的年轻人失去合法的工作机会，迫使他们走上犯罪道路。在所有这些情况之中，自我实现的预言被用来在没有证据证明行为不当时给人贴上有罪的标签之举。

苛待程序的另一个变体出现在看守所里。约翰·欧文研究了旧金山的法庭和监狱，指出法庭和看守所有时会惩罚被告，别管被告是否有罪。他还指出："遭受到了严厉且不公平的惩罚之后，被告通常会愤怒或者怨恨，倾向于拒绝那些以这种方式对待他们的人的价值观。"在这种情况下，就像许多其他刑罚机构使用标签的情况一样，被贴上标签之人不一定是黑根和帕洛尼所说的"被动的无辜者"。相反，贴标签有时对警方和被捕之人都会产生影响，使得双方都处于狂躁状态。

贴标签的直接和间接影响甚至会伤害寻求帮助的穷人，原因是提供服务的人会在脑海里浮现这些标签，从而提供劣质的服务，错误的服务，或者根本不提供服务。为被贴标签之人提供的服务通常一开始就资金不足，提供服务的人经常过度劳累，因此，穷人寻求帮助的机构必须或多或少地按照长期分流条件运作。在分流决策之中，确定牺牲谁的一个方法是假定大多数救济对象都有欺骗行为，利用救济对象的每一种联系方式确定他们是否在欺骗，并排除有欺骗嫌疑的那些。因为救济对象地位低于提供服务的人，无法将权力或者影响施加到提供服务的人身上，因此提供服务的人也可以把自身地位带来的挫败感发泄到救济对象身上。在向救济对象提供服务时随意否决，不仅减轻了这种挫败感，还使得提供服务的人能进行必要的分流选择。仅仅出于这个原因，拒绝不公对待的贫穷救济对象通常会是第一批被宣布没有受助资格的。

给救济对象贴上骗子的标签，会怂恿提供服务之人不信任救济对象。如果提供救济之人害怕救济对象的报复，尤其是暴力报复，这种不信任还会加剧。因此，提供服务的人更加严格地坚持规则，对个案不留回旋余地，甚至惩罚变通规则帮助救济对象的同事。假设救济对象对机构工作人员持有偏见,不再信任他们,就会形成相互之间的不信任和恐惧的螺旋效应。由此产生的数据向双方证实了贴标签的合情合理。相互之间的不信任也诱发了以暴易暴,或者工作人员先发制人的罢工,因为工作人员害怕愤怒的救济对象采取暴力行为。

诚然,给救济对象贴标签只是工作人员和救济对象间误解以及救济对象遭受不公对待的冰山一角。先前已经指出资金和工作人员的缺乏,被污名化的机构和救济对象的运作所带来的压力,永远把机构及其工作人员的要求置于救济对象需求的前面的一般官僚规则,以及工作人员和救济对象之间存在的阶级差异和种族差异,所有这一切都造成了积怨日深,混乱不堪。

对于那些生活在无家可归、饥饿或疾病边缘的穷人来说,贴标签在削减服务上起到的额外作用尤为严重。然而,只需要推这么一把,减少或者终结已经达到最低限度的服务,就可能把这些人从边缘推下去,流落街头或者应急诊所,患上慢性病或者永久致残,或者参与街头犯罪。

然而,机构有时热衷打击被贴标签之人,使其无法逃脱被羞辱的境地。利博报告了女子收容所里一个戏剧性的典型事件:两个女人想多打一份工摆脱无家可归的状态,却被迫放弃了,因为她们必须得参加漫无目的的夜间会议以便保住自己收容所的床位。在未贴标签的人口之中,做第二份工作会获得向上的流动性;但对于被贴标签的人口来说,则被视作逃避机构规则或者藐视提供服务之人的权威,还会成为救济对象找麻烦的证据,他们身上的标签经常让人想到"找麻烦"三个字。

因此,要成功地帮助被贴上标签的穷人,一个重大举措就是去除他们身上的标签。比如,散居住宅研究表明,这种居住形式是成功的,因为新的邻居不知道重新安置之人从何而来,背景如何,他们的生活也由此改变,无须再理会"贫民窟居民"的贬义标签。

产生这些影响的标签并不仅仅是源自过于紧张的主流恐惧或者想象。正如非专业心理学指出的那样,和所有的刻板印象一样,这些标签是基于真相的极小一部分,或者适用于"一些坏苹果"。然而,贴标签不仅惩罚了"坏苹果",还惩罚了被贴上标签的所有人口。比如,给贫穷的年轻黑人男性贴上潜在街头罪犯的标签,害怕遭受攻击的白人人口和黑人人口可能觉得是在自我保护,但代价是伤害了绝大多数无辜的贫穷年轻黑人男性并将他们放到了对立面。然而,不可避免的是,一部分无辜之人会对这个标签做出愤怒的反应,并采取措施找那些贴标签的人寻求公道。那么,最终,人人都是失败者,无论是使用标签之人,还是被贴上标签之人。

不过,贴标签只是一个无法忽视的更大型的结构进程的副产品。在所有缺乏足够合法机会的人之中,都会有人创造非法机会,都会有人把握住这些机会。如果穷人可以胜任的工作工资太低,甚至一些被雇用之人也转而贩毒或者参与其他犯罪活动以便增加收入,那么,贴标签进程就开始了,最终伤害了更多的人,别管是穷人还是富人,是有罪还是无辜。此外,真正的罪过应归咎于雇主支付的工资不够,市场条件又无法为其中一些人提供其他的机会。

标签的不精确性

最后,同样重要的一点是,标签是危险的,只是因为标签不够精确。如果从字面解读,"下层社会"不够精确,因为没有什么阶级存在于社会之下,而阶级等级制度从社会顶层一直延伸到最底层。实际上,"下层社会"就像是"下层世界",也是社会的一部分,而且事实上,如果"下层社会"不向"上层世界"提供其所需的商品或者服务,"下层社会"就无法长期存在。

"下层社会"是个不精确的标签还因为它太模糊了,没有形成唯一或者简单的定义。然而,其他的几个标签则是由人们普遍认同的描述性术语演变而来的,因而提供了良好的范例:被贴上标签之人的肖像跟真人数据大不相同。

"福利寄生虫""单亲家庭""少女母亲"以及"无家可归之人"都是相关的例子。"福利寄生虫"是对"福利接受者"的误称,假定接受者攫取福利,寄生在政府身上。然而,事实上,在所有开始领取福利金的人当中,只有30%享受福利的时间持续两年以上,只有7%享受福利的时间达到8年以上,虽然有些脱离福利的人之后也会回来。此外,在所有福利接受者之中,大约20%报告了抚养子女家庭补助计划之外的收入,虽然把账外就业计算在内的话,几乎一半的受助人都在工作。

如果能为自己的孩子谋得医疗保险,一些接受者会放弃福利,在劳动市场试试运气。此外,许多贫穷女性显然是依靠抚养子女家庭补助计划,因此依赖政府的项目;极少有人注意到的是,她们经常更依赖于福利机构的大发慈悲,福利机构不需要承担很大责任就可以随心所欲地断掉对她们的救助。

极具讽刺意味的是,只有福利接受者被指责为寄生虫;而有些人得到政府补贴却没有给经济带来增长以作为交换,这些人就没被贴上这样的标签。享受政府奖学金的学生,享受联邦税收和抵押贷款利息减免的房主,接受补贴来维持生存的公司,不事生产的公职人员,在为防止失业而设立的冗余军事基地的工人,都没有被视作寄生虫。因此,福利接受者的经济依赖并不是真正的问题,标签被错误命名,在一定程度上不精确。

"单亲家庭",或者至少这个标签,在一定程度上不正确,或者完全不正确。

一方面，一些家庭内部或者附近实际上有一个男人，尽管有时不是法律层面应负责的男人；另一方面，更多家庭是在一个大家庭之中，大家庭有母亲、外祖母以及其他人共同养育孩子。

有一种观念认为：这种家庭的孩子会辍学、无业、贫穷、犯罪、出现种种异常，因为他们不是在双亲家庭长大的。这种观念也是不对的。现代家庭不是一个经济上具有生产性的机构，因此逻辑上单亲家庭本身并不会导致下一代的贫困，正如在双亲家庭中长大不会致富一样。这就可以解释，为什么很少有人指责富裕的单亲家长抚养的孩子会出现经济问题或者其他问题。此外，至少在恰当衡量经济情况之后，我们会发现，单亲家庭几乎总是比其他的贫穷家庭还要贫困，因此别管单亲家庭的孩子遭受了什么经济影响，原因都可以追溯到单亲家庭更为极端的贫困或者较大的经济不安全性上。

另外，虽然幸福的双亲家庭孩子富裕殷实，但所有其他的东西都是平等的。单亲家庭的孩子有时在情感上或者其他方面优于家庭冲突不断的双亲家庭孩子。跟单亲家庭相比，如果家长冲突对孩子的幸福和表现更为有害，就不难理解研究得出的结论：父母离异的孩子的情况并不都比家庭完整的孩子糟糕。在贫穷父母之间，缺钱是冲突的主要原因——还有家庭暴力，这也有助于进一步解释怀孕的年轻女性为什么不愿意嫁给无业的伴侣。这并不是说单亲家庭是可取的并且应该鼓励，原因是如果只有一个家长，母亲和孩子的经济负担及其他负担往往太重，大家都会受苦。但是，单亲家庭的结构和随之而来的负担通常是贫困的结果。

同样的结论也适用于少女怀孕。未婚先孕的少女占了所有少女母亲的大约一半，而且占了所有福利接受者的 8%，不过一些成年福利接受者也在少女时期成为母亲。其中较为年轻的那些可能是因为学业失败和家庭冲突，这些问题会让她们迫切渴望自己被他人需要，被他人爱。较多地从经济方面考虑，从小弗兰克·弗斯滕伯格开始，许多学者已经指出，一旦经济状况好转，这些母亲的孩子就会去上学。

这些言论并不是鼓励当少女母亲，尤其是许多人并不是真的想生孩子，甚至可能是年轻女性未能在一番搏斗之后成功地让性伴侣戴上避孕套，或根本未能阻止性行为的发生的结果。然而，不想要的胎儿似乎会变成想要的婴儿，部分原因是缺少堕胎的途径，可能还有个原因是低收入家庭传统上喜欢添丁进口。因为穷人只有不多的向上流动的机会，再生下婴儿并不像富裕阶层中有时遇到的那样，成为通往更高地位的障碍。

甚至没有可靠的证据表明，二十多岁的贫穷女性肯定比十几岁的贫穷女孩更适合当母亲,尤其是如果这些少女已经承担起了照顾年幼弟弟妹妹的义务。较为年长的母亲可能较为成熟,但如果少女母亲从自己的母亲、(外)祖母那儿得到较多的帮助,而不是等到年长再生孩子,那么少女时代生孩子有时可能是个优势。有一个假说:贫穷的少女母亲比贫穷的成年母亲健康。如果这个假说能得到充分证据的支撑,那少女母亲在健康方面也有优势。相反,今天的贫穷少女母亲处境悲惨,原因是美国文化中支配性的女性角色模型——中上阶级职业女性——尽可能延迟生儿育女,以便为自己的事业打下坚实的基础。因此,根据今天的文化范式,贫穷年轻女性可能算得上理智的行为绝对是非理性的。因此,成为少女母亲并不令人向往,根本问题还是贫穷,是贫穷促成了这一切。

最后,无家可归之人的标签也可能是不正确的。首先,标签使用者往往把街头乞丐与无家可归之人混为一谈,尽管街头乞丐通常是有房子的。此外,各个社区的无家可归人口各不相同,决定因素是下列三点。第一,低收入劳动的性质。第二,住房市场。尤其是第三点,这些社区非白人穷人的空房率。甚至街头乞丐与无家可归之人在精神病和精神药物滥用方面的比例也各不相同。

更重要的是,因为精神病患者和无家可归的瘾君子首先是穷人,所以治愈他们本身并不能有效保证他们找到负担得起的住房,也无法有效保证他们找到负担得起住房的工作。就算明显没有精神疾病且没有毒瘾,他们大多数人也缺乏当今就业市场所需的工作技能和肤色。詹克斯认为,花在精神药物滥用上的钱可以转而用到收容所里,但在大多数社区,得到硬性毒品和酒要比得到低收入住房容易,价格也更为低廉。现在甚至还不知道有多少无家可归之人因经济问题或者家庭问题而去吸毒或者酗酒——或者有的干脆就没有家庭——然后变得无家可归。也不知道有多少先是无家可归,然后变成了瘾君子。

虽然处理精神病和毒瘾问题至关重要,但无家可归是住房市场的一个痼疾,就像靠福利过活是就业市场的痼疾一样。精神病患者和瘾君子是最容易受到这两种疾病侵害的人,但只要没有为穷人提供足够的居住单元和工作,就总有人会无家可归,靠救济过活。别管是有意无意的,最容易受到疾病侵害的几乎都是赤贫之人,原因之一就是他们最没有抗议能力以及自我保护能力。

标签,无论是用于福利接受者、无家可归之人,还是其他穷人,都无法描述被贴上标签之人,因为标签主要用于描述偏离假定中的主流的想象中的行为和道德偏差。别管是否合理,标签都表达了主流社会及其代言人的不满,而不是被贴上标签之人的特征和状况。如果标签使用者不满,并找人发泄自己的挫败感,那就基本不会考虑由此贴上的标签是否精确。事实上,如果受挫之人想被穷人激怒因而能够指责他们,精确性就成了他们的绊脚石。

然而,到了最后,甚至连精确的穷人标签也是危险的,因为标签无法终止贫困或者犯罪,无法终止一些穷人因贫困而引发的冒犯性行为,也无法终止贴标签之人的恐惧、愤怒和不幸。长期来看,贴标签之人的恐惧、愤怒和不幸可能是标签最为危险的影响。

第29章

因孩致贫
——福利改革时代的女性

沙伦·海斯

一个国家的法律反映了一个国家的价值观

1996年联邦福利改革法案不仅为全国数千家地方福利机构提供了一份价值观声明,还用更为清楚明了的东西支持了这个声明。福利改革带来了钱,许多钱。福利机构的每个救济对象和社会工作者都发现了。新的社会工人和就业顾问被聘用,新的标牌张贴起来,新的讲习班设立起来。我研究了阿博戴尔和光带城的两处福利办事处来写这本书。在那里,每个社会工作者都发现桌子上摆了新电脑。[*]在小城阿博戴尔,整个办事处都旧貌换新颜:新地毯、新油画、新会议室、新办公椅、豪华的新办公隔间。接待区域全部重新装修了,有了植物、招贴画、儿童玩耍区域,更像高级儿科诊所的候诊室,而不是一个州政府机构的入口。光带城也购置了新地毯、新油画和新家具。而且,该福利办事处的所有公共区域都用壮丽的自然景象装饰了起来——闪闪发光的雨滴,雄伟壮丽的群山,壮怀激荡的波浪,徐徐落下的太阳——配着一些鼓舞人心的词句,比如"毅力""把握机会""决心""成功"。

1998年,我故地重游,在光带城福利办事处的大厅漫步。这个办事处位于西部一个繁荣市镇的一个极为贫穷而危险的地段。那些壮观的自然景象明显让我感觉不合时宜。尽管如此,它们传达出的鼓舞人心的信息似乎是一个恰如其分的符号,象征了新立法策略,旨在向贫困家庭灌输美国"主流"价值观。国会已

---

[*] 阿博戴尔和光带城是两个城镇的化名,我在这两个城镇里研究福利改革的效果。之所以起这两个化名,是为了保护与我分享改革经历的所有救济对象和社会工作者。——原注

经宣布福利改革会"终结贫困家长对政府补助金的依赖,方法是促进就业培训、就业和婚姻"。[1]光带城的这些标牌暗示,只需要推一把——让领取福利的母亲去工作,阻止她们生下抚养不起的孩子,让她们结婚并过上家庭生活。抓住机会。

各州都得到了充足的联邦经费。改革的头几年,经济繁荣。人人都感受到了。大环境变了。仿佛处处都有机会——带着一丝不祥的预感。

1996年的《个人义务与工作机会协调法》终结了61年来贫穷家庭享有的联邦福利补助金——针对恰当的工作价值观和家庭生活价值观,这项法律主张并实行了一个全新登场的观点——提供了所有的额外资助,用来显示美国改变福利制度的决心。这项法律为州福利项目提供联邦拨款,数额相当于国家福利案例数量巅峰年份的水平(1992到1995年)——虽然案例数量从那时起已经全面下降。这意味着平均预算增加了10%,还没算上用于新的儿童保育和"从福利到工作"计划的巨额额外联邦资助。虽然有了更多的钱,但大多数州并未以大额福利支票的形式将其转交给贫困的母亲。事实上,只有两个州提高了补助金数额,而另有两个州反而在改革的一开始降低了补助金数额……

我即将完成这项研究的时候,《个人义务与工作机会协调法》以及过去十年强劲的经济有了结果:福利花名册大幅减员——接受者从1996年的1 220万降到2001年的530万。由此,花名册减员过半;然而,在同一时期,生活在赤贫之中的人数只减少了15%。虽然过去的福利救济对象有接近三分之二找到了某种工作,但在这些工作之中,有一半无法挣到足够的工资来摆脱贫困。既无工作又无福利之人——在过去的福利接受者中占了三分之一以上——的命运基本未知。[6]

2001年,经济陷入停滞。显然,福利改革不仅影响了政府提供帮助的意愿,也影响了贫困家庭寻求帮助的意愿。[7]跟《个人义务与工作机会协调法》通过之前相比,84%非常贫困(有资格领取福利)家庭在2001年接受的补助金还不到一半。这意味着,在美国,数以百万计的家长和孩子靠着不足贫困线一半的收入生活,而且还得不到补助金。从技术上说,他们是有资格获得补助金的。没人知道这么多的家庭是如何生存的。但食品发放中心、无家可归者收容所、地方慈善组织都报告说来客越来越多,而且福利办事处也看到一些家庭先前离开了,后来又回来了。[8]……

阅读好消息

在福利改革之后的各个月份和年份,报纸标题好像展现了一幅大获成功的景象:"联邦机构雇用了10 000名福利接受者。""靠福利过活的人降至1 000万以下。""白宫发布亮眼的福利数据。""企业发现'从福利到工作'计划成功了。"

"未拉响的福利警报。""原本靠福利过活的人现在大多找到了工作。"[5]信息显然是乐观向上、值得祝贺的,好像可以听到国会山发出踌躇满志的声音。

然而,报纸还报道了另一个故事。这个故事更小心谨慎,更让人揪心:"解除福利之人大多都没有得到工作。""纽约城承认不准穷人入内。""惩罚使得许多人享受不到福利。""母亲为了儿童抚养费而斗争。""当福利花名册缩水的时候,亲戚的担子就重了。""福利政策改变了领食物队列的面貌。"[6]这些头条新闻背后的故事呈现了更宏观的图景,可能会给所有庆祝活动蒙上阴影。但总的来说,这一现实好像被第一个故事的好消息淹没了。

考虑到《个人义务与工作机会协调法》存在着不足——残酷的官僚主义、制裁、无薪工作安排、严重不足的儿童保育补贴、自相矛盾的政策、当今以及过去的福利接受者的真实困难——那为什么福利改革还被认为大获成功的呢?就像我辩称的那样,部分原因是改革的文化信息总是比改革的实际功效更为重要。一个较为简单的答案是福利改革的成功是通过福利花名册的减员来衡量的。改革之初,花名册上有1 220万福利接受者,2001年减员到了530万。这种减员被视作一个符号:所有曾经的福利接受者都去工作了,结婚了,或者就按照穷人照顾自己的(神秘)方式照顾自己了。但是,福利花名册减员的背后到底是什么呢?

显然,经济成功并不是这么多人脱离福利的主要原因。20世纪90年代经济繁荣,产生了关键性的影响,使得领取福利的母亲能够离开福利花名册,找到某种类型的工作(参见第2章)。但即便是在那繁荣富足的十年里,大多数曾经的福利接受者也过得并不好。从1996年到2000年,生活在极度(福利水平线)贫困之中的家庭数量只减少了15%,而福利接受者的数量却减少了一半多。[7]虽然政策研究机构、学者、记者的著作以及我自己的研究还没有囊括所有的答案,但我还是可以像拼图一样还原真相。在极为有利的经济环境中,福利花名册人数减半,有四个主要原因:

1. 跟原有的制度相比,更多的福利救济对象在以更快的速度获得工作。
2. 跟加入抚养子女家庭补助计划的家庭相比,较多的贫困家庭对使用福利望而却步。
3. 跟从前相比,更多的人脱离福利的速度更快了,而回归福利的速度更慢了。
4. 更多的领取福利的母亲受到制裁或者被从福利花名册除名。

其中,最好的消息是找到工作的领取福利的母亲数量。就像我指出的那样,从全国来说,研究人员估计,改革开始之后的 2002 年,所有脱离福利的成年人中,大约有 60% 正在工作,或者至少做着兼职工作。一方面,这一现实不仅为改革支持者提供了好消息;至少还一度为许多领取福利的母亲带去了真正的希望。另一方面,找到工作的前福利接受者之中,只有一半确实挣到了足够让家庭摆脱贫困的钱。只有三分之一能够整年保持就业状态。前福利接受者之中有 40% 既无工作,也无福利,其中许多人因此陷入绝境。在这 40% 的前福利接受者之中,一些会重回福利办事处,把流程再走一遍:政策分析师暗示,截至 2002 年,改革之后脱离福利的人之中,三分之一以上重回福利体系之中。无论如何,根据联邦统计数据,对于那些在繁荣十年工作中有工作的人来说,收入只有平均每月 598 美元,用来养活自己和孩子。其他研究人员估计,他们的平均时薪为 7 美元,平均年薪在 8 000 到 10 800 美元之间。[8]

经济不再繁荣,有理由担心,假以时日,许多人甚至无法保持这种水平的工作和收入。无论你怎么看,这类事实表明家庭生活条件非常艰苦。而且,就像我指出的那样,前福利接受者获得的大多数低薪工作都没有医疗保险,许多没有病假和其他假期,大批都要额外工作几个小时或者工作时长波动,而且许多只是兼职。[9] 当这些事实所隐含的问题,加上寻找并保住可以负担得起的儿童保育服务和住房的艰辛,以及对家人健康、支付水电等账单的忧虑,还有在负债累累的情况下维持生活的窘迫,经历过这一切,你就会明白为什么芭芭拉·埃伦瑞奇在《一分钱掰成两半花》所说的,低薪工人并不仅仅是处于长期抑郁、毫无安全感的环境之中,还处于"紧急状态"之中。[10]

遭福利花名册减员的第二类人的情况更不容乐观。这是相对隐形的难以申请福利的群体——这些贫穷的母亲脱离或者避开福利,因为改革带来了耻辱,使得规则和规章充满了"繁文缛节"。首先,这包括那些他们从未见诸任何书面文件的母亲和孩子,他们受到了《个人义务与工作机会协调法》的深刻影响。这些母亲去了光带城的"分流讲习班",但却连申请都没填就回家了。在纽约城以及其他地方,这些人都是潜在的申请者。按照州法律,只有在完成求职程序后,这些母亲才可以申请福利,她们中的许多人根本就没有再回到福利办事处。跟从前相比,那些非常贫困的家庭在街头或者报纸上了解到了这些情况,现在就更加不愿意去福利办事处了。最后的一类包括所有填了表的福利申请对象,他们开始找工作,或者开始上讲习班,接受工作福利制安排,但之后就不再出现了——失望,生病,发怒,没有儿童保育服务,没有希望,无法或者不愿意达到新的标准。

这些女性当中有一部分人最终会找到工作,如果她们通过申请程序找到了工作,并且研究人员能够追踪到她们,她们就会被列入第一类的"成功案例"。她们在某个地方工作一段时间，一个月挣598美元，没有福利。对于那些长期没有工作和福利的人，难以想象她们和她们的孩子如何存活（虽然稍后我会推测他们的命运）。

一旦事实证明福利改革既有积极作用，也有消极作用，我们就可推测出福利花名册人数下跌背后的第三个原因。《个人义务与工作机会协调法》有效地改变了"循环"进程。正如我已指出的，早在改革之前，大多数福利救济对象在福利花名册上进进出出，循环往复，在工作和福利之间徘徊。福利改革既制造了"胡萝卜"，也制造了"大棒"。"胡萝卜"是支持性服务。"大棒"是时间限制、制裁、工作规则。因此，循环过程变了——退出端加速，回归端减速。也就是说，跟过去相比，贫困母亲现在得到工作或者离开福利更快了，而且她们进入或回归福利办事处时也更加缓慢而不情愿了。因为福利花名册实时进行统计了，所以，按照书面材料，这种加速和减速表现为福利花名册的绝对减员。[12]然而，贫困母亲及其孩子的健康和福祉改革中只字未提。

最后，大约四分之一的福利接受者目前遭到制裁或者拒决，无法享受补助金，原因是他们没能遵守福利规则。美联社于1999年针对50个州进行了调查，发现各州的情况不尽相同，在任何一个州任何一个时间点都有5%到60%的福利接受者遭到制裁（或程序上的处罚）——是改革之前的两倍。仔细研究美国的三大城市可发现，17%的救济对象的补助金被停发或者少发，原因是制裁或者程序性惩罚。在威斯康星州，有全国得到最仔细分析的福利项目，1999年31%的案例得到制裁，2000年21%的案例得到制裁。（对于威斯康星州那些有能力上诉的救济对象来说，70%的上诉都以有利于救济对象的方案解决，表明这些处罚许多都是没有根据的，或者执行不当的。）联邦统计数据发现只有5%的救济对象遭到制裁，同时也指出23%的案例被"程序性关闭"（许多都是对不服从的惩罚）。[13]

这些制裁行动、让人望而却步的条条框框、更快的循环、低于贫困线的工资解释了一点：实际接收福利补助金并符合条件的家庭数量下降的速度比赤贫比例下降的速度快得多。换句话说，显然，大量极度贫困的母亲和孩子遭到了惩罚，疲惫不堪，担惊受怕，因而退出了福利花名册。

总的来说，在经济繁荣的背景下，超过三分之二脱离福利的母亲和孩子要么消失了，要么正在为工资而工作，而工资还达不到联邦贫困标准。从最乐观的角度来看，福利花名册只有30%的减员代表了"成功"摆脱贫困——而且这些成功之中，许多只是暂时的，而且许多有无改革都会发生。威斯康星州有着全国最为卓越的福利项目，恰好符合这些比例。[14]

同时，还有数以百万计的贫困女性和儿童依靠福利过活，成千上万人回到福利体系之中——或者回来了，但却无法在福利改革条款之下找到或者保住工作，以维持某种存活方式。他们都极度贫困。

福利花名册减员的所有信息之中，依然有许多问题没有得到解答，这说明我们需要许多年才能理解改革的全部影响。我们目前所知的几乎一切都只是关于经济繁荣时期的，只是关于还没有面临福利接受时间限制的福利母亲的。时间限制不会让花名册大幅减员，只会（相对）缓慢地流失。因此，要推测出"政府津贴终结"的所有后果需要很长的时间。[15]

还有最后一点需要指出。[16]有些人从一开始就担心改革的后果。对于这些人来说，免受艰难困苦的一个依据似乎是允许各州"豁免"最高20%案例时间限制的联邦规定。然而，就像我辩称的那样，事实证明这些豁免严重不足。一些州制定的规则烦琐复杂，要求颇高，几乎没有救济对象能够达标。其他州已经使用了现有的所有豁免，但依然无法充分保护所有身体严重残疾或有心理健康问题的救济对象，更不用说那些面临家暴危险或无法负担育儿成本的救济对象了。[17]长期受保护家庭的数量相差悬殊，取决于州和联邦政策是严苛还是慷慨。但是，我们知道有些人已经脱离了福利，鉴于他们的情况，显然可以推断，2002年的豁免不足以覆盖所有处于极度贫困之中的女性和儿童。

从光明的方面看，福利改革以及随之而来的钱——收入补贴、儿童保育补贴、公交车票、工作服，那些幸运的人还能得到新的眼镜、购买二手车和公寓首付方面的帮助——至少在一段时间之内提供了切实的帮助，改善了许多贫穷母亲和孩子的生活。此外，在一些情况下，改革意味着，跟过去相比，母亲们得到了更好的工作，原因是一些州福利项目提供了教育和指导。我们已经指出，自从《个人义务与工作机会协调法》通过以来，有10%到15%的领取福利的母亲状况改善。或许，同等重要但又难以量化的是，许多福利接受者获得了积极向上的希望和社会包容（至少短期内如此），而这些都是福利改革支持性的一面带来的。

改革确实惠及的家庭数量既不是寥若晨星，也不是数不胜数。从实践以及道德的层面来说，《个人义务与工作机会协调法》提供的服务和收入支持显然是正面的。然而，从长期来说，总体而言，贫困母亲和儿童目前的处境比改革前恶化了。那些有工作却依然贫困的人，那些既无工作又无福利的人，那些在找工作以及想方设法照顾孩子时依然面临持续不断重压的人，对于他们而言，我们只能猜测，长期来说，该法会对他们保持希望产生什么影响。甚至连美国人口普查局（人们都认为这不是一个假装关心社会改革的组织）也发现自己在回答"工作优于福利吗？"这个问题时给出了否定答案，至少对于那些缺乏大量前期教育和工作经历的人来说是这样。[18]随着经济放缓,未来几年会超过领取福利时间限制的贫困家庭越来越多,有理由预计局面会越发艰难。

对受压迫者的同情也是担心上述结果的一个原因。下面的章节会强调一点:开明的利己主义、对财政成本的担心以及对我们共同未来的承诺,也让人们有充分的理由担心福利改革的后果。

成功者和失败者

福利花名册减员在多大程度上可以被视作成功,最终要取决于人们的主要目标。如果改革的目标只是减少花名册上的人员,那肯定是成功了。如果目标是让更多的单身母亲工作,不管工资如何,那么目标已经实现了。如果我们想确保领取福利的母亲面临工作和儿童保育的双重转变,把她们和中产阶级母亲放在"相同"的立足点之上,那么可以庆祝成功了。如果目标是确保穷人因无力支付儿童保育费用而遭起诉,那么,福利改革相对有效。如果目标是让低收入单亲母亲不惜一切代价更多地寻求男人的帮助,那么,有些(不确定的)证据表明,这一战略可能起作用了。[19]如果目标是减少整体上的贫困,那么除经济周期外,未发现什么影响。如果放眼除此之外的其他目标,答案就更复杂了。

要说失败者,就可以先聊聊脱离福利的家庭。其中一半有时没有足够的金钱购买食物;三分之一不得不减少食物的数量;大约一半发现自己无法支付租金或者水电等账单;更多的家庭转而求助当地资助的服务、食品发放中心、教会以及其他慈善机构,以便获得救助。许多此类慈善机构已经不堪重负。在一些地方,无家可归者收容所以及住房援助项目已经拒绝接受新的来客,食品发放中心食物耗尽,其他慈善机构被迫严控资格要求。[20]

有些以前享受福利的家庭现在几乎没有或者根本没有像样的收入。对于这些家庭来说,上述慈善机构足够了吗?一方面,阿博戴尔福利办事处主管南希多次告诉我她非常担心这些家庭,尤其是孩子。另一方面,我询问以前的福利接受者命运如何,光带城的主管梅利莎反复用一句简单的声明回答我:"他们有其他的资源。"梅利莎指的其他资源不光包括所有(不堪重压的)慈善机构,还有所有可以帮助支付账单的男朋友和家庭成员,还有所有未报或者少报的兼职边缘职业(做头发,打扫房屋,照顾他人的孩子,卖淫或者贩毒)。[21]这两位福利主管都与贫困的母亲打过多年交道,谁是正确的呢?那丹尼丝又是怎么想的呢?丹尼丝同意梅利莎的看法,即许多福利母亲不是真的需要帮助,也赞同福利改革会带来包括犯罪率上升在内的可怕困难这一预言。

考虑一下我在这本书里提到的女性拥有的"其他资源"。希拉是光带城的一位母亲,照顾着7岁大的女儿和病入膏肓的母亲。靠着母亲的残疾支票(大约每月550美元)、食品券和当地慈善机构的帮助,她们三人或许能够想方设法存活下来。如果情况变得更糟的话,希拉或许可以去上个夜班,这样她就不用在白天把妈妈和女儿独自留下(但希拉晚上就得把妈妈和女儿独自留在那栋不安全的房子里)。黛安也是光带城的一位母亲,有一个3岁的儿子。她长期严重抑郁,长期遭受家暴。黛安可以回去开那家非法的廉价旅馆,再做点非法家庭清洁工作(虽然不清楚这么做会对黛安的儿子产生什么影响,更不用说对黛安有什么影响了)。纳迪亚是阿博戴尔的一位母亲,有4个孩子,没有工作经验,可能会再跟老朋友混在一起,小偷小摸,出卖肉体,或者给她已经就业的姨妈或者她两个孩子失业的父亲进一步施压,或者她可以考虑把孩子交给亲戚,或者交给寄养体系(我跟许多母亲谈过,她们都认为这是最糟糕的方案)。莫尼克是第二代阿博戴尔受助人,17岁就有了第一个孩子,或许能够靠着现在的工作活下去,虽然人们有点担心她满口脏话的前夫会回来,强迫她搬走,使她生活脆弱的平衡陷入混乱。当然,也有像索尼娅那样的女性,她有强迫症,总是在整理房子(还是乱伦的幸存者),没有家庭,没有工作经验,没有拿得出手的技能,不知道如何利用地方慈善机构。即使仅仅因为此类女性的孩子没来上学、表现不好或者营养不良,人们也会最终注意到她们。

大多数领取福利的母亲确实有其他的资源。然而,许多资源都是暂时性的。而且就算从最乐观的角度来看,这些资源也是不够的。其中大多数可能给这些家庭的生活带来较大的不稳定性和不确定性。而且,几乎所有这些资源都有着自己的价格标签——实践方面的,心理方面的,道德方面的,社会方面的。

这些负面影响开始让越来越多的女性不堪重负,因此我们会看到更多的犯罪、吸毒、卖淫、家暴、心理健康问题、无家可归。更多的孩子最终会被寄养,跟亲戚而不是跟父母住在一起,或者流落街头。这些孩子也更有可能营养不良,生病,违法犯罪。同时,以前依赖领取福利的母亲照顾的患病或者残疾亲属,也会逐渐进入州支持的设施,或者自谋生路。阿博戴尔的社会工人告诉我,他们已经注意到寄养案例和仅孩子享受福利的案例(母亲把孩子交给亲戚抚养——使得这些孩子有资格获得福利补助金,直到18岁)增加。* 在光带城,福利救济对象告诉我他们的发现:他们认识一些曾经的领取福利的母亲,她们遭到了制裁或者

---

* 根据改革的规则,如果孩子跟亲戚(或者其他成年人)住在一起,并且这些亲戚自己不领取福利,那么,福利补助金就没有时间限制。这样一来,这一政策就给了领取福利的母亲动机,把孩子交由其他家庭成员抚养,因为这意味着这些孩子能够得到持续的经济援助。对于"市侩气息浓厚"的福利接受者而言,这是一条烂熟于心的规则。事实上,仅孩子享受福利案例的数量自改革以来一直在上升(U.S. House of Representatives 2000,亦参见 Bernstein 2002)。——原书注

在福利面前知难而退,越来越多这样的母亲在忍饥挨饿、吸毒、卖淫、犯罪。

所有这些困难不仅会影响贫困的女性,也会影响男性。一方面,贫困的男性要面临更加严苛、毫不留情的儿童抚养制度。另一方面,贫困男性也很有可能面临孩子母亲的压力,一想到他们的孩子可能忍饥挨饿或者无家可归,贫困男性就会倍感压力。[22]其中一些男性会铤而走险。低收入且长期未充分就业的男性人口已经在忍受艰难困苦了,铤而走险的后果就是越来越多的暴力、犯罪和吸毒事件。

福利改革的长期后果也会给其他贫困工人和工人阶级家庭带来巨大的负担。上层阶级可以(相当)确定,大多数极度贫困的母亲不会来敲他们的门,要现金、食物和落脚的地方,也不会要车贷。但是,许多贫困的母亲会(不情愿地)敲贫困工人和工人阶级成员的门,这些人是贫困母亲的朋友和亲戚。这些人会分享他们的房子、食物和收入,并提供儿童保育和交通方面的切实帮助。这些善行不会出现于任何收入税表、福利案例报告或者慈善支出分析中。但给低收入劳动人民带来的负担会是福利改革的一个非常真实而巨大的隐形成本,而且肯定会加剧现有的收入不平等问题。

最后,大多数领取福利的母亲有其他的资源,同时她们中许多人还要面对可怕的困难,一些会铤而走险。如果不做任何改变,福利改革本身不进行改革,那么,到了 2010 年,我们就会看到福利改革开始影响如下方面:监狱人口、心理健康设施、家暴收容所、儿童保护服务、寄养制度。

这就把我们引向了为纳税人省钱的目标上。食品券和针对合法移民的救助都急剧减少,因此,总的来说,虽然从福利花名册的规模来看,2002 年每个救济对象的成本高于 1996 年,但纳税人用在弱势群体身上的金钱略有减少。[23]长期来看,福利改革成本可能越来越高。虽然福利补助金省下了点钱,但改革使社会问题恶化,产生的费用更为高昂。1996 年,每个福利接受者平均每年接受大约 1 680 美元的现金和服务;同年,寄养一个孩子一年的成本是 6 000 美元,监禁一个人的成本是 20 100 美元。[24]

从这个角度来看,福利改革故事的真正成功者是所有的餐馆、旅馆、零售和食品服务连锁店,所有的公司、制造商,以及全美国雇用低薪工人的小店主。这些店主(及其股东)获得了三种好处。首先,数以百万计的贫困女性急于找到工作,并乐于接受最低的工资和最差的工作条件。其次,越来越多的男性如今处境窘迫,急于就业。再次,急于就业的心理使得劳动力市场的整体环境更加有利可图。福利改革让所有的低薪工人都确信自己可以轻易被前福利接受者取代,因而更不可能抱怨、跳槽、加入工会或者要求涨薪。改革的逻辑也意味着低薪工作雇主至少会暂时确信没人会质疑一个事实：政策对家庭不太友好，工人难以靠着拿回家的工资抚养自己的孩子。[25]

从表面上看，"福利终结"似乎传达了这样一个象征性信息：工作比福利强，婚姻比单亲家庭强。但无论如何天马行空都不能说福利改革带来了"家庭价值观"之类的胜利。事实上，大多数低薪工作无法为前福利接受者提供"独立"和自足，其效果就类似那些中产阶级少男少女夏天在快餐店和零售店打工一样。

福利改革的负面影响惊人，但还有一个较大的可能性：大量以前的福利接受者会被社会"干净利落"、几乎悄无声息地吸纳。毕竟，从较大的格局来看，在一个2.85亿人口的国家，1 200万左右的极度贫困人口并不算多。另一方面，需要记住，这些数字包括了数以百万计的美国儿童，他们以前是由福利支票来抚养的。此外，这些数字不足以反映一个事实：福利贫困涵盖了不断变化的公民群体。在未来的几十年，几千万人会受到福利制度变革的影响。但是，鉴于住房、工作、服务方面存在的阶级和种族隔离，许多中产阶级美国人不会真正目睹贫困家庭日常的艰辛，至少不会通过直截了当的方式了解。[26]

当然，就像我指出的那样，当情况恶化的时候，国家确实可能面临更多的非暴力反抗，尤其是在穷人密集的地方——包括纽约城、洛杉矶、巴尔的摩、圣路易斯、费城、华盛顿等。无论如何，长期来说，福利改革代价高昂——人员、财政、道德、政治方面都要付出代价。

（编者按：本文注释可以在初始来源中找到，由于选自原书不同章节，注释序号有不连贯的情况。）

第 9 部分

健康护理和医疗护理

健康和疾病的社会分层是美国社会最具破坏性的不平等现象之一。尽管我们有极大的财富和技术潜力,就许多健康标准和健康护理机会来说,美国依然落后于其他大多数发达工业社会。跟许多其他发达国家公民相比,美国人预期寿命较短且婴儿死亡率较高;而且,一些群体——包括城市穷人和乡村穷人——依然在忍受本可预防的大量疾病,以及不够充分的健康护理服务。这些问题几乎都不是新问题。在 1967 年,全国健康人力顾问委员会指出,美国穷人的健康统计数据"有时就和发展中国家的健康统计数据差不多"。[1]不幸的是,尽管几十年来,经济取得了发展,医疗技术日新月异,但这种说法依然成立。

可以确定的是,对于那些负担得起的人来说,美国提供的医疗护理世界一流。然而,大多数美国人都不够幸运。跟几乎所有其他发达社会相比,美国最显著的一个区别是,我们缺乏综合性的国家健康保险制度,无法保障所有公民理所应当地享受充足的健康护理服务。2007 年,4 300 万 65 岁以下的美国人——占美国人口的 16% 以上——没有保险。最近的研究估计,更多的人——大约占了非老年人的三分之一——在两年之中的某个时间点没有健康保险。[2]在一些群体之中——尤其是年轻人、少数族裔、贫穷工人,比例甚至更高。许多研究表明,与美国目前在医疗保健上花费的 2 万亿美元相比,为所有人提供健康保险并不会非常昂贵。但是,我们并没能让人人享受健康保险,并且近年来,在一些方面,我们退步了。原因有两个:第一,健康保险"改革"不遗余力地削减成本。第二,紧缩的预算使得州县难以提供充足的护理。[3]

并不是人人都能得到健康护理,缺乏此类服务对人的影响淋漓尽致地体现在了苏珊·斯塔尔·萨伊德和鲁西卡·费尔南多普尔的文章之中。这篇文章是关于未保险之人的健康问题的。两位作者指出,健康保险与慷慨的退休计划一样,曾经是美国人期望从雇主那儿得到的一揽子福利的一部分。但现在提供保险的工作越来越少,越来越多的工人不得不在没有支持的情况下应对健康问题。结果形成一个恶性循环,负担不起医疗费用的工人被迫推迟急需的治疗,他们的疾病因此加重,也就更难找到那些能为他们提供可靠医疗护理的工作——循环继续下去,不仅未保险之人付出了极大的代价,最终,整个经济也会付出沉重的代价。

然而,就像下一篇文摘要表明的那样,缺乏健康保险只是美国更普遍医疗护理危机之中的一部分。非营利性的联邦基金会对美国医疗体系的定期计分卡,发现美国的医疗体系在许多方面都出现了问题——尤其是跟其他发达国家相比时。跟可以相提并论的国家相比,按比例来说,我们在健康护理上花的钱要多得多(占国内生产总值的16%以上),而且成本还在不可阻挡地上升。但是,花了这么多钱,效果并不理想。就算能得到治疗,大多数美国人接受的治疗质量也"不稳定,经常不够理想"。病人面临的医疗系统支离破碎并经常缺乏回应——而病人也越来越不满意就不足为奇了。总的来说,覆盖不足以及治疗质量参差不齐,意味着美国医疗体系未能实现其"让每一个人过上健康、长寿、富裕的生活"这一核心使命。有些死亡本可以通过充足的卫生保健及早预防,令人震惊的是,在这方面,我们居于19个国家之末。如果我们在预防早夭方面能和表现最佳的国家——包括日本、法国、澳大利亚并驾齐驱——我们一年就能拯救超过10万美国人的性命。

我们为什么没有一个为所有人提供医疗保健的体系呢?一个原因是美国人不信任政府,这一点我们已经领教过了。因此,我们让"市场"来提供最基本的治疗,老年人和依靠福利的穷人除外,这两类人的医疗得到了政府的部分补贴。而且,实际上,老年人的医疗保险项目——我们唯一全国性的、普遍的、得到公开支持的健康护理项目——一直以来都是一个亮点,而美国整体的医疗状况并不乐观。自20世纪60年代医疗保障制度确立以来,经过几十年的反对,它已经成为我们最成功的项目之一——让美国老年人理所应当地享受可以指望并负担得起的健康护理。尽管取得了成功,但是就像莉莲·鲁宾在《不为人知的医疗故事》中指出的那样,医疗保险近年来遭到了系统性的攻击。预算不足使得医生不愿看太多的享受医疗保险的病人——或者干脆不看。对于这一项目未给予充分支持的理由通常是:将这个体系"私有化"会带来更好、更有效的治疗。然而,一旦"私有化",医疗保险就会重蹈医疗制度其他失败的覆辙,而这些失败的实践大多与私有化有关:美国医疗护理的普遍问题几乎没有一个令人信服的解决方案。

尾注

1. Report of the National Advisory Commission on Health Manpower, quoted in R.M.Titmuss, "Ethics and Economics of Medical Care", in *Commitment to Welfare* (New York: Pantheon, 1968), p.268.

2. Vicki Kemer, "Study finds more lack health insurance", *Los Angeles Times*, March 5, 2003.

3. 这本书印刷出版的时候,国会恰好通过了综合性的健康护理改革法律,这项法律最终会覆盖目前没有保险的大多数美国人。但当前,数以百万的人依然没有健康保险。

第 30 章

不幸生病
——美国没有保险的人

苏珊·斯塔尔·萨伊德　鲁西卡·费尔南多普尔

弗朗辛是个吃苦耐劳的女人。她终生都在从事强体力劳动——她称之为"男人的工作"——工作地点在密西西比河三角洲的烟草田和工厂里。今天，弗朗辛成了一个幸运儿：她就职的工厂没有搬到墨西哥或印度尼西亚，所以她依然有健康保险。另一方面，弗朗辛的妹妹卡朗就没有这么幸运了。卡朗的工作是家庭健康护理助手，照顾老年人。跟这个地区的许多其他非洲裔美国女性一样，实际上，全国从制造业转入服务业的工人都一样，卡朗找不到一份提供健康保险的工作。

卡朗有多种健康问题，包括猛咳不止。弗朗辛代表自己羞怯的妹妹发言，宣称："应该在某个地方有个医生，这样当你没钱的时候，你可以去找医生。这附近没有免费诊所。"

"那么，这里没有保险的人们会怎么样？他们需要去看病，但又没钱。"我们问弗朗辛。

"他们就是不走运。"

2002—2003年，我们去了得克萨斯州、密西西比州、爱达荷州、伊利诺伊州、马萨诸塞州，广泛采访了120多个没有保险的美国人和三四十个医生、医疗管理人员、卫生政策官员。在此过程中，我们发现：有些美国人眼睁睁看着挚爱之人死去，因为他们没有健康保险；有些美国人宣布破产或者被迫出售自己的房子来支付医疗护理费用；还有些美国人做着毫无前途的工作，因为他们身体状况太糟糕，无法享受早期美国人的那种职业流动性。

跟大多数其他西方国家的医疗体系不同，美国医疗的核心是私人保险，越来越追逐利润，并且以就业为基础。这一体系在第二次世界大战之后繁荣一时。当时，数以百万计的蓝领工人签订了长期工会合同，保证了他们的医疗福利，而白领工人则可以指望留在供职的公司，并获得升迁。

近年来，就业与医疗之间的联系被打破。从全球范围来看，就业的本质已经改变，很少有人能多年从事一份工作。因此，工作不再是医疗体制的稳定平台。没有保险的男性和女性之中有一半以上终年全职工作，其他的大多有兼职工作或者一年只工作一段时间。只是他们从事的工作没有医疗福利。

在丹维尔穷困潦倒

> 我们发现自己养不活自己，总是要靠施舍过活，因此心理负担更重了。你陷入了自己所痛恨的循环之中。活这么大，我从未想到自己会需要这样的帮助。
>
> ——弗朗，伊利诺伊州

伊利诺伊州的丹维尔是一座小城，位于中西部铁锈带的心脏地带。和全国的制造业城市居民一样，丹维尔的居民要学习一套新的词汇，比如"公司重组""工业全球化""北美自由贸易协定和世界贸易组织""临时工介绍所""外包和裁员""异地安置工人"之类的术语。通用汽车公司等公司解雇美国工人，把业务转移到海外，丹维尔因此失去了多年来维系蓝领共同体的工作。

重击丹维尔的经济巨变使得这里的居民目瞪口呆，不知道该归罪何处——自己还是自己无法控制的经济力量。用弗朗的话说："我有宏大的计划，但是处境有点不利，我改变了计划。我没能彻底回过神来。我的婚姻维持了28年。星期三，我离婚了。星期五失去了时薪18美元的工作。"

弗朗是个娇小的红发女人，在一家大型制造厂做了7年的库存控制主管。有三班雇员为她工作，这份工作让她踌躇满志，觉得自己是个成功人士。当一家外国公司收购这家工厂的时候，她吃了一惊。和许多其他雇员一样，弗朗成为工厂大规模重组的牺牲品，工厂新老板从（中心）伊利诺伊州之外的地方带来了自己的人马。

"我确实挣了很多钱。我一年差不多能挣30 000美元。而且，我总是自力更生。甚至连婚后，我也一直全职工作。我们从不，从不接受任何形式的慈善。我们总是自力更生。

"当我失去工作的时候，我都不知道是怎么回事，吃了一惊，当场愣住了。我略微退后一点说，现在我该怎么办？我42岁了。我不再是20岁。我想我得回到两年制专科大学，读个学位。重新开始，我相当兴奋。

"离开学校以后干什么,我有自己的计划。我正在电脑上研究局域网。我在做硬件部分,因为我以前一直做软件和会计类的工作。我打算自己开公司,有几个人愿意支持我。我想认真地读大学。我开始做兼职,同时上全日制学校。"

直到1992年下岗离婚之际,弗朗一直都有健康保险,定期到医生那儿去体检。此后,"我购买了考博拉(COBRA,这是联邦批准的保险项目,提供给失业之人;考博拉允许失业之人继续享受健康保险,但要自己出钱),但只持续了一段时间,因为太贵了。我从未生过病;我确实身体健康,充满活力。所以,我想可以小赌一把,在上学这两年不要保险了。我健康状况一直良好,直到第二学年中期,我都准备好毕业了。我开始生病了。"

考虑到手指上有个倒刺,弗朗到了本地一个医生那里。医生让弗朗浸泡并挤压这个倒刺,如果三四个星期之内没有痊愈,就回来。"你得带着200美元现金来,因为我们不给没保险的人做手术。"他们告诉弗朗。但是,弗朗没有保险,也没现金。她就再没回来。

"大约到了4月,我几乎无法去上学了。我筋疲力尽。我发现自己得了糖尿病。我懵了,以前从未生过病,一直身体倍儿棒。你知道,这让我身心俱疲。这种突发状况难以应对。我的手做了几次手术。我病了。"

弗朗资源颇多,利用了社区的免费医疗机会。因此,倒刺事件后几个月,弗朗来到县健康局做免费宫颈涂片。那里的护士告诉弗朗直接去弗米利安区健康中心,那里是一个小型非营利性诊所,主要是由志愿者兼职运作的。弗朗手指上的一个小伤口产生了坏疽。坏疽是骨髓炎(骨头的深度感染)的外在症状。未经诊断和治疗的糖尿病导致了骨髓炎。

弗朗了解到,从医学的角度来看,之所以出现这种严重的并发症——神经系统疾病和血液循环系统疾病——很有可能是因为弗朗得糖尿病已经两年多了,但却没有诊断出来。弗朗下岗之前,定期接受标准的医疗检查。现在没有了这种检查,病情就在弗朗的体内悄悄地发展。弗朗也了解到,如果她的糖尿病不加以控制,她可能最终会失明,截掉一条腿,肾衰竭。未加控制的糖尿病通常会导致这些并发症。

此时,弗朗已经足够健康,想做全职工作。她申请了许多全职工作,但是,"经济环境如此,对55岁的女性需求不大"。在过去的12年里,弗朗一直做着兼职独立的簿记工作,这份工作挣的钱足够糊口了,但却不提供健康保险。弗朗解释说,自己陷入了无法摆脱的悖论:如果找一个全职、没有技术含量的工作,放弃簿记和企业管理,那么可能就会挣得太多,丧失在弗米利安县健康中心享受慈善服务的资格。然而,作为一个非技术工人,挣的钱不足以用现款支付医疗护理费用,而且也得不到健康保险,尤其是得不到可以覆盖她原有状况的计划。得了糖尿病,有了骨髓炎病史,她不敢冒险脱离医疗护理。对于弗朗来说,就业和医疗护理之间的联系确实令人厌恶。

一个矿工的故事

> 我们工作了一辈子,甚至带病工作。
>
> ——莱内,爱达荷州

莱内是爱达荷州一个伐木工人的儿子,14岁就开始工作养活自己和两个弟弟。他说,到了18岁,"我开始为国际家居公司建造房子"。莱内不喜欢四处奔波的生活,于23岁开始在阳光矿业做地下矿工,挖了30年的银矿。

"阳光矿业以最热之矿而臭名昭著,热!我工作的地方平均温度可能达到90华氏度,平均湿度98%。那时候虽然热,但是没有防暑设备。他们就给你个扇子,让你把热空气扇来扇去,但还是很热啊。我的体重下降了,我知道了什么是痉挛,肌肉痉挛。你体内的每块肌肉都有一种抽筋的感觉,使你的手向后弯曲。你的腿会蜷成一团,这样你就没法走路了。我们通常的做法是,一个人做部分工作,另一个人只是袖手旁观,这样就能在交接班的时候把同伴弄出去。要不就出不去了。我们一年当中有6个月这么做。"

虽然热得可怕,莱内还是毫不犹豫地决定在矿里工作。"因为有福利,人们才决定去矿里工作。就薪水而言,阳光矿业是个好矿,薪水丰厚,而且有着最好的保险。百分百覆盖了你、你的妻子、你所有的孩子——牙科、眼科、一切。"莱内刚到阳光矿业工作不久,妻子就怀孕了。不久后,又有了一个孩子,然后第三个,阳光矿业的福利——工会谈判得来的一揽子健康和退休补助金——看起来妙不可言。

后来,1972年,矿上失火了。莱内是个幸运儿——活了下来。"事情是这样的,地下失火了,而且是一个硬岩矿。瞧,铁路塌了,上面的所有木制品都烧了,烟散不开。烟雾弥漫,就算前额戴着灯,也几乎看不见。我们大约在下午1点逃了出来,矿外面没有人,我想,'天啊,人人都比我跑得快。'"实际上,比莱内跑得快的人不多——莱内有91个同事死于这场火灾。

火灾之后,莱内又回到矿里工作。本地还有一个工作机会——伐木,但却几乎不提供健康福利。莱内觉得伐木好像比地下工作危险得多。再加上火灾刚过,阳光矿业就改进了通风系统,莱内在矿上也算有些资历。

1984年,莱内工作的时候伤到了后背,做了手术。虽然手术起到了一定效果,但他的双腿还是不时罢工。莱内想方设法重新安排工作,去做不那么费力的领班。就像莱内解释的那样:"领班要去地下,带领 10 到 15 个员工下到矿井的一定深度,然后给所有人分配任务。领班还操纵发动机,并每天查看手下至少一次,确保无人受伤。"当领班几年之后,莱内成了矿上的工头,这意味着莱内管着那些领班,不用下井了。这是个幸运的变动,因为他的后背一直没有康复。"我并不是一夜之间就完成了这些事情。你知道我在矿上干了 30 到 32 年,所以,在过去的 10 年里,我充分了解了整个矿以及在矿上工作的每一个人,我当工头是顺理成章的。"

有一段时间,情况好转。但是后来,银价下跌。为了齐心协力拯救银矿,也为了保住工作,矿工接受了降薪和保险费削减,开始支付自己的部分保险费。矿工们 10 年来第一次不得不自己花钱做眼科治疗以及各种各样其他的治疗,尽管报酬减少之后几乎付不起这些费用。最终,银价跌破开采成本,阳光矿业关闭了一年。当银矿重开的时候,管理层引进了更多的机械,只召回了部分工人,进一步减少了福利。

债台高筑

在 2001 年,阳光矿业永远关闭了。莱内和他的同事都失去了健康保险以及其他福利。在阳光矿业工作了 30 年——20 年在地下,环境经常令人窒息——莱内总觉得付出是值得的。值得为优厚的福利和给全家人的综合性健康保险去忍受酷热和危险。现在,工伤久治不愈,身体残疾,莱内却发现自己在 51 岁的时候没了健康保险。

爱达荷州北部有着居高不下的失业率,找到一份新工作并不容易。莱内给所有的朋友和亲戚打电话寻求帮助,找到了一份安装电话线的工作。"工作还行,比在矿上挣得少,"而且,就像莱内解释的那样,"这并不是我用了 31 年学习的工作。有点难,头朝下吊着架设电话线。在我这个年纪从头开始并不容易。一些电话线在地下,必要的时候要使用反铲挖土机。但如果电话线和其他东西乱成一团,就要人工挖掘。"

找到工作,莱内松了一口气,尤其是这份工作还提供保险。麻烦之处在于要工作 60 天才能得到保险。

1972 年,莱内在阳光矿业火灾之中幸免于难,但好运气并不总是伴随着他。开始工作仅仅 30 天后,莱内摔倒在人行道上,心脏骤停。急救人员用飞机把他送到华盛顿州斯波坎的心脏病医院。莱内的康复程度远超任何人的想象,但是他背负上了沉重的医药费。一年后,他被送到医院接受搭桥手术、血管成形手术,最后做了心内直视手术。心脏病医生挽救了莱内的性命,但他依然在遭受剧烈头痛的折磨,原因是当初心脏停止跳动时,他摔倒在了人行道上。心脏病医生

第 30 章 • 不幸生病

让他去看一个耳鼻喉专家,这个专家又让他去其他专家那儿治疗,但都没有消除他的头痛。

各种各样的手术、咨询、药物、治疗加起来账单超过了 14 万美元——这个数字跟 10 亿美元没有区别,因为莱内根本付不起。此时,莱内唯一的收入是阳光矿业给他的每月 400 美元的养老金。

莱内想回去工作,但是,他再也不能做自己唯一熟悉的工作——重体力劳动。头受伤之后,莱内无法攀爬电话线杆,无法在沟渠俯身;他头晕目眩,在杆子顶端头晕是致命的。"我无法工作,医生说我不能工作,所以我申请了社会保障(残疾)。但你知道社会保障这种东西,要等上 10 年才能拿到,所以,我不知道该怎么办。"

肖肖尼县扶贫项目管理人员说,莱内"情绪上完全不知所措,因为社会保障并未惠及他,他成了一颗随时会引爆的炸弹"。

幸运的是,县扶贫项目和爱达荷州能为莱内提供一些救助:它们支付了巨额医院账单中的大部分。管理人员解释说,莱内唯一的成本是肖肖尼县拿走了价值 10 000 美元的房屋留置权。

从阶级到等级

弗朗和莱内代表了数百万美国人,社会的根本性变化影响了这些美国人。随着经济和工作结构的变化,他们已从自豪的工人阶级的一员(一个象征着人们或多或少用技能去做事的社会范畴)转化为叫作"穷忙族"(一个用来描述前面所说的这类人的术语)的新等级的一员。边缘性就业人员都是这个新等级的成员,包括临时工、替班人员、兼职人员、合同工和派遣制员工。他们的就业环境根本不提供医疗补助金。无法得到持续而可靠的医疗护理,他们发现自己置身于美国社会传统的流动阶级结构之外。当然,我们知道,我们所写的并不是传统印度社会的那种种姓等级制度。相反,我们采用等级这个说法是为了描述一种社会体制,这种社会体制实际上源自我国目前的政治经济。

弗朗和莱内之所以如同身处等级社会一般,是因为迟发性、不完善的二流医疗护理对他们的身体造成了永久性的影响:就算伊利诺伊州和爱达荷州的经济状况好转,他们的身体状况也无法保证他们重新加入提供健康福利的劳动力市场阶层。美国的医疗保健费用已经远远超过加拿大、英国以及其他欧洲国家,数百万没有健康保险的美国人现在无力负担昂贵的健康护理,面临着破产(资料记载,2002 年有 157 万美国人提交了个人破产申请,其中三分之一到一半提交申请是因为医药费),而且健康状况远比有健康保险的人要差。无论是小病,还是严重的慢性病和急性病,没有保险的美国人接受的都是预防性不足的护理和较差的治疗,他们的寿命通常比患同样疾病的参保人口短。

和其他等级制度一样,我们的新美国等级制度在身体上贴上了显眼的标签。实际上,疾病本身就是一个身体标识:腐烂的牙齿,顽固性的咳嗽,状况不佳的皮肤,走路一瘸一拐,无法治愈的溃疡,肥胖,没有得到矫正的听觉或者视觉缺陷,对止痛药的依赖——这些标识以非常基本的方式表明了等级,往往限制了有这些标识的人的就业机会。我采访的几个人说,有人在电话里允诺给他们工作,他们跑到人力资源办公室,招聘人员一见到他们,就告诉他们这份工作已经没了。

与传统的印度种姓等级制度呼应,现在美国的病人、体弱之人、边缘性就业人员这些等级的成员不仅身体上有标识,工作缺乏流动性,而且还有道德上的瑕疵。美国传统上认为,富有成效的工作与健康的身体是道德高尚的标志。当然,在美国,工作一直被认为是道德高尚的标志。我们只需要想想一代又一代的美国女性飞针走线,宣称"懒惰的手指是魔鬼的玩物"以及对游离于有偿工作之外的所谓的"福利女王"的道德蔑视。

美国各地没有保险的人都跟我们谈起了没有健康保险的耻辱——提供医疗服务的人把他们当作"失败者"对待,因为他们没有保险。同样,我们采访的提供医疗服务的人强调没有保险的人不"服从"管理,抱怨"难缠的"病人不能始终遵医嘱。越来越多的人认为:生病是道德败坏,没有"妥善地"照顾自己,没有吃"正确的"食物,没有进行"足够的"锻炼,没有去做宫颈涂片;许多人还将其归因于基因问题、缺乏意志力、没有担当。媒体新出现的对肥胖的恐慌只会加重等级意识,加重人们对没有花高价去健身房锻炼塑造出的身材的耻辱感。

我们的一个调查对象是马萨诸塞州的年轻大学毕业生,她提及没有健康保险艰难度日的生活时说:"我就是觉得这个体系的建立方式就像是另一种形式的自然选择的奇怪版本,最穷的人负担不起健康成本,所以他们就得死。"

第31章

为什么不是最好的?

——2008年《美国医疗体系绩效国家记分卡》结果

联邦基金会

引言

在21世纪的前十年,美国医疗健康体系面临着多方面的挑战。从2000年以来,没有保险的人的数量增加了860万。而在经济扩张时期,雇主承担的保险持续减少。2006年,没有保险的美国人有470万。[1]负担得起的保险得到了家庭、雇主和公共项目的关注:医疗成本的增长速度远超收入增长速度。因此中低收入家庭越来越难以得到经济保障和医疗护理。[2]

美国的健康开支已经居于世界之首,预计会在2017年翻番,达到美国国内生产总值的20%。从长期来看,还会有更高份额的国内生产总值用于医疗护理。[3]美国的人均医疗支出最高——是其他主要工业化国家的两倍——而且在过去20年里迅速增长(见图31-1)。

越来越多的证据表明,医疗护理质量良莠不齐且往往不够理想。[4]质量包含两个方面。第一,病人接受的护理是否安全并经过科学验证。第二,当病人转诊时,医生是否与病人进行了良好的沟通,并有效地协调治疗。然而,医疗服务提供者的财政激励措施通常鼓励做更多的事情,而不只是支持高质量的综合服务,跨越不同的时间和地点,更高效地利用资源。司空见惯的情况是,病人实质上要自己面对四分五裂"不成体系的"治疗。公众担忧能否得到治疗,费用如何,接受治疗的体验如何,这反映在1998到2006年,对医疗体系表示不满的病人的比例翻了一番。[5]

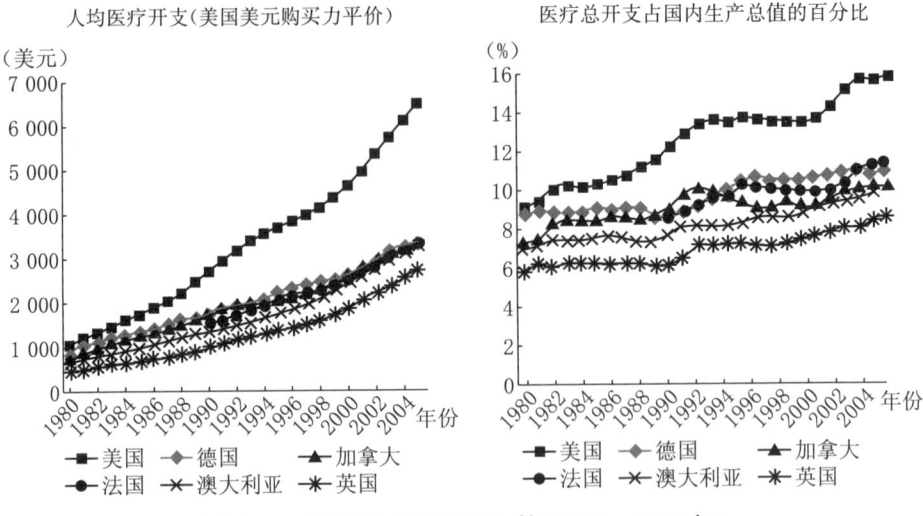

人均医疗开支(美国美元购买力平价)　　医疗总开支占国内生产总值的百分比

图 31-1　医疗开支的国际比较(1980—2005 年)

数据：经合组织 2007 年健康数据，2007 年 10 月版。
资料来源：联邦基金会 2008 年《美国医疗体系绩效国家记分卡》。

与几乎所有其他工业化国家不同，美国未能实现全民保险覆盖。因而产生了严重的后果：得不到及时治疗而导致的不佳的健康状况；健康状况得不到检查，从而使治疗费用更加昂贵；早逝；生产力下降、劳动力状况恶化导致的经济产出下降。[6]其他国家在医疗上花费较少，却在医疗上获得了较好的结果，覆盖了其全部人口。这表明，美国虽然在医疗体系上投入较多，但并没有获得相应较高的价值。[7]

要制定政策使美国在一段时间之内建立具有更高价值的医疗体系，并评估特定卫生政策对目标的影响，就需要采取措施全面监控医疗系统绩效。为了全面了解整个体系，联邦基金委员会高绩效医疗体系委员会 2006 年创制了《美国医疗体系绩效国家记分卡》。[8]记分卡涉及以下方面：健康生活、质量、便捷程度、效率、公平。记分卡发现，根据已实现绩效的基准，美国的医疗体系绩效远未达到本应达到的水平并发现了改善机会的广泛证据。

2008 年《美国医疗体系绩效国家记分卡》基于可以找到的最近的数据，更新了分析来评估当前的绩效和一段时间之内的变化。记分卡通过比较国家绩效和基准，提供了行动目标和评估一段时间之内新政策的尺度。在后面的部分，我们描述了记分卡的工作原理，并提供了医疗体系绩效 5 个核心维度的发现和结果。我们对国家政策和改善措施进行了分析，分析涉及多个主题和方面。

健康生活

概览。跟绩效拔尖的国家和州相比，就促进健康、长寿而富裕的大众生活而

第31章 • 为什么不是最好的?

言,作为一个整体的美国处于落后状态。记分卡在这个维度包括五个指标,包括潜在的可预防的死亡、儿童夭折、残疾、健康寿命预期。从 2006 到 2008 年,平均绩效从 75 降到 72,原因是两项核心指标绩效不佳。这个分数表明,健康成果方面的平均绩效和顶尖绩效的差距越来越大,尤其是当美国落后于领先国家的时候。

可预防的死亡。人们认为,有些死亡是"可以通过健康护理来预防的"。美国此类死亡的比例是 19 个工业化国家中最高的。[9] 75 岁之前的死亡至少部分原因是可以预防或者治疗的状况,比如细菌感染、可以检查出的癌症、糖尿病、心脏病、中风以及普通外科手术引起的并发症。虽然美国的水平从 1997—1998 年度到 2002—2003 年度提升了 4%(每 10 万人中 115 人死亡到 110 人死亡),而其他国家的水平平均提升了 16%(见图 31-2)。事实上,一开始,有些国家的早逝率远高于美国,这些国家包括英国、爱尔兰、葡萄牙。而现在,在预防和延缓这类死亡方面,这些国家已经胜过美国。同时,排名前三的国家(法国、日本、澳大利亚)已经提高了绩效标准。因此,美国现在的死亡率比最低比例的国家高 59%。要想让美国可预防死亡的比例达到领先国家的水平,就得每年少死 10.1 万人。

可通过健康护理预防的死亡
每 10 万人中的死亡人数*

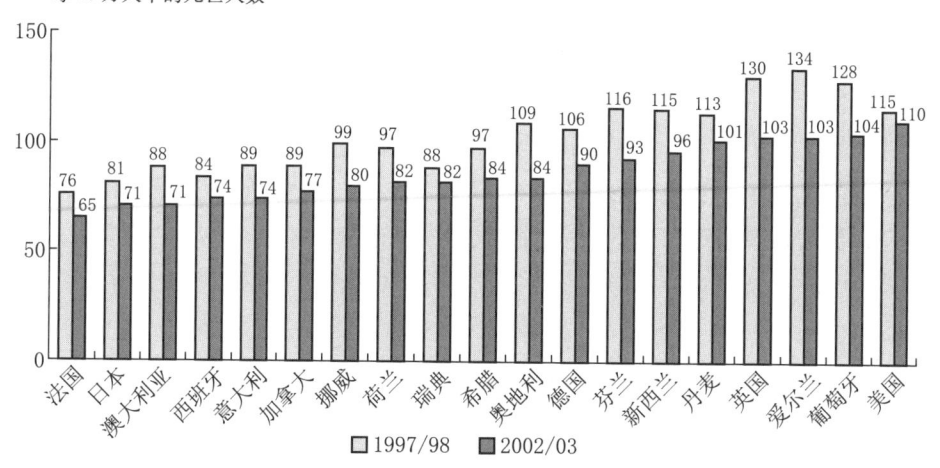

国家	1997/98	2002/03
法国	76	65
日本	81	71
澳大利亚	88	71
西班牙	84	74
意大利	89	74
加拿大	89	77
挪威	99	80
荷兰	97	82
瑞典	88	82
希腊	97	84
奥地利	109	84
德国	106	90
芬兰	116	93
新西兰	115	96
丹麦	113	101
英国	130	103
爱尔兰	134	103
葡萄牙	128	104
美国	115	110

* 各国以年龄为标准的死亡率,这是 75 岁之前的死亡率;死因包括局部缺血性心脏病、糖尿病、中风、细菌感染。

图 31-2 健康生活

数据:E.诺尔蒂和 C.M.麦基,《伦敦卫生与热带医学院对世界卫生组织死亡率的分析》(Nolte and McKee 2008)。

资料来源:联邦基金会 2008 年《美国医疗体系绩效国家记分卡》。

从 2002 到 2004 年,美国婴儿一周岁之前的死亡率略有改善(每 1 000 个成活新生儿的死亡人数从 7 降到 6.8),从而回到了先前的水平。然而,美国的平均死亡率依然远高于死亡率最低的那些州和国家。绩效最差那些州的婴儿死亡率是基准州的两倍还多。值得担忧的是,领先诸州和落后诸州的差距在 2004 年进一步扩大了,婴儿死亡率最高的那些州——主要是南方的贫困州——婴儿死亡率上升了。[10] 另外,8 个工业化国家采用相同的方法报告婴儿死亡率,美国表现最差,全国婴儿死亡率是领先国家的两倍还多(2004 年,日本、冰岛、瑞典 1 000 个成活新生儿的死亡人数为 2.8 至 3.1 个不等)。[11]

健康状况不佳的影响。 健康寿命预期。虽然在 2006 年美国的预期寿命达到了 78 年来的新高,但还是没有赶上其他发达国家,这反映了死亡率的趋势。[12] 就 60 岁的健康寿命预期而言,美国排名不佳,因为跟其他国家的成年人相比,美国成年人健康状况不佳的时间更长。这可能并不奇怪,原因有两个。第一,跟其他国家的成年人相比,美国老年人饱受慢性健康问题的折磨。第二,老年人长期没有保险对老年人的健康产生了不良的影响。[13]

活动限制。2006 年,超过六分之一(18%)的达到工作年龄的成年人报告,因为健康问题无法工作或者无法完成每天的活动,与 2004 年报告的活动受限数据 15% 相比,比例上升了。跟健康有关的行动受限在排名最靠前的 5 个州和最靠后的 5 个州都增加了,但在排名靠后的州恶化最为严重。以往报告的因伤病而耽误大量在校时间的儿童比率在各州的差异超过两倍。这些发现表明,需要更好地预防和治疗慢性疾病,以便提升生活质量和工作能力,尤其是当年轻人渐渐老去的时候……

以病人为中心和及时治疗。 有了以病人为中心的治疗和及时获得治疗就能更好地贯彻执行治疗计划,让病人较多地参与治疗决策,提升治疗的成果。[14] 以病人为中心和及时治疗的综合分数从 72 跌至 69,因为两项指标下降了(有一项没有更新)。记分卡结果表明,在提供及时护理以及与病人有效沟通方面存在重大缺陷。美国在这些指标上的得分比领先国家、医疗计划或者医院设定的基准低 65%。

迅速获得初步治疗的权利。在接受调查的 7 国之中,有健康问题的美国成年人与其中 5 国的病人相比,生病时能在当天或次日迅速约见医生的可能性明显更低。在 2007 年,只有 46% 的病人报告能如此迅速地约见医生,几乎跟 2005 年持平。这种裹足不前的状况突出表明,医生执业以及诊所并未迅速采取先进的预约治疗模式。美国的比例需要提升 75% 以上,才能达到基准比率(81%)。

工余护理。在接受调查的 7 国之中,有健康问题的美国成年人也最有可能报告,在下班后不去急诊科就难以得到医疗服务。这一比例从 2005 年的 61% 上升到 2007 年的 73%。美国的研究表明,如果能改善工余护理,并且更容易获得初步治疗,就能减少相对较为昂贵的急诊部治疗,尤其是对于那些高风险、低收入的病人来说。[15]

医生沟通。医生与病人之间开诚布公的沟通是以病人为中心的护理的关键因素。从平均来看,在 2004 年和 2002 年(57% 和 54%)只有半数以上的美国病人表示,他们的医生总是仔细倾听,清楚地解释,尊重病人,并把足够的时间花在病人身上。病人的沟通经历因保险状况和信息来源而大相径庭。2004 年的全国比例依然远远低于顶尖绩效医疗计划设定的基准比例的 75%。针对医生和病人的干预可能会提升人际医疗互动的质量。[16]……

治疗机会

概览。治疗机会对于高品质护理来说至关重要。治疗机会不足会导致无效治疗,包括可以避免的并发症,依靠急诊部来进行基础治疗,重复服务,未能跟进检测结果或者预防性护理。没有保险的人数量上升、医疗成本和健康保险费攀升,都给治疗制造了障碍,给保险病人以及未保险病人带来了经济压力。[17]由于越来越多的中低收入家庭发现自己面临得不到充分治疗机会的风险,5 项机会指标中的 4 项绩效反映了这一趋势,大幅下降。这个维度的总体得分从 67 跌至 58——离充分参与和负担得起的治疗机会这两个目标越来越远。[18]

参与。到目前为止,保险覆盖范围的缩减大多发生在处于工作年龄的成年人身上。基于年度人口普查数据,从 1999—2000 年度到 2005—2006 年度,没有保险的工作年龄成年人占比 23% 及以上的州从 2 个增加到 9 个,没有保险的工作年龄成年人占比不足 14% 的州从 22 个减少到 8 个。儿童状况较好,因为保险覆盖范围更大了。在 2005—2006 年度,只有 5 个州没有保险的儿童超过 16%,跟 1999—2000 年度的 9 个相比下降了。而且,有 12 个州只有不到 7% 的儿童未保险。[19]

随着没有保险的成年人数量的稳定增长,"保险不足"的成年人数量也在增长。后者指全年投保,但医疗费用和自付额与收入高度相关的人。[20] 2007 年,2 500 万成年人(14%)保险不足,比 2003 年增长了 60% 以上,2003 年保险不足的成年人为 1 600 万。之所以出现如此大幅增长,是因为中高收入(联邦贫困线 200% 及以上)人群保险不足的比率几乎达到了原来的 3 倍(从 4% 到 11%)。

2007年,还有5 000万成年人没有保险。因此,就2007年而言,超过7 500万成年人——所有19到64岁成年人的42%——或者当年没有保险,或者保险不足,比2003年变多了,2003年是35%(见图31-3)。

虽然低收入成年人大多处于风险中,但没有保险或者保险不足百分比增长最多的是收入达到贫困线200%及以上的那些人。

2007年没有保险的和保险不足的成年人与2003年的对比
没有保险或保险不足的成年人(19—64岁)百分比

	2003	2007
总计	35 (9/26)	42 (14/28)
低于贫困线200%	68 (19/49)	72 (24/48)
达到贫困线200%及以上	17 (4/13)	27 (11/16)

■ 保险不足的*　□ 当年未保险

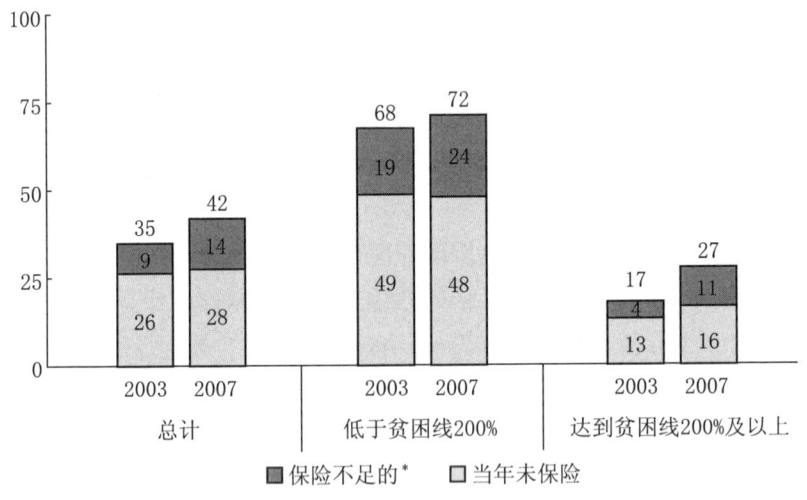

图31-3　治疗机会:参与

* 保险不足定义为全年投保,但是经历了下列情况之一:医疗费用占了收入的10%及以上;如果收入低,医疗费用占了收入的5%及以上。
数据:2003年和2007年《联邦基金会健康保险双年调查报告》。
资料来源:联邦基金会,2008年《美国医疗体系绩效国家记分卡》。

因为覆盖面缩小,所以获得治疗的机会相应减少。2007年,超过三分之一的美国成年人(37%)没有得到处方药在内的急需的治疗,原因就在于成本。相比之下,在基准国家荷兰,只有5%的成年人说因为经济困难得不到治疗。荷兰实现了普遍覆盖,有着范围广泛的福利,有着美国人看来适当的成本分摊。

负担得起的治疗。健康保险和医疗护理变得难以负担。在2007年,从雇主群体获得的家庭保险平均支出超过了每年12 000美元。[21]由于保险费上升得比工资还快,相对于收入来说,保险费平均支出几乎在所有的州都增加了。因此,在一个州,如果雇主保险金平均值不到中等收入家庭收入的15%,那么这个州能负担得起护理的成年人的比例就大幅下降,近两年从58%下降到25%。

到了2005年,接近四分之一65岁以下的成年人(23%)的家庭需要用手头的现款负担高昂的医疗成本,包括保险金和服务的直接开销,而在2001年这一比例是19%。这一增长完全是私人保险成本增长驱使的。对于那些在非群体市场购买保险的人来说,经济负担尤其沉重:与2008年的40%相比,如今一半人面临高昂的自付负担。

为了放缓保险费的尝试导致了对福利的限制和更高的成本分摊。由此带来的成本使得为医疗债务和医药费苦苦挣扎的家庭雪上加霜。到了2007年,五分之二的美国成年人(41%)表示,支付医药费有困难,收账公司跟他们取得了联系索要医药费,或者分期偿还医疗债务。与2005年的34%相比,这一比例上升了(见图31-4)。有保险不再意味着有了经济保障:19到64岁的成年人之中有三分之一(33%)一直有保险,但却面临着医药费问题;中低收入成年人处境最为危险。

医药费问题或者医疗债务
有医药费问题或者面临大额债务的成年人百分比(19—64岁)*

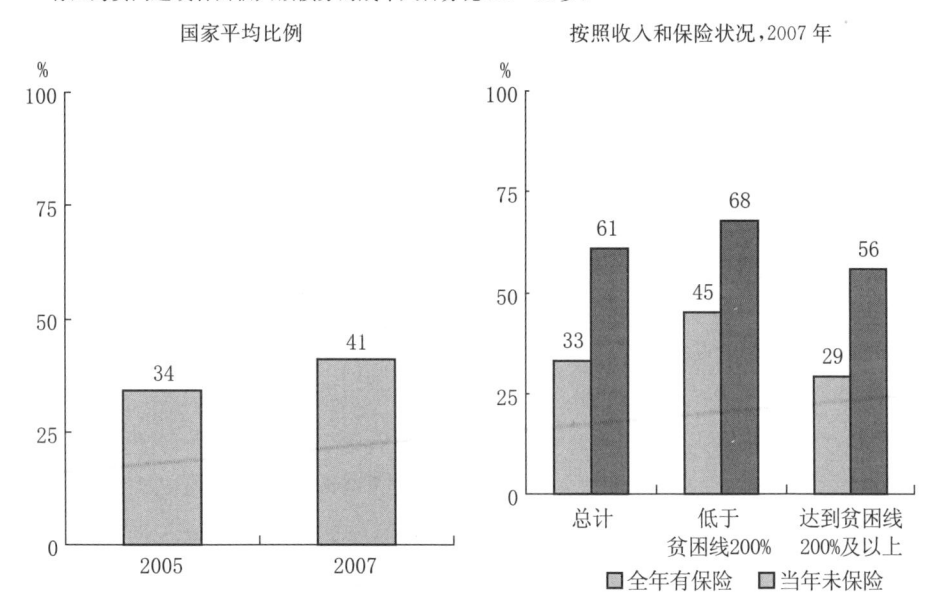

国家平均比例

	2005	2007
%	34	41

按照收入和保险状况,2007年

	总计	低于贫困线200%	达到贫困线200%及以上
全年有保险	33	45	29
当年未保险	61	68	56

*支付医药费有困难或者无法支付,收账公司跟他们取得了联系索要医药费,不得不改变生活方式以便支付医药费,或者分期偿还医疗债务。

图31-4 治疗机会:负担得起的治疗

数据:2005年和2007年《联邦基金会健康保险双年调查报告》。
资料来源:联邦基金会,2008年《美国医疗体系绩效国家记分卡》。

治疗机会及其与质量和效率的关系。 缩水的治疗机会对医疗体系的整体机会有着严重的影响。没有充足的覆盖和经济保障,接受高质量治疗的机会就会减少。[22] 没有保险的人们往往无法在必要的时候得到及时恰当的护理，从而导致健康状况恶化，日后就需要更昂贵的急诊治疗。当确实得到治疗的时候，没有保险的人也会遇到更多的医疗失误或者协调问题，比如医疗记录/检测结果传达延迟、重复检测。最近的研究估计，2000 到 2006 年，因为没有保险而死去的人数共计 13.7 万人，包括 2006 年死去的 2.2 万人在内。[23]

（编者按：本文注释可以在初始来源中找到。）

第 32 章

不为人知的医疗故事

——他们如何严重削弱医疗保险

莉莲·B.鲁宾

直到最近,我和我的丈夫看的都是那些让我们感叹"哦我真高兴他是我的医生"的医生,已经持续了有 20 年。然后,有一天,我们收到一封邮件通知,诊所即将关门,执业的 4 名医生,要么退休,要么离开旧金山。他们还附了一份医生的名单,提供了其他可以接诊的医生。就这样,我开始寻找新的基础护理医生。

我看了一遍名单,看到了一个熟悉的名字,并拨打了号码。"是的,"接线员向我确认,"医生可接诊新的病人。"一切都非常友好;我预约了一下;接线员去记下必要的信息,然后是关键问题。"你买了哪种保险?""医疗保险和美国退休人员协会保险(几种补充性医疗保险计划中的一种,以备像我们这样能负担得起的人认购)。"我回答道。我听到了一声短促的吸气,10 秒的静寂却仿佛很长一段时间,然后:"哦,你应该提前告诉我你用的是医疗保险;医生不再接受新的医疗保险病人了。"说着,接线员挂断了。而且,我估计,接线员一边说着,一边把我的预约从本子上抹去了。

粗鲁的拒绝让我吃了一惊,有点心烦意乱,但是并不担心。旧金山这座城市不仅魅力无限,城里还有一座大型医学院,不到一小时车程之内还有两所医学院,这里有足够多训练有素的医生执业。找到一个好医生能有多难?结果证明很难,我列了一个名单,找了 12 个医生——一些是我那退休的内科医生嘱咐我转诊用的,另一些是朋友或者朋友的朋友推荐的。

自从旧金山的医生圈子听说我们看病的诊所要关门,他们就准备好了接听像我们一样的人的电话。一些在语音邮件里宣布:"医生不接纳新的医疗保险病人";一些先是询问致命的保险问题,然后才回应我们的预约要求;还有一些先是记下我所有的个人信息,然后才问保险问题。12通电话;12次拒绝接纳使用医疗保险的我。

我震惊了,坐在桌子旁边,看着名单,陷入了沉思。我曾经了解的医疗保险怎么了?医生怎么了,对于医生来说,这只不过是他们执业的另一部分?政府怎么了?在右翼疯狂私有化之前,政府曾经全力支持医疗保险。这是三个大问题。但是,燃眉之急是找个医生。当我和我丈夫需要的时候,医生能为我们看病。

由于众所周知的原因,我在旧金山的医疗界已经是大名鼎鼎,所以我决定绕过前台,直接给这些医生之中的每个人写信。我列出了自己的证书和业绩,仿佛在申请拨款或者工作;我好似漫不经心地写上一些如雷贯耳的大名,医疗界内外的都有,他们允许我这么做。同时,为了让医生通过我的申请,我发誓自己一直非常积极,身体很棒。这么做真是荒唐至极。一方面,我在寻找医生监督我的健康状况;另一方面,我又向愿意听我说一说的医生保证,我不需要他们。

两个星期以后,我变得愈发绝望。那家诊所很快就要真的停业了,而我名单上的医生还没有一个给我回信。我开始给诊所打电话,询问医生是否收到并阅读了我的信。前五家简单粗暴地打发了我:"医生不再接纳新的医疗保险病人。"最终,打第六通电话的时候,接电话的女人说她问问医生,然后给我打回来。一个小时之后,她打来电话,说医生读了我的信,"感兴趣",愿意见我。

我们见面了,医生答应接纳我们,我们终于有了医生。但是,我想知道,没写信的普通人怎么样了?我想知道,普通人如果确实写了信,但却无法让对方"感兴趣",又会怎样?旧金山现在就在发生这样的事情吗?在旧金山,要想荣幸地成为一些医生的病人,就要给他们1 000美元的服务费,并在此后每年交500美元的会费。

当我的故事传出去之后,答案蜂拥而至。全国的朋友和熟人有着类似的故事要讲述,有时是他们自己的经历,有时是朋友或家庭成员的经历。从纽约到加利福尼亚的医生,要么拒绝接纳新的医疗保险病人,要么提高进入他们诊所的门槛,这无异于直接拒绝。

医疗保险剧本在我自己的生活中上演之时,医疗护理就是民主党初选漫长乏味政治戏剧的中心舞台。参议员贝拉克·奥巴马和希拉里·克林顿宣扬各自的全民医疗保险承诺的优点。而同时,乔治·W.布什总统却发布计划,在美国老人身上削减预算赤字,呼吁强制减少2 080亿美元的预算,医疗保险受创最重。除了削减服务以及医生的报酬,政府还想在未来5年内把医疗保险的增长速度从7%降到5%——就在未来5年内,医疗保险花名册会呈指数级增长,原

第32章 • 不为人知的医疗故事

因是"婴儿潮一代"中的第一批人会获得参保资格。对此,两党的候选人都没有表示出任何愤怒。

在美国,医疗护理的斗争历史漫长而艰辛,可以追溯到1945年。当时,哈利·杜鲁门总统要求国会制定一个全国保险项目,"以便保障人们获得充足医疗护理的权利,免受疾病带来的经济"。有一个保守群体联盟,由美国医学会中的铁杆反对派,获得了保险和制药行业的支持。这个联盟指责杜鲁门的计划是"社会主义做派",煽动起了公众对自由和选择的恐惧,并否决了这项立法。

1952年,杜鲁门承认无法为所有人争取到医疗保险,试图通过一项妥协性的提案来削弱反对意见,这项提案仅为接受社会保障的65岁及以上人群提供治疗。但如果全民医疗保险计划是彻头彻尾的社会主义,那么,有较多限制的新立法无异于一只脚跨进了社会主义的门槛,而且曾激烈斗争的势力又一次携起手来反对缩水的提案。

同样的一幕出现在了1960年。当时,在约翰·F.肯尼迪总统的支持下,医疗保险的支持者提出了另一项为美国老年人提供医疗护理的法案。只是这一次,美国医学会在全国医生妻子的支持下,组织起著名的"咖啡杯运动",并把二流电影演员罗纳德·里根招募进来。当时,里根主持了大受欢迎的周日夜间电视节目《通用电气剧院》。

当时华盛顿著名的专栏作家德鲁·皮尔逊反思了反对医疗保险的运动,写道:

> 在肯尼迪总统为老年人争取医疗救助的斗争中,好莱坞的罗纳德·里根巧舌如簧地加以反对。结果是老年人好像要输掉这场比赛。里根使得洪水一般的邮件涌向国会,国会议员因而想要把医疗议案的实施推迟到1962年。当然,国会议员不知道的是,这些邮件的背后有里根撑腰;另外,美国医学会提供了资金……(里根的)背景如何让他成为老年人医疗护理方面的专家?这一直是个谜。无论如何,因为跟美国医学会做了交易,还有了通用电气的默许,罗纳德·里根就能够站出来用国会影响美国总统肯尼迪。

林登·约翰逊总统曾是参议院领袖,对国会的弱点了如指掌,在国会舌战群儒,让国会挺直了腰杆。1965年7月30日,多年的斗争终于得到了回报。约翰逊总统签署了《社会保障法》第十八章,设立了医疗保险以及配套的医疗补助计划,为贫困的美国人提供了保障。美国有了第一套(目前为止也是唯一)政府赞助的、单一付费医疗系统。前总统哈利·杜鲁门是加入这个项目的第一人。医疗保险B部分覆盖了门诊(A部分覆盖了住院治疗)为每月3美元。如今,在医疗保险承担80%的账单前,有135美元的免赔额,收入达到82 000美元(提交联合报税表的夫妇是164 000美元)的人每月保险费为96.40美元。然后保险费根据收入按比例增加。

医疗保险一开始是个聊胜于无的项目,覆盖的是医院和门诊,但在接下来的25年里,医疗保险反复扩张,覆盖了所有年龄段的残疾人、晚期肾病患者、针对老年人和贫困残疾人的附加保障收入项目的接受者、按摩疗法服务、家庭健康护理、临终关怀等。

尽管医疗保险得到了广泛的支持,但保守人士仍不时表示对项目的不满。到了20世纪80年代初,里根政府的保守主义——所谓的对"社会规划",即由联邦资助的补助金项目的厌恶——开始显现出来。但当医疗保险修改为覆盖联邦司法系统、国会议员、总统本人时,那些反对的声音却不见了。国会里的反对派或者里根总统不再说这是社会主义做派,不再担心政府津贴的成本,不再发出对自由和选择的哀叹,因为此时轮到他们享受政府资助的医疗护理了。

尽管争议不断,但直到1995年,克林顿政府全民医保尝试失败之后,共和党控制的国会在众议院议长纽特·金里奇的力促和保险公司的大力支持下,通过了《医疗保险改革法案》,才进一步向私有化的改革迈进。但没有一些民主党人的支持和比尔·克林顿总统的签名,这事就成不了。总统那天好像忘了自己有否决权。确实,总统没有足够的选票来维系自己的否决权。但这并不妨碍小布什把违反自己原则的立法驳回国会,让这些法案在国会遭受冷落,暂时搁置,尽快通过无望。

最后,不管怎样,所谓的改革就是更加依赖私人保险公司——由联邦政府补助——来提供医疗服务。这一开始看起来是个不错的交易,保险公司豪言用更少的钱提供更多的护理,而医疗保险接受者纷纷涌向健康维护组织,我和丈夫也在其中。但是,不久,我们中的许多人就发现,保险公司的公关活动跟现实关系不大,而且他们的承诺触及底线前就消失殆尽。比如说,我丈夫得了顽固性尿道感染,而我们的基础护理医生的治疗一直不见成效,最终,我问丈夫为什么不让泌尿科医师来处理这个问题。他吞吞吐吐,双脚扭来扭去,垂下眼睛,最后近乎羞答答地说:"这些健康维护组织让这种转诊变得越来越艰难。"我迅速转回了医疗保险。在医疗保险之中,医生的判断通常仍是专科治疗的决定性因素。

到1997年,即所谓的改革实行两周年之际,医疗保险遭受的持续攻击让参议员泰德·肯尼迪和众议员理查德·格普哈特义愤填膺,于是他们在《华盛顿邮报》专栏版撰文:

第32章 · 不为人知的医疗故事

国会中的共和党人——而且不幸的是,还有一些民主党人——想要僭越两党预算协定,并千方百计把医疗保险置于死地:通过提高治疗成本、选取最健康和最富有的参保者、提高医疗符合保险资格的年龄、启动支付能力调查,把医疗保险的主要部分置于私人保险公司和护理管理公司那微不足道的恩惠之下。

然后到了小布什的执政时期。从一开始,这届政府对医疗保险和社会保障的敌意就暴露无遗。这届政府未能将社会保障私有化,但针对医疗保险的战争持续了下去,这届政府推动人们加入健康维护组织,方法是增加每月的医疗保险成本,削减服务,降低医院和医生的报酬,直到医疗保险受到威胁。早在2005年,美国医学会的一份调查报告就指出,5 486个医生之中有接近40%说,如果5%的削减计划获得通过,那么他们"就会在执业的时候减少接受的医疗保险新病人"。

在中间几年,情况只是变得更糟。医学团体管理协会通过对1 000名执业医生的调查形成了一份报告,指出,预计2008年7月1日进一步削减10.6%拨款的提案会生效,60%的调查对象说自己要么会限制医疗保险病人的数量,要么会干脆拒绝接受医疗保险病人。俄勒冈州的一位医生说他"通常拒绝急于找到医生的医疗保险病人,因此医疗保险病人只能主动用手头现款额外付钱",医疗保险法律禁止此种行为。另一位佛罗里达州的执业医生有50%以上的病人是医疗保险病人,这个医生为抛弃病人而悲伤,他说这些病人"就像老朋友一样,因为28年的执业生涯都在为这些病人服务"。但是,如果报酬再度削减,这个医生解释,"我别无选择。这是交易,而且如果我无法支付账单,我就无法存活"。对于我们这些依然依靠医疗保险的人来说,这个说法就像是严冬的寒风。对于在接下来几年才获得参保资格的"婴儿潮一代"来说,更是不寒而栗。

确实,一些人可能会辩称医生已经比大多数美国人挣得多了,因此听到医生的抱怨,难以产生多少同情。但是,医生是医疗保险能否成功的关键因素,而在小布什政府升级对医疗保险的战争之前,医生都在无怨无悔地照顾美国的老年人。另外,医生的抱怨是有力且合法的,我们须注意到小布什政府提出的预算削减方案针对的是医生、医院、各种各样的病人服务,但却丝毫未触动私人保险公司及其健康维护组织的报酬,尽管许多独立专家说,联邦为这些计划支付的报酬太高,但这些计划提供的服务太差。

不幸的是,目前进行的选举活动几乎没什么可能在较大程度上解决目前困扰美国的医疗护理危机。因为虽然医疗保险私有化让我们明白以营利为目的的保险公司与高质量病人护理格格不入,虽然跟政府运营的医疗保险相比,联邦给这些公司提供的补贴给纳税人带来了更沉重的负担,但没有候选人敢于提出唯一可行的全民医疗保险计划:根据原来的医疗保险建立由政府资助的单一支付制度[1]——这个项目原本一直运作良好,但是后来保守力量、保险公司、制药行业、右倾和/或胆小的民主党人联合起来,让这个项目土崩瓦解。[2]

尾注

1. 具有讽刺意味的是,印第安纳大学医学院卫生政策和职业化研究政策中心最近进行了一项研究,成果发表在了《内科学年鉴》2008年4月刊上,指出,对2 200位医生进行的一项调查发现,现在59%的医生支持立法确立国家健康保险。罗纳德·阿克曼博士是这份调查报告的共同作者,反思了自己对数据进行的分析,得出结论:"总的来说,医生觉得支离破碎的营利保险制度正在妨碍良好的病人护理,大多数医生现在都支持通过国家保险来补救目前的问题。"

2. 这个问题就说这么多。我甚至还没提另一笔打了水漂的钱:联邦政府根据医疗保险D部分把数十亿美元划拨给保险公司和制药行业,因为处方药补助金在2006年1月1日生效了。这一项目的重重问题需要再写一篇文章进行讨论。

第10部分

学校

几乎每年都有关于美国公立学校悲惨处境的可怕报告。虽然许多美国人对自己孩子上的学校还算满意,但他们认为整体上学校正在陷于崩溃的危险之中。差学校通常被归咎于我们国家的一系列问题,这些问题既包括不均衡的经济增长,也有青少年暴力。

就像许多评论员指出的那样,学校的公众形象具有极大的误导性。总的来说,公立学校并不像人们通常所说的那样差。跟过去的任何时候相比,公立学校都在教育更多的孩子,孩子的背景差异也更大,而且通常有更加棘手的问题。令人不安的是,学生的测试分数在20世纪70年代下降了,但此后再未下降。跟大多数其他工业国家相比,美国上大学的学生更多,而且我们的高等教育制度依然是世界上最好的教育制度之一,吸引了世界各地的学生。

然而,美国学校仍存在着大量严重的问题,这一部分的文章帮助我们把真正的问题与那些实际并不存在的问题区分开来。

或许,这些问题之中最为根本的一个就是学校教育根深蒂固的不平等性,使得美国的学童分为"教育富人"和"教育穷人"。在最好的情况下,私立和公立学校都为学生提供高质教育、大量的资源、一流的设施。但在最坏的情况下,美国学校会差得惊人——教室破败老朽,资源匮乏,教育经历难以让学生在社会上取得什么成就。这样的情况并不奇怪,用作家乔纳森·科佐尔的话说,这些"强烈的不平等"是与收入和种族密切相关的。

在此,我们摘录了《国家之耻》的部分内容,科佐尔在这篇文章中描述了不平等是如何塑造纽约城公立学校孩子的教育经历的,并认为,如果说有什么变化的话,那就是穷孩子和富孩子的教育差距在增加。跟富裕社区相比,市中心的学校不仅每个学生接受的资助更少,而且也在逐步失去许多基本的东西:比如图书馆、艺术和音乐项目、学生的医疗护理——以前这些都被视为是理所当然的。

科佐尔描述的问题只是更宏观图景中的一部分。在这一宏观图景之中,教育资源和医疗以及其他社会利益一样,分配的不公平性日益明显。我们总是以公立教育体系的包容性为傲,将其作为美国基本价值观的象征和具体体现。比如,对于几代都是低收入者的美国人来说,大学之所以是向上流动的传统手段,是因为大学教育是免费的,或者近乎免费的,这意味着接受高等教育的机会与一个人的支付能力是不相关的。但是,就像艾伦·穆塔里和梅拉库·拉克夫所表明的那样,如今,上大学,甚至上许多公立大学,日渐意味着长时间的校外工作,背上沉重的学生贷款,或者"刷爆"信用卡——对于本书的许多读者来说,这一事实并不是什么新鲜事。上大学越来越难以负担,而工人阶级也越来越通过自己的努力实现美国梦。

学校的那些真实存在的问题不时导致批评家把我们大多数的其他社会问题归咎于学校——从贫困到收入不平等再到国际竞争力——并表明改善学校就是颗万灵丹。然而,就像劳伦斯·梅塞尔和理查德·罗思坦主张的那样,这些问题的来源远在学校之外,靠学校自身解决这些问题并不现实。对于学校自身来说,提升所有人的教育质量当然是个重要目标,但是不能认为此举可以迅速解决不平等以及扭曲的经济优先事项问题,许多人因不平等以及扭曲的经济优先权而陷入贫困,并丧失了许多机会。促进我们的经济发展并提升美国人的总体生活水平还需要做更多的工作,包括制定政策,以确保生产力提升的成果得到更公平的分配。

詹妮弗·沃什伯恩讨论了大学和私营企业越来越紧密的联系,说明了教育领域另一个令人不安的发展趋势——教育和追逐利润的界限日益模糊。从传统意义上说,大学始终致力于客观公正地寻求知识。但和美国的许多其他机构一样,大学受私营公司的影响越来越大,而且现在有时难以区分客观研究和公司公共关系的界限。公司不仅资助重要研究,也经常左右研究结论。而且,在一些领域——比如对新药安全性和有效性的研究——结果既不道德,也具有危险性。

第33章

国家之耻
——美国的种族隔离制学校教育

乔纳森·科佐尔

"**亲**爱的科佐尔先生,"那个 8 岁的孩子说,"你有的东西我们没有。你有干净的东西,我们没有。你有干净的浴室,我们没有。你有花园,我们没有。你什么都有,而我们什么都没有……你能帮帮我们吗?"

这封信来自一个叫作阿里亚的孩子,装在一个厚厚的信封里,这个信封里有 27 封信,是布朗克斯市三年级一个班的孩子写的。阿里亚班上其他同学的来信发出了一些同样的抱怨。"我们没有花园",也"没有音乐或者艺术",也"没有好玩的地方玩耍",一个孩子说。"有办法解决这个问题吗?"另一个孩子则提到了在如此拥挤的学校里听到的许多孩子都有的忧虑:"我们有个体育馆,但是用来排队的。我认为这不公平。"然而,阿里亚的另一个同班同学带着一个可爱的拼写错误问我是否知道把她的学校变成"好"学校的方法——"就跟其他国王的一样",并且最后希望我们竭尽所能让"所有的国王"都有好学校。

然而,让我感触最深的一封信是一个叫伊丽莎白的孩子写的。"其他孩子有花园和新的东西,但是我们没有,这不公平,"伊丽莎白说,"我希望这所学校成为这个'宽厂'世界最美丽的学校。"

伊丽莎白的笔迹看上去非常仔细、小巧,清新秀气。她已经改了信里的其他错误,添加了一开始忘掉的一个字母,把一些拼写错误的单词擦去并重写了。最后一句话里未改的错误因而引起了我的注意。

"这个'宽厂'世界"在我的脑海里停留了几天。当我后来见到伊丽莎白的时候,我随身带着她写给我的信,想看看,如果大声读出这封信的话,伊丽莎白是会把"宽厂"改成"宽广",还是留着不改。然而,我去他们班这次拜访十分愉快,孩子们好像很想问我一连串的问题:我住在哪儿? 我为什么住在那儿而不是纽约? 我跟谁住在一起? 我有几条狗? 还有其他此类有趣的问题。因此,我不打算用习语和拼写问题打断他们对我的隆重欢迎。我让"这个'宽厂'世界"在我的脑海中萦绕,一字不改。伊丽莎白写给我的信很快就在我书桌上方的墙上找到了归宿。

见到伊丽莎白之前的几年里,我探访了南布朗克斯市以及布朗克斯市北部一个区的许多小学。我还多次探访一所中学。在这所中学里,一个下雨的下午,一股水流沿着主楼梯井流下,在学生们接受咨询的办公室,长出了绿色的霉菌。一个蓝色的大桶被用来接从天花板上落下来的雨水。有一所临时周转小学,坐落于以前的滑冰场之中,紧邻布朗克斯市另一个几乎全部由黑人和西班牙裔构成区域的殡仪馆,班级人数达到 34 人或者更多;4 个幼儿园班级和 1 个六年级班级被塞进了一个没有窗户的房间里。许多房间空气不流通,令人窒息;课间休息是不可能的,因为没有室外操场和室内体育馆,所以,孩子没有地方玩耍。

另一所小学原本是按容纳 1 000 个孩子设计的,但却硬塞进了 1 500 个男孩和女孩。校长在一个房间里向我倾诉。在这个房间里,一个塑料垃圾袋胡乱盖着一块摇摇欲坠的天花板。"这种情况,"校长指着垃圾袋,告诉我,然后让我看周围其他破败与年久失修的迹象,贫民区的学校大多如此,"不会发生在白人孩子身上。"

我的一个朋友在哈莱姆区的一所中学教一年级。她告诉我,自己的班里有 40 个学生,但只有 30 把椅子,所以,一些学生不得不坐在窗台上,或者靠在墙上。其他的中学也非常拥挤,因此不得不减少上课天数,并缩减课时,以便把学生分成两拨轮流来上课。成千上万的黑人和西班牙裔学生上的就是这样的学校,一半学生早晨很早上课,到午饭前后就离开学校,而另一半直到下午才开始上课。

图书馆曾是纽约城市体系的荣耀之一,但在大量的小学里图书馆要么不存在,要么苟延残喘。艺术和音乐项目也大多消失了。"当我 1969 年刚开始教学的时候,"南布朗克斯市一所小学的校长对我说,"每所学校都有全日制的具备执照的艺术和音乐老师以及图书管理员。"在接下来的十年里,这位校长回忆道:"我亲眼看着这一切全都毁了。"

这些年,校医也从小学消失了。1970 年,大量白人孩子依然在上纽约城的学校,有 400 个医生在学校里解决孩子的健康需求。1993 年,校医的数量削减到 23 人,并且其中大多数是兼职的,这种削减对纽约城最为贫困地区的孩子影响最大。在这些地区,医疗条件常年不达标,孩子们面临的健康问题极为严重。

第 33 章 · 国家之耻

比如，20世纪90年代，南布朗克斯市的小儿哮喘患病率已经是全国最高之一，并进一步恶化，原因是纽约城决定在南布朗克斯市建一个医疗废品焚化炉。原本的计划是建在曼哈顿东城，因遭到那里家长的反对而放弃了原本的计划。在南布朗克斯市，这些患哮喘孩子的入院率比纽约城富裕社区的孩子高20倍。老师们说，有些来上学的孩子有慢性哮喘，在一天的任何时间都可能严重发作。但在我走访的学校里，却没有医生为他们治疗。

纽约的政治领袖往往会将学校服务的急转直下归咎于多变的经济因素，比如20世纪70年代严重的预算危机，而不会指出学生人口中种族统计数据的变化。但是，经济年年起起伏伏，前一个十年跟后一个十年也各不相同，但这并不能有力地解释为什么纽约城的学生无论经济状况好坏都一直遭到苛待。在经济状况糟糕的时期，政府抓住政治机会来为这些削减辩解，而在经济繁荣时期、危机期间遭受的损失却从未恢复。

"如果你对学校中正在变化的种族构成视而不见，而只着眼于预算活动和政治事件，"纽约非营利组织教育优先权小组主管诺琳·康奈尔说，"那么，你就会忽视这些决策之下的假定。"当少数族裔家长为自己的孩子要求更好的条件时，她说，背后的"假定是这些家长可以忽略不计，这些孩子可以不加珍惜。"

南布朗克斯的学校年久失修，拥挤不堪，这种情况"在斯卡斯代尔之类的郊区白人学区根本不会发生。"前纽约州教育专员托马斯·索博尔说。他曾经是斯卡斯代尔镇学校的督查，现在是纽约教师学院的教育学教授。"我意识到，如果我被叫去在立法听证会上做证，我根本无法证明种族是这种问题的核心。但是，长期以来，我都感觉到了，也亲眼看见了发生的一切，我知道确有此事……"

20世纪90年代，一些建筑已摇摇欲坠，险象环生。1989年，这种状况已经遭到了谴责，但这些建筑仍在继续使用。因此，南布朗克斯市的一个校长不得不下令，不要去清洁一栋楼的窗户，因为窗框已经腐烂，窗玻璃老是往街上掉。而在另一所学校，出于同样的原因，校长不得不要求把窗户锁死。这几年纽约并没有经济危机，金融市场扶摇直上，报刊和电视盛赞新一代自由消费的百万富翁和亿万富翁，但这一阶段经济增长的收益完全未进入学校惠及真正的穷人……

就像我指出的那样，到目前为止，我走访了其他城市的许多学校；但是，无论是现在还是将来，我了解较多的都是纽约城学校的许多孩子，而对南布朗克斯这类学校的孩子并没有那么了解。在南布朗克斯市的大多数时间里，我都在小学里。因而触动这些学校的孩子的感觉、困惑和理解会在未来几年影响我。他们的问题会变成我的问题，他们的控诉会变成我的控诉。如果他们在提出挑战的话，他们的挑战，也会变成我的挑战。

下面就是阿里亚及她的同班同学对我们提出的控诉："你们有……我们没有。"他们是对还是错？这是少年天真且过分简单化的夸张吗？一个三年级学生对这些重大问题了解多少，而什么是公平的，什么是不公平的？什么是对，什么是错？外在表现暂且不提，你到底是怎么开始衡量分散、宏大、看似抽象的东西：拥有得多，或者拥有得少，或者什么都没有？

假设在一种社会秩序之中，好像可以理所应当地认为，我们用来购买几乎自己所需的一切的钱财都与我们所得到东西的价值存在一定的联系。那么对为阿里亚或者潘帕尔这样的孩子投资符合我们的利益这种看法的考察，并不能告诉我们我国教育公平性状况的一切，但确实可以在一定程度上明确两点：第一，作为人，这些孩子对我们有什么价值。第二，他们有朝一日为社会做出的贡献对我们有什么价值。1997—1998 学年，我见到阿里亚的时候，纽约教育委员会每年花费大约 8 000 美元用于纽约城公立学校一个三年级孩子的教育。假如你可以把阿里亚从其出生的地区拿出来，并放入纽约一个相当典型的白人郊区，那么，她每年接受的公立教育价值就有大约 12 000 美元。假如你再一次把阿里亚拿出来，放入纽约一个最富裕的白人郊区，那么，她每年接受的公立教育价值就高达 18 000 美元。与此同时，可能会有一个收入超过布朗克斯市 3 万多美元的三年级老师。

由此，等式两边的美元都增加了，但是，双方的差距并未大幅改变。目前，纽约城学校对每个学生的投入水平是 11 700 美元，但是在富足的曼哈塞特镇郊区每生投入水平超过了 22 000 美元。实际上，纽约城目前的水平几乎相当于曼哈塞特镇 18 年前的每生投入水平。那时是 1987 年，那笔钱在服务和薪水方面的购买力远超今天。考虑到通货膨胀的美元，纽约城还未达到其最富裕郊区 25 年之前的水平。

纽约城及其富裕白人郊区在教师薪水上的巨大差异依然存在。1997 年，在阿里亚所在的地区，教师薪水的中位数是 43 000 美元，而在郊区的雷亚镇是 74 000 美元，在曼哈塞特镇是 77 000 美元，在斯卡斯代尔镇是 81 000 美元，而斯卡斯代尔镇距离阿里亚的学校仅仅 11 英里。5 年之后，也就是 2002 年，纽约城教师的薪水等级基本上升到郊区低消费区域的水平，但是，薪水等级并未反映教师通常领到的实际薪水，因为这要取决于多年的教龄和高学历。目前，在纽约城，教师第一年入职的薪水高于 4 年之前，但是，纽约城与其中上收入郊区之间的收入中位数差异依然巨大。在 2002—2003 年度，纽约城的总体数字是 53 000 美元，而在曼哈塞特镇已经攀升到 87 000 美元，在斯卡斯代尔镇则超过了 95 000 美元。

第33章 • 国家之耻

即使是这些将城市与其郊区进行比较的数字也无法充分反映纽约贫困区域孩子所面临的不平等待遇。原因是,即使就纽约城各个学校而言,服务于最穷和最富社区的学校在资金上也存在差异。一般来说,资历最低、经验最少的老师去的都是那些遭隔离最严重地区的学校。在2002—2003年度,潘帕尔所在地区教师的工资中位数不足46 000美元,是纽约城的最低水平。而在曼哈顿一个新晋社区是59 000美元,在皇后区的一些地区高达64 000美元。

这根本没有包括富裕社区公立学校的额外资源。在富裕社区,家长们有财力用自己的私人资助来补充公共经费。比如用金钱建造和配备一个优良的学校图书馆,或者安排艺术和音乐课程,或者在许多这类地区雇用额外的老师以减少班级人数。

私人资金用来有选择性地惠及特定公立学校的孩子是个相对新颖的现象,直到大约十年之前在纽约才开始出现。当时,曼哈顿格林尼治村一所公立学校的学生家长集资支付一个四年级教师的薪水,这笔资金是学校正常预算之外的。如果不集资,当时的班级人数可能从26人增加到32人,32人是当时这一地区的平均班级人数。但是,一个家长说,如果一个班32个人,会对自己的孩子"产生毁灭性的影响"。因此,家长们筹集了46 000美元再雇一个老师,值得注意的是,这些家长一夜之间就筹集了三分之二的款项。

格林尼治村学校服务的家庭之中,只有不到20%的学生来自低收入家庭,这在纽约是个非常低的数字。比如,可以对比一下潘帕尔所在的社区,那里有95%的孩子生活在贫困之中。另外,格林尼治村的学校已经在筹集大量私人资金,现在的统计数字是每年超过100 000美元,用来支付音乐、艺术和科学项目,还有家具维修费用。

纽约城学校的校长一开始拒绝用私人资金来支付教师的报酬,认为这对于许多其他学校大班上课的孩子并不公平。但这一地区后来还是千方百计提供了公共经费来解决雇用额外教师的成本,所以,不管怎样,这些家长还是为自己孩子赢得了梦寐以求的有利条件。

事实证明,用私人补贴来补充一些学校用税收支持的预算是富裕社区司空见惯的做法。纽约城最贫困社区的大多数人并不知道这种做法有多么普遍。比如,曼哈顿上西城一所学校的家长教师协会每年都筹集近50 000美元用来雇用一个写作老师和两个兼职音乐老师。在布鲁克林公园坡中产阶级区域的一所学校,家长每年筹集10万多美元雇用一个科学老师和两个艺术指导。而在另一个地区,一个小学和初中的家长筹集了100多万美元,主要用于他们孩子的拓展项目。

原则上说，贫穷地区的家长也可以自由地筹集资金，但他们可能筹来的款项大不相同。比如，在一个低收入移民社区，家长教师协会赞助了糖果销售之类的活动，想要争取基金会拨款，但没有成功，只筹集了不到 4 000 美元资金。同一年，服务曼哈顿上东城的一流小学第六公立学校的学生家长筹集了 200 000 美元。纽约城教育委员会主席说，从此类社区的家长那儿募集私人资金已经大行其道，"几乎可以肯定的是你会接到学校的通知说要交学费"。此外，就像《纽约时报》指出的那样，许多私人资金"都是秘密筹集的"，原因是父母有时害怕会被迫与其他学校分享这些资金。"我们可以筹集资金，"其中一所筹集了大量私人资金的学校的家长组织负责人说，"但可悲的是，其他学校没有较为富裕的家长群体，筹集不了那么多钱。有没有钱确实是个问题。"

不仅纽约城的报纸广泛报道了这一新现象，那些出现同样趋势的其他城市的报纸也进行了报道。显而易见，富裕孩子和贫穷孩子的这种第二层差异对公众来说不再是个秘密。然而，尽管有时遭到了官方的强烈反对，受益者虽然还是平静地接受了这种附加的不平等形式。

"不平等并不是刻意而为。"西区社区一所学校的家长教师协会领袖说。这个协会的家长一直在筹集私人资金，部分资金来自慈善拨款。"有些学校力量强大，有些学校毫无力量……我知道如何写拨款申请，我对此毫无负罪感。"这位领袖说。一些人无疑能理解这个说法，但这个说法完全绕过了某些地方的一个问题：穷人孩子上的公立学校预算普遍不足。这些穷人没有这位领袖那样的融资技能，也无法跟拨款者建立可能的联系。

现在，这种混合制度之中出现了一种情况：公民道德收缩进了界限清晰、自我封闭的富裕社区。这些社区的公立学校的资金来源于公共经费和许多独立购买的补充性项目之中的私人资金。而在贫穷的社区则出现了精品学校。这样，中产阶级以及中上阶级的家长就可以既忠于公立学校这个大政方针，又可以保证自己的孩子不会因预算太少而受到严重影响。而阿里亚和潘帕尔这样的贫穷孩子则因预算太少受到了重创。

第34章

阶级冲突
——不断增加的大学成本

艾伦·穆塔里 梅拉库·拉克夫

布丽吉特·M毕业于新泽西州南部的一个公立学院,平均学分绩点4.0。布丽吉特上学时课程安排紧凑,但她还是在校外当女服务生,一周工作25到30小时,在学校里,她还担任写作和经济学辅导员,一周工作8到12小时。布丽吉特有奖学金,但是,如她所说:"你认为全额奖学金很好了,但是,这并未覆盖书籍、交通和健康护理成本。"布丽吉特是幸运的,有一个灵活的雇主,这个雇主愿意根据布丽吉特的课程安排调整工作时间。但时间上的平衡依然困难:"晚上11点工作之后回家还要写第二天上午8点半要交的课程论文真的很难。"

布丽吉特是美国近600万打工学生中的一员。许多此类学生做的远不止在学校的自助餐馆或者图书馆待上几个小时。他们负担不起大学的学费,只能把大量时间用在校外的一份或者几份工作上,背上沉重的学生贷款,使用信用卡来临时应急。大学的开销急剧增加,增长速度超过了通货膨胀、家庭收入、公共机构纳税人资助和经济资助项目。目前,全日制每年的学费从公共社区学院的平均1 627美元到私立学院或大学的平均15 380美元不等。总成本——包括书费和杂费——就更高了。上全日制公立社区学院的总成本平均为7 265美元一年,而四年制公立大学平均是10 889美元,私立学院或者大学的成本一般是19 443美元。如今,大学生面临着巨大的资金压力。

许多美国人认为教育是保证经济机会的一种方式。政治家和商界领袖鼓吹通过大学教育可以摆脱贫困,可以独立自主地实现美国梦。但是,大学越来越上不起了,尤其是对于低收入家庭来说。公立和私立机构学费上涨速度超过了大多数家庭收入的增长速度,国家公共政策与高等教育中心 2002 年的一项研究表明了这一点。因此,与 20 年前相比,如今家庭支付的大学学费占其收入的百分比要高得多。1980 年,美国人中最为贫穷的五分之一,只需家庭收入的 6% 就可以支付公立两年制大学的学费。到了 2000 年,这个百分比翻番了,达到了家庭收入的 12%。包括公立学校在内的四年制学院和大学,在紧巴巴的家庭预算之中占比更大。私立大学的学费占最贫穷的五分之一的家庭年收入的 25%——而 1980 年时是 13%。处境堪忧的并不仅仅是最贫穷的家庭。中产阶级的收入也赶不上上涨的学费。只有最富裕的家庭,即顶尖的五分之一,可以用迅速增加的收入赶上越来越高的学费成本,因为自从 20 世纪 80 年代以来,飞涨的股价、减税以及其他偏向富人的政策让他们受益。

学费为什么上涨得如此迅速呢?一个原因是学院和大学接受的其他类型资助减少了;学费正在取代捐赠、拨款、财产让与合同等其他收入来源,可能被取代的最大的一块是州政府向公立机构的拨付款项。事实上,面向公立两年制大学、有一些研究生项目的四年制本科院校和研究型大学的州拨付款项在 1988—1989 学年和 1997—1998 学年间实际上是下降了,等同于四年制学士机构的水平。过去几十年里的反税收、反政府、反公共服务论调和政策破坏了各州对公立高校的财政支持。

然而,这些机构担负的明确使命就是让所有人都能够上大学。"今日减税"的短视心态侵蚀了国家在人力资本方面的公共投资,我们在公路、学校和桥梁方面的公共基础设施也面临同样的问题。

学生工作时间过长

全日制学生的总开销和资助之间的缺口巨大。在公立社区学院平均是一年 5 631 美元,在公立四年制机构是 6 904 美元。对于上私立学院和大学的学生来说,缺口超过了 1 万美元。

越来越多的学生用有偿工作来弥补这一差额。美国教育部在 1999—2000 年《全国大学生资助调查报告》(NPSAS)中指出,所有全日制大学生之中,几乎有四分之三边上学边工作。这一数字比 1995—1996 年的调查报告上涨了 4 个百分点,其中既包括校内工作,也包括校外工作,还有半工半读的情况。虽然我们觉得年龄较大的非常规学生可能会工作,但美国劳工统计局报告,甚至连常规年龄的大学生(16 到 24 岁的大学生)也有很多人在工作。我们一般认为,这些学生是接受家长支持的,从而能够将精力聚焦于学业和社会生活上。但这些大学生一半以上都有工作(见图 34-1)。甚至年轻的全日制学生以及四年制大学生就业率也很高,分别是 47% 和 48.8%。对于非全日制学生来说,就业率更高,是

第 34 章 · 阶级冲突

84.5%。这是因为工人阶级选择上非全日制大学吗？还是因为上大学的开销需要如此多的工作时间来挣取，以至于学生无法上全日制课程？

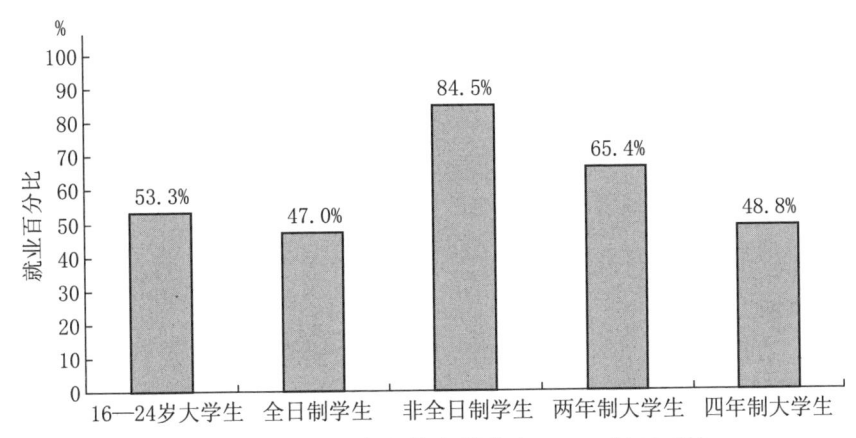

图 34-1　16—24 岁大学生就业率(2001 年 10 月)

16—24岁大学生	全日制学生	非全日制学生	两年制大学生	四年制大学生
53.3%	47.0%	84.5%	65.4%	48.8%

资料来源：美国劳工统计局，《2001 年中学毕业生的大学录取和工作活动》，新闻稿，美国劳工部 02-288。

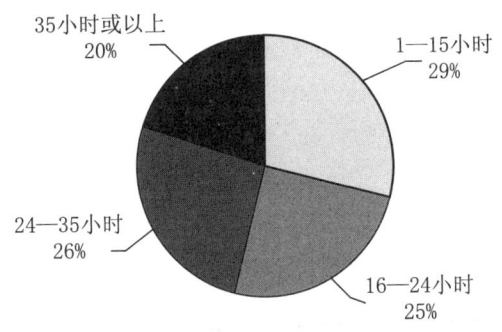

图 34-2　打工全日制学生的分布图，按照每周的工作时间(1999—2000 年)

- 35 小时或以上　20%
- 1—15 小时　29%
- 16—24 小时　25%
- 24—35 小时　26%

资料来源：崔西·金和艾琳·班农，《以什么样的成本？打工学生要为大学教育付出什么样的代价》，国家公共利益研究团体高校项目，2002。

学生的工作时间表明，他们挣钱并不仅仅是为了偶尔买个比萨在宿舍吃。国家公共利益研究团体的高等教育研究项目对全国高等教育学生资助研究的调查结果进行总结发现：打工的全日制学生之中，大约有 71% 每周工作 15 个小时以上，超过了人们预期的在校勤工俭学的标准(见图 34-2)。这些每周工作 15 个小时以上的学生之中，有五分之一的工作时间相当于做全职工作——一边做每周 35 个小时或以上的有偿工作，一边还要完成全日制课程。

霍勒斯·K 是一个大四学生，主修商业，还是学生会的一员，是校园里杰出的学生领袖。从星期天到星期三,他在校内的学生发展办公室工作14个小时。星期五、星期六和星期天,他还要在当地的购物中心工作15到20个小时。星期六全天,他都在购物中心,然后到了星期天,他先要在购物中心上班,接着去学校值夜班。霍勒斯指出:"如果你不工作,你就没办法买书籍、食物以及诸如此类的东西。"霍勒斯觉得自己有了这些工作很幸运。大一过后,霍勒斯被告知他不再有资格做勤工俭学工作,原因是他的父亲挣得"太多了"。他找不到校内工作,没有公共汽车去购物中心,而且他也没有车。他暑期工作挣钱买了辆车,这样,他就能开车去购物中心了。

虽然许多学生现身说法,讲述工作给教育带来的益处,但他们还说,工作也在许多方面造成了负面影响:分数,图书馆享用权,选课,在课程作业中得到帮助的能力。比如,有人告诉一年级学生奥莉娅·A她在大西洋城卡西诺赌场的新工作需要全天上班,这样,她就不得不在工作和一门课的测验中做出选择。一般来说,全职工作的学生坚持上完大学的更少,毕业率更低。一周工作35个小时或以上的一年级学生有五分之一未能上完大一学年,而工作时间少于15个小时的学生只有十七分之一未能完成大一学年。根据国家公共利益研究团体的研究报告,学生每周工作时间越长,他们报告的收益就越少,弊端就越多。根据国家公共利益研究团体发现得出的结论似乎是,适量的有偿工作(一周不到16小时)能让学生积极地融入社会,但是,长时间工作会危及学术成绩和学生的整体上的大学经历。

当然,跟那些家庭年收入100 000美元或以上的学生相比,家庭年收入不到20 000美元的学生更有可能工作,并且长时间工作。这些学生指出学杂费或者生活成本是工作的主要原因,而富裕的学生之所以工作是为了得到零花钱以及工作经验。根据国家公共利益研究团体的报告,有一半低收入家庭打工学生指出,如果不工作,他们就无法负担继续学业的开销。将近三分之一(32%)的低收入家庭学生说他们的分数因为有偿工作而不够理想,而富裕家庭之中23%的学生表示了同样的忧虑。

越来越沉重的债务负担

同样是这批长时间工作以支付不断上涨的学费账单的学生,可能依赖经济资助。实际上,十分之七的全日制学生接受经济资助。不幸的是,经济资助并不像以前那么有用。对于低收入大学生来说,佩尔助学金是最重要的以需要为基础的资助项目。联邦佩尔助学金起源于20世纪60年代的向贫困宣战和伟大社会倡议,设立于1972年,成为低收入和工人阶级家庭大学生的核心项目。然而,每个学生获得的助学金并没有赶上学费增长的速度。考虑一下佩尔助学金延伸得有多远。最高的一档佩尔助学金 4 000 美元仅占上四年制公立高校平均成本的 39%。与先前的 1975—1976 年相比,最高的佩尔助学金相等于该成本的 84%。起初助学金项目反映了一种观点:所有的学生都有接受高等教育的权利,但如今,国会正在通过允许减少资助动摇这种观点。

随着助学金项目变得越发吝啬,学生贷款(包括联邦担保贷款)逐渐在经济资助中占据了更大份额。因为布丽吉特工作了这么长时间,所以,毕业的时候她仅剩 5 000 美元的债务了。但是,平均数比这高得多。各种各样的研究报告估计,学生毕业拿到四年制学位时的平均债务是 12 000 到 19 000 美元,具体数字因研究方法的不同而有所区别。学生从大学毕业的时候,肩上不光是学位服,还有每月要偿还的债务,通常是 150 到 200 美元,要持续 10 年。

至少学生贷款的利率合情合理,与许多学生累积的高利率信用卡债务大不相同。信用卡公司野心勃勃地把各种信用卡推销给大学生,他们知道有些大学生在拆了东墙补西墙。发卡公司制定了为大学生量身打造的标准,降低或者消除了经验评级和收入要求。"当你是个大一学生的时候,"霍勒斯解释道,"只要申请,你就能得到想要的任何种类的信用卡。"面向学生的营销咄咄逼人,而学生们可能并没有理解背负债务的含义,因此,一些大学对向学生推广信用卡的方式作出了限制;审计总署提交的报告指出,这些学生的平均结欠是 2 748 美元。持有信用卡的学生之中,约 15% 结欠超过 1 000 美元。学生们使用信用卡支付大学直接开销的程度难以确定。审计总署发现有研究表明,高达 21% 的信用卡用户使用信用卡支付学费,7% 用信用卡支付食宿费用。

霍勒斯的故事具有指导意义。他毕业时有 17 000 美元的债务,包括来自政府补贴以及未补贴的贷款。这些经济资助没一项是助学金。霍勒斯一度还有 6 000 美元的信用卡债务。他说,在第一年,他会"走到门厅,签约使用信用卡,得到一件免费 T 恤"。在铺天盖地的营销之下,霍勒斯禁不住诱惑,最后办了 6 张信用卡,用来支付学费和书费,直到找到稳定的工作。他逐步还清了 4 张信用卡,但还有两张信用卡欠了 2 000 美元。

社会成本和收益

那些在学业和有偿工作、学费、信用卡账单之间苦苦挣扎的学生还有一丝希望。大学教育会带来巨大的收益——既有可见的经济利益,又有个人的发展。就像大多数学生认识到的那样,大学是种"良性投资",经济回报巨大。美国人口普查局发现,在 2000 年,大学毕业生比中学毕业生收入多 80%。制造业只需要中学毕业文凭。美国经济已从制造业为基础的经济转变为高科技、"以信息为基础的"服务型经济,因此对大学毕业生的需求迅速增加。当然,服务型经济也涉及大量零售和餐饮服务等部门的工作。但有时,即便有的工作内容显然并不需要大学学历,雇主也越来越把学历要求作为一种筛选手段,以便让确定谁会努力工作且服从领导。

所以,上大学有点像买房子:负担得起预付成本的人就能在日后得到巨大的经济回报。尽管经济困难,这一经济现实还是提升了大学入学人数。中学毕业生的大学入学率在过去几十年中一直在增长,于 1997 年达到 67% 的峰值。2000 年,中学毕业生的大学入学率略微逆转,跌至 63%。

然而,如今在决定谁能接受高等教育时,市场占了上风。联邦政府和各州都在把提供充足的高等教育资源的责任转移到私营部门和学生本人身上。市场允许富人为自己的孩子聘用家庭教师、购买大学预科课程和私立大学教育,继续保持所谓的"家庭传统"。而工人阶级学生和较为贫困的学生不大可能得到改变生活的教育机会。

把高等教育和所有其他商品一样对待,靠市场力量来分配,是一种危险的做法。甚至最狭隘的经济学家也认为提升教育机会可以让整个社会获益——教育产生了经济学家所谓的"正外部性"。比如,更好的受教育机会可提高劳动力的技能和知识水平。教育还让我们能够更充分地利用我们最珍贵的经济资源之一——我们的青春。

而限制接受高等教育的权利是错误的,原因远不止人"未获得充分开发"。教育给人们提供了一个扩展兴趣、理解人际关系、厘清道德界限的机会——教育不仅是职业培训,还是人类发展的基础。就像斯坦福大学教育学教授及女权主义经济学家迈拉·施特博指出的那样,经济理论"不能传达"教育"复杂多变的目标"。经济理论也未认清把受教育的权利留给市场究竟错在哪里:教育和发展应该惠及每一个人,而不仅仅是那些能出得起钱的人。

从这个角度来看,受教育的权利应被视作所有人的基本社会权利,就像医疗、儿童保育、充足的收入一样。在大多数其他高度工业化的国家,人们期望政府保障过上体面生活所需的机会和物质支持:保障社会权利是政府公共目标的一部分。负担得起的受教育的权利就是这些权利之一——但是,现在随着上升的成本和下降的资助间的冲突,这一权利受到了威胁。

第 35 章

学校成了替罪羊

——我们日益加剧的不平等和巨大的竞争问题，
但不能归罪于我们的教育制度

劳伦斯·梅塞尔　理查德·罗思坦

教育是答案。但是，问题是什么？简单：有什么办法可以解决所有不利的经济状况呢？

你的报酬是停滞不动，还是正在下降？快，去接受更多的教育。

工人是不是未能分享经济增长的好处？太糟糕了，他们应该掌握更多的技能。

你担心工作转移到国外低收入国家吗？工人缺乏创造力就指责学校吧。

美国是不是未能展开全球化竞争？全面提高教育水平。

把教育当成是包治百病的灵丹妙药是司空见惯的现象。但是，这种想法夸大了学校在经济中的作用，而且混淆了两个问题。第一个问题，美国公司如何提高生产力，以便增加自身的全球竞争力？第二个问题，美国生产力增长的成果是如何分配的，如何解释不公平现象日趋严重？

教育可以在第一个问题上发挥作用，但不能解决根本问题。至于第二个问题，教育欠缺跟工资分配的变化几乎没有关系。幸运的是，20多年之后，把教育作为万灵丹的论调已经被相反的证据淹没了。或许，我们现在能够更清楚地面对两个截然不同的挑战。一个挑战是提升竞争力，另一个挑战是重新建立起生产力增长与报酬之间的联系。

现代社会对把学校看成经济问题的原因和解决办法这种理念的痴迷始于罗纳德·里根总统1983年的报告《危机中的国家》。这份报告指出，日本汽车、德国机床和韩国钢铁的市场份额上升，反映了这些国家的工人接受了优越的教育：

"从前，我们在商业、工业、科学、技术革新方面都独步天下，现在却被全世界的竞争者赶超……我们社会的教育基础目前遭到了侵蚀，原因是庸庸碌碌逐渐成为潮流，威胁了我们祖国的未来……"

1990年，一群自称"全国教育与经济中心"的民主党和共和党知名人士提交了另一份报告《美国的选择：高技能还是低工资？》。这份报告认为，技能培养几乎是塑造经济的唯一政策杠杆。这份报告提出了批评：在有些差学校无法获得足够的技能，这使得工业生产率"如蜗牛爬行一般缓慢"，如果不进行彻底的学校改革，就会导致底层的70%美国人永远只能领到低工资。

最杰出的公共知识分子，比如《前景》杂志的联合创立者罗伯特·瑞奇聚焦于自由放任的全球体系中的人力资本解决办法。在他的《国家的职责》一书中，瑞奇指出，国际竞争的胜利者将会是拥有最多（且最好）"符号分析师"的国家，而不是拥有最多"普通"工人的国家。莱斯特·瑟罗的书《势均力敌》预言，西欧会逐渐控制美国和日本，原因是西欧的学校优秀。许多主流经济学家，别管是自由主义还是保守主义，都认为，工资和收入之所以越来越不平等，是因为"技能偏见型技术变革"加速了，这意味着计算机化以及其他先进技术在抬高教育的相对价值，使技能不足之人更加贫困。

然而，美国制造商对这些分析的回应稀奇古怪。汽车制造商把工厂搬到了墨西哥，人们认为墨西哥工人的受教育程度低于美国中西部。日本制造商为保住优势地位在肯塔基、亚拉巴马等州建立起了反工会的工厂。众所周知，这些州没有接受过极好教育的工人。但是，这些地方的中学毕业生显然在团队工作和适应日本准时制工产方法方面没有任何困难。

《美国的选择：高技能还是低工资？》报告墨迹刚干，美国人掌控技术变革的能力就在20世纪90年代中期造就了非凡的10年生产力加速，超越了其他先进国家。这批完成生产力加速的劳动大军正是专家们声称危及我们未来的人。生产力进步创造了新的财富来支持美国人生活水平的稳步提高。

短时间内，生活水平确实提高了，原因是生产力进步的成果惠及了大众。在20世纪90年代末，中学毕业生和大学毕业生的工资都越来越高。甚至连中学辍学生的工资也攀升了。但是，没有哪个总统委员会或者知名专家赞扬美国的教育创造了万众共享的繁荣。相反，对公立教育的谴责越来越激烈，焦点经常是公立教育凭证私有化的呼声。

然后，2000年，股市泡沫破裂；21世纪初，经济衰退；敌视劳动的政策愈演愈烈，工资不再增长了，生活水平再次下降，不平等越发严重——同时，劳动大军的生产力继续攀升。白领工作转移到了印度、中国以及其他低工资国家，这表明全球化正在让信息时代的计算机程序员以及其他符号分析师付出代价。

然而,今天,一批新的凶事预言者旧话重提,拾《危机中的国家》的牙慧。20世纪八九十年代分析的错误之处已经被忘记,当代的陈词滥调是不管学校曾经多么优质,到了21世纪都已经过时了。全球竞争需要所有的中学毕业生在读学术性高校和需同等认知能力的技术培训两个选项之间做出选择。要击败亚洲人,我们就要比他们更聪明,更有创造力。

《纽约时报》专栏作家托马斯·弗里德曼2005年的书《世界是平的》为这个论调推波助澜。全国教育与经济中心在《艰难的选择还是艰难的时代?》中重复了这个论调,这本书是其1990年报告的续篇。这一论调既得到了有影响力的基金会的支持(比如盖茨基金会及其主席比尔·盖茨),也得到了教育宣传组织的支持(比如测试机构美国高考委员会,ACT)。

《艰难的选择还是艰难的时代?》报告为"在资质相同的情况下,印度工程师一年挣7 500美元,而美国工程师一年挣45 000美元"的事实而哀叹,并由此得出结论,要跟印度经济竞争,唯一的希望就是我们的工程师能比印度工程师聪明。这个结论太愚蠢了:无论我们的学校有多好,美国工程师都不可能比世界上其他地方的工程师聪明5倍。不过,《艰难的选择还是艰难的时代?》的作者梅尔·塔克(也是撰写1990年报告的全国教育与经济中心主席)断言:"事实是,跟历史上的任何时期相比,如今,教育都更能决定个人乃至国家的经济优势。"

行政官员们说,小布什任期内,中产阶级收入之所以停滞不前,是因为工人教育水平欠佳。财政部部长亨利·保尔森认为:"市场力量的作用是为在增长领域之内拥有必需技能之人提供最大的回报,这意味着那些受教育程度低、技能少的工人得到的回报更少,晋升的机会也更少。"美联储前主席艾伦·格林斯潘经常指责学校的不平等:"我们未能保持劳动大军的平均技能水平,因而也就无法满足技术发展所需要的技能发展……"

共和党的右翼和民主党的中间派都赞同这个观点。美国企业研究所的弗雷德里克·赫斯和前克林顿白宫国内政策工作人员安德鲁·罗瑟勒姆在一篇美国企业研究所文章中共同写道:"越来越多的研究表明美国没有准备好在日益全球化的市场中竞争。"他们担心,如果我们转移注意力,着眼于为弱势学生争取平等,那么,紧迫的"竞争日程"会受到干扰。他们得出结论:注意力必须转向进一步提升有望成功之人的技术知识。

芝加哥大学经济学家凯文·墨菲和加里·贝克尔(诺贝尔奖得主)最近写道,收入不平等也有"好的一面",因为它鼓励更多的人去上大学。他们警告说,给高收入家庭增税并给低收入家庭减税就等于"对上大学征税,并补贴从中学辍学的行为"。按照这种思维方式,维护小布什的减税政策,就能够刺激大学入学率。

但是,这些21世纪的说法都跟20世纪的一样受到了误导。当然,我们应该努力改善为中产阶级服务的学校。我们亟须帮助更多的弱势家庭学生从好的中学毕业。如果这些学生能够顺利毕业,那么,社会就会变得更加精英化,来自低收入家庭和少数族裔家庭的学生就能更好地跟特权家庭的孩子竞争,进而得到良好的工作。但是,对下一代成功的最大威胁来自社会和经济政策的失败。而且,增加机会不仅需要学校方面的努力。

20世纪90年代初的错误论断是可以理解的。写《美国的选择》之时,瑞奇和瑟罗的书畅销之时,美国生产力增长确实陷入了停滞。这些作者不可能预先料到大增长就在眼前。但对今天教育的斥责就没有这样的借口了。劳动力的技能持续推动生产力发展。在过去的5年里,接受中学和大学教育的工人工资都停滞不前,而生产力相当稳健地提升,达到了10.4%。

劳动力技能日增确实使得美国公司更有竞争力。但是,较好的技能虽然是必不可少的,但并不是生产力提升的唯一源泉。我们资本市场的诚信,我们企业的责任心,我们的财政政策和货币管理,我们国家对研发和基础设施的投资,贸易体系的公平性(或者其缺失),都决定了美国经济能否从美国人的勤奋和机智中获益。抓着学校不放,转移了政治上对其他领域失败的关注。

虽然充足的技能是生产力提升的必要组成部分,但劳动力的技能并不能决定国家生产力创造的财富如何分配。这一决定是由政策做出的,学校没有影响力——税收、监管、贸易、货币、技术、劳动力市场方面的政策调整了影响工人收入的市场力量。不断升级的技能和教育对可持续增长起着至关重要的作用,也对弥合历史性的种族和族裔鸿沟起着至关重要的作用。然而,如果没有将工资和生产力提升重新挂钩的政策,那么,不断升级的技能和教育并不能保证经济成功。

美国中产阶级的生活水平受到了威胁。原因不是工人缺乏竞争性技能,而是因为我们当中最富有的人攫取了生产力提升的成果,拒绝与在美国学校中接受教育的工人阶级和中产阶级一起公平地分享成果,而正是这些人创造了额外的国家财富。在过去的几十年里,大学毕业生的工资在整体上增加了,但是,一些大学毕业生——管理人员、行政人员、白领销售工人——占了极高比例的份额,给科学家、工程师、教师、计算机程序员以及其他具有高级技能的人员的份额所剩无几。再多的学校改革也抵消不了那些把熟练工人创造的财富转化为利润和高管奖金的政策。

第 35 章 · 学校成了替罪羊

事实上,大学毕业生并不短缺。《艰难的选择还是艰难的时代?》报告中的一篇背景材料(但并不是发表在报告里的论文)承认"能够获得大学劳动力市场工作的年轻大学毕业生越来越少,而且他们的实际工资和年收入相应地下降了,原因是就业不良的情况越来越多。"简单地说,许多大学毕业生现在被迫从事的工作只需要中学学历。

在许多中学的门厅里,你可以发现一幅图,描绘了日增的"教育回报"——大学毕业生与中学毕业生工资之间的比率。这是为了让年轻人明白,去上大学极为必要,而不上大学就是灾难。数据是真实的——大学毕业生确实挣得比中学毕业生多,而且之间的鸿沟比几十年前大得多。但是,根据这个比率来证明大学毕业生短缺就太草率了。

从统计学上说,大学毕业生和中学毕业生工资比率拉大更多的是因为中学毕业生实际工资下降,而不是因为大学毕业生供不应求。中学毕业生实际工资之所以下降,一个重要原因就是最低工资和工会之类的劳动力市场机构和制度弱化,而这些因素曾经提高了受过中学教育的工人的工资。

最近,最低工资在 10 年里第一次上升。这将造成"教育回报"上统计数据下降的奇怪结果。但是,我们不能根据最低工资的上升就得出我们不需要那么多大学毕业生的结论。就像我们不能根据中学毕业生工资下跌就得出大学毕业生稀缺且学校教育失败的结论。

另一个未经思考的谣言是我们的教育制度以前是可以接受的,因为学生从中学毕业(甚至辍学)都能靠着良好的制造业工作养家糊口。今天,这些工作正在消失,一起消失的就是未接受良好教育之人得到中产阶级收入的机会。

确实,许多制造业工作消失了。但取而代之的大多是同样不需要多少技能甚至不需要技能的工作,这些工作存在于服务和零售部门。跟在旅馆里换床单相比,在工厂流水线上工作并不具有更多的内在价值。不需要多少技能的制造业工作之所以吸引人是因为许多(虽然不是大多数)此类工作都得到了工会的保护,提供养老金和健康保险,并有丰厚的工资。今天的工人阶级得不到类似的保护,这跟接受教育的充足性无关。相反,息息相关的是以平等为出发点的政策决策。旅馆工作一小时支付 20 美元,有健康和养老福利(而不是一小时 10 美元且无福利),之所以有这样的待遇得益于工会,而不是因为女服务员有学士学位。

有数百万美国人从事(并且还需要继续从事)低水平管理工作,比如门卫、餐饮、酒店、交通运输和零售行业。如果告诉他们,他们的工资之所以停滞不前是因为他们所受的教育无法胜任国际竞争,那就是冷嘲热讽了。我们的公民、文化、社区、家庭生活的品质都需要学校做出改善,但工会化的障碍更多与低工资有关，跟教育质量关系不大。毕竟，自1973年以来，劳动力中拥有大学学历之人增加了一倍还多；超过40%本国出生的工人现在拥有中学以上学历。此外，未完成中学或者相当教育的本国出生工人比例降了一半，仅有7%。

实际上，贝克尔和墨菲的数据证实：从2001到2005年，接受过大学教育和接受过中学教育工人之间的工资差距没有变大。然而，不平等在这段时间加剧，这个事实不能用没有变化的东西来解释！此外，跟美国相比，其他工业化国家的大学毕业率都有了较快增长，不过这些国家在实现教育发展的同时，不平等并没有加剧。

幸运的是，虽然精英以前一致认为教育是包治百病的灵丹妙药，但是现在这个观点似乎正在崩塌。高科技工作向国外转移大大削弱了克林顿时期教育推动了向信息时代的转型的暗喻。原因显而易见，大学教育和计算机技能并没有避免美国人在全球化之中处于劣势。前克林顿政府经济顾问（及美联储副主席）艾伦·布林德作为权威现身，呼吁人们注意持续离岸外包造成的潜在的巨大影响。布林德强调，有些美国人的工作会被国际竞争摧毁，有些则会幸存下来，但决定性因素并不是工人的技能或者教育。"出租车司机或者航班飞行员这两项服务性工作好像永远无法实现远距离电子操作……门卫和起重机操作员或许不遭受国外竞争；会计和计算机程序员却无法幸免。"

现在，越来越多的其他主流经济学家也警告，因生活水平下降和不平等加剧而指责学校教育不足，可能太过简单化了。剑桥大学主流经济学家戴维·奥托、拉里·卡茨、梅利莎·科尔尼、弗兰克·利维、理查德·默南在一系列论文中鼓吹以科技为基础向21世纪转型的故事。目前，他们改变了说法。他们断言，在20世纪90年代之前，科技需要越来越多教育程度较高的工人，但现在出现了"极化"，相对于受教育较多和较少的工人来说，科技使得中等技能工人处于劣势。他们的发现严重削弱了升级人力资本可以解决不平等的观点。

接任艾伦·格林斯潘担任美联储主席的本·伯南克也采取了不那么简单化的分析。在承认技能重要性的同时，伯南克也指出，受教育不足的劳动力无法解释"为什么近些年处于社会分配中间位置的工人工资增长比处于分配低端的工人工资增长更慢，而在这两个群体之中，前者通常受教育程度更高"。

著名的自由贸易经济学家现在也承认，教育改革无法解决美国经济的不安全性，也无法处理全球化的政治问题。最近为金融服务行业所做的一项分析之中，两位重要的前小布什政府经济学家（格兰特·阿尔多纳斯和马修·斯劳特）以及一位克林顿政府经济学家（罗伯特·Z.劳伦斯）写道，自2000年以来，"只有极高端的一小部分工人享受了收入暴涨。在过去的几年里，美国生产力迅猛增长,但却没有体现在工资和薪水收入上,而主要是惠及了社会最顶端的美国人,增加了公司利润。结果就是,今天,许多美国工人担心——变革和薪金。他们的担忧真切、广泛、合理……对于大学毕业生以及持有非专业硕士学位的人来说,增加这么点可怜的收入可能是个并不受欢迎的新进展。"

而且,罗伯特·瑞奇并不相信成为符号分析师足以保护自己的收入。他现在于博客中写道,"目前从经济中获益良多的是顶尖的那1%的人——年收入超过80万美元。他们几乎把美国收入的20%拿回了家。早在1980年,顶尖的那1%的人就把美国收入的8%拿回了家。"

国家经济研究局网站最近挂出来一篇论文。在这篇论文之中,麻省理工学院经济学家弗兰克·利维和彼得·特明写道:"美国现在越来越不平等,主要原因是20世纪70年代末80年代初,经济政策发生了改变。"他们接着说道,"由于这些制度的崩溃,技术和贸易最近产生的影响被放大了",因为这意味着对工会的压制和对平等准则的抛弃。

这些问题无法通过特许学校、教师问责制或者任何其他学校干预来解决。平衡的人力资本政策会涉及学校,但也需要税收、监管、劳动力市场都做出改革。仅举一个例子,在全民上大学的茫然之中,以前所谓的"职业"教育或者"事业"教育已经声誉扫地。这种教育应该回归。我们最近分析了一组21世纪不需要大学教育的职业,这些职业至少暂时还提供着中产阶级的收入。这些职业包括消防员、电工、机工、飞机引擎机工、电子技师、执业护士、临床实验技师。我们发现,跟没上过大学的黑人年轻人相比,没上过大学的白人年轻人获得这样一份"好"工作的概率高50%。要实现机会均等,就要综合三个方面:加强反歧视措施,提供就业服务,为少数族裔年轻人上的学校提供技能培训。

利维和特明在挂在国家经济研究局网站的论文里得出结论:"如果没有政府干预,如果私营部门的行为不发生改变,那么,劳动力的再平衡无法实现生产力收益的平均分配。"

我们同意上述观点。

第 36 章

雇工型教育

詹妮弗·沃什伯恩

波士顿大学胃肠病学家迈克尔·沃尔夫承认自己被法玛西亚公司愚弄了。法玛西亚公司制造了名噪一时的关节炎药品西乐葆。(2003年,这家公司被辉瑞公司收购。)2000年夏季,《美国医学会杂志》要求沃尔夫写一篇研究综述,说明跟两种较老的关节炎药物双氯芬酸钠和布洛芬相比,西乐葆导致胃肠溃疡以及其他并发症的概率更低。沃尔夫发现,这项研究在超过6个月的时间里追踪了8 000个病人,具有说服力,他写下了有利的综述,帮助提高了西乐葆的销量。

但是,次年早些时候,在食品药品监督管理局关节炎顾问委员会任职期间,沃尔夫有机会又审查了一遍西乐葆的试验,结果大吃一惊。法玛西亚公司的研究持续了一年,而不是法玛西亚公司一开始让沃尔夫和《美国医学会杂志》相信的6个月。根据完整的数据来考虑,西乐葆的大多数优势就消失了,因为就出现在研究后半段的溃疡并发症而言,服用西乐葆的病人较多。

"我怒不可遏,"沃尔夫于2001年告诉《华盛顿邮报》,"我看起来像个傻瓜,但是……我得到的数据就是文章中呈现的数据。"值得注意的是,《美国医学会杂志》的那篇研究报告有16位作者,包括8名大学教授,但他们都没有公开谈论这一对负面数据的惊人隐瞒。所有的作者要么是法玛西亚公司的雇员,要么是该公司的有偿顾问。

西乐葆是种治疗炎症的药品,跟万络类似。西乐葆又一次出现在新闻里,是因为有人担心西乐葆可能跟心血管风险有关,而万络就是因为这种风险被逐出了市场。近几个月,我们经常听到食品药品监督管理局和国家卫生研究所间的利益冲突。食品药品监督管理局是核准药品公共安全的机构。在国家卫生研究所,公共资助的科学家公司就生产他们正在检测的药品担任兼职顾问。然而,基本上被忽视的是曾经自治的象牙塔以及大学科学家所扮演的角色。他们有意或无意地给制药行业操纵药品检测的行为戴上了客观的光环。

今天,市场力量前所未有地支配着高等教育界的事情,使得大学的外观和行为越来越像商业公司。大学不再信守传统的教学、不偏不倚的研究、广泛地撒播知识的承诺,而是急不可耐地要变成私营企业的研究分支。随着政府资助减少,大学热切地寻求推进自己作为经济增长"发动机"的角色,向州议员和州长保证它们会助力地区经济发展,方法是大量产出具有商业价值的发明。

对大学使命的这一极端再定义可以追溯到20世纪70年代的经济停滞时期。来自德国和日本的竞争加剧,在此情况下,国会在1980年通过了标志性的立法,允许大学自动保留纳税人资助的研究成果的知识产权。这就是众所周知的《贝多法案》,其发起人是参议员伯奇·贝赫和鲍勃·多尔。这一立法的目的是刺激创新,加快联邦资助的研究向行业转化。这一过程的结果就是把危险的新型利润动机引入了大学的"心脏"。

结果,学校现在通常从事昂贵的申请专利和许可活动,以便将教师的发明推向市场,从而获得特许权使用费和其他收入。学校把金钱资助投入由其教授创办的风险较高的初创公司。学校运营自己的产业园和风险投资基金。学校出版业务通讯,鼓励教职工开办由教职工所有的公司,以便把新的研究商业化。明星教授在公司里提供咨询,或持有股票,而这些公司就生产其研究的药品。他们也经常加入公司顾问委员会和讲师团,接受慷慨的服务费。有时,这些教授甚至持有正在检测的药品或者器械的专利。塔夫茨大学公共政策教授谢尔登·克日姆斯基对医学和分子生物学主要杂志上发表的800篇科学论文进行了研究,发现马萨诸塞州研究机构中三分之一以上的第一作者在自己的报告里有着重大经济利益。这种联系司空见惯,以至于期刊编辑现在经常抱怨:他们再也找不到在药品或者疗法方面没有经济利益的学术专家了,而杂志愿意审议的就是这样没有利益关系的专家。

研究表明,1970到1995年推出的25种重大突破性药品之中,公共资助的科学研究(大部分是在大学中进行的)几乎都在其中做出了关键贡献。如果大学科学家失去了独立性,谁能进行这样开拓性的研究,并客观地评估已经上市的药品的安全性和有效性?利益冲突不仅仅是一个学术问题。一旦涉及医疗政策,利益冲突就对公共卫生产生严重威胁。

除了商学院以外,跟大学的其他院部相比,美国的医学院被行业渗透得更多。制药公司赞助医学院学生的午餐,并推销最新的药品;他们还向教授提供大餐、礼物、奢侈的旅行和免费处方,旨在影响医疗决定和开药习惯。药品行业还花费数百万美元资助研究院所的临床药品研究,但这笔钱附加的条条框框越来越多。在全面调研了《新英格兰医学杂志》的医学文献之后,加州大学旧金山分校的内科医生托马斯·博登海默得出结论:几乎在临床研究过程的每个阶段,学术研究者都在迅速将控制权拱手让予业界。

比如,在过去,大学科学家提出研究方案是个普遍现象。现在,研究通常是由公司自己的药理学部门和销售部门构思和设计,因此,几乎完全剥夺了学术研究的形成阶段。然后,公司到处向不同的学术机构(还有越来越多相互竞争的开展临床试验的营利性分包商)推介这项研究,寻找研究人员开展研究。随着大学医学院越来越依赖行业补贴来维系运作,教授越来越愿意不加修改地接受行业发起的方案,尽管研究的主要目的可能是为了确保公司的市场地位。如果一位教授拒绝研究并且坚持修改,那么还有别的大学科学家很可能急切地取而代之。

业界也鼓励在科学论文上使用代笔。这意味着著名学者署名的一篇文章或者综述可能事实上是由为制药商工作的医疗通讯公司写的,"作者"挂名并得到酬金。瑞达是曾经大受欢迎的"芬芬"减肥药化合物的一部分。当惠氏制药想要刺激市场对瑞达的需求时,雇用了一家叫作医学文摘的公司来帮助起草稿件并付钱请医生来审议和签署文章。许多医生签署了医学文摘公司的论文,其中之一是威斯康星大学麦迪逊分校的著名肥胖问题专家理查德·阿特金森。阿特金森否认知道医学文摘公司跟惠氏制药的联系,但是,作为独立学者,他还是同意把名字借给一家自己不甚了解的公司。(医学文摘公司坚称,已告知所有的作者医学文摘公司与制造商的关系。)在1999年1月15日的证人陈述中,惠氏制药经理乔·阿伦·多兰承认惠氏制药为阿特金森写了文章,并强调所有的药品公司都请人代笔。在文章即将发表的时候,瑞达退出市场,原因是瑞达与严重的心肺问题存在关联。

在行业的赞助下进行研究的科学家,通常也会被要求签署法律合同,在一定时期内对工作方法和结果进行保密。哈佛大学的卫生政策研究人员戴维·布卢门撒尔和埃里克·坎贝尔指出,数据保留和发表延迟在过去的25年变得极为普遍,在分子生物学、药学和其他生命科学学科尤甚。近些年,这些学科的商业联系激增。在对2 167名生命科学教师进行调查之后,布卢门撒尔发现,近五分之一的人延迟发表六个月以上,以便保护专有信息。

业界还完全压制负面研究,以便操纵学术研究。最近,有一件事浮出了水面:整整一个系列的抗抑郁药——包括经常开的药,比如,帕罗西汀、左洛复、百忧解——大多对治疗儿童抑郁无效,实际上增加了自杀的风险。事实证明,医生和大众之所以不知道这个信息,是因为领导这些研究的学术研究人员或者允许行业隐瞒他们的研究,或者串通一气,在自己发表的论文里对负面发现轻描淡写。公司的这种干预有多普遍?令人惊奇的是,学术界对这个问题关注极少,但现有的研究并不令人欢欣鼓舞。比如,针对工程领域主要大学-业界研究中心的调查表明,35%的此类中心会允许赞助商在论文发表之前删除信息。

但是,大学研究人员丧失客观性并不能全归咎于业界。大学本身也串通一气:大学对教授的研究进行大量金融投资,方式有专利、股票和其他金融产品,因此他们对知识的无私追求已大大打了折扣。比如,长期担任哈佛风险分析中心主任的约翰·D.格雷厄姆教授被小布什任命为政府的信息与监管事务办公室——行政管理和预算局的一部分——的"监管特使"。这在一定程度上能暴露哈佛的金融冲突到底有多广泛。国会听证会揭露:格雷厄姆中心向烟草公司索要资金,并与烟草行业勾结淡化二手烟的危害。(哈佛大学公共卫生学院院长哈维·芬伯格要求归还菲利普·莫里斯公司的一张支票。作为回应,格雷厄姆写信给这家公司询问其可否转而通过其子公司卡夫食品公司把25 000美元发回中心。)格雷厄姆中心还认为,不应禁止司机使用手机,但是在美国电话电报公司无线通信的资助下,中心所做的研究表明,这样使用手机会每年额外造成1 000人死于交通事故。格雷厄姆是环境保护局科学顾问委员会二噁英分会的成员。二噁英是一种已知的人类致癌物。格雷厄姆认为,减少二噁英水平可能"弊大于……利"。同时,格雷厄姆的哈佛风险分析中心得到了二噁英生产商的大量经费。

更糟糕的是,如今大学在忠于谁的问题上如此纠结,以致学校越来越愿意屈服于狭隘的商业要求,而不是捍卫自己教授的学术自由或者公共利益。比如,犹他大学的研究人员发现一个导致遗传性乳腺癌重要人类基因,但是,他们并未把发现免费提供给其他科学家,尽管我们——美国的纳税人——支付了460万美元来资助这项研究。犹他大学火速去为此申请专利,然后把垄断专利权授予了麦利亚德基因公司,这是一家犹他大学教授创立的初创公司。然后这家公司就把基因囤积起来,防止其他学术科学家使用。

大学教授也日益受到盈亏收支的驱使。愈演愈烈的是,他们不光接受行业拨款来支持研究,还持有资助他们的公司的股份,或者有其他财务上的关系。许多专家担心,教授的研究倾向于短期商业目标,会阻碍长期的科技创新。研究人员和公司之间的金融纠缠变得如此普遍,以致证券交易委员会调查了许多涉嫌参与内幕交易的学术研究人员。在宾夕法尼亚州提交的案例里,证券交易委员会指控哥伦比亚大学的神经学家戴尔·J.朗格购买了一家公司的股票后将

26 000美元的红利收入囊中,而这家公司当时即将发布关于治疗渐冻症的药品的新发现。朗格有充足的理由期待股票飙升,因为他本人进行了秘密临床试验。在2000年,《今日美国》的调查发现,受雇为美国政府提供药品安全性和有效性建议专家中——其中许多是学者——有一半以上现在都与公司存在财务关联,这些公司会受到他们结论的影响。

比如,惠氏制药想要让其减肥药瑞达在美国得到销售许可,但他们面临着一个严重的障碍:服用了跟瑞达几乎一模一样的药品的欧洲病人,患上一种罕见且威胁生命的肺病的概率增加,这种肺病叫作肺动脉高血。为了应对这一负面健康问题,惠氏制药让食品药品监督管理局的听证会房间里塞满了全国有头有脸的顶尖学术肥胖问题专家。这些专家也是惠氏制药或者其他参与瑞达销售的公司的有偿顾问。另外,惠氏制药招募了专家型"意见领袖",比如哈佛大学著名肥胖问题专家乔治·布莱克本在马萨诸塞州医学会做证,以使瑞达获批。布莱克本和其他一些学术名人进一步参与了惠氏制药的"重要访问教授项目",并接受了数千美元的酬金,以便飞到度假胜地并在医学会议上推介瑞达。不出所料,瑞达很快获得了市场批准,在美国的处方用量开始迅猛增加。

然而,瑞达跟肺损伤有关的证据很快再度浮现,惠氏制药靠着著名的大学科学家来挽回负面影响。1996年夏季,一份公司内部备忘录揭示,惠氏制药打算花费580万美元用于更多以大学为基地的研究,指出这笔金钱要用于"建设和维持与全国各地意见领袖的关系,以便向他们的同事传达瑞达的益处并鼓励瑞达的使用"。许多医生积极响应惠氏制药的号召,其中就有威斯康星大学肥胖问题专家阿特金森,他的名字出现在了惠氏制药写的一篇文章里。"让我祝贺你们和你们的作者,"阿特金森在写给代笔公司的一封感谢信里写道,这封感谢信只是后来法律诉讼之中公之于众的许多公司文件之一,"或许,我能让你们代劳我所有的论文!"

那么,这张越来越密实的学术-业界纽带之网是如何影响研究结果的呢?大量调查工作表明行业资助的研究远远做不到公平。1996年,斯坦福大学研究人员米尔德丽德·丘作为共同作者在《内科学年鉴》上发表了一篇研究报告,发现基于行业资助研究的论文有98%都对接受检查的药品做出了正面的评价,而基于非行业资助研究的则是79%。《美国医学会杂志》1999年的一篇分析发现,跟非营利组织资助的类似研究相比,制药行业资助的癌症药品研究得出有利结论的概率是前者的近八倍。最近,耶鲁大学的研究人员在2003年发表了针对1 140项临床试验研究的系统性综述,得出结论:从癌症到关节炎再到胆固醇,压倒性的证据表明,跟非行业资助的研究相比,由行业资助的研究"极有可能得出有利于赞助商的结论"。

当然,在医疗和药品研究领域,这种操纵所导致的结果可能是致命的。浏览一下最近被逐出市场的药品名单,或者遭到强力健康警告的药品名单——治糖尿病药曲格列酮,减肥药瑞达(或者芬芬),抗皱乳霜维甲酸,抗癫痫药镇顽癫;帕罗西汀、左洛复以及许多其他现在被认定对儿童无效的抗抑郁药——就会发现,大量著名大学教授与制造商有着密切的财务联系,在游说这些药品获得批准的时候起到了关键作用,把这些药品推荐给其他医生,并且在许多情况下,即使大众已经知道这些药品有问题或者没有疗效,仍想方设法把它们留在市场上。为药品公司卖力摇旗呐喊的大学科学家也是该领域最为知名的人物,这种情况并不少见。

大学曾竭尽全力地向公众保证它们的临床试验达到了"科学杰出"和"学术严谨"的最高标准。但是,在过去的 20 年里,临床研究日增的经济纠葛让公众灰心丧气,促使联邦政府推行了更为严格的利益冲突规章,但却遭到了大学的强烈反对。1995 年,联邦政府最终成功通过了一些规则,适用于所有由卫生和公共服务部或者国家科学基金会资助的学术研究人员。但这些目前依然在实施的规则却不够强硬,难以产生效果。虽然这些规则规定必须处理和/或消除严重的利益冲突,但是,就算采取措施,具体采取什么措施也完全是由大学来决定的。这些规则也没有指出什么冲突需要严肃关注,也没有给出任何禁令,比如在以人类为主体的领域里完全禁止财务冲突。特别值得注意的是,这些政策根本未提及制度性利益冲突。

大学的利益冲突规则大相径庭就不足为奇了。2000 年对 100 家学术机构书面政策进行的综合性调查发现,仅有 55%的学校需要所有教职工披露利益冲突。只有 19%具体规定了研究人员与赞助商之间财务联系所受的限制。更糟糕的是,在这个支离破碎的体系下,大学也面临着巨大压力,被迫政策上网开一面。有着严格限制的大学可能会失去有天赋的教师,因为与之展开竞争的学校会给出更加宽容的政策,而且经济回报和商业前景也更可观。

卫生和公共服务部/国家科学基金会政策的另一个显著的问题是,不需要大学把汇总的关于教师财务冲突的任何信息公之于众。许多学术期刊确实需要作者披露与公司的财务联系。但是,在实践之中,报告的极少。在 2001 年的一项研究之中,塔夫茨大学的克日姆斯发现,出现在 181 种同行审议期刊上的 61 134 篇论文之中,只有 0.5%包含关于作者财务联系的信息。最近的研究也发现报告的情况不多。

在某些方面,整个争论反映了学术界还远未认真对待这个问题;毕竟,对潜在利益冲突的揭露远不能彻底根除利益冲突,而许多职业不仅建议也需要根除利益冲突。比如,就法律职业而言,律师禁止处理与他们有经济利益或者其他明显冲突的案件,这些冲突有可能损害其职业操守。法官也是如此。但当涉及学术界时,无论医学界和政府(无论是国会还是监管机构)都没有承担起这项任务,而是在执行任务时先给出一个假定:可以信赖大学自己去处理这些商业互动。这是个好想法。但学术机构真能履行这个职责吗?有充足的理由表示怀疑:大学远非能够进行冷静调查的独立监督者,而是越来越多地与公众委托他们审查的市场力量搅在一起,制造的问题远远超出了研究实验室的范围。

第 11 部分

犯罪和司法

我们已经看到,在发达工业化社会里,美国的许多方面都特立独行——我们的贫困率,我们的极端不平等,我们全民医疗体系的缺位。犯罪——以及我们建立起来控制犯罪的系统——是另一个方面。美国有着发达工业化国家之中最高的严重暴力犯罪率,同时,关在看守所和监狱里的美国人比例也较高——是英国的 6 倍、瑞典的 9 倍、日本的 12 倍。虽然暴力犯罪水平不像 20 世纪 90 年代初峰值时期那样高,但依然高于过去 40 年中入狱率激增前的水平。

皮尤基金会的报告阐述了美国超大规模的监狱系统,"每 100 人中有 1 人在狱中"。这是目前被关在看守所和监狱里的美国成年人比例。这一数字本身就足以令人心烦意乱了,但这只反映了部分情况。在某些群体中,数据更加糟糕,尤其是对于年轻的少数族裔男性来说。三十六分之一的西班牙裔男性、足足十五分之一的黑人男性现在在美国的监狱里。而且,监狱系统的扩张抽走了大量公共经费,而这些经费原本可以用于学校、医疗护理以及其他有助于预防犯罪的服务。

尽管监狱人口水平已经居于世界之冠,但许多人还是认为我们对罪犯仁慈得令人震惊。在此处选摘的内容之中,埃利奥特·柯里称,这是个谬论,并考察了这一谬论的事实根据——以及一种看法:我们对监狱的投资是合算的、有效的。事实是,我们往往会严厉惩处实际抓获的"街头"罪犯——大幅高于大多数其他国家。而且,不管哪天都有超过 200 万人身处看守所和监狱之中,这种情况愈演愈烈。

然而,政治家寻求快速解决犯罪问题的办法,在近些年通过了各种各样更加严厉的措施——包括所谓的"三振出局",规定对犯下三次重罪的罪犯判处 25 年至终身监禁。在加利福尼亚州,第三次重罪可能是相对较轻的罪行,比如盗窃自行车或者持有少量毒品。尽管这项法律十分严苛,但最近美国最高法院还是维持原判,于 2003 年裁决,因盗窃三根高尔夫球杆而被判处 25 年监禁不构成宪法所禁止的"酷刑惩罚"。

2008 年 12 月,加利福尼亚的监狱有 8 400 多名囚犯作为"三振出局者"被判处 25 年以上监禁,另外还有 32 680 名"二振出局者"。虽然通过这项法律是为了应对加利福尼亚州最为恶劣的暴力罪犯,但因持有毒品而被判决的三振出局者是因谋杀和强奸而被判决的三振出局者的三倍还多。这项法律也产生了尖锐的种族差异:据最新统计,只有 25% 的二振出局囚犯和三振出局囚犯是白人,而 70% 以上是黑人或者西班牙裔。[1]

把这么多人长期关在监狱的一个后果就是加利福尼亚州监狱人口的老龄化:据估计,到 2020 年,60 岁以上的囚犯会超过 3 万人,这些人需要额外的护理,每年会花费该州纳税人大约 10 亿美元。[2](这并未妨碍该州的选民在 2004 年挫败了一项温和的提案,这个提案旨在软化法律的严厉条款。)

这些法律肯定是"强硬的",但是有效吗?杰罗姆·H.什科尔尼克把加利福尼亚州的三振出局法律称作"投手暴投",他认为,三振出局法律太死板,会导致监狱系统出现昂贵的大扩张,使监狱成为老年轻犯的家。作为回应,约翰·J.德鲁洛坚称,作为一个国家,我们实际上对待罪犯很宽容,允许一些最为危险的罪犯在系统的前端讨价还价得到较轻的指控,在后端早早给予他们假释并交由社区监管。在回应的时候,什科尔尼克说德鲁洛的归纳是不精确的,并给出了数据来说明原因。

三振出局总体上和我们的刑事司法系统一样,大多数情况下都是把位于社会和经济层级低端的人们——尤其是少数族裔穷人清除干净。天平的另一端则是另一种罪犯——富有的罪犯,通常是公司高管,犯下了所谓的白领罪行。这一术语是美国犯罪学家埃德温·萨瑟兰于 20 世纪 30 年代创造出来的,指的是那些本来"体面的"人在经营过程中犯下的罪行。长期以来,人们都可以理解,跟那些挤在监狱和看守所的"普通"罪犯相比,这些"体面的"罪犯受到了刑事司法系统大为不同的对待。"体面的"罪犯根本不大可能看到监狱或者看守所的内部,而且,总的来说,就算进去了,也待不长。但这里肯·西尔弗斯坦的文章论述了更多的东西:有些公司是惯犯,其罪行甚至造成人员伤亡并可能因此遭到巨额罚款,但却也经常从政府合同中获得数十亿美元的回报。实际上,美国一些最大的政府承包商也是违犯联邦环境、健康和安全法律最严重且最顽固的公司。在这种情况下,我们确实在仁慈地对待罪犯。

第11部分 · 犯罪和司法

尾注

1. California Department of Corrections and Rehabilitation, *Second and Third Striker Felons in the Adult Institution Population*, Sacramento, CA, December 31, 2008.
2. Sandra Kobrin, "Dying on Our Dime", *Los Angeles Times Magazine*, June 26, 2005.

第 37 章

仁慈的谬论

埃利奥特·柯里

许多美国人认为,我们之所以依然是个可怕的暴力国家,主要是因为我们对罪犯仁慈得令人震惊。乍一看,这个说法难以成立,因为在发达国家之中,美国的入狱率是最高的。而且,事实上,认为严重的暴力罪犯在美国得到了仁慈的对待的想法是一种谬论。但是,这种谬论在公众的想象里根深蒂固。近些年,面对越来越多的刑罚,还怎么能坚称美国对待罪犯的态度是"软弱"的?

要证明这一点,只需要对最近越来越大的监禁规模轻描淡写。因此,詹姆斯·Q.威尔逊说近些年犯罪的成本"缓慢上升"。监狱人口已经达到了原来的五倍,说"缓慢上升"确实不合适。其他人只是回避大幅上升的监禁率,并且认为,误入歧途的自由主义政策使大多数罪犯逍遥法外,还让保守的美国犯罪委员会所谓的"已知的暴力掠食者"逃之夭夭。威廉·班尼特、约翰·J.德鲁洛、詹姆斯·P.瓦尔特最近写了一本名噪一时的关于犯罪的保守派小册子,在力促"提高监禁率"时这么说:

> 今天,以及每一天,"司法"系统都允许已知的、已定罪的暴力累犯,到大街上谋杀和制造混乱而不受处罚。这些罪犯既有成年人,也有青少年。反复侵犯他人生命、自由和财产的罪犯却屡屡被释放,再去作恶。

仁慈的谬论是由几个"事实"支撑的。近些年,全国的大众出版物和学术出版物反复提到这几个"事实"。比如,经常看到的一个论调是,绝大多数暴力罪犯未受惩罚就被释放了,而实际上"只有百分之一"的暴力犯罪导致了判刑入狱;在罕见的情况下,罪犯得到了惩罚,但即使对于十恶不赦的罪行,判决也不长,令人震惊,荒唐可笑,而且大多数暴力罪犯根本不会被投进监狱,而是"社区化"了,也就是说，审前释放、缓刑或者假释这种安排使他们能够继续犯下滔天罪行。所有这些"事实"都携带着同样的基础信息：我们犯罪问题的核心在于被误导的仁慈——美国犯罪委员会所说的"未受限制已知的暴力罪犯"。膨胀的监狱数据似乎告诉了我们一种情况，事实是我们宽恕了大多数罪犯，他们只受到很少的惩罚或者基本没有惩罚——他们通过谋杀、强奸和抢劫但不受惩罚来回报我们。

诊断之后的处方寥寥几笔，但是基本方向是清楚的，"我们的观点，"美国犯罪委员会写道：

> 是美国需要把更多的暴力累犯，别管是成年人还是少年，监禁更长的时间，以便确保判决就是真实的，以及现有的此类法律得到充分而忠实的执行，并开始重塑缓刑和假释部门，以便能够监管对累犯的指控、执法，并提升公共安全。

需要明白一点：没人否认严重罪犯有时被从轻发落，也没人否认我们应当竭尽所能避免司法的此种误判。但这些批评家还说了其他的内容：仁慈判决和"旋转门司法"是美国的范式，造成了美国持续不断的犯罪问题。我们如何把这种引人注目的仁慈与监狱爆满的现实联系起来？

我们做不到。从好的方面说，所有这些说法都是虚伪的；从坏的方面说，恼人的是，这些说法显然扭曲了美国刑事司法真正的运作方式。

首先考虑一下约翰·德鲁洛和美国犯罪委员会一再重复的论述，这种论述又被全国的言论版编辑转载："只有百分之一的暴力犯罪会导致判刑入狱。"数据本身在技术上是正确的。比如，1992年，美国司法统计局进行的犯罪受害年度调查记录了超过1 000万起的犯罪；而且，就像班尼特、德鲁洛和瓦尔特等人说的那样："只有大约10万个被认定暴力犯罪之人去了州监狱。"但是，这些数字真的告诉我们"旋转门司法"宽恕坏人，仅施以蜻蜓点水般的惩戒，甚至连蜻蜓点水都做不到吗？

根本不是这么回事。首先，需要明白绝大多数暴力犯罪并不严重。因此，在1995年，620万起都是"一般侵犯"；将近500万起——所有暴力犯罪的一半以上——为"无伤害一般侵犯"。我们这里谈论的是校园打斗和微不足道的酒吧争执，几乎没人认为这会导致进入州监狱的判决。（大多数侵犯都是"未遂的"或者"威胁性的"，不是"完成的"。）另一个小戏法是，进入州监狱的10万人这个数字，顺理成章地剔除了去地方看守所、联邦监狱或者少管所之人——意思就是没去州监狱就是罪犯被释放了，因而大大扭曲了实际情况。

不过还有个更加基本的问题。板上钉钉的是大多数犯罪——包括许多非常严重的犯罪——并未受到惩罚。然而,每一个严谨的犯罪学者都知道,其主要原因并不是司法系统对罪犯仁慈;而是因为绝大多数犯罪根本没有进入刑事司法系统。美国犯罪委员会自己提供了基本的数字:1992年的全国受害者调查选取的1 000多万起暴力犯罪中只有400多万起报告给了警方。要知道,报警的案件通常是较为严重的暴力犯罪(以及偷盗汽车之类的犯罪,为了得到保险而报警)。但是,抢劫和侵犯的报案率已经较低了,强奸和家庭暴力更低(根据受害者调查报告,机动车偷窃有十分之九以上,但是抢劫只有三分之二,严重侵犯有一半,强奸有三分之一报告给了警方。)而且,在这些被上报的暴力犯罪之中,除了杀人案之外,大多数并未导致逮捕(用刑事司法的话说,就是被"宣告无罪"。)在这1 000万起犯罪受害案件之中,只有64.1万起确实导致了逮捕。因此,"百分之一"这个数字已经面目全非——因为进入司法系统的只有6%。而且,一旦进入系统,更多的犯罪因缺乏证据而被撤案,另有些被驳回,还有些被告被宣告无罪。结果是,1 000万起犯罪最后只有16.5万起定罪——意味着大多数犯罪从未进入判决阶段。

最近,《洛杉矶时报》分析了1994年夏季一周之内洛杉矶县发生的32起杀人案。分析表明,把一项罪行推进到判决阶段极为困难——就算那些很有可能导致逮捕和定罪的罪行也不例外。32起谋杀案中有近一半没有导致逮捕;导致逮捕的案件中,五分之一被驳回,嫌疑人或者被释放,或者宣告无罪。看一下这些案件的情况能发现一些原因:

> 弗朗西斯科·罗伯特·瓦斯凯,20岁,在东洛杉矶巷身中数枪。警方说,他可能是被帮派成员杀掉的。现场发现了空弹壳。但是,没有发现枪,也没有嫌疑人被逮捕。

> 在麦克阿瑟公园附近,有个由第18大街帮派成员控制的毒品销售角落,27岁的路易·赫雷拉死于此处的一阵交火。一个嫌疑人被确认,但是目击者不愿合作,不知所踪,只能撤销指控。

正如这些案例表明的那样,在城市帮派和毒品组成的阴暗世界中,杀人案难以解决。对于大多数其他严重犯罪行为来说,实现真正的逮捕和定罪就要面临更大的困难。由此可见,如果我们能够提高能力,抓对人,并给被捕之人定罪,那么,我们或许就能够在应对暴力犯罪上取得重大进步——这是我们会回过头来讨论的问题(实际上,近些年,被定罪的暴力犯罪案件比例已经上升了)。但是,一方面暴力犯罪行很多,另一方面受到惩罚的很少。但这两方面之所以产生鸿沟,并不是因为我们对被定罪的罪犯仁慈——就像德鲁洛所说的那样,是因为一个事实,"我们的刑事司法系统并不能作出与犯罪相匹配的判决"。

假设,我们担忧:未能惩罚已知的罪犯是否是在鼓励犯罪。那么真正的问题是,确实被捕和定罪之人有多少被关进了监狱。而且,这里的证据清楚明了。我们已经看到,在美国,暴力犯罪的监禁率在近些年大幅上升;因此,被定罪的暴力罪犯被关进监狱的可能性实际上非常高,惯犯则更是如此。1994年,77%犯抢劫重罪的罪犯进了监狱,还有11%进了看守所,这两类罪犯几乎占了全部监禁人口的十分之九。无独有偶,88%犯强奸罪的重犯入狱,占了此类罪犯的五分之四。记住,这些数字是初犯和累犯加在一起的平均数,重犯和轻犯都混在一起。德鲁洛之类的批评家说,现在有些罪犯自由出入监狱——严重的暴力累犯——这些人通常已经在监狱关押多年,而且比例自20世纪70年代以来已经大幅上升。

但是,这些判决有多严重?下列情况是不是事实:我们确实把某些人送进了监狱,但是他们在监狱待的时间短得可笑——因此,不但颠覆了司法,而且鼓励了掠食者?在这方面,仁慈谬论也是个普遍现象。许多美国人相信,我们一般对被定罪的罪犯宽宏大量,仅施以蜻蜓点水般的惩戒,甚至对于十恶不赦罪犯也是如此;约翰·德鲁洛坚持认为"顽固不化的罪犯很少会过苦日子"。这种看法好像又一次难以解释一个现象:过去的25年里,监狱里的人越来越多。为什么这么说呢?有什么证据来支撑这个说法?

这里有一个例子。1993年,后来竞选总统的议员菲尔·格拉姆在《纽约时报》专栏版撰文,题目是《不要让法官放了作奸犯科之人》。格拉姆写道,美国被"犯罪大潮淹没",并认定"这种情况的罪魁祸首"是"犯罪成本低得可耻的刑事司法系统无法震慑潜在的罪犯"。多年的"宽容判决"导致"犯罪成本大幅下降,犯罪激增"。为了证明自己的说法,格拉姆提到了得克萨斯州农工大学经济学家摩根·雷诺兹的研究报告,仁慈谬论的拥护者都广泛援引了这个研究报告。雷诺兹的研究报告旨在估算,1990年犯下不同的罪行的罪犯在监狱的"预期服刑"时间。计算出来的数字确实惊人。根据格拉姆给出的数据,谋杀犯"大约"会在监狱里1.8年。强奸犯会被关押60天。根据这些"发现",抢劫犯会蹲23天监狱,汽车盗窃仅会被关押一天半。根据格拉姆的数据,证据确凿,"心慈手软的"司法系统要为犯罪大潮负责。

这些数字被反复使用,以便证明美国司法系统极度仁慈。如果由此得出的推论有一丁点的真实性,那就确实是个丑闻了。如果法官真的只给强奸犯两个月刑期,并且不到一个月就释放抢劫犯,那么我们的司法系统就确实离谱了。但如果有人曾经跟踪一起严重的刑事审判,或者认识确实被判刑入狱的罪犯,那么此人就会立刻明白这些数字大错特错了。

关于各种罪行判决刑期的标准数据是由美国司法统计局发布的,依据的是全国监狱系统周期性调查报告。衡量囚犯的实际刑期是个复杂的问题。比如,我们是通过观察获释囚犯的平均刑期来衡量,还是通过现在入狱囚犯的平均刑期来衡量,结果会大不相同。关于获释囚犯刑期的数据反映了几年前这些囚犯被判刑时实行的判决和假释政策。而新进囚犯预计刑期是现在做出的预计——按照目前的状况,刑期会较长。但是,无论我们怎么衡量,重犯的平均刑期都与格拉姆提到的那些数字不相干。

1994年判决的罪犯之中——这是可以查到的最近的一年——谋杀的预计刑期是127个月,或者大约10年。应该指出,这个数字明显低估了对谋杀的刑罚,原因有两个。首先,这个数字包括了大多数州所谓的"过失杀人",这是项轻罪,判决比谋杀轻得多,因此拉低了平均数。更重要的是,10年这个数字并未包括大约27%被判无期徒刑或者死刑的谋杀犯,因而使得这个平均数更低了。但是,就算把这些判决排除在外,当前对谋杀的刑罚依然比格拉姆提供的数字高许多倍。对于其他的犯罪来说,也存在同样的差异。1994年被定罪的强奸犯的平均预计刑期不是60天,而是85个月,或者7年多。抢劫的定罪不是23天,而是51个月,或者4年多。

这些关于预计刑期的数字也让人对普遍的抱怨有所了解,即因为有了假释和"表现良好获减刑期"条款,大多数囚犯只服了法庭宣布判决的一部分刑期——仁慈的另一个失控的迹象。1994年,司法部估计,因暴力犯罪而被判决的罪犯平均服刑期占判决刑期的大约46%,强奸是54%。而这是否意味着仁慈处理显然取决于原始判决的长度。如果所有的抢劫初犯都被判决50年徒刑,那么就算我们当中最严厉的那批人可能也不会觉得最终的服刑期只有判决的一半有什么不妥。就像我们看到的那样,跟国际标准相比,美国的判决通常极为严厉;减刑的广泛使用只是让美国严重暴力犯罪的平均刑期跟其他一些(但不是全部的)工业化国家基本持平。1994年判决的抢劫犯平均刑期不到10年,最终可能服刑4年3个月。强奸犯的平均刑期为13年以上,预计服刑7年以上。

还要注意,近年来,随着判决越来越严苛,假释和"表现良好减刑"条款日益受到质疑,对于犯某些罪行的罪犯来说,可能的刑期在近些年以惊人的速度变长。在1990到1994年仅仅4年里,谋杀犯在州监狱的预计刑期增加了两年,强奸犯增加了11个月。一般来说,在州监狱刚入狱的囚犯之中,估计的最低刑期从1985年的平均31个月上升到1995年的53个月。

第 37 章 · 仁慈的谬论

有一种说法:近年来平均刑期有所下降——证据依然是我们事实上对罪犯变得"心慈手软",而不是更为强硬。小布什主政期间,美国司法统计局发布统计资料,意欲表明"没有证据表明,在判决初次发布之前,监狱刑期一直在增长"——实际上,州监狱囚犯的平均刑期从 1981 年的 17 个月降到 1988 年的 13 个月。这意味着,虽然 20 世纪七八十年代出现了"强硬起来"运动,但非常奇怪的是,跟运动开始时相比,我们在运动结束时变得更加仁慈了。表面上看,这是几乎不可能的,而且司法统计局的图表显示,抢劫和性侵犯的刑期增加了,而杀人案保持不变——不过,轻罪的刑期减少了,尤其是毒品犯罪和盗窃罪。这就是平均刑期在整体上减少的关键所在。毒品罪犯 1980 年占了监狱人口的 8%,1993 年则占了 26%;暴力罪犯占总数的百分比从 57% 降到 45%。原因是,除个别特例之外,毒品罪犯都被判处了较短的刑期,这意味着大量刑期较短的囚犯都被算了进来,拉低了平均数。想象河水泛滥时的情形:假设水深 20 英尺,5 英尺的水下是洪水淹没的成千上万平方英里的乡村。平均水深也随之大幅下降——当然,对于那些房屋和农场都被淹在水下的人来说,这并不是多大的安慰。

现有的暴力犯罪判决是否恰当呢?如今,理智的人可能得出不同的结论。一些人可能觉得强奸罪平均服刑 7 年太短。但是,这些实际判决年限跟格拉姆(以及其他人)引用的数字大不相同,而那些人要证明"软弱的判决"使得美国犯罪丛生。为什么会有如此巨大的差异?雷诺兹从哪儿得到了这些数字?关键在于(就和百分之一这个数字一样),这些数字跟我们在法庭上"强硬"还是"仁慈"地对待罪犯没多大关系——跟"软弱的判决"没多大关系——主要是由于大多数罪行的逮捕率低。雷诺兹的抢劫犯会蹲"23 天"监狱这个数字是把被捕和被定罪的抢劫犯的平均刑期作为被除数,把抢劫案的总数作为除数得来的,不管人是否抓到了,更不用说定罪了。确实,这么一算,抢劫的"平均成本"就低了——但原因是一般的抢劫不会遭到逮捕,更不用说定罪了。因此,在 1994 年发生了 130 万起抢劫案,其中大约只有 61.9 万起被报告给了警方,但因抢劫而被判重罪的成年人不到 46 000 人,而其中超过 40 000 人最终被监禁于看守所或者监狱;而且就像我们看到的那样,入狱的抢劫犯预计会在监狱待 4 年以上。而且,如果我们能在一开始就提高抓获抢劫犯的能力,我们或许就能大幅提高抢劫的"平均成本"。但是,下面的说法就是纯属诡辩了:格拉姆等人说薄弱的判决实践解释了这些数字,或者说我们对待被抓获的抢劫犯的仁慈令人震惊。

实际上,由于犯罪而受到惩罚的比例相对较低。这些数字加起来足以说明,应加强对犯罪的预防,而不是事后惩罚。因为就算我们假定我们能够提高逮捕抢劫犯的能力,也没有人真正相信我们有朝一日能够逮捕大部分抢劫犯;因此,无论如何增加惩罚,也远远达不到其拥护者预期的效果。提出"百分之一"这个数字的人肯定不想得到这个结论。但是,这是唯一颠扑不破的结论。

我们已经给予暴力犯罪尤其是累犯相对较长的刑期。这个事实有助于解释为什么近些年一批"三振出局"法律雨后春笋般通过,但在实践中产生的影响远低于许多人的预期。对这些法律持批评态度的人认为,要养活这么多的囚犯,各州都会破产;支持者则认为,如果徘徊在街头的大量暴力掠食者最终得到应有的惩罚,暴力犯罪肯定会大幅减少。实际发生的情况则同时包含了批评和支持两方面的预期,尤其是在辖区方面——不仅包括大多数州,还包括联邦政府——三振出局法律仅针对暴力惯犯。有效犯罪政策运动进行的一项研究表明,这些州都没有根据新制定的法律把许多暴力罪犯关进监狱。原因肯定不是检察官不愿意根据"强硬的"法令指控罪犯。部分原因可能在于一些辖区的某些法官还在设法规避这些法律最严厉的条款来判决罪犯。但是,主要原因在于,根据现行的法律,在这些州出庭的大多数暴力惯犯都会被判决"长期"监禁。

加利福尼亚州制定了广泛的三振出局法来打击相对较轻的财产和毒品罪犯,以及暴力累犯(任何重罪都会引发三振出局,导致强制性地判处 25 年至终身监禁),不出所料,根据三振出局法律被判决的人更多了。但是,被判决的暴力罪犯比例还是相对较低的。1995 年,加利福尼亚州仅因持有大麻而适用三振出局法判决的人多于谋杀、强奸和绑架之人的总和,在持有毒品之人中适用此法的通常高于在所有暴力犯罪之人中的比例。在加利福尼亚州,立法者哗众取宠通过了三振出局法律,理由是一群群的暴力惯犯游荡在街头,却未受惩罚。但即便在这里,在三振出局法的头两年,因暴力犯罪而适用三振出局或者二振出局的罪犯数量也不足 3 000 人。而且,即使没有这项新法律,这些暴力罪犯大多本也会进监狱。在通过三振出局法之前,加利福尼亚州已经规定了强制性 5 年"进一步处罚",在许多重罪第二次定罪的时候严惩,还颁布了"惯犯"法令,对造成受害人"严重身体伤害"且已经因类似犯罪服过两次刑的罪犯判处无期徒刑(假释之前至少监禁 25 年)。总之,加利福尼亚州的监狱并没有因三振出局法而塞满暴力惯犯,主要原因是,在这项新法律出台之前,已经根据相对"强硬的"条款判处此种罪犯。

再者,没有人否认,真正危险的人物有时逃脱了法律制裁。但是,承认确实有问题并不等于相信法律系统总的来说在"心慈手软"地对待严重暴力罪犯。而且,具有讽刺意味的是,有些时候,真正的"害群之马"大量返回街头恰恰是因为不假思索的"强硬化"做法。尤其是在一些州,危险的罪犯被释放,以便在拥挤不堪的监狱腾出空间来容纳罪行轻得多的罪犯。这些轻罪犯都是根据强制性判决

第 37 章 · 仁慈的谬论

而监禁的。最常研究的案例是佛罗里达州,尽管那里的监狱新增了 25 000 个床位,20 世纪 80 年代大量涌入的毒品罪犯还是让监狱爆满,迫使该州建立了早释项目,把数百万没有强制性判决的罪犯释放到了街头。这一数字包括了许多暴力罪犯,甚至有抢劫犯和强奸犯。一旦进入社区,他们大多不会受到严格的监管。(佛罗里达州立法机关最近改变了政策,监禁对象变成了暴力罪犯,并采取其他措施应对非暴力罪犯。)

那么,除了一些特例之外,事实依然是,严重暴力罪犯,尤其是惯犯,一旦被捕和定罪,就可能会被长期监禁。但是,为什么现实中又会有如此多的暴力罪犯因保释、缓刑或假释而逍遥法外?这是不是意味着我们的"软弱"令人震惊?加入为了打击这批人而完全废除假释——并把许多处于缓刑期的罪犯关进监狱——会不会显著地降低犯罪率?

可能不是这么回事。这里问题更真实。但是,跟美国犯罪委员会等批评者想让我们相信的情况相比,这些问题更加复杂,更难以解决。为了证明自己的观点,批评者先是给出了一种无可辩驳的言论,即在任何特定的时刻,接受某种形式"社区"监管的罪犯都多于监狱里的罪犯,而随着监狱里的囚犯增加,"社区化"罪犯的数量也增加了。(从 1980 到 1994 年,囚犯平均每年增加 8.4%,假释人口增长 8.5%,缓刑人口增长 7.2%。)但显然不能以此证明司法系统"脆弱"。比如,约翰·德鲁洛认为,1991 年,59 万名被认定暴力犯罪之人以假释或者缓刑的方式"住在我们的社区里",而 37.2 万名在监狱里,这是"又一个令人警醒的例子,天平正在向'罪犯'倾斜"。但这个结论并不成立。假定我们不相信每个受到犯罪指控的人在审判前都应该被拘留,被定罪的每个人——别管罪行多么轻微——都应被关进看守所或者监狱,所有被关进监狱的人都应该在监狱里度过余生,那么就不能仅凭审前释放、缓刑或者假释人数的增加这一事实认定政策是仁慈还是糟糕的。

真正的问题是,我们是否允许犯错的人保持自由——大量本该在监狱里的"已知的暴力掠食者"是否正被释放到社区。美国犯罪委员会坚持认为确实如此,而且统计资料表明,大量暴力犯罪(根据辖区与犯罪情况,这类暴力犯罪多达三分之一)都是由处于缓刑、假释或者审前释放的罪犯实施的。许多美国人同样相信,大量暴力掠食者通常会被释放,交由社区监管。对这种信念起到推波助澜作用的是耸人听闻的媒体轶事,这些轶事与被假释和保释的罪犯犯下的可怕的罪行有关。同样没人否认这种悲剧发生了,也没人否认我们应该竭尽所能避免这种悲剧。但是,这些数字真的能告诉我们,我们通常在仁慈地对待"已知的暴力掠食者"吗?

答案是否定的。首先,这些数字虽然(通常)都存在技术错误,但却一再以误导性的姿态出现在人们面前。以华盛顿为基地的量刑项目组织提供了一个有用的例子:假定在一个特定的县,有 1 000 个被审前释放的罪犯。还有 3 起谋杀案,其中 1 起是由审前监管的罪犯犯下的。因此,审前释放者犯下谋杀案的比例极大,达到了三分之一。但从另一个角度看,只有千分之一的审前释放者犯下了谋杀案——这表明,试图靠监禁所有我们目前审前释放的罪犯来防止谋杀代价高昂,而且,在实践上也可能行不通。

上文提到了一个断言:我们让一群群的暴力罪犯逍遥法外,尽管我们知道他们是危险人物。这个断言还存在另外一个更加根本的问题。考虑一下这个例子。一个年轻男子在一个犯罪横行的大城市被捕,罪名是微量毒品交易。因为他没有逮捕记录,也没有已知的暴力历史,于是被判处了一年的缓刑。缓刑期间,他在一次打斗之中杀了一个熟人。是不是就可以说,之所以出现谋杀,是因为"未能拘押"已知的暴力罪犯呢?事实并非如此,原因是根据他的已知情况,没有充足的理由把他投进监狱。我们是否可以提高预言能力,预测进入法庭的大量轻犯之中,哪些真正危险,从而保证暴力不会逃脱我们的控制?或许可以。但是,需要记住的是,我们的刑事司法系统已经在尝试这么做了,而且许多采用了基于大量研究和经验的专门的危险评估程序来指导这方面的决定。由此,我们实际上并不能很好地预言此类罪犯中的哪些人极度危险,因而应被长期监禁。

缓刑的情况也适用于假释。许多人相信,如果我们完全废除假释,我们就会大大减少暴力犯罪。这个信念部分基于一个现实:十恶不赦的犯罪有时是由假释的人犯下的。但是,除非我们认为每个被认定暴力犯罪的人——别管有多严重——都应该在监狱里度过余生,否则大多数罪犯都会在某个时间点被释放到社区——而且,不清楚为什么对他们来说,在没有监管的社区生活比在有监管的社区更好。对于缓刑和假释来说,真正的问题是,假如我们现在不监督和监管社区中的罪犯并由此减少他们加害的风险,是否还有更好的选择。答案当然是肯定的。美国的许多缓刑或者假释机构,尤其是在大城市,根本无法有效运行,由于多年来财政困难,积压的案件成百上千,因而无法提供有意义的监管。值得肯定的是,美国犯罪委员会并不认为所有的罪犯都应该蹲监狱,并指出提高假释和缓刑机构在高墙外监管罪犯的能力很有意义。然而,他们没说的是,假释和缓刑机构之所以效率低下,一个主要原因是我们系统性地贬低了这些机构的活动,说这些机构对罪犯"心慈手软",并把本来可以用来改善这些机构的资金用到了监狱里。我们急需针对罪犯的更好的社区监管。但如果我们继续大张旗鼓、不加区别地实施监禁,就难以实现这个目标。

第 37 章 · 仁慈的谬论

同样重要的是，如果我们想预防"社区化"的罪犯犯罪，就需要加大对一些项目的投入，让那些正被监禁之人在获释之后有更好的机会，在外面取得成功，就像我们所有人一样。但是，需要指出的是，如果我们不卓有成效地提高有犯罪前科者在高墙之外的生存能力和工作能力，那么，当他们失败的时候，我们也无需大惊小怪——尤其是当他们回到社区时几乎没有成功机会。而我们不应该把这种失败归咎于司法系统的仁慈。

第38章

投手暴投

——"三振出局"以及犯罪方面的其他不良呼吁

杰罗米·H.什科尔尼克

权威人士、民意测验、政治家都认为暴力犯罪目前是美国的头号问题。如果这些问题得到了恰当的界定,而且过去的尝试的教训被充分吸取,那么这就可能是一个把国家犯罪政策拉上正确的轨道的机会。另一方面,这也是一个危险的时刻。直觉正在驱使美国做出不顾一切的无效回应,拉升监狱成本,把原本用于其他关键地方的税款转移过来,使得公众一如既往地感到不安全和不满意。

迫使联邦和州层面的政治家都迫不及待地表明严厉打击犯罪这一立场的压力不仅来自心怀忧虑的选民以及通俗小报。另外,反映精英意见的一些主流喉舌,尤其是《华尔街日报》,都推崇这种草率冲动的反应。在《华尔街日报》的一篇专栏文章《解决犯罪之道:一关了之》里,本·J.瓦滕伯格写道:"犯罪学家也不知道怎么办。"

有效的办法是人人凭直觉都可以知道的:"监狱里的恶棍不会向你的姐妹开枪。"在《华尔街日报》的另一篇专栏文章《人们想报仇》里,保守派知识分子保罗·约翰逊认为,政府让普通百姓失望了,因为政府罔顾他们复仇的愿望。保罗·约翰逊写道,普通百姓既不想理解罪犯,也不愿意改造罪犯,"他们想尽可能严厉而省钱地惩罚罪犯"。

约翰逊有一部分观点是正确的,但大部分观点是错误的。普通百姓最想要的就是安全地走在大街上,保护自己的家人和家庭。许多人和瓦滕伯格一样,都凭直觉认为更多的监禁和更长的刑期既提供了惩罚,也提供了安全感。但是,尤其是在处理犯罪问题时,直觉并不总是判断的可靠基础。

第38章 · 投手暴投

在各大国之中,美国的监禁率已经是最高的了。监狱近些年大肆扩张,部分原因是强硬化措施把毒品轻犯送进了看守所。直觉是错误的:现有的证据并未表明监禁这些罪犯让公众更安全。

目前,凭直觉做出的一关了之回应体现在"三振出局"之中——对于三次被认定暴力重罪或者严重重罪的罪犯实施判处终身监禁。引人注目的口号好像迷住了全国各党派的政治家。三振出局热开始于1993年秋季。在此之前,媒体广泛报道了一个遭到诱拐和杀害的12岁加利福尼亚州女孩波莉·克拉斯。根据警方的说法,案犯有着长期的暴力记录。加利福尼亚州的共和党州长皮特·威尔逊呼吁实施三振出局,而在3月7日,加利福尼亚州议会以压倒性多数批准了这项提案。甚至连纽约州州长马里奥·科莫也签署了三振出局措施。美国参议院已经批准了一项关于犯罪的法案,这项法案采纳了三振出局,并同意联邦政府在资助州监狱和强化各州量刑政策方面作用的大幅扩张。1994年的国情咨文演讲中,克林顿总统特别赞扬了参议院立法和三振出局。

但是,三振出局管用吗?绝大多数的暴力罪行都是青少年以及20多岁的年轻人犯下的。科罗拉多州犯罪学家德尔伯特·埃利奥特进行的全国青少年调查发现,严重的暴力犯罪(严重侵犯、强奸、致伤或者持械抢劫)在17岁达到顶峰。比例是24岁的一半,而在罪犯步入成熟的30多岁时,比例大幅下降。

如果在第三次定罪的时候,我们判处严重暴力犯罪终身监禁——在他们服过两次刑之后——那么,适用三振出局的时候通常是在他们犯罪生涯的末期。最终,三振出局法律会让我们的监狱塞满老年罪犯。当他们的犯罪倾向降到最低的时候,护理他们的成本却越来越高。

以"阿尔伯特"为例。不久之前,旧金山德兰西街基金会主席米米·西尔伯特在《纽约时报》上讲述了阿尔伯特的故事。10岁的时候,阿尔伯特是一个西班牙裔聚居区黑帮中最为年轻的一员。19岁被送进圣昆廷监狱的时候,他已经犯下了27起持械抢劫案,是两个孩子的父亲。现在,阿尔伯特36岁了,是一个管子工兼代课老师,多年都没再犯罪和吸毒。按照西尔伯特的说法,德兰西街项目在过去的23年里改变了1万多个阿尔伯特式人物的生活。

如果以惩罚为目的,那么判处阿尔伯特式的人物终身监禁是有意义的。但如果终身监禁是为了提升公共安全,那么结果就会让我们失望。要达到这一目的,我们就需要聚焦于预防高风险年轻人的暴力犯罪。真正的问题就在于此。

对于一些"三振出局"法案,充其量只能说划定的范围太窄,几乎没有效果。产生的效果取决于哪些重罪会被认定为"振"。纽约州刑事司法事务司主任理查德·H.吉尔真蒂说,科莫州长支持的措施一年只会影响300个人,同时还会导致非暴力囚犯的获释。克林顿总统也支持一个版本的三振出局,这个版本比加利福尼亚州的版本适用范围更窄。然而,加利福尼亚州那样的提案会导致成千上万犯人被监禁至中老年。

回归中庸

威尔逊州长签署提交给州议会的最严三振出局法案之前,全州的地方检察官们猛烈攻击这项措施,认为此举会让法庭人山人海,消耗太多的资金,导致对非暴力罪犯不成比例的判决。在加利福尼亚州,对政治犯罪的恐慌非常强烈,因此检察官的诉求被驳回。

加利福尼亚州的前景不容乐观。就算没有"三振出局"立法,加利福尼亚州的监狱规模也已经位居全国第一了。八分之一的美国囚犯被关在加利福尼亚州的囚室里。在过去的16年里,加利福尼亚州的监狱人口增长了600%,暴力犯罪增长了40%。富兰克林·E.齐姆林在最近一期的《英国犯罪学杂志》上指出,20世纪80年代加利福尼亚州的惩教机构增长"独一无二"。规模第二到第四的3个州的监狱系统(纽约州、得克萨斯州、佛罗里达州)增长率都不到加利福尼亚州的一半,西欧系统的规模则只有大约四分之一。

自1980年以来,惩教预算增加到了原来的5倍。为了支付这笔钱,加利福尼亚人必须牺牲其他的服务,教育受损最重。10年前,加利福尼亚州把14%的预算用于高等教育,4%用于监狱,而现在在两者各占9%。

以后监狱可能占得更多。为了支付"三振出局"的费用,预计到2001年,加利福尼亚州会支出105亿美元。加利福尼亚州狱政局估计,"三振出局"需要加利福尼亚州新增20座监狱,而目前已经有28座监狱,还有12座已经处于规划阶段。到2001年,会有超过10.9万名囚犯服无期徒刑。在未来的30年里,预计还会监禁275 621人——相当于绕着阿纳海姆城修一条带电篱笆。到2027年,容纳额外囚犯的成本可能会达到每年57亿美元。

如果为老年罪犯建设20多座监狱,而不是为年轻人建造20多所大学,那么,到了2027年,加利福尼亚州的境况会好转吗,实际犯罪率会降低吗?

当然,威尔逊以及其他政治家正在担心的是下次选举,而不是下个世纪的选举。到时候,被两次定罪之人出狱,犯下第三次大罪,被判处终身监禁,而威尔逊以及其他支持"三振出局"的政治家已经出局了——也就是说,卸任了,给未来几代人留下的是无效且昂贵的犯罪政策。为了避免这种结果,政治领袖需要停止攀比谁更强硬,开始比试谁更理性。

直觉的局限性

著名法律哲学家 H.L.A.哈特指出，启蒙运动使得惩罚的形式和严厉程度成为"思想、理性与思辨的产物，而不仅仅是一时的冲动之举"。这些想法依然应该是我们的向导。

目前，实施"三振出局"提案的呼声一浪高过一浪，让人想起了 20 世纪 70 年代。当时，强制性判决法运动也进行得如火如荼，这是另一场强硬化运动，旨在减少司法自由裁量权，平息公众的怒火。但是，强制性判决并未明显地减少犯罪。实际上，结果主要是刑事司法系统里的自由裁量权发生了向上的转移，因为法律继续在指控和认罪辩诉协议方面留有很大余地。

具有讽刺意味的是，强制性判决允许理查德·艾伦·戴维斯获得长时间的自由。他被指控谋杀了波莉·克拉斯。在 1977 年之前，加利福尼亚州对于重罪犯有一套不定刑期判决的制度。对于二级谋杀、抢劫、强奸、绑架等重罪，罪犯会被判处 1 到 25 年监禁。目标是根据表现量刑，延长对最危险罪犯的监禁时间，并提供改过自新的激励措施。然而，在 1977 年，加利福尼亚州宣布监禁的目标是惩罚，而不是让囚犯重新做人，采用了据称较为强硬的强制性判决。尽管一位县缓刑监督官在判决前报告有先见之明地指出，在第二次被定下重罪之后，理查德·艾伦·戴维斯的"暴力潜力加剧了"，但戴维斯还是从两次强制性减刑中获益。戴维斯第一次犯罪的时候，强制性判刑 6 年。如果根据不定刑期判决，像戴维斯这样性格和犯罪历史的人可能会被监禁更长时间。

大多数犯罪学家和政策分析师都认为扩张监狱系统并实施严格的惯犯法律并不可靠。戴维·博特曼之类的犯罪学家为自己在 20 世纪 70 年代幼稚地加入确立固定刑期判决的运动而道歉。现在他们认识到这场运动失败了。

其他犯罪学家，比如约翰·J.德鲁洛，采取强硬路线，不过德鲁洛立场的强硬程度好像是由其所处的讨论场合而决定的。1994 年 1 月，一个叫作《其他地方》的专栏出现在了《华尔街日报》上，德鲁洛在这个专栏里支持表面上最为强硬的参议院犯罪法案条款。（《华尔街日报》头条作家把这个专栏称作"让他们腐烂"，德鲁洛后来对这个题目提出抗议，不过他自己的行文也同样严厉。）但是，德鲁洛 1990 年秋季在《美国前景》上的文章《让监狱井井有条》以及 1991 年秋季与安妮·汤姆逊·皮尔一起在《布鲁金斯评论》上的文章，传达的信息就较为温和了。

《布鲁金斯评论》上的文章回顾了关于监狱成本效益的争论。每个囚犯每年的监禁成本在 2 万到 5 万美元。但是，为避免囚犯在街头可能犯下的罪行而付出这种代价是否值得？"基于现有的统计证据，"德鲁洛和皮尔写道，"犯罪率和监禁之间的关系是模糊的。"这几乎算不上"让他们腐烂"的强制性规定。德鲁洛和皮尔认识到惩罚的确定性比长度更为有效,而且"就算我们发现'监狱是划算的',也并不意味着每个被定罪的罪犯都应该被关进监狱,更不意味着监禁每个被定罪的重犯都是划算的。"我同意,大多数犯罪学家也同意。德鲁洛是否清晰地阐述了自己的观点?

监禁人数增加

两个趋势导致了监禁人数增加。第一,法庭对盗窃、偷窃、机动车偷窃之类的非暴力重罪判处更长的刑期。联邦调查局《统一犯罪报告》的数据表明,1992年,这类犯罪占了美国犯罪的60.9%。

第二,毒品已成为犯罪的驱动力。在所有的暴力罪犯之中,一半以上都在犯罪的时候受到了酒精或者毒品的影响(受酒精的影响的情况更常见)。国家司法研究所指出,在23个美国城市之中,就被捕或者被控告的男性而言,在10种非法毒品检测中有1种呈阳性的百分比,从奥马哈的48%到费城的79%不等,居中的是劳德代尔和迈阿密,检测出来的比例是62%。

与持有和销售毒品相关的逮捕和定罪激增,而且刑期越来越长。司法部去年夏季完成了一项研究,但直到今年2月才公之于众。这项研究发现,联邦监狱的9万名囚犯之中,五分之一是毒品轻犯,先前没有暴力记录,之前也没有入狱经历。监狱被这类人挤满了。

拜强制性判决和固定刑期判决所赐,联邦监狱人口在过去的10年里达到了原来的3倍。根据现行政策,联邦监狱人口会在世纪之交增加50%,而毒品罪犯则占增加囚犯的60%。"三振出局"立法无疑会强化我们已经独一无二的地位:闻名世界的顶尖狱卒。

恐惧因素

一关了之这个方法利用了人们不断增长的对犯罪的恐惧,而实际犯罪率是趋于稳定或者正在下降的。但这绝不是说对犯罪的恐惧没有道理。在过去的25年里,美国的犯罪激增。但是1994年的情况并不比1991年糟糕。从1991到1992年,联邦调查局的犯罪指数下降了4%。

在加利福尼亚州,1月发布的立法报告指出,从1991到1992年,每10万人的总犯罪率略有下降,从3 503.3降到3 491.5。暴力犯罪率——杀人、暴力强奸、抢劫、严重侵犯——略有上升,从1 079.8上升到1 103.9。1993年初的数字略有下降。

在大西洋沿岸,纽约城报告的杀人案数量略有下降,1993年是1 960件,而

1992 年是 1 995 件,而且集中在纽约城 75 个警区之中的 12 个警区里面,比如东纽约、南布朗克斯。"在曼哈顿东边,"马修·珀迪在《纽约时报》上写道,"在联合国外交官居住的地区,在高级公寓旁边的安静街道上,枪林弹雨遥不可及。"

那么,为什么当犯罪率趋于稳定的时候,民意测验还认为犯罪是美国的第一大问题?部分答案是宣传,尤其是电视上的宣传,宣传力度越大,人们对犯罪的恐惧就越强。波莉·克拉斯被谋杀,佛罗里达州的游客被杀,前篮球明星迈克尔·乔丹的父亲在路边被谋杀,长岛铁路公司火车上的乘客被杀,都把可怕的信息传达给了大多数不住在市中心的美国人。信息似乎是随机的暴力无处不在,而且你不再安全——在你郊区的家里,在通勤火车上,在汽车里都不再安全——警方和法庭不能也不愿意保护你。

齐姆林和霍金斯最近进行了一项研究,但并未对外公布。这项研究认为,美国的问题不在于犯罪本身,但在于随机暴力事件。他们比较了洛杉矶和澳大利亚的悉尼。两个城市都有 360 万人口,而且都是多文化城市(虽然悉尼的多元性并没有这么强)。在悉尼,犯罪是个严重的困扰,但不是主要威胁。像其他游客一样,我和我的妻子在去年春季的夜间漫步悉尼,而不担心受到攻击。

悉尼的犯罪模式解释了为什么会有这种不同。实际上,悉尼的入室盗窃率比洛杉矶高 10%,而偷窃率是洛杉矶的 73%。但是抢劫率和杀人率奇低,抢劫率只有洛杉矶的 12.5%,杀人率只有洛杉矶的 7.3%。

美国人和澳大利亚人都不喜欢任何形式的犯罪,但是大多数汽车偷窃和许多入室盗窃更多的是让人感到生气,而不是害怕。快餐店枪击之类的随机暴力犯罪才会引起恐惧。

就像我先前指出的那样,暴力犯罪主要发生在 15 到 24 岁年轻男性群体中。青少年男性参与暴力犯罪的程度令人害怕。"在峰值年龄(17 岁),"德尔伯特·埃利奥特写道,"36%的非洲裔美国人(黑人)男性和 25%的非西班牙裔(白人)犯有一项或者多项严重暴力犯罪。"年轻女性也并非与暴力绝缘。五分之一的非洲裔美国人女性和十分之一的白人女性有严重的暴力犯罪行为。

跟白人相比,黑人更有可能在成年后继续犯罪。埃利奥特认为这个发现能够非常深刻地考察了年轻成年黑人男性的高被捕率和高监禁率。在青少年方面,黑人男性和白人男性暴力倾向大致相当。"然而,"埃利奥特写道,"一旦生活方式涉及各种严重的暴力、偷窃和精神药物使用,那么弱势家庭和社区出来的人就会难以摆脱这种生活方式。他们几乎没有机会扮演传统的成年人角色。而且他们更深刻地融入并依赖帮派及在他们的地区盛行的非法经济。"

埃利奥特认为,改革的关键在于向传统成人工作和家庭角色转变的能力。

埃利奥特的数据表明,成功转变之人不再跟暴力有瓜葛。关押在注定拥挤的监狱里几乎不会促成这种转变。而事实证明,德兰西街这样的社区化项目是成功的。

暴力犯罪和吸毒在年轻人之中十分常见。在监狱内外,戒毒肯定都是犯罪预防的关键一环。这里有个好消息。1994年初,克林顿总统和6位内阁成员视察了马里兰州监狱,马里兰州监狱以模范性的戒毒项目为豪。克林顿总统等人宣布了一项全国性的戒毒战略,大幅增加戒毒治疗和康复的投入。虽然禁毒预算的大部分,即59％,依然分配给执法部门,但变革的方向至少是正确的。全国大量辖区已经制定了前途光明的法院下达的康复计划,似乎正在成功地减少吸毒以及与吸毒相关的犯罪行为。

在毒品领域,无论是国际层面,还是国内层面,靠强硬化政策来中断供应都未能奏效。秘鲁和哥伦比亚等国家对毒品种植和生产的禁止和压制的尝试遭遇了我们所谓的"达尔文主义毒贩困境。"这种尝试打击了效率不高的毒贩,而适者——最有效率、最有组织、最冷酷残忍、最能腐蚀警察和法官的毒贩——得以生存。可卡因的价格是衡量成功或者失败的最好办法,在20世纪80年代剧烈下降。可卡因价格已经略有回升,但主要原因可能是垄断定价,而不是政府干预。

在国内,强硬化直觉已经刺激我们用长期监禁或者死亡来威胁毒枭。在一定程度上,我们想要惩罚毒枭,并让毒枭丧失行为能力。但大多数情况下,我们想要阻止别人重蹈他们的覆辙,犯下重罪。不幸的是,这种政策遭到了"费利克斯·米歇尔困境"的破坏,我以西海岸臭名昭著的毒枭命名了这个困境。20世纪80年代,费利克斯·米歇尔被判处无期徒刑,不过,他并未服刑多长时间,因为他在联邦监狱被谋杀了。米歇尔的判决和早亡并未震慑湾区的毒贩。相反,毒品贩卖继续进行。因为米歇尔的垄断定价消失了,竞争降低了高纯度可卡因的价格。米歇尔被监禁造成的主要影响就是扰乱了市场,降低了毒品价格,并增加了暴力行为,因为帮派成员展开竞争,彼此挑战,抢夺市场份额。跟毒品相关的驾车枪击、街头杀人、严重暴力人身伤害增加了。

最近,米歇尔的两个继承人蒂莫西·布鲁伊特和马文·约翰逊被捕并投进监狱。那么,街头最终会回归平静吗?"当布鲁伊特这样的人失势时,就会有人占据他的位置,并进而占据更大的市场份额,"一位匿名联邦探员在今年1月这样告诉《旧金山纪事报》,"整个过程就是巩固地盘和强化势力。"

在奥克兰、丹佛、底特律、洛杉矶中南部、亚特兰大、纽约贩卖毒品的年轻人就属于已学会把犯罪当作经济机会的几代人中的一部分。这并不能为他们的行为开脱,但这确实强化了我们打破主导他们生活的贫困、虐待和暴力循环的必要性。监狱并未震慑罪犯,部分原因是像米歇尔、布鲁伊这样的人在估量各种选择时并未理性地采用立法者的那套参照标准。街头的毒贩已经面临着死刑。

历史提醒我们帮派暴力并不新奇,但并不总是这么致命。关于城市帮派的基准社会学研究是弗雷德里克·思拉舍对1 313个芝加哥帮派进行的研究,研究报告发表于1927年。这些帮派的混乱和暴力令思拉舍震惊。思拉舍指出,警方和其他社会机构通常控制不了这些帮派。他描述了帮派中的年轻人,其中"黑人"只有7.2%,这些年轻人"无法无天,不信上帝,狂野不羁"。那么,他们间为什么没有发生更多的自相残杀呢?他们用拳头和刀子打斗,不使用攻击性武器。

预防暴力犯罪

如果暴力犯罪预防是我们的战略目标,我们就需要对策略进行检测。我们需要超越《布雷迪法案》,并引入严格的武器弹药管理系统,我们需要更多的研究和分析,以便搞清楚什么样的控制系统会是最为有效的。跟强制判决之下的代价高昂的监狱相比,成功的枪支弹药控制能更为有效地阻止威胁生命的暴力洪流。

然而,参议院犯罪法案允诺提高美国的监禁率。除了"三振出局"条款之外,立法包含了参议员罗伯特·伯德的30亿美元地区监狱提案。一旦实行,各州就能为10个地区监狱的囚犯申请住处,每个地区监狱能容纳2 500名囚犯。

为了达标,各州必须采用"判决就是真理"法律,强制性规定被认定为暴力犯罪的罪犯"至少要服满原定刑期的80%",这是目前联邦罪犯所服的平均刑期。各州还必须批准跟联邦系统类似的审前拘留法律。而且,各州必须保证四类犯罪——谋杀、导致死亡或者严重身体伤害的火器犯罪、广义的性犯罪、虐待儿童——会受到跟联邦法律一样严厉的处罚。实际上,联邦犯罪法案把判决政策也置于了联邦管辖之下。

全国法律援助和辩护律师协会的H.斯科特·华莱士认为,强制性规定会使各州的监狱人口平均增加大约1.2万人,但只提供了容纳这些囚犯所需空间的3%。

参议院犯罪法案最昂贵的条款——价值90亿美元——提出增加10万名警察,政府签署了这项措施。这项条款能在多大程度上减少犯罪还是个未知数。我们需要更多地研究如何建设治安保卫,如何吸纳社区治安保卫,这既可能是有效的办法,也可能只是一个时髦的术语。我们需要处理纽约城莫伦委员会发现的腐败所体现的警察文化的缺陷,还需要处理罗德尼·金被殴打的录像所体现的暴力滥施。在一些地方,更多的警力可能有用。但是在其他地方没大用。而且,这些警力非常昂贵。

研究警察的权威戴维·H.贝利解释了警察可见性的十分之一规则:要把1个警察放在街头,就需要雇用10个警察。只有大约三分之二的警察是穿着制服的巡警。他们三班倒,享有一般假期和病假,需要周期性再培训。因此,10万名新警察就意味着在整个美国只有大约10万名警察在街头值班。

即使我们有了更多的好警察,也无法保证他们可以制止犯罪。犯罪学家发现把更多的警察放在街上没有一点用处。实际上,国会和总统只需要沿着自己周围的街道看一看,就会发现单纯增加警察的数量并不一定会让街道变得安全。华盛顿有美国最高的警察-居民比,每150个居民之中就配备1名警察。但这里也是美国的杀人案之都。

我们可以加大巡逻力度,方法是投资于辅警、武警或者私人警察,而不是花钱雇用更多正儿八经、身份不菲的警官。在前任警察局长雷蒙德·戴维斯的领导下,加利福尼亚州圣塔安娜有了全国最为有效的社区性警察局。戴维斯面对的是一个脆弱的警察工会,因而可以做出革新,配备社区性民警和服务性民警,这些民警穿着蓝色的制服,但是不配枪形成了一道新颖、高性价比的蓝色风景线。

犯罪法案为劳教营拨款大约30亿美元,劳教营是又一项大受欢迎的强硬化措施。犯罪学家多里斯·麦肯齐发现,跟直觉相反,就"二进宫"率而言,从劳教营毕业的囚犯跟曾经入狱的囚犯没大区别。无独有偶,审计局报告得出结论:没有证据表明劳教营减少了累犯。

如果公众认为劳教营的主要功能是惩罚,那么,劳教营是否管用就无关紧要了。《第八修正案》禁止不同寻常的严酷惩罚,因此,我们不能用鞭子和棍棒实施肉体上的惩罚。然而,在劳教营之中,我们可以采用痛苦的练习、艰难且具有侮辱性的劳动来向道德败坏的年轻人传达惩罚的信息。但是,如果罚教性的劳教营是用来让年轻人重返社会并让他们在日后的平民生活中不再犯罪,那么,这还是不够的。

我们需要试验劳教营的加强版——"加强版"包括技能培训、教育、工作、社区重构。那些强调道德复兴和家庭价值观可以解决青少年犯罪问题的保守派的观点是正确的。然而,他们也很少考虑结构支撑有多么重要——教育、机会、就业、家庭功能,社区支持——可以培养价值观。

最终,我们要在惩罚的呼声和预防犯罪的可能性间做出选择。我们不能自欺欺人地认为这两个选择是一样的。根据刑法做出的一种惩罚是一种生硬的、基本无效公众保护手段。这种手段,震慑住一些人,监禁了一些人,而传达的道德信息确实有效。但是,如果我们的主要目的是预防犯罪,进而强化公众的安全,那么我们就不要信任直觉,要采用经过研究、检测和批判性评估的战略战术。总之,我们需要接受启蒙心智的价值观,而不是中世纪价值观。

即时重放:三振出局是正确的呼吁

约翰·J.德鲁洛

杰罗姆·H.什科尔尼克关于犯罪政策的论文(《投手暴投:"三振出局"以及犯罪方面的其他不良呼吁》,1994年春)忽略了一些重要事实,还罔顾了几个站得住脚的论据。

什科尔尼克呼应犯罪学中所达成的反监禁共识,认为对于犯有三次暴力重罪的罪犯而言,不得假释的无期徒刑就是个糟糕的政策理念,是"投手暴投"。实际上,这更像是针对职业罪犯的暗箱操作,他们中的大多数几乎未受影响。1991年,法庭又发出了大约3.5万个收监令。联邦囚犯之中,因暴力犯罪而获刑的不到6%。14.2万名被关押在州监狱的犯人中有大约30%是因为暴力犯罪而获刑。如果所有暴力犯罪囚犯的10%被"三振出局",那么这项法律就会影响将近450万惩教人口中的大约4 500人。别管是否喜欢,"三振出局"对监狱人口的规模没多大影响,也无法堵上华而不实的"强制性最低刑期"法律的虫洞。这些法律把街头大约四分之三的罪犯——超过300万罪犯——置于了"监管"之下。在大多数情况下,"监管"意味着与工作过度、收入过低的缓刑或假释执法官一个月谈一次话。

每年有数百万起犯罪都是由未被刑事司法系统关押起来的罪犯犯下的。被释放三年之内,被判财产犯罪者犯下暴力罪行的概率与被判暴力犯罪者被释一年内再犯下暴力罪行的概率差不多。请不要再胡说什么"中间制裁"了。最近的研究表明,所有的缓刑犯之中足有一半在被解除羁押之前甚至连判决的基本条款都未履行(支付罚金,做社区服务,接受戒毒),而且这些违规者中只有五分之一曾被施以某种处罚。同时,挑战刑事司法系统的惯犯每年给受害者和社会带来的损害都达到数千亿美元。

什科尔尼克可能认为波莉·克拉斯的悲剧只是追求轰动效应,但所有的数据都表明,刑事司法系统通常允许已知的掠食者在系统的前端达成认罪辩诉交易,得到较轻的指控,在后端得到大量自由出入监狱的通行证。1991年,34个州总共释放了32.5万多名罪犯,其中90%交由社区监管。在获释之前,这些囚犯之中的约一半服刑1年或者更短。平均起来,他们服了刑期的35%。这个平均数适用于所有类型的罪犯。因此,最长判决20年的谋杀犯服刑不到8年(不到刑期的 40%),而毒贩(有组织毒贩,而不仅是持有毒品者)平均判决 4 年,释放之前服刑大约 14 个月(刑期的 35%)。州一级的数据更细致地描绘了同样不容乐观的图景。比如说,在新泽西州,在被监禁之前的一年,一个囚犯通常 9 次被捕,6 次被定罪,犯下十几起重罪(排除了所有的毒品犯罪)。释放之后再次加害的可能性是 50%,并且很有可能加害贫穷的少数族裔公民。

美国人中,宽容的刑法实践对市中心地区遵纪守法的少数族裔公民造成的伤害最深。中产阶级美国人和富裕的美国人在把前所未有的资金用于私人安全设备、警卫和其他设施上,以便让他们的居住环境相对不受犯罪影响。这笔资金是跟现在司空见惯的危险规避行为息息相关的(不要自己走夜路,也不要在夜间乘坐地铁,不要驾车穿越"不良社区"),有助于解释最近全国犯罪率下降的原因。但是,穷人负担不起私人安保措施,而是主要依靠"司法系统",而这个系统几乎是在诱导不法之徒侵害真正的弱势群体。

跟大多数犯罪学家一样,什科尔尼克用晦涩难懂的法律术语来描述监禁率的激增和美国拥有的世界上最高的监禁率等问题,从而模糊了监禁的公共保护价值。但是,他并没说社区化监管增长率甚至超过了监禁增长率,也没有指出只有 6% 的州囚犯是非暴力初犯。在联邦系统之中,囚犯必须服满刑期的至少 85% 情况主要包括多次被定罪的"非暴力"毒贩。我的一位在普林斯顿大学的同事伊桑·纳德尔曼为毒品合法化提供了大量强有力的论据。他在一定程度上说服了我,但并没有完全说服我,因为我不同意他合法化的底线。但是,大多数反对毒贩服强制性刑期的犯罪学家都不敢谈犯罪学定罪。犯罪学家不该断言我们把太多无害之人关押了太长时间,而应该就事论事——确定这些人是谁,并根据每个辖区的情况,告诉我们什么样的罪犯该被及早释放。

我同意什科尔尼克的观点:先等待职业罪犯进入犯罪低发年龄,然后才对职业罪犯施以长期判决是不理性的。詹姆斯·Q.威尔逊等人几年前就提出过这个观点。但是,至少还要考虑 4 点。

第一,今天,监狱之中各种罪犯的区别已不那么明显。我们谈论的不是犯罪的人——我们谈论的是认罪辩诉协议盛行之下被认定有罪的罪犯和被监禁的罪犯——他们绝大多数都犯了不止一种罪,多重财产犯罪,多重暴力犯罪,或者兼而有之。

第二,跟年轻的罪犯相比,较老的罪犯确实犯的罪较少,较轻。但是,较少的犯罪不等于不犯罪,而且我们没有任何可靠的方法来预言哪些囚犯是无害的"老年囚犯",哪些依然危险。(问问马萨诸塞州当局吧。最近一个 61 岁的获释囚犯在此杀人,纵火烧了马萨诸塞州政府大楼。)

第38章 · 投手暴投

第三，如果我们确实担心惯犯长期得不到重判，那为什么不支持"二振出局"法律，以便在他们危险性最强的时候监禁他们？就算不是终身监禁，也可以判处15到20年监禁，不得减刑，不得假释。加利福尼亚州以及其他几十个州已经在朝着这个方向努力了。预祝这些州获得成功。当然，在压力之下，大多数犯罪学家只想把"暴力"犯罪归为"一振"，大规模的毒品重罪、持械抢车等估计都不算。这些犯罪学家不得不停止将这些犯罪合法化，而他们并未承认已停止这么做，也未告诉我们这么做的原因。最明显的例证就是他们虚伪地为禁枪喝彩。和许多州一样，新泽西州有几十项强硬的枪支法律。但是，对违犯枪支法律的惩罚并未得到严格的施行。那些想对枪支施加更多限制的人是否也愿意把严重违犯枪支法律的行为作为"一振"？我愿意。

第四，社会不仅有保护自身免受定罪罪犯侵害的权利，也有表达对犯罪行为的义愤的权利，后者的表达方式之一就是把罪犯关进监狱。比如，一个73岁的老人最近被判处终身监禁且不得假释，因为他在1963年谋杀了民权工作者梅德加·埃弗斯，对此什么样的道德态度才是正确的？依我来看，跟我国大多数犯罪学家相比，公众和民选领袖能更好地处理利害攸关的道德和经验问题。

什科尔尼克以及大多数其他犯罪学家都确信监狱不是答案。那么，问题到底是什么？如果问题是如何解决美国的犯罪问题以及其他所有的城市问题，那么监狱不是答案。但是，如果问题是什么可以保护公众免受暴力惯犯的侵害，那么，监狱确实是个非常好的答案。从专业的角度来说，犯罪学家不应该忽视一个数据：大多数暴力惯犯在监狱里待了多么短的时间。从道德上说，他们不应该忽视每份人口统计资料里大多数美国人的诉求。犯罪学家也不应该轻视克拉斯家庭以及其他像我一样的人的生活经历。被释放的惯犯谋杀了我们所爱的人，或者被刑事司法系统放过的恶棍骚扰或毁坏我们的生活和财产。我们可以原谅公众，美国的旋转门司法让他们灰心丧气，以致他们甚至对新加坡的制度性鞭刑表示赞同。

就像什科尔尼克指出的那样，犯罪法案条款中的"10万名警察"实际上意味着大约会有1万名24小时警察，由国会分配到成百上千个辖区之中。联邦资金并不充足，会在5年之内耗尽，各州各市只能艰难度日。另外，司法项目办公室进行了巧妙的管理（注意：不是20世纪70年代的法律实施协助管理局卷土重来），因此，还有机会把犯罪法案的社区治安条款与警力条款结合起来。至少这是学者们（包括什科尔尼克引用的十分之一规则的提出者戴维·贝利）以及与我一起在布鲁金斯学会参与司法部会议的政府官员们所希望的。

在20世纪80年代，什科尔尼克以及其他犯罪学家对社区治安大加赞赏。

但是，社区治安保卫被吹捧为一种事半功倍的策略。你不能只是对警察进行再培训，让更多的警察徒步巡逻。许多大城市的警力已经缩水。原本就不足的警力更加稀缺，尤其是在警务欠佳的市中心，这里犯罪已经失控。社区治安保卫应该秉承"增加人手，做得更好"的宗旨。拙劣的谈话结束了，法案众望所归，而其中包含了提供给更多警察的更多资金。公众愿意出钱，犯罪学家也应该站出来支持招募更多的警察。

什科尔尼克引用了我1994年1月发表在《华尔街日报》上的关于犯罪的专栏文章。最近，《华尔街日报》刊登了一系列关于犯罪的文章，作者是专栏作家本·瓦滕伯格、历史学家保罗·约翰逊等人。在那篇专栏文章里，我支持克林顿总统在国情咨文里关于犯罪的言论，并谴责司法部部长雷诺以及其他自由主义精英。对公众要求采取更加严厉的措施打击犯罪的呼声，他们的回应模棱两可。什科尔尼克把这篇专栏文章跟1990年我在《美国前景》上发表的一篇文章以及1991年我作为共同作者在《布鲁金斯评论》上的撰文进行对比。他发现这两篇文章比那篇专栏文章"表达的信息更温和了"。什科尔尼克写道："德鲁洛立场的强硬程度好像是由所处的讨论场合决定的。"什科尔尼克最后以一个问句收尾："德鲁洛是否清晰地阐述了自己的观点？"

声明一下，我在《美国前景》上发表的文章主要是关于监狱康复项目的，其中就包括戒毒治疗。我一直在就此问题撰文，竭尽所能鼓励参议院共和党人以及其他人不要把戒毒治疗的婴儿与犯罪法案的洗澡水统统倒掉。而且，纽约州民主党国会议员查尔斯·舒默公开赞扬了我的文章。我赞成修建更多的监狱，实行严惩不贷的判决，开展所有可能的康复项目来削减成本和减少累犯。但在呼吁实行更强硬的判决的专栏文章中，没有必要在囚犯改造的祭坛前卑躬屈膝。

不管监禁皮特能否让保罗变老实，只要皮特被关起来，他就不可能继续犯罪，社会就不会受到他的侵害。而且，如果皮特整个刑期或大部分刑期都待在监狱里，社会就不会因为他被提前释放而受侵害。比如说，从1987到1991年，佛罗里达州假释犯人又犯罪2.5万起，包括5 000起暴力犯罪和346起谋杀。什科尔尼克引用的《布鲁金斯评论》上的文章分析了监禁的成本效益，依据的是官方罪犯记录和囚犯自己报告的数据。这些记录和数据表明，入狱之前的一年里，囚犯一般犯下12起重罪，这12起里面还不包括毒品犯罪。研究发现，对于大多数囚犯来说，"监狱是划算的"（监禁的社会效益几乎是社会成本的1.4倍）。

去年，我完成了另一项重要的囚犯自我报告调查，结果会在今年发表。结果表明，监禁的效益甚至高于《布鲁金斯评论》研究报告的数据。而且，就像我在第一份研究报告里指出的那样:"监禁率与犯罪率之间的关系是模糊不清的。"发现监狱是划算的并"不意味着监禁每一个被定罪的重犯都是划算的"。

然而,匪夷所思的是,什科尔尼克以及其他犯罪学家反复引用那些明显的警告,却罔顾这项研究的重大发现,即与他们断言完全相反,监狱是划算的。监禁更多的重刑犯会产生积极的社会效益。如果我们把哪怕一点威慑效益以及一小部分毒品犯罪考虑进去,效益就会十分显著。

什科尔尼克指出,《华尔街日报》给我1994年1月的文章贴上了"让他们腐烂"的标签。当时,我愤怒地用醒目的观点回应了这个标签,《华尔街日报》的标题完全是出于保守派精英的漫不经心与冷酷无情,既不涉及公众对犯罪的担忧,也不代表我的观点。我的观点以广泛的研究为基础,探讨的是人性化(而不是奢侈化)监狱在实践上是否可行,在道德上是否必要。但什科尔尼克断言,我1994年1月的文章里的信息和标题一样"严苛"。

假设一下,什科尔尼克之类的犯罪学家认为下列四种行为"严苛"。第一,想让大多数暴力惯犯在铁窗内度过大半生。第二,厌恶虚假的强硬化措施。第三,谴责持反对意见的自由主义精英。第四种行为是支持形形色色美国人关于有效司法方式的主流想法。那么随他去吧。这更说明了犯罪学家传达的信息有多么反常(监狱里满是轻微罪犯,美国人是热衷惩罚的民族,选民是傻瓜,政治家是风向标,毒品应该合法化,"专家"总是最博学的),而不是我的作品有什么因讨论场合不同而产生的立场变化。而且,什科尔尼克喜欢给我安上一个我讨厌的名头,我已公开提出抗议,去年11月,我写了个专栏文章投给《纽约时报》的《其他地方》栏目,请让我模仿一下什科尔尼克。关于监狱,我清楚、鲜明、历历在目的"信息"(不仅如此!),恰恰与我在《华尔街日报》的如出一辙,就是犯罪学家所反对的观点。但是,《纽约时报》给我的文章打出的标语是"拯救儿童"。

杰罗姆·H.什科尔尼克的回应

杰罗姆·H.什科尔尼克

约翰·德鲁洛的回应充满了狂热的泛泛而谈。他的第二段中就包含了一个大错误,不,是巨大的错误,即三振出局"对监狱人口的规模没多大影响"。在加利福尼亚州并不是这么回事。加利福尼亚州是美国人口最多的州,三振出局正在实行。

德鲁洛假定只有"暴力"重罪才能作为"一振",但是加利福尼亚州的法律还逐条列出了"严重"重罪。由此,加利福尼亚州明年可能因为三振出局法而额外监禁3 850人。

基于1991年对监狱人口的估计,德鲁洛估计,在任何一年,在所有的州监狱里,三振出局将会影响的重刑犯总数只有4 500名。从4 500名中减去3 850名,就只有额外的650名重刑犯被终身监禁,650名就是其他州将会因三振出局而被影响之人的总数。这是难以置信的。

德鲁洛的观点可以较为清楚地表达如下:三振出局法律对监狱人口的影响取决于立法机构把什么样的第三次犯罪定义为"振"。德鲁洛本人并未觉得财产犯罪与暴力犯罪有多大区别。他也不相信中间制裁,尽管他没有提与监狱相比,假释和缓刑服务是多么稀缺。德鲁洛否认"让他们腐烂"是自己的信条,但是,"一关了之"好像是他提出的。

加利福尼亚州的立法机构有许多德鲁洛那样的思想家。由此,狱政局预计监狱人口会因为三振出局而大增。其他州如果效仿加利福尼亚州的做法,监狱人口也会大增。此外,因为三振出局意味着终身监禁,所以,三振出局对监狱人口的影响会随着时间的推移而加强。

甚至在加利福尼亚州通过三振出局立法之前,狱政局就预言,1999年该州的监狱人口会是1980年的7倍。现在,加利福尼亚州狱政局预计,三振出局会再让监狱人口增加一半以上。

加利福尼亚州狱政局估计,除了目前在建的12座新监狱之外,三振出局还需要至少20座新监狱。最终,在2027—2028年度,预计加利福尼亚州会监禁272 438名罪犯——相当于绕着阿纳海姆城修一条电篱笆。

有趣的是,包括州长皮特·威尔逊等三振出局支持者在内的所有人都对这个数字没有异议。他们保证的却是监狱能够省钱。

新泽西州参议院一致于5月2日批准了三振出局法。法案的发起人路易斯·F.科什乔回答了一个《纽约时报》记者就此提出的问题。这个记者质疑,政府捉襟见肘,如何才能负担得起监狱人口激增的开销。"每当惯犯经过旋转门的时候,他们就会在法律和假释上花费新泽西州一大笔钱,"路易斯·F.科什乔说,"而且,我们必须考虑经济成本和社会成本……"加利福尼亚州州长规划与研究办公室首席经济学家乔治·罗梅罗在2月末发布了一份报告,估计了省下的钱有多少。他说,普通罪犯一年给我们这些守法之人造成的损失大约是20万美元。

就这样,虽然根据现在生效的三振出局法,加利福尼亚人会花费3.83亿美元来监禁预计多出的3 580人,但据罗梅罗推算,该州会节省7.16亿美元。加利福尼亚州实际上能在2027年因"振"致富,因为到那时的囚犯会达到272 438人,节省的钱高达540亿美元,而监狱成本仅有63亿美元。但是,3项错误的假

定推翻了罗梅罗报告的结论:

第一,罗梅罗的报告假定了一个有限的罪犯群体。报告假定,如果我们对罪犯处以终身监禁或者差不多的刑期,犯罪就会剧减。荒谬之处在于:严重的暴力罪行主要是由15到24岁的男性犯下的。就像德鲁洛承认的那样,到了30多岁,他们的犯罪率就会降低。

戈特弗里德松和赫希尔在其近作《犯罪基本理论》里信心满满地断言,据说与职业罪犯相关的严重掠夺性犯罪实际上是一些年轻人所为,"这种犯罪会持续几年,但到了快30岁的时候,他们中的大多数人……只会因酗酒、吸毒、家庭矛盾而与当局发生冲突"。甚至谢尔登和埃莉诺·格卢克在研究了一辈子之后也说,25到31岁年龄段的严重犯罪行为剧减。如果我们按照三振出局的要求把他们终身监禁,那么,他们就会取代年轻的罪犯。老年案件会让监狱爆满,而年轻罪犯层出不穷,最终,公众并没有更加安全。

第二,没有"普通罪犯"或者"普通谋杀犯"这类人。德鲁洛提供的8年的数据包括预谋杀人犯和酒驾致人死亡的人。这两种行为都应受到惩罚,但是刑法明智地区分了两者的道德责任。明智的公共政策不应以均等、强制性的、不加区别的严厉惩罚处理所有的重罪,甚至暴力犯罪。三振出局法律和罗梅罗的分析倾向于均等地对待所有的重罪。这在道德上是说不通的,财政也难以承受。

最后,监狱成本是确定的,而省的钱是推测出来的。自20世纪80年代以来,教养改造增加到了原来的5倍,因此加利福尼亚人不得不牺牲教育、医疗、福利等其他服务。加利福尼亚州的公立学校曾经接近榜首,现在却几乎垫底了,跟密西西比州差不多了。该州的高等教育系统遭到了毁灭性的打击,因为需要为许多出类拔萃的教师提供慷慨的退休一揽子退休金,如果不解雇两倍数目的青年教师,就没有资金这么做。

三振出局会使预算天平大幅度向监狱倾斜,减少对教育和社会服务的投入。如果没有了这两项服务,青少年犯罪就会猖獗。通过扩张监狱来"省下"许多"钱"就跟1994年的巫术经济学一样,只不过这是犯罪控制的版本。

就算没有三振出局立法,加利福尼亚州也已经是全国最大的狱卒,八分之一的美国囚犯被关押在加利福尼亚州的牢房里。加利福尼亚州的监狱系统是排名第二到第四位的三个州(纽约州、得克萨斯州、佛罗里达州)的两倍,是西欧的四倍。

如果高监禁率(回想一下,德鲁洛想要的是"修建更多的监狱,实行严惩不贷的判决")可以为公众带来安全感,那么加利福尼亚人的安全感就应该是纽约人、得克萨斯人和佛罗里达人的两倍,是法国公民的四倍。但是,事实并非如此。

琼·皮特舍列和彼得·路透在其兰德公司资助的图书《城市化美国：洛杉矶和美国的政策选择》得出结论，加利福尼亚州关押的人太多了，经常是不该关押的人也被关起来了（毒品罪犯占了 1990 年加利福尼亚州囚犯的 26%，而 1980 年是 11%），而且对强化公共安全几乎没有效果。

关于对这些事实的报道逐步扩散，公众和媒体因而开始了反思。比如，一个 70 岁的旧金山老妇人拒绝指证洗劫了她的车的惯偷。她觉得这个惯偷不该被判终身监禁，并在当地报纸上把三振出局法律叫作"穷人的浩劫"。

甚至连克拉斯的家人也站出来反对现行的三振出局法，表示自己是在悲痛之中受到了蒙骗才去支持三振出局法。他们支持一个更为温和的提案，认为入室盗窃不能作为"一振"。加利福尼亚州的三振出局法无情而愚蠢，对刑事司法系统略微了解之人都明白这一点。

按照德鲁洛的说法，我和其他犯罪学家都不了解美国中产阶级的担忧。这是夸大其词，胡说八道。诚然，大多数犯罪学家都怀疑通过强制性无期徒刑判决来扩大监禁规模是否能够解决美国的犯罪问题。但是，我们之所以表示怀疑，就是因为德鲁洛说："如果问题是如何解决美国的犯罪问题以及其他所有的城市问题，那么监狱不是答案。"如果我们削弱教育和社会服务来为过长的刑期出钱，如果我们牺牲学校来建监狱，那么，犯罪就会增加，公众的安全就会受损。

刑事制裁既是道德义愤的表达，也是控制犯罪的方法。不幸的是，这两个目标并不总是协调一致的：对长期强制监禁判决的呼声是对道德义愤的回应。一些犯罪应该被关押几十年，甚至被终身关押，以便保护公众。为了实现这个目标，就需要给予法官和假释委员会更多而不是更少的自由裁量权。

同样，判处一个 18 岁的毒贩强制性的 5 年刑期也没有意义，除非我们只想表达道德义愤。几乎可以确定会有其他人取代他的位置。（参见 Daniel Feldman, "Imprisoner's Dilemma," *TAP* Summer 1993.）

确实，暴力重罪的刑期在过去十年里减少了。有两个趋势造成了这种情况。第一，我们把更多的非暴力罪犯送进了州监狱，因为地方看守所人满为患。第二，我们把未通过毒品检测的假释犯人关押了起来。后者这种情况的犯人占了加利福尼亚州监狱人口的 25%。

德鲁洛抱怨犯罪学家是"不可一世的上等人"，这种抱怨掩饰了一个至关重要的事实。犯罪学家非常关心控制犯罪，尤其是弱势社区的犯罪控制。我并未像德鲁洛宣称的那样写道波莉·克拉斯悲剧"只是追求轰动效应"。我的确说过，如果实行了所谓的"对犯罪软弱"的不定期判决，那么，理查德·艾伦·戴维斯就不会被释放。

第38章 · 投手暴投

　　我也竭力去解释一个事实：在加利福尼亚州（以及全国）的犯罪率保持平稳或者下降之时，犯罪却成了美国的第一大难题。我写道，克拉斯谋杀案，以及大量其他众所周知的罪行"都把可怕的信息传递给了大多数不住在市中心的美国人"。波莉是个非常活泼可爱的女孩，有着迷人的笑容。而且，波莉是个白人，并成为"美国女儿"。但事实依然是，奥克兰东部及华盛顿东南部的青少年被谋杀的概率大大高于佩塔卢马。佩塔卢马是加利福尼亚州北部有着田园风光的郊区。

　　大多数犯罪学家质疑的一些政策是，把弱势社区的犯罪预防资金用来资助昂贵的强制性无期徒刑判决，尤其对非暴力重罪犯的判决。如果研究的是犯罪控制，那么，犯罪学家就大有可为。如果道德义愤是它的全部意义，那么满腹牢骚之人就胜出了。

　　犯罪学家也不反对恰当、公正且有效的剥夺权利。如果在深思熟虑之后加以应用，它就能保护公众免受暴力惯犯的侵害。确实，我们会犯错误。然而，解决方法不是取消自由裁量权，而是明智地利用自由裁量权。比如，明尼苏达州就采用了广受赞誉的量刑指导纲要系统。

　　甚至连德鲁洛也认同，在罪犯过了犯罪高发年龄之后将其监禁几十年没有意义。德鲁洛认为，应该在他们的犯罪高峰期打击他们。问题就变成了，打击是什么意思？打击什么样的犯罪？怎么才算是犯罪高峰期？

　　我认为，在加利福尼亚州以及其他州，检察官会软化三振出局的影响。检察官是刑事司法系统里最强大的行动者。无论立法怎么说，检察官都能够而且也愿意讨价还价。就算这样，实行三振出局的加利福尼亚州以及其他州的监禁率也会大增。

　　让我以个人口气做个总结。在辩论的时候给别人扣上"精英"的帽子（这顶帽子当然也适合珍妮特·雷诺）几乎不可能推进辩论。另外，普林斯顿大学教授兼《布鲁金斯评论》和《美国前景》撰稿人怎么能说别人是精英而自己是普通工人呢？来吧，让我们实事求是。如果变革降临到美国，我和德鲁洛就会被判处肩并肩地犁地了。

第39章

百分之一

——2008年铁窗之中的美国人

皮尤基金会

监狱增长概览

美国的囚犯人数多于世界上任何一个国家。根据现有的最新数字,新年伊始,美国的刑罚系统关押了230多万成年人。中国位居第二,囚犯人数为150万。俄罗斯第三,仅有89万。暂且不论单纯的囚犯数字,美国公民的监禁率也居全球首位,超过南非、伊朗等国。在德国,每10万名成年人和儿童之中,有93人在监狱里。美国的比例大约是德国的8倍,每10万人中有750人在监狱里。[2]

为了对2008年初的监禁水平进行一个全新的描述,皮尤基金会调查了州政府和联邦政府的囚犯数量。我们发现:2007年,美国监狱人口中增加了超过2.5万名囚犯——上涨了1.6%,全国监狱人口普查为1 596 127人。虽然2007年的扩张无法跟2006年的剧增3.1%相比,但是处于增长轨道上。[3]并延续了美国刑罚系统30多年来的稳步扩张。

百分之一的成年人在铁窗之中。这一上升趋势造成的许多后果中,最严重的是:在美国,超过百分之一的成年人目前被关进了监狱。州监狱和联邦监狱羁押了1 596 127人,还有723 131人在地方看守所里,囚犯总数在2008年初达到了2 319 258人。美国的成年人仅仅不足2.3亿,实际监禁率是每99.1个成年人中就有1个人被监禁。

这份统计数据掩盖了按种族、年龄和性别划分的高得多的监禁率。美国司法部还对2006年年中的数据进行了分析,其中表明,跟白人男性相比,西班牙裔男性和黑人男性的监禁要高得多。[4]同时,跟年龄较大的人相比,年轻人更有可能被关进监狱。每 15 个 18 岁或以上的黑人男性就有 1 个在监狱或看守所里,而对于 55 岁以上的黑人男性来说,比例是每 115 人中有 1 人……

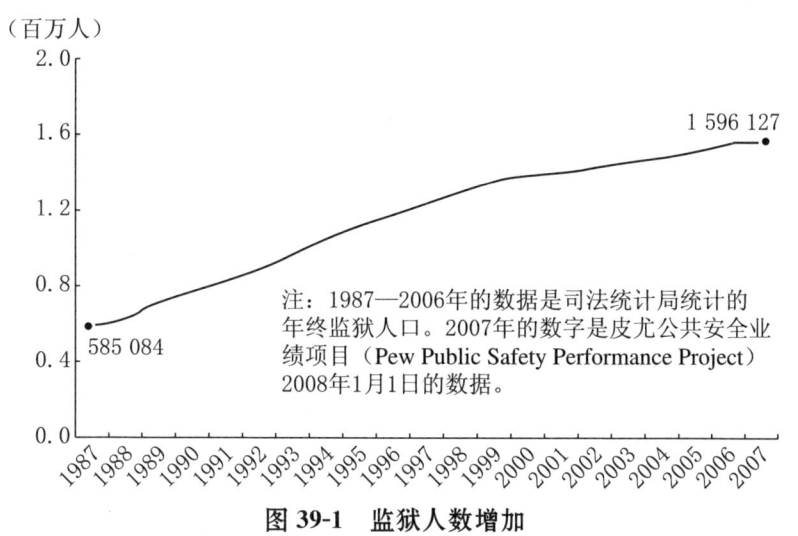

2007 年全国监狱人口几乎是 1987 年的 3 倍

注:1987—2006 年的数据是司法统计局统计的年终监狱人口。2007 年的数字是皮尤公共安全业绩项目(Pew Public Safety Performance Project)2008 年 1 月 1 日的数据。

图 39-1　监狱人数增加

资料来源:司法统计局,《皮尤公共安全业绩项目》。

以佛罗里达州为例研究增长。对急于了解监狱增长动态的政策制定者来说,佛罗里达州就是个很有说服力的案例。从 1993 到 2007 年,佛罗里达州囚犯人数从 5.3 万增加到 9.7 万。犯罪和不断增加的居民人口是其中的两个原因,但分析师一致认为,增加主要源于该州采取的大量惩教政策和行动。

最早的措施始于 1995 年,立法机构废除了"减刑"积分以及假释委员会的自由裁量权,还要求所有的囚犯——无论所犯何罪,是否有前科,是否有累犯的可能——都要服满刑期的 85%。第二次是"零容忍"政策以及其他措施,强制要求缓刑官员都要报告每一个违反监管条件的罪犯,并且提高了"技术性违规"的刑期。就这样,佛罗里达州监狱里的违规者增加了约 12 000 人。[5]佛罗里达州的犯罪在此期间大量减少。但有些州并没有扩张监狱系统,甚至还缩减了监狱系统规模,但是犯罪也大幅减少,减少的幅度甚至超过了佛罗里达州,纽约州就是其中之一。

如果自由裁量权未改革,佛罗里达州的囚犯数就会在 2013 年达到顶点,将近 12.5 万人。基于这个预期,佛罗里达州会在 2009 年初监狱爆满,就需要增加 16.5 万个床位才能满足需求。[6]

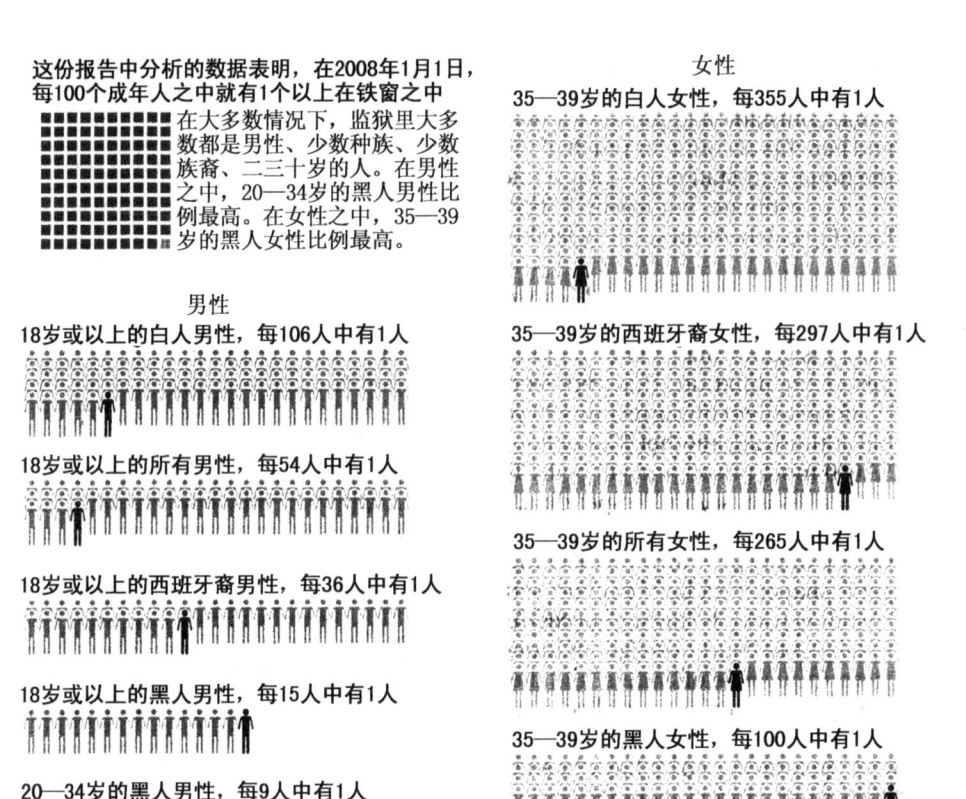

这份报告中分析的数据表明，在2008年1月1日，每100个成年人之中就有1个以上在铁窗之中

在大多数情况下，监狱里大多数都是男性、少数种族、少数族裔、二三十岁的人。在男性中，20—34岁的黑人男性比例最高。在女性之中，35—39岁的黑人女性比例最高。

男性
18岁或以上的白人男性，每106人中有1人
18岁或以上的所有男性，每54人中有1人
18岁或以上的西班牙裔男性，每36人中有1人
18岁或以上的黑人男性，每15人中有1人
20—34岁的黑人男性，每9人中有1人

女性
35—39岁的白人女性，每355人中有1人
35—39岁的西班牙裔女性，每297人中有1人
35—39岁的所有女性，每265人中有1人
35—39岁的黑人女性，每100人中有1人

按不同人口统计数据进行的监禁率抽样。

图 39-2　谁在铁窗之中

资料来源：美国司法部司法统计局于 2007 年 6 月发布的《2006 年年中监狱和看守所囚犯》分析。除了"每 100 个成年人之中就有 1 个"之外，都是 2006 年年中的数字，不是 2008 年的数字。

成本——高昂且迅速攀升

监狱和看守所"全天候"工作。它们需要训练有素的员工。高墙之内的居民苦恼不安，日渐衰老，而且通常身体比高墙之外的人差。就算监狱规模没有持续增长，要维护监狱和看守所的安全运行也需要惊人的成本。州用于教养改造的开支总额（包括债券和联邦拨款在内）去年高达 490 亿美元，而 1987 年是 120 亿美元。到 2011 年，监狱规模持续增长估计会让各州再多花费 250 亿美元。[7]

开支增加背后的主要催化剂显而易见：监狱规模增长意味着更多的人需要穿衣吃饭，需要地方住，需要监管。虽然各州的数字大相径庭，但 2005 年关押每个囚犯的平均运营成本是 23 876 美元，这是能查到的时间最近的数据。罗得岛州每个囚犯的监禁成本最高（44 860 美元），路易斯安那州最低，为 13 009 美元。[8]各州之所以有这种区别，雇员工资和补助金是个重要因素，囚犯与员工的比

率之类的其他因素也造成了这种区别。同时,资本投入难以估量,但研究人员指出,就典型的中等安全设施而言,每个床位 6.5 万美元是最为合理的近似值。[9]

加利福尼亚州:88 亿美元,并且还在增长。显而易见的是,13 个州现在一年投入 10 亿美元以上的普通经费用于惩教系统。毋庸置疑,加利福尼亚州高居榜首,去年的开支总计 88 亿美元。即使剔除通货膨胀因素,跟加利福尼亚州 20 年之前的惩教开支相比,还是增长了 216%。而在去年,加利福尼亚州州长签署了一项法案,授权以租赁收益债券的形式再投入 79 亿美元,再提供 5.3 万个监狱和看守所床位。囚犯人数稍多的得克萨斯州,在开支上居第二位,远低于加利福尼亚州,去年投入了大约 33 亿美元。

加利福尼亚州生动体现了州监狱事业的财政危机。除了终年不断的政治角力之外,加利福尼亚州的巨额惩教预算还受到一系列法庭和解协议的左右,从而使预测和控制支出变得棘手。囚犯作为原告取得了一系列诉讼的胜利,由此,加利福尼亚州目前需要按照法庭的要求负责囚犯的医疗护理和齿科护理、心理健康服务,还需要照顾少年犯,为残疾囚犯提供治疗。甚至连加利福尼亚州的假释撤销系统也受到了法律和解的控制。因此,司法命令影响了开支。

医疗成本受影响最大。在 2000—2001 财年,加利福尼亚州的监狱医疗成本是 6.76 亿美元。加利福尼亚州就一桩指称医疗护理玩忽职守且不够充分的诉讼达成了和解,此后,到了 2004—2005 财年,开支飙升至 10.5 亿美元,增加了 55%。[10] 后来,法官指定一名联邦接管者来运营监狱健康护理。这一举措使得此类开支暴增。现在一年是 21 亿美元,比 2000 年增加了 210%。

医疗,老年人使成本增加。加利福尼亚州已经明白,医疗护理是如今拉升惩教预算的主要成本之一。州政府委员会 2004 年的报告发现,从 1998 到 2001 年,州监狱的医疗开支每年增加 10%。在开展这项研究的时候,成本一年总计 37 亿美元,大约占了惩教开支的 10%。[11]

根据 1976 年美国最高法院裁决的埃丝特尔诉甘布尔一案,各州必须依照宪法提供足额的医疗护理或者基本达到"社区标准"的护理。除了这个强制性规定之外,医疗花费的增加主要源于特需人口相关的成本迅速增加,这些人口包括艾滋病病毒阳性囚犯和老年囚犯。

传染病尤其让人担心,在拥挤的监狱环境中,文身和穿孔、无保护措施的性行为、打斗和静脉注射毒品并不少见,加速了病毒的传播。[12] 丙肝是一种通过血液传播的疾病,会危及生命,是最令人担忧的问题。最近,每个患丙肝的囚犯每年的治疗成本高达 3 万美元。在加利福尼亚瓦卡维尔的一座监狱里,首席医疗官估计,3 200 名囚犯之中,有一半染上了丙肝。[13] 其他州监狱的传染病发病率在 25% 到 40% 之间。[14]

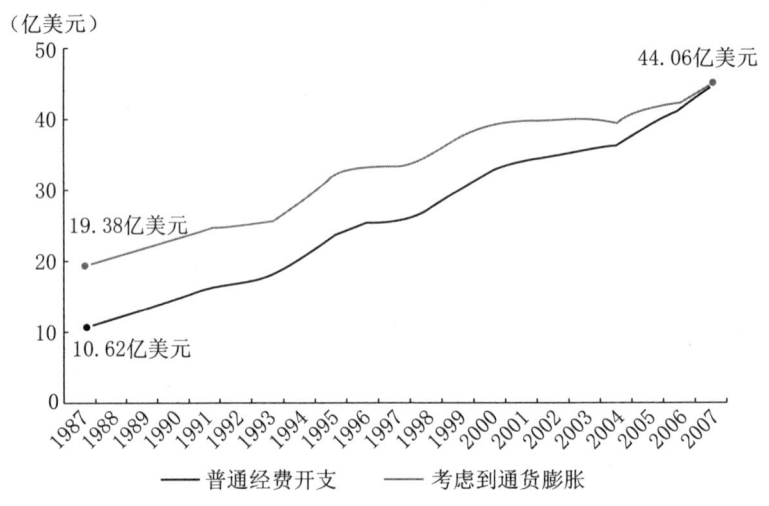

1987 到 2007 年各财年,用于惩教的州普通经费开支总额上涨 315%
(亿美元)

44.06亿美元
19.38亿美元
10.62亿美元

—— 普通经费开支   —— 考虑到通货膨胀

注:这些数字代表的是州普通经费,不包括联邦或者地方政府惩教开支,并且通常不包括其他州来源的资助。

图 39-3　开支上涨的 20 年

资料来源:国家预算官员协会,"州开支报告"系列;根据通货膨胀调整后的数据是基于对这个系列中的数据进行的再分析。

全国监狱的老龄化让成本越来越高。国家惩教研究所 2004 年的报告发现,虽然犯罪的主力军依然是年轻人,但是,从 1992 到 2001 年,50 岁及以上联邦囚犯的数量从 41 586 人上升到 113 358 人,剧增了 173%。[15] 较老的囚犯逐渐在所有囚犯中占据了更大的比重。比如,在联邦监狱之中,1989 年大约四分之一的人口超过了 50 岁。到了 2010 年,估计预计会超过三分之二。在州一级,俄克拉荷马州最近发现,16% 的新进囚犯超过了 45 岁,是 1990 年的两倍还多。[16]

随着年龄的增长,罪犯的活动就会减少。但老龄化也给监狱这个场所带来了许多挑战。因为老年囚犯经常成为年轻强壮的囚犯的折磨对象,所以,他们需要专门的住处。[17] 此外,听觉和视觉损伤,大小便失禁,饮食不耐受,抑郁,慢性病早早到来,都是复杂的管理因素。因此,老年囚犯的平均开支是 70 000 美元,是年轻囚犯的两三倍。[18]

底线:有些犯罪十恶不赦,因此有必要让这样的罪犯终生困于铁窗之中。但是,许多囚犯对公共安全构不成多大的威胁,而各州花在他们身上的钱却越来越多。

第 39 章 · 百分之一　　　　　　　　　　　　　　　　　　　　　　　　　　　　359

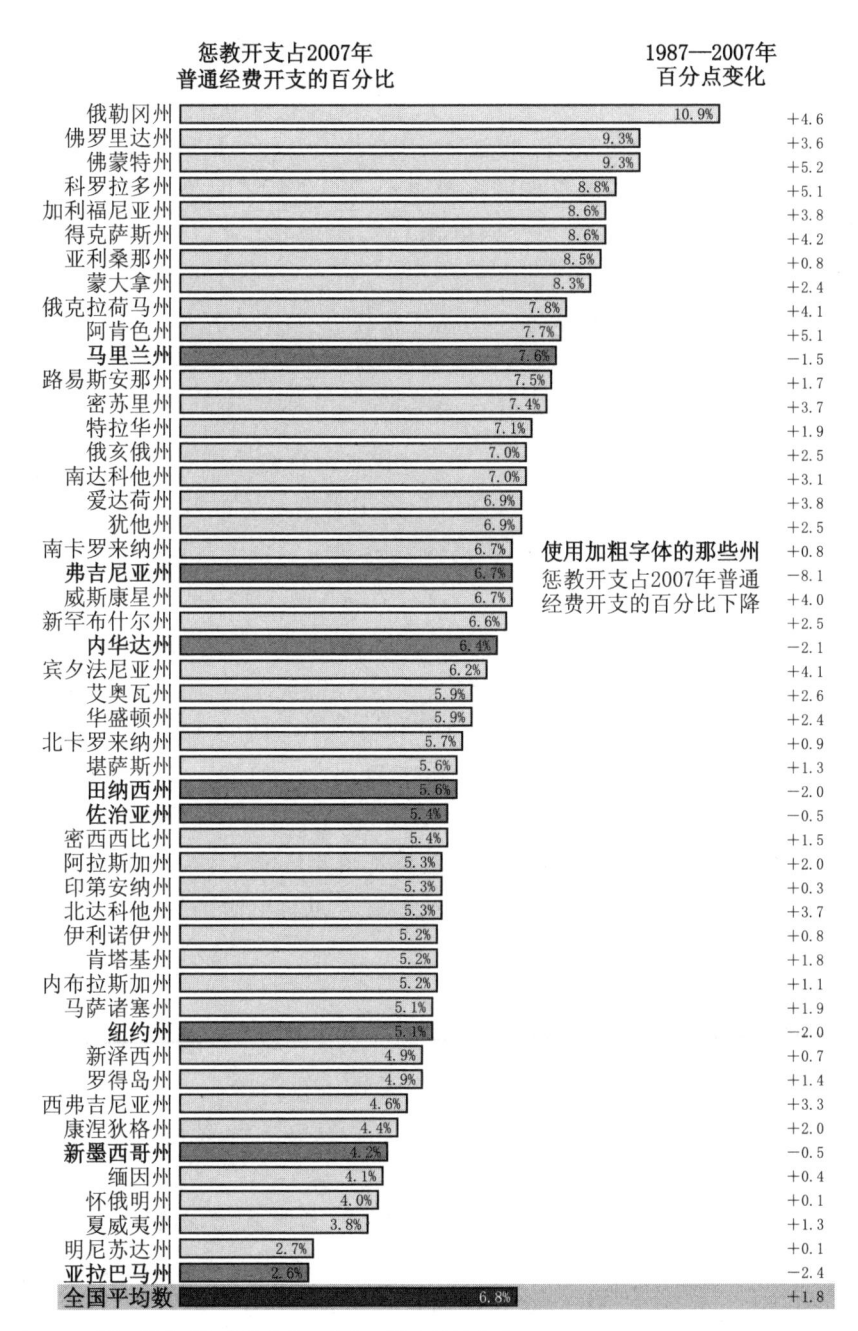

州	惩教开支占2007年普通经费开支的百分比	1987—2007年百分点变化
俄勒冈州	10.9%	+4.6
佛罗里达州	9.3%	+3.6
佛蒙特州	9.3%	+5.2
科罗拉多州	8.8%	+5.1
加利福尼亚州	8.6%	+3.8
得克萨斯州	8.6%	+4.2
亚利桑那州	8.5%	+0.8
蒙大拿州	8.3%	+2.4
俄克拉荷马州	7.8%	+4.1
阿肯色州	7.7%	+5.1
马里兰州	7.6%	−1.5
路易斯安那州	7.5%	+1.7
密苏里州	7.4%	+3.7
特拉华州	7.1%	+1.9
俄亥俄州	7.0%	+2.5
南达科他州	7.0%	+3.1
爱达荷州	6.9%	+3.8
犹他州	6.9%	+2.5
南卡罗来纳州	6.7%	+0.8
弗吉尼亚州	6.7%	−8.1
威斯康星州	6.7%	+4.0
新罕布什尔州	6.6%	+2.5
内华达州	6.4%	−2.1
宾夕法尼亚州	6.2%	+4.1
艾奥瓦州	5.9%	+2.6
华盛顿州	5.9%	+2.4
北卡罗来纳州	5.7%	+0.9
堪萨斯州	5.6%	+1.3
田纳西州	5.6%	−2.0
佐治亚州	5.4%	−0.5
密西西比州	5.4%	+1.5
阿拉斯加州	5.3%	+2.0
印第安纳州	5.3%	+0.3
北达科他州	5.3%	+3.7
伊利诺伊州	5.2%	+0.8
肯塔基州	5.2%	+1.8
内布拉斯加州	5.2%	+1.1
马萨诸塞州	5.1%	+1.9
纽约州	5.1%	−2.0
新泽西州	4.9%	+0.7
罗得岛州	4.9%	+1.4
西弗吉尼亚州	4.6%	+3.3
康涅狄格州	4.4%	+2.0
新墨西哥州	4.2%	−0.5
缅因州	4.1%	+0.4
怀俄明州	4.0%	+0.1
夏威夷州	3.8%	+1.3
明尼苏达州	2.7%	+0.1
亚拉巴马州	2.6%	−2.4
全国平均数	6.8%	+1.8

使用加粗字体的那些州惩教开支占2007年普通经费开支的百分比下降

在2007财年，州普通经费约有十五分之一用于惩教改造。
注：密歇根州没有可以比较的数字，因为该州有着独特的普通经费定义。见辖区注释。

图 39-4　占据更高的比例

资料来源：国家预算官员协会，"州开支报告"系列；百分点增长是基于对这个系列中的数据进行的再分析。

挤占其他事项的优先权。年复一年,惩教预算消耗了越来越多州的普通经费,留给其他用途的资金越来越少。2007年的数据表明,总的来说,惩教机构目前花费了州普通经费的6.8%。[24] 这意味着,各州可自由支配的资金主体的十五分之一用在惩教上。就所有类型的经费而言,在2006财年,惩教开支的增长速度位于第二位,暴涨9.2%,位于交通运输之后,但超过了教育和医疗补助开支的增长率。[25]

一些州甚至把更大比重的预算用在了惩教上。比如说,俄勒冈州把十分之一的资金用于惩教,而佛罗里达州和佛蒙特州的开支是十一分之一。明尼苏达州和亚拉巴马州走了另一个极端,用于惩教的普通经费不到3%。在过去的20年里,42个州惩教开支在全部普通经费开支中的份额都有所增加。

一些政策制定者质疑把越来越多的预算用于监禁是否明智,尤其是在目前累犯高得令人沮丧的情况下。我们的钱是否花到了刀刃上?我们在这个系统中的投资是否把足够的红利返还给了受害者、纳税人以及整个社会?

一般情况下,惩教是州预算的第五大类型,仅次于健康、中小学教育、高等教育和交通。但几乎所有惩教资金都来自各州自己的金库;相比之下,健康护理的大多数资助都来自联邦政府,主要途径是医疗补助。对于一些公共官员来说,这一区别突出了惩教开支优先于其他事项的影响。

托儿所、高等教育滞后。高等教育值得特别关注。高等教育开支跟州惩教开支几乎持平,除了学费之外,基本上都是由州经费支付,而不是由联邦经费支付。州不一定要在高等教育和惩教资金之间做出明确的选择,但确实需要平衡预算。所以,跟联邦政府不同,用于一个领域的资金就没法再用于其他领域。

1987年,各州总共把330亿美元的普通经费用于高等教育。2007年是728.8亿美元,增加了121%。按照2007年美元价值是增加了21%。在同一时间段内,根据通货膨胀调整后的惩教开支增加了127%,从106亿美元(按照2007年美元价值是194亿美元)增加到440亿美元以上。

一些地区差别更加惊人。在过去的20年里,在东北部,根据通货膨胀调整后的监狱开支增加了61%,而高等教育则相反,下降了5.5%。同时,在西部,分配给监狱的资金暴涨205%,高等教育开支仅增加28%。

事实证明,早期儿童教育是预防犯罪最为行之有效的策略之一。许多州想把资金投入早期儿童教育,但是惩教也在争夺早期儿童教育的资金。研究表明,上高质量的托儿所会影响孩子将来在学习和工作中的成功。有项研究严谨地追踪了处于弱势地位儿童成年后的情况。研究表明,上托儿所会大幅降低青少年犯罪和成年犯罪概率,并提高中学毕业率、就业率和收入水平,总效益成本比是16比1。[26]

从1987到2007年,各州用于**惩教**的资金翻了一番还多,而用于**高等教育**的资金增长缓慢。

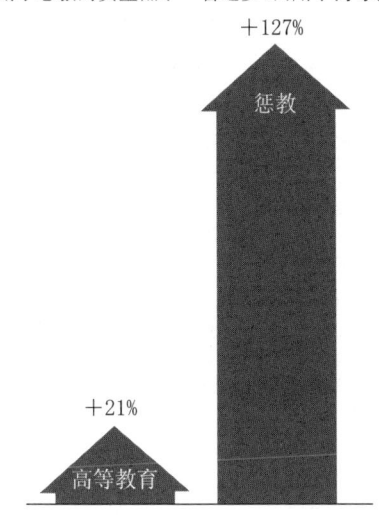

+127% 惩教

+21% 高等教育

图39-5　书籍还是铁窗?

资料来源:国家预算官员协会,"州开支报告"系列;根据通货膨胀调整后的普通经费数字是基于对这个系列中的数据的再分析。

在成功的证据支撑下,各州大力加强了对高质量、非营利托儿所的支持。在2008财年,州对托儿所追加的资助超过了5.25亿美元,比2007财年的开支增加了12%以上,使得全国早教方面的各州投资总额达到了48亿美元。[27]

州决策者越来越觉得,现在花在学前教育上的美元抵得上将来花在监狱床位上的更多钱。

最后的话

作为一个国家,美国长期以来一直靠砖头和砂浆建成的监狱和看守所巩固惩罚政策。监狱和看守所触手可及,可以限制罪犯行为能力,在我们对抗犯罪的战役中是毫无疑问的最佳选择。然而,最近的研究表明,我们对监禁的依赖越来越强,会使犯罪预防的红利下降。总之,专家说,跟过去相比,扩张监狱事倍功半。[34]

同时,惩教成本的惊人增长正在引起全国各州议会的警觉。监狱的持续增长不可避免地减少了用于其他至关重要需求的税金,因而引发了立法者和公众的密切关注。在一些州,密切关注已经化为行动,在公共安全和公共开支方面都带来了振奋人心的结果。这些州发现,通过扩大惩教手段的种类,既可以省下钱,又能让违法者付出代价。

第 11 部分 • 犯罪和司法

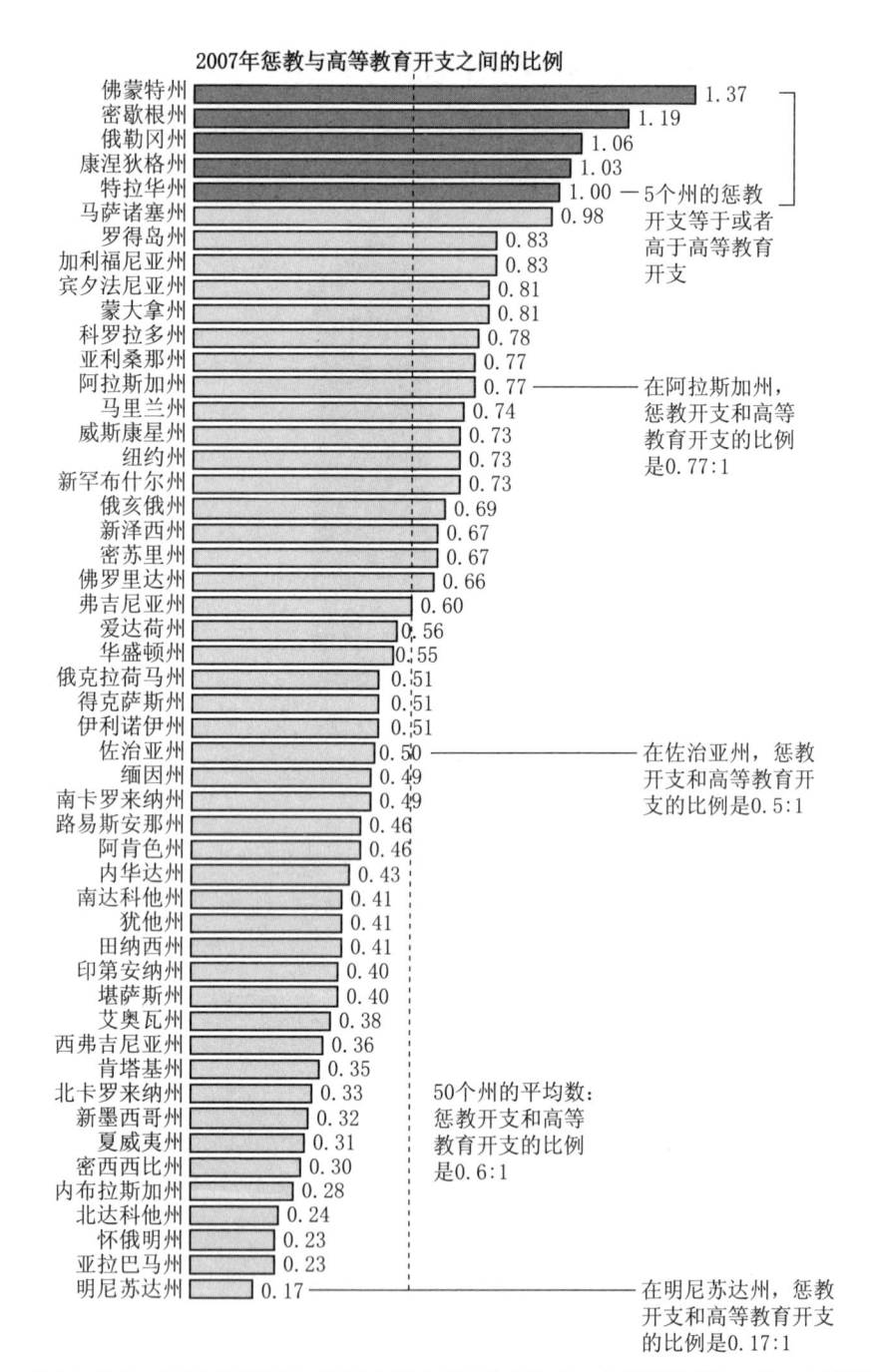

2007年惩教与高等教育开支之间的比例

州	比例
佛蒙特州	1.37
密歇根州	1.19
俄勒冈州	1.06
康涅狄格州	1.03
特拉华州	1.00
马萨诸塞州	0.98
罗得岛州	0.83
加利福尼亚州	0.83
宾夕法尼亚州	0.81
蒙大拿州	0.81
科罗拉多州	0.78
亚利桑那州	0.77
阿拉斯加州	0.77
马里兰州	0.74
威斯康星州	0.73
纽约州	0.73
新罕布什尔州	0.73
俄亥俄州	0.69
新泽西州	0.67
密苏里州	0.67
佛罗里达州	0.66
弗吉尼亚州	0.60
爱达荷州	0.56
华盛顿州	0.55
俄克拉荷马州	0.51
得克萨斯州	0.51
伊利诺伊州	0.51
佐治亚州	0.50
缅因州	0.49
南卡罗来纳州	0.49
路易斯安那州	0.46
阿肯色州	0.46
内华达州	0.43
南达科他州	0.41
犹他州	0.41
田纳西州	0.41
印第安纳州	0.40
堪萨斯州	0.40
艾奥瓦州	0.38
西弗吉尼亚州	0.36
肯塔基州	0.35
北卡罗来纳州	0.33
新墨西哥州	0.32
夏威夷州	0.31
密西西比州	0.30
内布拉斯加州	0.28
北达科他州	0.24
怀俄明州	0.23
亚拉巴马州	0.23
明尼苏达州	0.17

- 5个州的惩教开支等于或者高于高等教育开支
- 在阿拉斯加州，惩教开支和高等教育开支的比例是0.77:1
- 在佐治亚州，惩教开支和高等教育开支的比例是0.5:1
- 50个州的平均数：惩教开支和高等教育开支的比例是0.6:1
- 在明尼苏达州，惩教开支和高等教育开支的比例是0.17:1

虽然各州不一定要在高等教育和惩教之间做出明确的选择，但一个领域用了资金，另一个领域就没法用了。

图 39-6 决定把钱花在什么地方？

资料来源：对国家预算部门协会数据的分析。"州开支报告"系列。

第 39 章 · 百分之一　　363

全国在押人数不断上升，几乎就跟去年预计的一模一样。美国百分之一的成年人在高墙铁窗之中向外张望，因此，新方法的潜力不容忽视。

尾注

1. Langan, Dr. Patrick A., and Dr. David J. Levin, *Recidivism of Prisoners Released in 1994*, U.S. Department of Justice, Bureau of Justice Statistics(Washington, D.C.; June 2002).

2. International incarceration rates from International Centre for Prison Studies at King's College, London, "World Prison Brief", www.ac.uk/depsta/rel/icps/worldbrief/world_brief.html.

3. State projections were reported in *Public Safety, Public Spending: Forecasting America's Prison Population*, 2007—2011, Public Safety Performance Project, The Pew Charitable Trusts(Washington, D.C; February 2007).

4. Sabol, Dr. William J., et al, *Prison and Jail Inmates at Midyear 2006*. U.S.Department of Justice, Bureau of Justice Statistics(Washington, D.C.; June 2007) All incarceration rates for subpopulations in this report are derived from this and other Bureau of Justice Statistics reports.

5. 因技术性违犯假释条件而被判决入狱的囚犯，在 2004—2005 财年增加了 7.1%，在 2005—2006 财年增加了 4.3%，在 2006—2007 财年增加了 5.8%。

6. Workpapers of the Criminal Justice Estimating Conference, October 8, 2007. Tallahassee, FL; EDR.

7. *Public Safety, Public Spending*, p.ii. These cost estimates are cumulative, including operating and capital expenditures from 2007 to 2011.

8. *Public Safety, Public Spending*, p.33.

9. *Public Safety, Public Spending*, p.22.

10. Office of California State Controller Steve Westly, *California Department of Corrections and rehabilitation, Review Report: Healthcare Delivery System*(Sacramento, CA; August, 2006).

11. Council of State Governments, Trends Alert, Information for State Decision-Makers, *Corrections Health Care Costs*, by Chad Kinsella, January 2004.

12. 同上。

13. Prison's Deadliest Inmate, Hepatitis C, Escaping: Public-health Workers Warn of Looming Epidemic of "Silent Killer", *Associated Press*(Vacaville, CA; March 14, 2007).

14. Fox, Rena K. et al., "Hepatitis Cvirus Infection Among Prisoners in the California State Correctional System", Clinical Infectious Diseases(June 2005).

15. Anno, Jaye B., et al., *Addressing the Needs of Elderly, Chronically Ill, and Terminally Ill Inmates*, U.S.Department of Justice, National Institute of Corrections, Criminal Justice Institute(Middleton, CT; February, 2004).

16. Turley, Jonathan, George Washington University Law Schoolprofessor. Testimony before the House Judiciary Committee, Dec.6, 2007.

17. *Addressing the Needs of Elderly, Chronically Ill, and Terminally Ill Inmates*.

18. 同上。

19. U.S.Census Bureau, State Government Employment and Payroll data; http://www.census.gov/govs/www/apesst.html. For more, see Appendix A-5.

20. Marley, Patrick, "Prison officers rack up overtime", Milwaukee Journal Sentinel, December 12, 2007.

21. Chorneau, Tom, "$500 million in OT at state prisons", San Francisco Chronicle, July 15, 2007.

22. Thoennes, Dr. Nancy. *Child Support Profile: Massachusetts Incarcerated and Paroled Parent*, Center for Policy Research(Denver, CO; May 2002).

23. Forida Department of Corrections, *Restitution and Other Monetary Obligations Collected from*

Offenders Under Supervision in FY 2004—2005, available online at http://www.dc.state.fl.us/oth/cc-myths.html.

24. National Association of State Budget Officers, "State Expenditure Report FY 2006", December 2007. http://www.nasbo.org/Publications/PDFs/fy2006er.pdf.

25. 同上。

26. Schweinhart, L.J., Montie, J., Xiang, Z., Barnett, W.S., Belfield, C.R., & Nores, M. (2005). *Liftime effects: The High/Scope Perry Preschool study through age 40*, (Monographs of the High/Scope Educational Research Foundation, 14). Ypsilanti, MI: High/Scope Press.

27. Prek Now, Votes Count, Legislative Action on Prek Fiscal Year 2008 (Washington, D.C.: September 2007). www.preknow.ong.

28. 在最近的盖洛普民意测验中,只有2%的美国人自愿将"犯罪"作为国家面临的最重要问题,而在1977年3月,盖洛普民意测验中有15%的美国人自愿将"犯罪"作为国家面临的最重要问题。转引自Sam Roberts, "All Crime Is Local In' 08 Politics", The New York Times, Sept 16, 2007。

29. 欲了解更多关于得克萨斯州和推进这项立法的议员的细节,参见如下报告:Council of State Governments Justice Center, *Justice Reinvestment State Brief: Texas*, and Public Safety Performance Project, The Pew Charitable Trusts, *Changing Direction: A Bipartisan Team Paves a New Path for Sentencing and Corrections in Texas*.

30. Vera Institute of Justice, Managing State Prison Growth: Key Trends in Sentencing Policy (New York, January 2008).

31. *Prison and Jail Inmates at Midyear 2006*.

32. 同上。

33. 欲了解更多关于堪萨斯州的细节以及围绕假释管理人员的全国性讨论,参见如下报告:Council of State Governments Justice Center, *Justice Reinvestment State Brief: Kansas*, and Public Safety Performance Project, The Pew Charitable Trusts, *When Offenders Break the Rules: Smart Responses to Parole and Probation Violations*.

34. Vera Institute of Justice, Reconsidering Incarceration: New Directions for Reducing Crime, by Don Stemen (New York: January 2007).

(编者按:此文由于是节选,正文中注释序号有不连贯的情况,但尾注仍予保留。)

第40章

不公平的回报

肯·西尔弗斯坦

19 89年,爆炸撕裂了位于得克萨斯州帕萨迪纳的菲利普斯石油公司化工厂,23个工人丧生,100多人受伤。联邦官员对菲利普斯石油公司处以400万美元的罚款,指出"有明显的证据表明,如果采取了安全措施,爆炸本可以避免"。在1999年和2000年,这家化工厂又发生了两次爆炸,导致了3人死亡,73人受伤。菲利普斯石油公司又被处以230万美元的罚款,原因是忽视安全隐患。

1994年,天合汽车集团在亚利桑那州经营的一家工厂发生爆炸,一名工人丧生。天合汽车集团是美国首屈一指的安全气囊制造商。天合汽车集团的这家工厂有违犯工作场所法律的记录,在此案中用170万美元就刑事指控达成和解。官员们后来发现,天合汽车集团在一项"经管理层批准"的行动中,非法将这家工厂的化学废物倾倒在了3个州的垃圾填埋场。去年,这家公司因民事和刑事惩罚而支付了前所未有的2 400万美元。

1999年,陪审团发现科氏工业集团犯了玩忽职守罪,导致两个少年死于管道腐蚀引起的火灾。第二年,这一总部在堪萨斯的能源巨头支付了3 000万美元——这是根据《清洁水法案》给出的史上最大民事惩罚——原因是在6个州非法排放300万加仑的原油。去年,科氏工业集团就一些指控达成和解。根据这些指控,科氏工业集团存在撒谎行为,未能如实汇报从联邦土地上开采了多少油,在接近25 000笔不同的交易中欺骗了联邦政府。

菲利普斯石油公司、天合汽车集团、科氏工业集团除了屡次违犯工作场所法律和环境法律之外,还有着更多的共同点。它们还都是美国最大的政府承包商。从1995到2000年,这三家公司总共承接了104亿美元的联邦业务,与此同时,行政管理机构和联邦法院指出,这三家公司危害了雇员安全,污染了美国的空气和水,甚至诈取政府钱财。

这种情况本来不该发生。联邦发包官员应当审核承接政府业务的公司记录,并且排除无法展示"令人满意的诚信和商业道德记录"的公司。但是,官员们在作出此类决定时无章可循,而且也没有一个统一的系统供官员们咨询从而获悉公司的不正当行为。因此,一份政府报告在2000年得出结论:即使意识到有违反规则的行为,负责发出联邦合同的官员也"极不情愿"采取行动。就算哪次破天荒照章办事,规则也几乎总是对小公司不利,因为小公司在华盛顿几乎没有影响力。

克林顿总统在即将离任的时候发布命令,力争做到有章可循,以便确定每年大约2000亿美元的联邦合同应该给哪些公司。新的"承包商义务规则",得到了副总统阿尔·戈尔的支持,是经过两年的国会作证和公共听证才提出的,明确规定联邦官员应当衡量"牵涉到屡次、广泛、严重违法行为的证据"。官员被告知要考虑公司在以前的合同中有无欺诈行为或者是否曾违犯关于环境、工作场所安全、劳动者权利、消费者保护或反托拉斯行动的法律。

这些措施从未实行。小布什一上任就采取的行动之一,就是在执政11天之后搁置了这项规定,说这个问题需要进一步研究。大公司提起诉讼以阻止这项新的指导方针规则,最终小布什在11个月之后废除了这项规定。

大约8万个承包商每年至少承接2.5万美元的联邦政府业务,而且绝大多数都能遵纪守法。但是,《琼斯夫人》杂志对200家最大的承包商进行了为期6个月的调查,发现,政府继续向一再被指严重违反工作场所和环境法律的几十家公司发出有利可图的合同。政府自己的承包商数据库显示,1995到2000年,环境保护署和职业安全与健康管理局记录了这些承包商的一连串严重违犯法律的行为。

- 46家最大的承包商遭到了司法部的起诉。这46家承包商拒绝为倾倒有毒废品以及其他违犯环境法的行为负责,因此,司法部命令它们支付清洁成本。通用电气公司——从政府那里接收了接近98亿美元,成为美国第十大承包商——单独或者共同担责的27起污染事件使其独占鳌头。
- 据统计,55家顶尖承包商共违犯工作场所安全法1 375次,给工人带来了死亡风险和身体损害。在承包商中,福特汽车公司以4.42亿美元联邦业务排名第177位,以292次被联邦官员认定为"严重"的违规行为在职业安全与健康管理局排名榜首。1999年,密歇根州迪尔伯恩的福特红河工厂发生锅炉爆炸,导致6名工人丧生,几十名工人受伤。内部备忘录显

第 40 章 · 不公平的回报

示:福特公司决定不更换老旧锅炉上的安全设备,因为如果更换的话,就需要全面升级锅炉以满足"所有现行的安全标准"。由此,福特公司被处以 150 万美元的罚款。

表 40-1　肮脏的 12 家公司:在环境保护署和职业安全与健康管理局都有违犯法律记录的 12 家公司(1995—2000 年)

	合同 (以百万美元 为单位)	承包商 排名	环境保护署 记录的违犯 法律行为	职业安全与 健康管理局 记录的违犯 法律行为	惩罚的 总额(美元)
福特汽车公司	442	177	12	292	6 082 271
天合汽车集团	10 267	9	3	79	5 745 234
阿彻丹尼尔斯米德兰公司	471	168	4	93	1 676 850
埃克森美孚公司	2 173	43	20	5	1 481 400
杜邦公司	446	175	17	23	956 700
埃文代尔工业公司	1 347	66	1	73	759 100
通用汽车公司	4 854	18	21	14	418 393
通用电气公司	9 777	10	27	48	369 363
奥林公司	1 310	68	7	4	168 500
大西洋富田公司	675	138	10	1	150 600
戴姆勒-克莱斯勒公司	1 575	54	7	166	130 121
德事隆集团	5 507	17	4	78	111 215

注:关于上述数据的介绍:

小布什总统废除的"承包商义务规则"要求官员审核公司最近有无违犯联邦法律。为了确定哪个承包商在规则的两个重要领域——环境和工作场所安全——表现最差,《琼斯夫人》编纂了一个名单,名单里有 200 家公司,这 200 家公司在 1995 到 2000 年承接了大部分政府业务。然后,把这两份名单跟两个联邦数据库进行匹配:一份是被司法部起诉并被认定为对环境违法行为负有责任的公司名单,另一份是被职业安全与健康管理局列为对工人造成严重伤害或死亡风险的公司名单。数据库工作是由罗恩·尼克松承担的,他效力于密苏里州哥伦比亚的非营利组织记者与编辑调查协会。其他报道是由乔治·桑切斯(Sanchez)提供的,文献资料来自华盛顿特区研究性组织政府监督项目组织。顶尖的 200 个承包商的完整违法名单可以在网上(www.motherjones.com)查找。

- 34 个大承包商因违犯环境规则和工作场所规则而遭到惩罚。总的来说,环境保护署对这些承包商罚款 1 260 万美元,职业安全与健康管理局的罚款是 590 万美元——而同期,发给这些承包商的联邦合同金额是 2 290 亿美元,远远超过了罚款。

"显然,在许多情况下,政府继续把业务交给这些违法甚至屡教不改的承包商。"2000 年,联邦承包商监督机构联邦采购规范评议会的一份报告得出这样的结论。其他说法更加直截了当。"政府不应当把业务交给骗子。"议员乔治·米勒（加利福尼亚州民主党员）说，他要求白宫公开与公司说客进行的所有关门会议。在这些关门会议里，会议双方讨论了如何扼杀承包商义务规则。米勒说，小布什的决定"向承包商传递了一个信息，那就是，你给工人过低的报酬，把工人置于有毒的危险之中，或者破坏公共土地，政府都不关心——无论如何，政府都会把业务交给你们"。

比尔·克林顿第二届总统任期内，劳动者组织、民权组织、消费者组织组成联盟，打击承包商的不法行为。在米勒以及其他国会盟友的支持下，这个联盟证实确实有大量研究记载了承包商不法行为的严重性。1995 年，审计总署的一份报告揭示，80% 的大型联邦承包商采取措施压制工会，因而违反了国家劳工关系法案。另一份审计总署的报告发现，单单是在 1994 年，职业安全与健康管理局就对 261 家公司各处以 1.5 万美元或者以上的罚款，而这些公司接受的联邦合同总计 380 亿美元。报告指出，一些承包商把工人置于"极大的伤病风险之中"，还补充道，"取消或者暂停投标资格的可能性会敦促承包商采取补救措施改善工作环境"。

1999 年 7 月，克林顿宣布支持这个改革联盟，并提出了修改规则的计划。结果，接下来两年出台了一系列具体的指导方针使得联邦发包官员在确定公司的资格时有章可循。新的规则创立了违犯法律的等级以便进行考虑，最高的定罪为合同欺诈。新的规则规定，只会考虑屡次出现的严重不法行为，不会考虑行政诉讼。而且，新规则承认需要变通，指出有严重违犯法律行为的公司可以继续接受合同，只要这些公司"改正导致不法行为的环境"。

"我们认为这是从根本上授权政府像世界上所有企业那样行事，不必把业务交给自己不信任的人来做。"乔舒亚·戈特鲍姆说，他作为管理与预算办公室的审计员帮助起草了这个规则。

商业对克林顿的举动迅速做出了激烈的反应。商业圆桌会、美国商会、全国制造商协会针对新规则发起了猛烈的游说活动。尽管规则里有条款规定只有"广泛"且"严重"的劣迹，才会考虑取消合同，但企业中的反对者认为，指导方针给予发包官员的自由裁量权过大，他们可以任意地对承包商造成伤害。"提出的这些规则会允许发包官员把公司拉入黑名单，而不顾及违法行为的数量、性质或严重程度。"由公司支持的智囊团全国政策分析中心指出。"竞争对手或心怀不满的雇员提出的质疑会给公司带来数十亿美元的损失，至少也是数百万美元的损失。"

为了应对新规则，商业联盟雇用了国会集团的琳达·弗斯利尔。琳达·弗斯利尔是一个极有影响力的说客，曾帮助保险公司逃掉了超级基金垃圾场的清洁费。反对者向官员提出了成百上千条反对指导方针的理由。当克林顿于 2000 年 12 月正式发布新规则的时候，反对者来到联邦法院，想要推翻这一条款。

联邦法庭从未在这个问题上做出裁决。一个月之后，小布什当上了总统，立刻就搁置了新规则。2001 年 1 月 13 日，联邦各机构得到了一个波澜不惊的命令，延迟六个月实施新规则，既没有发布公开通知，也没有征求意见。国会研究服务中心指出，秘密搁置新规则可能是非法的，但是媒体却几乎都视而不见。去年 12 月，小布什在自己得克萨斯州的农场度假时终于废除了新规则，公司高管及其在国会的盟友为这个决定欢呼雀跃。"再制定额外的标准根本没有理性的基础和需要，原因是现有的规章已经保证政府不会把业务交给道德败坏的公司。"弗吉尼亚州共和党议员托马斯·戴维斯三世宣布。

事实上，政府几乎没有用心去审核承包商的记录，而且，即使是最勤奋的发包官员也会发现，几乎无法做到这一点。政府并没有一个存储承包商遵纪守法记录的中央数据库。环境保护署和职业安全与健康管理局有自己的承包商违犯法律行为清单，但是母公司和子公司并没有关联在一起，而子公司的数量可能有成百上千个。职业安全与健康管理局把自己的一部分记录挂在了网上，但环境保护署和许多其他机构并未这样做。"审核系统没有固定的流程，"倡导向政府问责的华盛顿管理与预算办公室观察组织执行董事加里·巴斯说，"单单找到正确的信息就是一项复杂耗时的工作。"

因此，连有着最明显违犯法律行为的承包商也从未被暂停或者取消投标资格。审计总署的一份研究报告发现，政府继续向此前有合同欺诈前科的国防承包商发出业务。通用动力公司是全国第五大承包商，1995 年向政府支付了将近 200 万美元，以消除对其篡改雇员考勤卡来向五角大楼索要数千小时的费用的指控，而这些费用根本未用于检测 F-16 战斗机的合同之中。诺斯罗普格鲁曼公司是全国第四大承包商，在 2000 年支付了接近 670 万美元，用于就两起不同的案件达成和解。在这两起案件之中，该公司被指控抬高军用飞机零部件和材料的成本。然而，这两个国防巨头继续承接联邦合同，从 1995 到 2000 年，两个国防巨头总共接受了 380 亿美元。

反对者认为，未禁止承包商承接联邦业务的情况下，政府就已经有力量迫使承包商规范自己的行为。另外，一些承包商难以替代。比如说，五角大楼坚称无法禁绝提供专门化服务和产品的国防承包商，而且政府也不愿收回进行医疗保险欺诈的私立养老院的合同，担心病人会受到伤害。"取消或暂停投标资格并不实际，"克林顿政府联邦采购政策办公室律师史蒂文·斯库纳说，"如果政府需要他们的产品,那么政府就会是唯一的失败者。"

但是,尽管大承包商基本上都免于监督调查,但政府拒绝违法的小企业承接业务时却毫不犹豫。目前,大约有 2.4 万家承包商被禁止承接政府工作,这些承包商几乎都是小企业或者像肯尼斯·汉森那样的个人。肯尼斯·汉森是堪萨斯的牙医,由于拖欠 164 800 美元的学生贷款,被禁止接受联邦经费为低收入病人提供护理。"我们从未把大家伙拿下来。"现为乔治·华盛顿大学政府合同法教授的斯库纳承认。

《琼斯夫人》调查了违犯环境法和工作场所法规的行为,揭示了一点:如果不是小布什代为斡旋,许多大承包商本来会被迫放弃联邦业务。考虑一下埃克森美孚公司的记录。埃克森公司和美孚公司两家石油巨头于 1999 年强强联合,成为美国排名第 43 位的大承包商。从 1995 到 2000 年,埃克森美孚公司及其前身总共从政府接受了 22 亿美元,业务范围包罗万象,比如向五角大楼出租燃料存储空间,向商务部出售石油。同时,它们公然无视法律。埃克森美孚公司需要独自或者与其他公司共同为 20 起案件担责。在这 20 起案件之中,埃克森美孚公司拒绝清理超级基金垃圾场,也拒绝为涉及空气和水的违犯法律行为负责。这家公司是殖民管道公司的合伙人。殖民管道公司总部在亚特兰大,2000 年因发生在 9 个州的漏油事故而遭到了司法部起诉。在一起事故之中,管道破裂,把 95 万加仑的柴油倾泻进了南卡罗来纳州的芦苇河,杀死了 3.5 万条鱼和其他野生动物。1995 年,美孚公司被处以 98 500 美元的罚单,原因是未能检修加利福尼亚州托伦斯一个提炼厂的设备,而这个提炼厂发生了爆炸,导致 28 名工人受伤。1999 年,当局发现埃克森公司在知情的情况下,用苯和甲苯污染了加利福尼亚州贝尼西亚附近的水源。而这两种物质都会致癌,并导致先天性缺陷。

就违犯工作场所法律而言,最为恶劣的联邦承包商之一就是为海军造船的埃文代尔工业公司。从 1990 到 1996 年,9 名工人死在了新奥尔良郊外的埃文代尔工业公司造船厂里,这个死亡率是其他海军造船厂的近 3 倍。1999 年,职业安全与健康管理局巡视员发现了数百起违犯安全和健康标准的行为,其中一起就是埃文代尔工业公司没有给从事危险高空作业的雇员提供安全的脚手架或者培训。职业安全与健康管理局给埃文代尔公司开出了 71.7 万美元的罚单,这是给造船公司开出的最大罚单之一。"严厉的惩罚是有必要的,"当时的劳工部部长亚历克西斯·赫尔曼说,"工人不用冒着生命危险养家糊口了。"

然而,罚款之后刚刚一个月,政府就拨给了埃文代尔公司 2 200 万美元,以便在新奥尔良的造船厂建造水陆两栖突击艇。第二年,又有 3 名工人在埃文代尔公司的造船厂死于非命。其中一名受害者是 33 岁的福斯蒂诺·门多萨,他从 80

英尺高的脚手架上跌落下来,头部受伤致死,脚手架缺乏必要的安全设置——在最近的检查之中就发现了同样的问题。职业安全与健康管理局对埃文代尔公司处以 4.9 万美元的罚款,原因是"屡次"违犯法律,但是,从 1995 到 2000 年,埃文代尔公司承接了 13 亿美元的联邦业务,这么点罚款简直是沧海一粟。(去年,埃文代尔公司成为诺斯罗普格鲁曼公司的子公司。)

另一个在工作场所方面劣迹斑斑的承包商是泰森食品公司。从 1995 到 2000 年,泰森食品公司接受了超过 1.63 亿美元,主要是用于为政府机构提供家禽肉。1999 年,在泰森食品公司及其独立经营者运营的各家工厂里死了 7 个人。一名受害者是个 15 岁的男孩——雇用这个男孩违犯了童工法律——他在泰森食品公司位于堪萨斯的一个工厂里触电身亡。泰森食品公司还试图出钱买通联邦官员。1997 年,泰森食品公司承认给了农业部前任部长迈克尔·埃斯皮超过 12 000 美元的"小费",而当时,这家公司遇到的问题正由他所在的部门负责处理。

虽然现行的联邦政策要求泰森食品公司、埃文代尔公司和埃克森美孚公司这类承包商证明"诚信和商业道德",但按照现行的标准,不会禁止此类公司承接联邦业务。实际上,政府继续向一些公司发出大合同。这些公司曾经欺骗政府,还违犯环境法律和工作场所法律。

天合汽车集团是全国第九大承包商,为政府提供的东西林林总总,既有军用卫星和宇宙飞船,也有汽车零部件和手工工具。然而,有人说天合汽车集团子公司在国防合同方面欺骗政府。去年,天合汽车集团就两起案件达成和解。在这两起案件之中,其迫使雇员加班并在支付养老金时出错。1997 年,《商业与管理实践》杂志发布了一份研究报告,天合汽车集团荣登职业安全与健康管理局的"黑名单"。这个杂志发现,在仅仅两年的时间里,天合汽车集团累计违法 67 次,被处罚金 113 202 美元。1999 年 12 月,职业安全与健康管理局进行了一次检查,发现天合集团在密歇根州的一家汽车零部件工厂屡次严重违犯法律,达到 43 次。

天合汽车集团一些最为严重的违法行为发生在两家安全气囊工厂里。这两家工厂位于亚利桑那州梅萨附近的迷信山脚下。在 1989 年建厂后的两年里,这两家工厂经历了几十次火灾和爆炸,州监管机构对其进行了至少 6 次调查。"爆炸太猛烈了,简直像是地震。"邦尼·波特莱森说。他住的地方离其中一个工厂不到两英里。"然后,浓烟从排气管喷涌而出。"

引起爆炸的是叠氮化钠,这是一种高活性化学物质,会在撞击时引起爆炸以使气囊充气。叠氮化钠还有剧毒。如果被吸入,或者接触皮肤或眼睛,会损害心脏、肾脏和神经系统。大量接触会致死。

梅萨两家工厂的工人接二连三地受伤,引起了州监管机构的注意。雇员们频繁报告感觉恶心头晕,他们把这种症状叫作"叠氮化物兴奋",而他们说天合汽车集团并未解决这个问题。"我们被逼着不断提高产量,"前任雇员费莉佩·查维斯回忆,"这是唯一的要务。"天合汽车集团坚持说接触叠氮化钠的可能性很低,而且雇员安全是"是我们的第一要务"。但是,在1994年,一个火星引爆了少量叠氮化钠,使1个工人死亡,6个工人受伤。次年,梅萨消防局局长把其中一家工厂关闭了两天,说这个工厂"会危及生命和财产"。

亚利桑那州总检察长办公室已经把天合汽车集团告上了法庭,并获得了同意令,要求其扑灭向空气中释放叠氮化钠的火灾,并妥善处理两家工厂的危险废弃物。本来,天合汽车集团就先前的一些指控达成了和解,允诺采取安全措施,但是没有做到。到了1995年,州高级法院下令天合汽车集团缴纳170万美元——这是该州历史上最大的公司刑事同意判决。

但无论是法院开出的罚单,还是工人受到的伤害,都没有促使天合汽车集团整改自己的行为。1997年,一个匿名电话告知州环境机构:在梅萨的一个工厂里,天合汽车集团正在违法存放含有叠氮化钠的废水。在这条内部情报的指引下,州监管机构发现这个集团在亚利桑那州、犹他州和加利福尼亚州的垃圾填埋场违法处理了数十万加仑的化学废水。亚利桑那州总检察长办公室认为倾倒废水并不是"低级雇员的工作",而是得到了管理层的"批准或者默许"。

考虑到非法倾倒的规模以及天合汽车集团食言的历史,亚利桑那州对其提出了刑事指控。天合汽车集团在一份声明中指出:"出现的错误并不会危及环境、伤害当地居民或者我们的雇员。"但是,去年,这个集团同意因非法倾倒而向政府支付2 400万美元,这是历史上最大的此类同意协议。

然而,天合汽车集团违犯法律的模式并未损害其承接政府业务的能力。大多数违法倾倒以及其他劣迹发生在1995到2000年之间,其间天合汽车集团接受了将近103亿美元的联邦合同,是天合汽车集团同意为其环境犯罪支付罚款的400倍以上。这个集团倾倒叠氮化钠被抓了现行之后,联邦官员审核了其违法行为,并认定其依然有资格为政府工作。去年,天合汽车集团又接受了25亿美元的联邦合同。

第 12 部分

世界中的美国

2001年9月11日的恐怖袭击让美国人认识到了一个现实：我们是全球社区的一员，无论结果好坏，我们都与地球上的其他成员有着千丝万缕的微妙联系——我们自己国家内部发生的事情不能与世界上其他地方发生的事情割裂开来。当然，这种认识在很大程度上一直是对的。美国从未与世界上其他地方截然分开。一方面，我们是个移民国家。另一方面，要了解我们的历史，就必须了解其他的东西，比如18世纪和19世纪国际奴隶贸易的重要性，以及爱尔兰、波兰和墨西哥等国的社会变革对美国社会发展的影响。

但是，当今世界比以往更加紧密地联系在了一起，交通和通信的速度越来越快，许多人因为战争、压迫或者经济不安全而在国家和大陆间持续流动。跟以往不同的是，要考虑美国的许多社会问题，就要着眼于重塑广阔世界的变革的背景。在这一部分，我们介绍了一些最重要的变革。

我们从查默斯·约翰逊的书《回火》里节选了一些内容。在节选的内容里，查默斯·约翰逊认为，美国在世界范围内的势力扩张产生了一系列始料未及的棘手后果。当然，我们并不总能认识到正是我们的干涉导致了这些后果——但是，约翰逊认为，情况通常是这样。比如说，美国的经济政策，在一定程度上是由国际货币基金组织之类的国际机构实施的，会破坏地球另一端的经济：当这种情况发生的时候，人们经常假定这是全球化抽象过程的自然结果。约翰逊认为，我们把美国的军事力量和经济力量延伸到"世界的每个角落"，从而创造了一个全球"帝国"。但是，我们对这样做的后果——尤其是全世界生活受到这些政策影响的人们如何看待我们——关注太少。因此，我们可能正在酝酿一场大规模的全球危机。约翰逊还认为，国际恐怖主义的增长可能只是全球危机最富于戏剧性的表现形式。

《回火》写于 2001 年 9 月 11 日的事件之前,但是,"9·11"事件的发生只是证实了约翰逊那令人不安的分析的重要性。全国委员会的报告旨在研究"9·11"事件的教训,我们在此摘录一部分。报告得出结论:如果我们想在未来预防恐怖主义,那么在处理与世界上其他地方的关系时,就要采用经过更多深思熟虑、更多地考虑社会因素的方法。全国委员会坚持认为,打击恐怖主义不光是个军事问题或者政治问题:需要认认真真地改变美国的行为模式以及美国在世界上其他地方的形象。或许最重要的是,必须吸纳全国委员会所谓的"机会日程"——为脆弱国家,尤其是年轻人,提供更多教育和经济选择的承诺。没人能够确保这些策略会成功地减少全球恐怖主义威胁——但是,不处理这些问题几乎肯定会让我们走向失败。

但如果我们针对其他国家的政策经常回火,导致的问题通常反过来困扰我们,我们为什么还要坚持这些政策呢?记录表明,这些政策绝非随意的:从一开始,它们就受到了复杂多变的经济利益和政治利益的影响。就像迈克尔·克拉雷表明的那样,美国外交政策(以及许多其他国家的外交政策)背后最为重要的动机之一就是确保能源稳定供应的愿望——在我们靠石油驱动的经济中,石油就是能源之首。对确保石油供应的担忧在一定程度上塑造了当代中东的政治格局,变数重重,悲剧不断;也在一定程度上加速了第二次世界大战的进程;最近还成为两次对伊拉克战争的背景。而克拉雷指出,随着石油储备不可避免地减少,石油引发的冲突可能会增加。

第41章

回火

查默斯·约翰逊

多年来,意大利北部的社区一直抱怨低飞的美国军用飞机。1998年2月,不可避免的事情发生了。阿维亚诺、切尔维亚、布林迪西、西格奈拉等地驻有几十架先进的美国喷气战斗机和轰炸机,其中就有海军陆战队的EA-6B徘徊者。海军陆战队的EA-6B徘徊者切过度假胜地卡瓦莱塞附近运送滑雪者上山的缆车的电缆,使得缆车上的20个人跌落,死了在几百英尺下白雪皑皑的山坡上。虽然,海军陆战队飞行员需要保持至少1000英尺的飞行高度(意大利政府要求2000英尺),但是,飞机在360英尺的高度切断了电缆。飞机的飞行时速是621英里,而通常认为时速上限为517英里。这名飞行员当时正在表演低空杂技,而副驾驶员用录像带记录了下来(后来他销毁了录像带)。

意大利人义愤填膺,强烈要求起诉责任人。海军陆战队的两位飞行员辩称,他们的航空图并不精确,他们的高度计坏了,他们未咨询常驻该区的美国空军部队了解当地的情况。军事法庭不是在意大利开庭,而是在北卡罗来纳州的列尊营开庭,宣布所有相关人员无罪,称其为一次"训练事故"。不久后,比尔·克林顿总统道歉,并允诺为受害者提供经济赔偿,但1999年5月14日,因为众议院和五角大楼的反对,国会删去了救助受害者家属的条款。[1]

在冷战后的世界,这并不是唯一一起美国军事人员加害国外平民事件。从德国和土耳其到冲绳和韩国,类似的事件屡见不鲜——结局往往如此。美国政府从未让政客或者高级军官负责,往往觉得形式上的道歉就足够了,顶多是再给予某种形式的经济赔偿,而这种赔偿通常也总是控制在最低限度。

意大利电缆被切断这类地方性悲剧很少能成为全球性新闻。美国人往往最难以理解的是其他国家的人也对此事义愤填膺。而按照美国媒体的说法,不管对当事人来说有多么悲惨,此事最多算是一个明显的孤例。当然,此时毋庸置疑的是一个事实:冷战结束 10 年后,数十万美国军队配备了世界上最先进的武器,有时还包括核武器,驻扎在全世界 19 个国家的超过 61 个军事基地,这还是按照国防部"主要设施"的最狭义的定义来界定的;如果驻扎美国军事代表的各种设施都算在内,这个数字将上升到 800 以上。[2] 当然,美国的土地上没有意大利的空军基地。这种想法是荒唐的。同样,在意大利的土地上也没有德国、印度尼西亚、俄国、希腊或日本的军队驻扎。另外,意大利是美国的亲密盟友,难以想象会有敌国威胁意大利的海岸。

这些几乎是不言自明的——所以几乎从未有人说起。这就不是一个供人讨论的问题,更不用说在这片最后的帝国的土地上讨论了。或许,任何霸权国家都认为在国外驻军理所当然。或许,罗马人已经习惯了在高卢驻军,英国人已经习惯了在南非驻军。但是,即使没有说出口,有些事情也是存在的,并不会因为国内不讨论就不产生后果。

我相信现在是时候开始讨论美国人为什么创造了这个帝国了,我们避讳"帝国"这个词,以前,美国人就在考虑我们的帝国立场会对世界其他地方以及我们自己造成什么后果。不久之前,我们都可以更开诚布公、无所顾忌地讨论我们在世界各地驻军的方式,因为给出的解释好像显而易见——苏联和共产主义咄咄逼人。如果意大利的灾难发生在 20 年之前,似乎仍会是一场悲剧,但许多美国人会辩称,在冷战时期,为了保护意大利这样的民主国家免受苏联"极权主义"的威胁,这种事件是不可避免要付出的成本。苏联那样的军事威胁再也没有一星半点,这种"成本"就可以轻易避免。美国军事力量早就可以撤出意大利以及其他国外基地。美国军事力量并未撤出,华盛顿相反还在发挥其巨大的力量保持冷战格局,而冷战已经成为过眼烟云,此种海外部署因而有了新的意义。仔细研究就会发现,此种海外部署成为原本被冷战掩盖的帝国规划的显著证据。这种规划的副产品就是对全体美国人——游客、学生、商人、武装部队成员的仇恨日积月累,产生致命的后果。

无论是否承认自己是帝国,对于任何帝国来说,都有一个日积月累形成的资产负债表。军事犯罪、事故、暴行都是资产负债表支出的类型。尤其是在冷战结束后,美国的此种支出一直在累积。以一个大不相同的借方为例,考虑一下长期的盟友韩国。1997 年平安夜,韩国宣布金融破产,将其经济置于国际货币基金组织的指导之下,而该组织基本上是美国政府的制度代理。大多数美国人感到惊讶,经济灾难在 1997 年席卷泰国、韩国、马来西亚和印度尼西亚,然后蔓延到全世界,重创俄罗斯经济和巴西经济。他们难以想象美国政府可能在一定程度上导致了这场灾难。不过,形形色色的美国权威人士和经济学家公然表示欢迎这场灾难。数百万人先前有望实现经济繁荣和安全,却在这场灾难之中变得一贫如洗。在最坏的情况下,美国人觉得印度尼西亚和巴西等地经济崩溃意味着美国支持的有益的"全球化"政策正在起作用——我们正在有效地助力重构世界上不同的经济体,这样,他们的外在形式和运作方式就跟我们越来越像。

最重要的是,1997 年的经济危机被用来证明我们在学说方面的主要竞争者——东亚的高增长资本主义经济——并不像东亚人想象的那样强势和成功。在新年评述之中,专栏作家查尔斯·克劳萨默若有所思。"我们的成功是美国资本主义模式的成功,这种模式接近亚当·斯密的自由市场观点,跟其他观点大不相同。亚洲的家长式裙带资本主义肯定不太接近亚当·斯密的自由市场观点。现在,亚洲的泡沫破灭,亚洲的家长式裙带资本主义招来了一大批来自美国体系的批评家。"[3]

随着全球危机的加深,我们的政府最害怕的事情似乎就是,购买我们武器的合同如今可能不会如约履行。那年冬天,国防部部长威廉·科恩专门访问了雅加达、曼谷、首尔,以便劝诱这些国家的政府利用日渐稀缺的外汇资金购买美国的喷气式战斗机、导弹、战舰以及五角大楼在经济崩溃之前卖给他们的其他硬件。威廉·科恩还在东京逗留,敦促焦虑不安的日本政府做一大笔还没有达成的买卖。他希望日本为战区导弹防御投资。战区导弹防御系统是一套反导导弹,五角大楼十年来一直想让日本购买。无论是过去还是现在,甚至都没人知道战区导弹防御系统是否有用——15 年来进行了一系列的拦截试验,实际上只是几枚导弹在经过改良的试验后命中了目标——但毋庸置疑,战区导弹防御系统是个昂贵的玩意儿。而且无论是在国内还是国外,武器销售都成为五角大楼的重要任务之一。

我相信无形的美国帝国在 21 世纪的危机有四个不祥之兆。第一,我们的资源被大肆用于毫无意义的武器系统。第二,亚洲经济崩溃。第三,军事"事故"接连不断。第四,恐怖分子攻击美国设施和大使馆。这个帝国建立在两个基础之上。第一,把军事力量投放到世界的每个角落。第二,利用美国的资本和市场迫使全球经济跟美国经济接轨,而不管其他国家付出什么样的代价。深思熟虑之人不会鲁莽地预言未来。当然,从现在起到几年后,甚至几十年后,都难以搞清帝国的危机会以何种方式出现。但历史表明,帝国迟早都会陷入危机,而且似乎有理由认为,我们不会奇迹般地摆脱这种命运。

然而,我们并不知道地球上的其他人怎么看我们。大多数美国人可能没有意识到华盛顿如何实施其全球霸权,因为大多数此类行为或者是在相对秘密的条件下进行的,或者披着含情脉脉的面纱。一开始,很多人可能难以明白我们怎么就成了世界上的帝国。但是,我们的国家正在从帝国结构中获益,也正在作茧自缚陷入帝国结构之中,只有看到了这两点,我们才有可能解释原本让我们茫然不解的世界上的许多因素。没有合理的解释,我们可能就无法制定政策来让我们在冷战后的世界享有持续的和平与繁荣。半个世纪以来,在美国的保护下,日本实现了政府引导下的增长,这种增长出了什么问题呢?一个强大中国的出现怎么就对大家不利呢?为什么美国关于人权、武器扩散、恐怖主义、贩毒集团和环境的政策让许多外国人觉得完全是一副虚伪的嘴脸?美国所有和管理相关的跨国公司是否应该成为美国外交政策的工具、受益者或者反对者?资本的自由流动真的和商品及制造业产品的自由贸易一样有价值吗?只有当我们开始明白美国的本质时,才能回答这些问题。

如果华盛顿是全球军事经济统治权的总部,那么答案将与我们仅将美国视为许多主权国家中的一个大不相同。帝国的逻辑和国家的逻辑不同。而且,将来会出现明明采用的帝国做派却不承认的趋势。

"回火"这个术语是中央情报局最先发明并在内部使用的,现在开始在国际关系学者之间散播。"回火"指的是美国人民所不知道的政策导致的始料不及的后果。那些媒体上日常报道的"恐怖分子""毒枭""流氓国家"或"非法军火商"的邪恶行径经常是美国先前活动的回火。

比如,1988年的泛美航空103航班在苏格兰洛克比上空遭到轰炸,导致了259名乘客和11名地面上的居民死亡。现在人们广泛认为这是一场报复,因为,1986年,里根政府空袭利比亚,杀死了穆阿迈尔·卡扎菲总统的继女。一些美国人怀疑其他事件也能被解释为针对帝国行径的回火。比如,可卡因和海洛因的吸食日渐猖獗,美国城市在过去的20年里深受其害。在一定程度上,两类人可能是始作俑者。一类人是中南美洲的军官。另一类人是腐败的政客,中央情报局或者五角大楼曾经训练或者支持这些政客,然后把他们安插在政府关键岗位上。比如,在20世纪80年代的尼加拉瓜,美国政府大规模进攻社会主义性质的桑迪诺政府。然后,美国特工训练的武装造反者反抗军在美国城市贩卖可卡因以便购买武器和给养,但美国特工却佯装不知。[4]……

毋庸讳言,回火不仅是美国人所面临的问题。只需要看一看如今的俄罗斯及其前卫星国就能明了帝国回火的破坏性有多大。1996—1997年,日本驻利马大使馆发生人质危机,一小撮秘鲁革命者几乎把整个外交使团扣为人质,可能是因为日本人支持总统阿尔韦托·藤森的反游击队政策,也可能是因为日本的跨国公司在秘鲁采取了一系列的行动。以色列最大的政治问题是巴勒斯坦人及其

第 41 章 · 回火

伊斯兰盟友的回火式日常威胁,原因是以色列采取政策把巴勒斯坦人赶出自己的家园并压制依然在以色列辖区之内的巴勒斯坦人。然而,就回火而言,美国是世界上最大的靶子。美国是世界上唯一的帝国。美国策划实施了大多数支持专制政体的秘密和半秘密行动,也是目前全世界最大的武器销售商。

一般情况下,帝国子民不会长期记住不好的帝国行为,而那些受到帝国影响的人们确实会长期记住那些行为。比如说,一些回火的持久根源是一些国家在战时实施的种族灭绝暴行。直至今日,日本都在努力处理其于"二战"期间在中国作恶的后果。日本反动分子还是不愿面对在中国和朝鲜犯下的暴行。其中最臭名昭著的暴行有南京大屠杀,强征占领区的女性为前线的军队充当慰安妇,在战俘身上进行恐怖的医学实验。许多受过教育的中国人永远无法原谅日本造成的这种后果。

如今,我们得悉了几个类似的案例。20 世纪 70 年代初越南战争期间,理查德·尼克松及其国家安全顾问亨利·基辛格命令在柬埔寨投下许多炸弹,数量超过了整个"二战"期间在日本投下的炸弹,杀害了至少 75 万柬埔寨农民,帮助波尔布特领导下的红色高棉实现了合法化。后来,波尔布特进行了报复和意识形态纯洁化,又使 150 万柬埔寨人丧生,这次死的主要是城市居民。

美国人通常认为波尔布特是某种独特、自生的怪物,还认为他的"杀戮场"是一种难以解释的返祖现象,跟文明完全绝缘。但是,如果美国政府不在越南战争时期残暴行事,那么波尔布特就永远无法在柬埔寨这样的文化里成为统治者。值得注意的是,美国呼吁国际法庭审判现存的红色高棉领导人,但要求仅仅调查 1975 到 1979 年这段时间,即地毯式轰炸结束之后的年份,而此时,美国还未跟红色高棉合作对抗越南。越南 1978 年入侵柬埔寨,把红色高棉赶下台,并试图给柬埔寨带来稳定。

甚至连帝国也无法控制其政策的长期影响。这就是回火的实质。以 20 世纪 80 年代的阿富汗内战为例。苏联军事力量直接支持政府军,而中央情报局武装并支持所有愿意对抗苏联军队的群体。喀布尔曾经是伊斯兰教文化的主要中心,多年的战争使这里酷似原子弹轰炸后的广岛。美国政策有助于确保苏联在阿富汗遭到挫败和削弱,就像美国在越南的经历一样。事实上,苏联在阿富汗的挫败严重削弱了其政体,20 世纪 80 年代末,苏联解体了。而在阿富汗,美国也帮助塔利班掌握了政权。塔利班是一个激进组织,其对女性、教育、司法和经济福利的政策不太像阿亚图拉·霍梅尼领导下伊朗的政策,而比较像波尔布特领导下柬埔寨的政策。就在几年前,美国用地对空毒刺导弹武装起来一群穆斯林游击队员,但这群游击队员对美国在海湾战争中的行为和政策及其对以色列的态度日渐不满。1993 年,他们用炸弹袭击了纽约的世界贸易中心,并暗杀了几名中央情报局的雇员。当时,这几名雇员正在弗吉尼亚的兰利等红绿灯。4 年后,1997 年 11 月 12 日,弗吉尼亚杀手被美国法庭定罪之后,为了报复,不明身份的袭击者开枪杀死了 4 名美国会计。当时,这 4 人正在巴基斯坦卡拉奇的车里,与中央情报局没有一点关系。

或许,美国的秘密政策在刚果、危地马拉和土耳其都可能制造类似的情况,而我们只能等待回火的发生。美国在其"后院"实行帝国政策,危地马拉就是个非常明显的例子。1954 年,艾森豪威尔政府策划、中央情报局组织和资助了推翻危地马拉总统的军事政变。危地马拉总统温和的土地改革政策被视为对美国公司的威胁。这场政变的回火导致马克思主义游击队在 20 世纪 80 年代起义。中央情报局和五角大楼支持的针对玛雅农民的种族灭绝也导致了这样的结果。1999 年春季,联合国赞助的历史澄清委员会发布了危地马拉内战报告,明确指出"美国训练军官团掌握镇压起义的技术"是"导致种族灭绝的关键因素……整个玛雅村落被攻击和焚毁,村民被屠杀,以便否定游击队的保护。"[5] 这个委员会发现,1981 到 1983 年,危地马拉军政府在美国的资助和支持下在种族灭绝行动中摧毁了大约 400 个玛雅村庄,导致大约 20 万农民被杀。詹妮弗·哈勃瑞是一名美国律师,用多年的时间寻找她"失踪的"丈夫埃芬·巴马卡·瓦里斯基。她的丈夫是游击队的支持者。乔西·帕提亚是詹妮弗·哈勃瑞的辩护律师,她写道,逮捕、折磨和谋杀巴马卡的危地马拉军官是中央情报局的"资产",这名军官从巴马卡身上获取了情报,并以 44 000 美元的价格把情报卖给了中央情报局。[6]

这份报告发布不久后,克林顿总统就于 1999 年 3 月访问危地马拉,说:"我要明确指出,支持诉诸暴力和大肆镇压的军事力量和情报机构是错误的,而美国再也不会犯这个错误……美国再也不会参与镇压活动。"[7] 但是,几乎就在总统于别的国家发誓戒绝"肮脏把戏"的当天,美国政府重申支持土耳其镇压库尔德少数派。

土耳其人口约有 5 800 万,其中库尔德人就有 1 500 万。还有 500 万库尔德人住在靠近土耳其边界的伊拉克、伊朗和叙利亚。土耳其人在过去的 70 年里歧视库尔德人,并于 1992 年之后对库尔德人实施了残酷的种族灭绝运动,在土耳其落后的东南部摧毁了大约 3 000 个库尔德人大小村庄。前美国驻克罗地亚大使皮特·W.加尔布雷思评论道:"在民主国家有受保护的言论自由,而在土耳其,库尔德政治家经常因此遭到监禁。"[8] 到目前为止,欧洲人都禁止土耳其加入欧盟,就是因其残忍地对待库尔德人。然而,土耳其地理位置重要,与苏联接壤,因而成为美国的重要盟友,在冷战时期也是北约的成员国。而且,美国坚称,虽然苏联已经消失，但是美土关系未变。

土耳其是美国军事援助的第三大受援国，排在以色列和埃及之后。从 1991 到 1995 年，美国提供了土耳其军事进口的五分之四，是世界上最大的军事进口之一。美国政府又依靠设在土耳其因吉尔利克的北约基地实施宣慰行动，这一行动开始于海湾战争之后，旨在为伊拉克库尔德人供应物资，保护他们免受萨达姆·侯赛因的镇压——同时，美国默许土耳其虐待远多于伊拉克库尔德人的土耳其库尔德人。一个明显的原因是康涅狄格州的斯特拉斯福和布里奇波特制造黑鹰和科曼奇直升机的社区，要靠向土耳其等国持续大规模出售武器来维持经济良性运行。海湾战争期间，土耳其总理的一位资深顾问就人权向助理国务卿约翰·沙特克发表看法："如果你们想停止侵犯人权的行为，那么要做两件事——停止向国际货币基金组织贷款，阻断五角大楼资助。但是，不要出售武器，给予资助后又抱怨库尔德人问题。不要在向我们出售武器的时候谈人权。"[9]

1999 年 2 月，在中央情报局的精心策划下，库尔德人游击队领袖阿卜杜拉·欧加兰被捕，暴露了美国与土耳其勾结的本质。此举肯定会在将来导致大量回火。中央情报局把这种政策称作"扰乱"，意思就是世界各地恐怖分子的骚扰。关键是把他们惊出藏身之所，这样合作的警力或者秘密部门就能逮捕和监禁他们。美联社的约翰·戴蒙德说："中央情报局为自己的角色保密，而那些确实在打击犯罪嫌疑人的其他国家也小心翼翼地隐藏了美国的角色，以防给自己惹来麻烦。"根本无法防止错误辨认"犯罪嫌疑人"，而且"中央情报局没有正式通知国会"。"扰乱"据说是一种先发制人、咄咄逼人的反恐怖主义形式。克林顿总统的反恐怖主义特使理查德·克拉克喜欢"扰乱"，原因是他就不用"在国会做麻烦的报告，而中央情报局主导的秘密行动就需要做这种报告"，还有一个原因是"人权组织就会无法认定中央情报局在其中的角色"。自 1998 年 9 月以来，中央情报局在至少 10 个国家进行了"扰乱"行动。在抓捕欧加兰的行动中，美国"提供了关键情报：欧加兰的藏身之地"。这是"扰乱"活动的一些细节首次公开。[10]

在某种意义上，回火只是一个国家自食其果的另外一种说法。虽然人们通常知道自己播下了什么种子，但是导致美国回火经历的种子却很少有人知道，原因是美国帝国管理者播下的许多种子都是保密的。作为一种理念，回火最直截了当的表现形式肯定是最好理解的。美国政策和行动在 X 国引发了始料不及的后果，而美国在 Y 国的大使馆遭到了轰炸，或者一个美国人死在了 Z 国。当然，因此被杀的美国人很多，既有在萨尔瓦多的天主教修女，也有在乌干达只是凑巧进入隐秘帝国剧情毫不知情的游客。但是，就像本文所表明的那样，回火并不仅限于如此直截了当的例子。

从日本的出口导向型经济政策导致美国关键产业空心化,到难民穿过美国的南部边界流入美国(这些难民来自两种国家,美国支持的镇压制造了种族灭绝态势的国家或美国支持的经济政策导致了难以忍受的痛苦的国家),从长期来看,回火会悄无声息、难以察觉地打击美国。回火还可以在国内以通常不明显的方式表现出来,甚至连那些最初拟定或者实施帝国政策的人也察觉不到。

在我们生活的这个世界里,国家之间的联系越来越紧密,因此,从某种意义上说,我们都生活在一个回火的世界里。尽管这个术语起初仅用来指美国政策对美国人造成的始料不及的后果,但我们有充足的理由扩展这个术语的意义。比如,美国的政策孕育并加剧了1997年印度尼西亚的经济崩溃,无论美国政策是否使美国产生了任何回火、任何始料不及的后果,对于印度尼西亚人来说,始料不及的后果就是严重的伤害、贫穷和希望的破灭。无独有偶,20世纪70年代初,美国在柬埔寨支持政变并进行轰炸,带来了始料不及的后果,柬埔寨人经历了难以想象的混乱、破坏和死亡。

比如,我们在1973年智利军事政变中的角色对美国本身没有产生多少回火,但却对智利以及其他地方的自由主义者、社会主义者和无辜的旁观者产生了致命的后果。就美国的智利政策本质,记者乔恩·李·安德森报道,"根据解密的美国政府文件,计划是在(民选社会主义者总统)萨尔瓦多·阿连德任内的国家,引发社会混乱,导致军事政变……一份中央情报局的电报清楚地向圣地亚哥站长阐明了目标:'要坚定不移地利用政变推翻阿连德……我们将继续利用每个恰当的资源为推翻阿连德制造最大压力。这些行动必须秘密稳妥地进行,这样美国政府和美国之手就能完全隐藏在幕后了。'"[11]

美国的普通公民完全不知道这些阴谋诡计。政变发生于1973年9月11日,导致阿连德自杀,奥古斯托·皮诺切特将军攫取了政权,皮诺切特在军方和民间的支持者在掌权的17年里折磨、杀掉或者"蒸发了"大约4 000人。皮诺切特积极参与秃鹰行动,这一行动是与阿根廷军国主义者进行的联合行动,旨在谋杀流亡于美国、西班牙、意大利等地的持不同政见者。因此,1998年秋季,皮诺切特去英国治病时,西班牙竭力要引渡皮诺切特进行审批,指控他针对西班牙公民施加种族灭绝、折磨和国家恐怖主义。1998年10月16日,英国警察在伦敦逮捕了皮诺切特,以备可能的引渡。

虽然美国人几乎不会受到这些秘密活动所影响,但全世界的人现在都知道了美国的勾当,因为国务卿玛德琳·奥尔布赖特的言行而悲观狐疑。奥尔布赖特反对引渡皮诺切特,宣称智利这样的国家正在"向民主过渡",之前的人权犯应被免于起诉,以便"向前进"。[12]美国的"脏手"就人权或者恐怖主义发出善意满满

第41章 • 回火

的声明，但在这种情况下却显得虚伪。虽然回火的重击大多数落在其他民族身上，但也会对美国产生害处：降低政治话语的可信度，公民觉得把政治领袖的话当真就是受骗上当。这不光是回火不可避免的后果，也是帝国自身不可避免的后果。

尾注

1. "Some Aid Canceled for Gondola Deaths", *Los Angeles Times*, May 15, 1999.

2. Department of defense, "U.S. Military Installations"(updated to July 17, 1998), *Defense LINK*, on-line at http://www.denfenselink.mil/pubs/installations/foreignsummary.htm; and John Lindsay-Poland and Nick Morgan, "Overseas Military Bases and Environment", *Foreign Policy in Focus* 3.15 (June 1998), on-line at http://www.foreignpolicy-infocus.org/briefs/vol13/v3n15mil.html. 根据一份报告，1991年苏联解体时，美国在世界各地有375处军事基地，拥有超过100万名相关人员。Joel Brinkley, "U.S. Looking for a New Path as Superpower Conflict Ends", *New York Times*, February 2, 1992。

3. Charles Krauthammer, "What Caused our Economic Boom?", *San Diego Union-Tribune*, January 5, 1998.

4. For documentary evidence, including Oliver North's notebooks, see "The Contras, Cocaine, and Covert Operations", *National Security Archive Electronic Briefing Book*, no.2, online at http://www.seas.gwu.edu/nsarchive. 亦参见 James Risen, "C.I.A. Said to Ignore Changes of Contra Drug Dealing in '80's", *New York Times*, October 10, 1998。

5. Mireya Navarro, "Guatemala Study Accuses the Army and Cites U.S. Role", *New York Times*, February 26, 1999; Larry Rohter, "Searing Indictment", *New York Times*, February 27 1999; Michael Shifter, "Can Genocide End in Forgiveness?", *Los Angeles Times*, March 7, 1999 "Coming Clean on Guatemala", editorial, *Los Angeles Times*, March 10, 1999; and Michael Stetz, "Clinton's Words on Guatemala Called 'Too Little, Too Late'", *San Diego Union-Tribune*, March 16, 1999.

6. José Pertierra, "For Guatemala, Words Are Not Enough", *San Diego Union-Tribune*, March 5, 1999.

7. John M. Broder, "Clinton Offers His Apologies to Guatemala", *New York Times*, March 11, 1999.亦参见 Broder, "Clinton Visit in Honduras Dramatizes New Attitude", *New York Times*, March 10, 1999; and Francisco Goldman, "Murder Comes for the Bishop", *New Yorker*, March 15, 1999。

8. Peter W Galbraith, "How the Turks Helped Their Enemies", *New York Times*, February 20, 1999.

9. John Tirman, *Spoils of War: The Human Cost of America's Arms Trade*(New York: Free Press, 1997), p.236.

10. John Diamond, "CIA Thwarts Terrorists with Disruption'; It's Prevention by Proxy", *San Diego Union-Tribune*, March 5, 1999; and Tim Weiner, "U.S. Helped Turkey Find and Capture Kurd Rebel", *New York Times*, February 20, 1999.

11. Jon Lee Anderson, "The Dictator", *New Yorker*, October 19, 1998; Peter Kronbluth, "Chile and the United States: Declassified Documents Relating to the Military Coup", *National Security Archive Electronic Briefing Book*, No.8, on-line at http://www.seas.gwu.edu/nsarchive; and Philip Shenon, "U.S. Releases Files on Abuses in Pinochet Era", *New York Times*, July 1, 1999.

12. Michael Ratner, "The Pinochet Precedent", *Progressive Response* 3.3(January 28, 1999).

第 42 章

石油、地理、战争

迈克尔·T.克拉雷

在这本书讨论的资源之中，21世纪最容易引发国家冲突的就是石油。石油凌驾于所有资源——水、矿物质、木材等——之上，原因是石油在全球经济中起着关键作用，而且能够激起大规模战斗。如今，没有大量的石油供应，高度工业化的社会就不可能维持下去。因此任何影响这一资源持续供应的重大威胁都会导致危机，在极端情况下，还会引发武装冲突。武装冲突可能会发生在包括中东和里海盆地在内的任何一个主要石油产区。石油也会引发较轻的冲突，国与国之间发生冲突，以便夺取或者保住资源丰富的边境地区以及沿海经济区。在未来的几十年里，石油引发的大大小小的冲突会构成全球安全环境的一个重要特点。

当然，石油在过去反复引发冲突。比如说，第二次世界大战的许多重大战役之所以爆发，就是因为轴心国试图控制敌方控制区的石油供应。对更多石油收入的追求也导致伊拉克1990年入侵科威特，接下来激起了美国的大规模军事行动。争夺石油的战争已不仅仅是过去的现象，鉴于世界对能源的需求日益增加和供应始终有可能中断，未来爆发石油冲突的可能性也同样大。

中东以及其他产油区日益激烈的军备竞赛都表明将来可能爆发石油引发的战斗。直到最近，欧洲东西方分界线以及其他超级大国竞争之地还是军事力量最集中的地方。然而，自1990年以来，这种集结基本上消失了，而主要产油区的兵力却在增加。比如，美国在波斯湾地区建设了永久军事设施，在那里"预先置备了"可以维持一场大型战役的足够的战争物资。与此同时，俄罗斯把更多的力量转到北高加索和里海盆地，而中国海军在南海存在。其他国家也在这些地区以及可能引发石油冲突的其他地方加强部署。

地质和地理也增加了冲突的风险。虽然天然石油目前相对充足,但其存量并不是无限的,天然石油是有限的不可再生物质。在未来的某个时刻,现有的供应就不足以满足迅速增长的需求,全世界都会面临严重的短缺。那时,除非发现储量丰富的新能源,否则针对仅存石油供应的竞争就会愈演愈烈。在这种情况下,全球石油运输的任何长期中断都会被进口依赖型国家视作对安全的致命威胁——因此,有充足的理由使用武力解决这个问题。石油日渐稀缺还会抬高石油价格,给无力负担高油价的国家带来巨大的负担;由此,可能发生广泛的国内动乱。

地理因素之所以重要,是因为世界上许多主要石油产地都位于有争议的边境地区,或者位于危机和暴力频发的地区。跟其他原料相比,石油分布较为集中,全球绝大多数石油供应都在几个关键产油区。一些产油区——比如阿拉斯加州的北坡和美国西南部——都只位于一个国家边界内,相对来说不会出现动乱。然而,其他一些产油区跨越几个国家——这些国家有的已经就共同的边界达成协议,有的还没有——以及/或者处于常年动乱的地区。另外,为了进入全球市场,石油通常必须(通过船或者管道)途径其他不稳定的地区。这些地区的骚乱会轻易扰乱全球石油运输,因此,只要出现冲突,不管冲突大小,都会自动带来外界干扰风险。

未来几年,因石油爆发冲突几乎已成定局。暴力的规模和程度如何,发生在什么地方,这些都不得而知。最终,战争的频率和特点将取决于三个关键因素的相对权重和相互作用:(1)资源问题决策的政治环境和战略环境;(2)未来需求和供应的关系;(3)石油生产和分配的地理。

石油安全政治

现代工业社会需要许多资源来维持,但只有被视为对国家安全起决定性作用的资源才可能在难以获得关键供应之时,引发武力的使用。[①]毫无疑问,石油在过去就有着如此尊贵的地位。自20世纪初石油战舰出现以来,石油一直被视作战争取胜的关键。在那之前,石油主要是用来照明,最常见的形式是煤油。(实际上,今天的许多大型石油公司,包括埃克森公司、美孚公司、皇家荷兰/壳牌集团在19世纪刚建立的时候都是面向欧洲和北美越来越多的城市人口生产和销售煤油。)关键的转折点出现在1912年,英国海军部当时在海军大臣温斯顿·

[①] 1998年,美国国家安全委员会对"切身利益"作出如下定义:"对我国的生存、安全和生命力有着广泛且压倒一切的重要性。其中就包括我国领土以及盟国领土的实际安全、我国公民的安全、我国的经济福祉,我国重要设施的保护。我们会不辱使命,保护这些利益,包括在必要的时候单边且决定性地使用我国强大的军事力量。"(*A National Security Strategy for a New Century*, October 1998.)——原注

丘吉尔的领导下决定把战舰的燃料从煤转为石油。[1]

用石油取代煤之后，英国船只在速度和航程上都比其对手的煤炭动力船，尤其是德国，获得了巨大的优势。但是，伦敦也处于严重的两难困境之中：英国煤炭资源丰富，但是国内基本不产石油，所以高度依赖进口的供应。战争即将爆发，海外供应的可靠性成了问题，内阁决定在严格的国家安全基础上，由政府直接负责石油的运输。1914年6月17日，议会投票批准政府获得英国波斯石油公司的多数股份，这家石油公司的总部在伦敦，刚在波斯西南部发现了石油。通过这次投票，保护英国波斯石油公司的石油特许开采区就成为英国的国策——保证海外石油供应的安全由此第一次成为一个国家的主要义务。[2]

第一次世界大战期间，石油和军事政策之间的联系越发紧密。战争中所有的主要参战国都把石油驱动的交通工具用于战斗、侦察、后勤。飞机和坦克——用石油驱动的机器即将给战争行为带来革命——即将引入冲突之中。同样重要的是，机动车被广泛用于把军队和物资运到战场上：第一次世界大战期间，英国军队的卡车数量从10 000辆增加到60 000辆；美国远征军还带来了另外50 000辆机动车。[3] 鉴于此，曾任印度总督、即将担任外交大臣的寇松勋爵对伦敦的一群政府官员和工业官员说，协约国"乘着石油之浪漂向胜利"。[4]

在第一次世界大战之后和第二次世界大战之前的年份里，这种观念继续影响着战略思维。许多国家的政府相信，跟过去相比，下一次大冲突会更加依赖石油驱动的武器，因此，许多政府都学英国，建立国有石油公司，并谋求控制国外的石油资源。英国则扩张自己在波斯湾的石油利益，并强化其在伊朗的主导地位（伊朗是波斯的新名字）。法国建立了国有公司法国石油公司并获得了伊拉克西北部摩苏尔地区的特许开采权。国内缺乏石油资源的德国和日本分别制订计划去罗马尼亚和荷属东印度的获取供应。[5]

一旦战争爆发，各方对石油的竞争性追求就会对战争的节奏和轨迹产生重大影响。在太平洋，日本试图控制荷属东印度的石油供应，令华盛顿大为震动，美国在1941年对日本实施石油禁运。这反过来让日本官员认为与美国的战争不可避免，驱使他们突袭珍珠港的美国海军基地以便取得先机。在欧洲的舞台上，德国对石油的强烈需求在一定程度上促使其在1941年入侵俄国。除了莫斯科和列宁格勒之外，入侵的一个主要目标是位于巴库的苏联石油中心（位于现在的阿塞拜疆境内）。日本和德国的努力都失败了：美国飞机和潜艇对油轮的攻击使得日本进口东印度石油的计划泡汤，苏联的顽强抵抗使德国无法涉足巴库。日本和德国的石油供应日渐稀缺，无法有效抵抗盟军的进攻，最终不得不认输。[6]

第二次世界大战之后,军事策划者继续把石油视作至关重要的战斗要素。军事组织更加重视空中力量和装甲部队的作用,因此,可靠的石油供应变得比以往更加不可或缺。这不仅影响了长期依赖进口供应的欧洲列强的战略思维,也影响了第一次开始从国外获得大量石油供应的美国的战略思维。华盛顿害怕苏联会去控制迅速成为西方石油进口首要来源的波斯湾地区,于是在波斯湾地区建立了适度的军事存在,并想把伊朗、伊拉克、沙特阿拉伯以及其他的关键产油国整合进西方的联盟。无论是杜鲁门主义(1947),还是艾森豪威尔主义(1957),都允诺,如果波斯湾地区的任何国家遭到苏联支持的力量的攻击,美国都会提供军事援助。[7]

一开始,美国在中东的行动是出于传统的军事考量:预防敌对力量控制有效作战所需的关键资源。然而,1973 年 10 月,阿以冲突爆发,对石油这种战略商品的看法有了全新的意义。为了惩罚华盛顿对以色列的支持,也为了压迫全世界接受冲突的结果,阿拉伯国家切断了所有面向美国的石油运输,并渐渐缩减运往其他国家的石油。同时,石油输出国组织宣布,石油价格涨到原来的四倍。当时,由于需求迅速增长,石油供应已经面临压力,石油禁运和石油输出国组织涨价给予全球经济重重一击:许多地区石油短缺,工业产出减少,世界陷入长期经济衰退。从那时起,石油不仅被视作必不可少的军事商品,还被视作全球经济稳定的先决条件。[8]

阿拉伯石油禁运在 1974 年 3 月结束,经济危机逐渐消退。不过,1973—1974 年的事件深刻且持久地影响了人们对石油与主要工业大国国家安全间联系的看法。由于担心供应再度严重中断,石油进口国设法把脆弱性最小化,方法是在较为安全的地点(比如北海和阿拉斯加州北坡)寻找新的油矿,以及在专门的油槽中存储大量石油。美国则在其刚刚建立的战略石油储备库存储了数亿桶的石油。

对于 1973—1974 年的"石油危机",美国的回应并不仅限于防御措施。高级官员有史以来第一次开始讨论在和平时期用武力来保护至关重要的石油供应,以确保经济的稳健发展。需要特别指出的是,政策制定者开始考虑美国武力干涉中东,以便预防波斯湾石油输送的任何中断。这种想法一开始都是私下的,后来在 1975 年公开了。当时的国务卿亨利·基辛格告诉《商业周刊》的编辑,美国准备为石油而战。基辛格说,虽然不愿仅仅为了价格争端而诉诸武力,但"一旦工业世界出现一点真正的钳制"[9],华盛顿会毫不犹豫地诉诸武力。

西方安全利益的这种构想从此主宰了美国的军事规划。1979 年,伊朗国王被以色列武装力量推翻,世界经历了第二次大规模的"石油危机",卡特总统迅速发出威胁:如果有任何敌对势力想要阻断波斯湾地区的石油输送,美国就会诉诸武力。1980年1月23日,卡特宣布,任何敌对力量限制波斯湾石油输送的企图"都将受到任何必要手段的回击,包括使用武力"。[10]这个原则后来就以卡特主义著称。根据这个原则,美国开始在波斯湾地区增强军备,直至今日。另外,这个原则还周期性地接受检验。1980—1988年两伊战争期间,伊朗人波斯湾石油运输的攻击日渐升级(估计是为了惩罚科威特和沙特阿拉伯,因为这两个国家在经济上支援伊拉克),美国同意让科威特油轮"改旗易帜",挂上美国国旗,并由美国海军护航。[11]

卡特主义于1990年8月再度被激活。当时,伊拉克军队占领了科威特,并部署军队准备进攻沙特阿拉伯。老布什总统认为伊拉克控制科威特和沙特阿拉伯的油田会对西方经济安全造成难以忍受的威胁,因此他迅速决定作出强硬的军事反应——派遣大量美国军队去保护沙特阿拉伯,并在必要的情况下把伊拉克人赶出科威特。"现在,我们国家消费的石油有一半是进口的,这会严重威胁我国的经济独立。"老布什在8月7日告知全体国民。因此,"沙特阿拉伯的主权独立对美国至关重要"。[12]大量其他忧虑,包括伊拉克日益强大的武器制造能力,也促使美国决定在波斯湾动武,但是,政府高级官员总是特别强调对西方石油供应的威胁,以及美国经济的持续健康发展。[13]

沙漠风暴之后,美国领导人继续强调畅通无阻的石油运输对全球经济稳健的重要性。"美国在(波斯湾)地区至关重要的利益不容忽视,"美国中央司令部总司令J.H.宾福德·皮艾三世将军于1997年宣布,"石油资源从友好的波斯湾国家不受限制地输送到全世界的提炼厂和处理设施,驱动了全球经济发动机。"[14]根据这个观点,美国加强了在波斯湾的军力,并采取其他措施来保护波斯湾地区的友好国家。与此同时,华盛顿提升了自己对里海地区以及其他拥有大量石油供应地区的干涉能力。

包括中国和日本在内的其他国家也认为石油在维持经济稳定方面起着重要的作用。这两个国家都提升了保护至关重要的石油供应的能力。

对于石油进口国来说,石油的安全运输是经济安全的基础。然而,对于石油出口国来说,拥有石油就能控制经济思维。即使在20世纪90年代末油价低迷的时候,石油销售对石油出口国也是极为有利可图的;当需求增长且价格升高的时候,石油储量的货币价值就会大幅攀升。比如,1997年,美国国务院认为,尚未开采的里海石油供应价值高达4万亿美元,而当时的油价远低于现在。[15]因此,任何一个国家只要拥有这种潜在的财富,就会把保护这种财富看作国家安全和经济安全至关重要的方面也就不足为奇了……

无法逃脱的地理限制

随着老油田的枯竭,全球围绕石油的竞争会越来越集中于世界上为数不多的几个依然拥有巨大石油供应的地区。这些地区的战略重要性会自动提高,把石油运往远方市场的转运通道也将增加。显然,这些关键地区的任何不稳定或者动乱都会阻碍石油的持续输送,进而引发外界干涉。冲突的相对可能性因此与石油分配的地理位置以及关键产油区和转运区的政治环境息息相关。

从世界安全的角度来看,关于石油最重要的事实就是,大量石油集中于几个主要产油区。如表 42-1 所示,14 个国家——沙特阿拉伯、伊拉克、阿拉伯联合酋长国、科威特、伊朗、委内瑞拉、俄罗斯、墨西哥、美国、利比亚、中国、尼日利亚、挪威、英国——总共拥有世界已知供应的 90%。在这 14 个国家之中,石油储备更为集中,5 个主要产油国——沙特阿拉伯、伊拉克、阿拉伯联合酋长国、科威特、伊朗——共计拥有全球储量的接近三分之二。

表 42-1 石油的全球储量和生产(按 1999 年流数)

生产国 (按照储量排名)	估计储量 (10 亿桶)	占世界储量 的百分比	1998 年的产量 (每百万桶每天)
沙特阿拉伯	261.5	24.8	9.2
伊拉克	112.5	10.7	2.2
阿拉伯联合酋长国	97.8	9.3	2.7
科威特	96.5	9.2	2.2
伊朗	89.7	8.5	3.8
委内瑞拉	72.6	6.9	3.3
俄罗斯	48.6	4.6	6.2
墨西哥	47.8	4.5	3.5
美国	30.5	2.9	8.0
利比亚	29.5	2.8	1.4
中国	24.0	2.3	3.2
尼日利亚	22.5	2.1	2.2
挪威/英国(北海)	16.1	1.5	6.0
总计	949.6	90.1	53.9

资料来源:英国石油公司,1999 年《世界能源统计纵览》。

石油高度集中在几个主要产油区意味着,全球石油的提供跟为数不多的几个国家的政治和社会经济状况密切相关。当这些国家出现战争或者政治骚动的时候,全球石油输送就会因而受到扰乱,世界其他地方可能就会经历重大经济困难。[16] 1973—1974 年就是一个惨痛的例子,阿拉伯石油禁运导致广泛的燃料短缺，引发了长期经济衰退；1979—1980年也出现了同样的情况，因为在此之前伊朗发生了革命。另外，仔细观察表42-1就会发现，这种创伤在将来还会出现：这里列出的大多数国家在过去的10年到20年里都经历了战争或革命，而且其中的许多国家继续面临着内部或外部挑战。

当然，所有这些动乱的中心都是中东。世界上许多主要产油国都位于这个动荡不安的地区，因而一直以来都是主要石油进口国领导人严重关切的问题。甚至在发现石油之前，中东诸国就饱受折磨：民族原因和政治原因造成的内部分裂、逊尼派和什叶派穆斯林之间的历史嫌隙。滚滚的石油一被发现，这些分歧进一步加剧，各方为了油田的归属和石油收入的分配而争吵不休。近年来，激进主义兴起，独裁政权绵延不绝，以色列苛待巴勒斯坦人（在许多阿拉伯人之中）带来的深深的失望，都让这种喧闹不休的局面进一步升温。[17]

中东经常受到社会和政治动荡的震撼，因此，主要石油消费国一直在设法减少对波斯湾石油的依赖，方法是开发其他地方的替代来源。这一推力致使20世纪70年代北海和北坡的储量迅速得到开发，并且于最近在非洲、拉丁美洲和里海地区建立了新的产区。"我们正在经历根本性的转变，不再那么依赖中东的石油，"国家安全委员会于1998年乐观地报告，"委内瑞拉（已经变成）我们的第一大国外供应商，而非洲供应了我们进口石油的15%。"[18]

虽然把生产转到其他这些地区会减少进口者对中东的依赖，但此举并不能确保新的石油来源动乱和冲突更少。比如，哥伦比亚和尼日利亚在过去的几年里经历了大量的国内暴力事件，而委内瑞拉则经历了痛苦且可能具有破坏性的政治转折。跟波斯湾相比，里海地区也不一定能有多稳定。

确实，多个产油区的开发允许消费国在单个地区爆发危机的时候，从一个石油来源转向另一个石油来源，但这种来源并不多，而且完全不存在冲突（或者冲突风险）的更少。

那么，显然，多样化战略维持不了多长时间。最终，石油进口国不得不依赖波斯湾、里海、拉丁美洲和非洲的那同一批不可靠的供应商。不管是否愿意，进口大国都要密切关注关键产油区的政治发展，并且只要地方或地区骚动威胁扰乱石油输送，就要以某种方式进行干涉。

尾注

1. 欲了解从煤炭向石油转变的决策背景，参见 Geoffrey Jones, *The State and the Emergence of the British Oil Industry* (London: MacMillan, 1981), pp.9—31。
2. 欲了解相关背景和讨论，参见上述文献，第129—176页。
3. 同上，第117页。亦参见 Daniel Yergin, *The Prize* (New York: Touchstone, Simon and Schuster, 1993), pp.167—183。

第42章 • 石油、地理、战争

4. 这席话是在1918年11月21日伦敦举行的联合石油委员会的庆祝会议上说的。转引自 Yergin, *The Prize*, p.183。

5. 欲了解这一时期的背景,参见 Jones, *The State and the Emergence of the British Oi Industry*, pp.208—244; Yergin, *The Prize*, pp.184—206, 260—308。

6. 参见 Yergin, *The Prize*, pp.308—388。

7. 欲了解这些尝试的背景,参见 David S.Painter, *Oil and the American Century*(Baltimore: lohns Hopkins University Press, 1986), and Michael B.Stoff, *Oil, War, and American Security*(New Haven: Yale University Press, 1980).关于尼克松主义,参见 James H.Noyes, The Clouded Lens(Stanford, Calif: Hoover Institution Press, 1979), and U.S. Congress, House, Committee on Foreign Affairs, Subcommittee on the Near East and South Asia, *New Perspectives on the Persian Gulf*, Hearings, 93rd Congress, 1st session(Washington D.C. Government Printing Office, 1973)。

8. 欲了解这些事件的背景,参见 Yergin, *The Prize*, pp.588—632。

9. Interview in *Business Week*, January 13, 1975, p.69.

10. From the transcript of Carter's address in *The New York Times*, January 24, 1980.

11. 欲了解这一插曲的背景,参见 Anthony H.Cordesman and Abraham R.Wagner, *The Lessons of Modern War*, volume II, *The Iran-Iraq War*(Boulder: Westview Press, 1990), pp.277—280, 295—302, 317, 329。

12. From the transcript of Bush's speech in *The New York Times*, August 8, 1997.

13. 1990年9月,美国国防部部长理查德·切尼在参议院军事委员会上说,华盛顿不允许萨达姆·侯赛因"扼制我们的经济"。U.S. Congress, Senate, Committee on Armed Services, *Crisis in the Persian Gulf Region: U.S. Policy Options and Implications*, Hearings, 101st Congress, 2d Session(1990), pp.10—11.这些听证会是当时有关美国安全思想的一个最佳信息来源。

14. U.S. Central Command(CENTCOM), *1997 Posture Statement*(MacDill Air Force Base Fla: CENTCOM, n.d.), p.1.

15. U.S. Department of State, *Caspian Region Energy Development Report*, p.3.

16. 关于这一点的进一步讨论,参见 Edward R.Fried and Philip H.Trezise, *Oil Security: Retrospect and Prospect*(Washington, D.C. Brookings Institution, 1993)。

17. 关于讨论,参见下书中文章 Gary G.Sick and Lawrence G.Potter, eds., *The Persian Gulf at the Millennium*(New York: St. Martin's Press, 1997)。

18. U.S. National Security Council, *A National Security Strategy for a New Century*(Washington, D.C.: White House, October 1998), p.32.

第43章

怎么办？
——应对恐怖主义的全球战略
"9·11"委员会

反思代际挑战

"9·11"事件三年之后，美国人依然在考虑和谈论如何在这个新时代保护我们的国家。全国性的争论仍在继续进行。

毋庸置疑，对抗恐怖主义已经成为美国国家安全的重中之重。这一转变得到了国会的全力支持。无论是主要政党、媒体，还是美国人民都全力支持。

美国把大量资源用于国家安全和对抗恐怖主义。2001财年，是"9·11"之前通过的最后一笔预算。从2001财年到2004财年，用于国防（包括用于伊拉克和阿富汗的开支）、国土安全、国际事务的开支增加了约50%，从3 540亿美元增加到了5 470亿美元。自从朝鲜战争以来，美国的国家安全开支还从没有增长得这么迅速过。[1]

美国历史上出现过这种模式。美国面临着突如其来的危机，唤醒了国家的巨大力量。然后，大爆发改变了美国的处境，随之而来的就是反思和再评估时期。一些项目甚至机构被废除，其他的被创造或者重新设计出来。私营企业和从业公民重新定义了他们与政府的关系，参与了美利坚合众国历史上的这一进程。

现在是反思和再评估时期。美国应当从战略的形式和目标方面考虑做什么。美国人也应当考虑要用截然不同的方式组织政府应该怎么办。

定义威胁。"9·11"之后的世界里，威胁主要是根据社会之内的断层线而不是社会之间的领土边界来定义的。从恐怖主义到全球疾病或环境恶化，挑战都是超越国界的，而不是各国之间的。这是21世纪世界政治的标志性特点。

第 43 章 • 怎么办？

在过去，考虑国家安全的方法是研究外国边境，衡量各个敌对国家集团，权衡工业力量。敌人需要集结起大量军队才能产生危险。随着武器的打造、军队的征召、部队的训练和部署，威胁慢慢显现，经常是显而易见的。因为大国更加强大，它们能够失去的也更多。大国是可以被吓阻的。

现在，威胁会迅速出现。像基地组织这样的组织，总部在地球另一端的国家之中，所在地区非常贫困，连电或者电话都很少见，但依然能够密谋使用破坏性空前的武器攻击美国的大城市。

从这个意义上说，"9·11"让我们明白，如果恐怖主义在"别的地方"损害美国的利益，我们就应当认为恐怖主义"在这里"攻击美国。从同样的意义来说，美国应从全球对抗恐怖主义……

参与理念斗争。美国跟伊斯兰世界交集很多，将来许多年也会如此。美国的这种参与遭到了憎恨。2002 年民意测验发现，在美国的许多朋友之中，比如埃及——在过去的 20 年里接受的美国援助位居伊斯兰国家之首——只有 15％ 的人口对美国有好感。在沙特阿拉伯，数字是 12％。而 2003 年，从印度尼西亚到土耳其（北约的盟国）诸国，三分之二的受访者非常害怕或者有点害怕美国会攻击他们。[23]

对美国的支持猛烈下降。"9·11"之后，在伊斯兰国家的民意测验表明，许多人或者大多数人认为美国打击恐怖主义是正确之举；几乎看不到对基地组织的广泛支持；半数的受访者说普通人都喜欢美国。到了 2003 年，民意测验表明"在大多数伊斯兰世界，对美国的支持跌到了谷底。在穆斯林之中，主要是在中东国家，对美国的负面看法广泛流传……自上年夏天以来，印度尼西亚人对美国的好感率从 61％ 降到 15％，尼日利亚的穆斯林中这一数字从 71％ 降到 38％"。[24]

许多此类看法，往好了说是对美国一无所知，往坏了说是脸谱化的成见，是知识分子中流行的对"西方特征"的粗糙表达，他们对美国的价值观和政策持讽刺态度。当地报纸以及一些有影响力的卫星电视台——比如半岛电视台——经常强化"圣战"主题，将美国刻画为反对穆斯林的形象。[25]

一小部分人完全同意奥萨马·本·拉登对伊斯兰教的看法，不能接受劝说。我们必须在大多数阿拉伯人和穆斯林之中鼓励改革、自由、民主、机遇，不过，我们推广这些信息的效果可能乏善可陈，因为我们是这些信息的载体。穆斯林自身必须考虑一些基本问题。美国可以鼓励节制温和，但是无法居支配地位，只有穆斯林自身才能做到。

情况不容乐观。阿拉伯国家联盟 22 个国家的国内生产总值加起来都比不上西班牙。40%的阿拉伯成年人是文盲,其中三分之二是女性。在广义上的中东,三分之一的人每天靠着不足两美元生活,不到2%的人口可以上网。大多数阿拉伯大龄年轻人表示想移民别的国家,尤其是欧洲国家。[26]

总之,美国得去助力战胜一种意识形态,而不仅仅是战胜一个群体,而且我们只能在困难的情况下完成这个任务。美国及其盟友怎样才能帮助温和的穆斯林战胜激进理念?

建议:美国政府必须定义要传达的信息是什么,以及这些信息代表了什么?我们必须在世界上树立道德领导的典范,致力于人道地对待人民,遵纪守法,慷慨大方,睦邻友好。美国和穆斯林朋友可以一致地尊重人类尊严和机会。对于穆斯林家长来说,本·拉登这样的恐怖分子能带给他们孩子的只是暴力和死亡的前景。美国及其朋友有一个至关重要的优势——我们提供给这些家长的前景是让他们的孩子有一个更好的未来。如果我们留意一下睿智的阿拉伯领袖和穆斯林领袖的观点,就会发现更温和的共识。

未来的前景应该强调生命,而不是死亡:个体教育和经济机会。这个前景包括广泛的政治参与,还应该包括对无差别暴力行为的对抗。这个观点包括,对法律规定的尊重,在讨论差异时的开诚布公,对相反看法的包容。

建议:如果穆斯林政府,甚至是友邦政府,不尊重这些原则,那么美国就必须站在更好的未来立场上。漫长的冷战的一个教训就是,跟残酷镇压和嗜杀成性的政府合作可能会有短期收益,但是给美国形象和利益带来的长期损害往往更大。

美国的外交政策就是信息的一部分。美国的政策选择是会产生后果的。不管是对是错,显而易见的是,美国对巴以冲突的政策,以及美国在伊拉克的行动都是阿拉伯世界和伊斯兰世界大众评述的热门话题。这并不意味着美国的选择是错误的。这意味着这些选择必须与美国向阿拉伯世界和伊斯兰世界传递的机会信息相结合。如果世界范围的恐怖主义变得强大,那么以色列和新的伊拉克都不会更安全。

美国必须采取更多的行动来传递信息。理查德·霍尔布鲁克反思了本·拉登成功赢得支持者的原因,感到困惑,"一个居住在山洞里的人为什么在交流方面胜过了世界上最强的通信社会?"副国务卿理查德·阿米蒂奇向我们表达了担忧:美国人"正在出口我们的恐惧和愤怒",而不是我们对于机会和希望的观点。[27]

建议:就像我们在冷战时期所做的那样,我们要在国外大力保护我们的理想。美国确实在维护自己的价值观。在索马里、波斯尼亚、科索沃、阿富汗、伊拉

第43章 · 怎么办？

克,美国曾经、现在依然捍卫穆斯林,反对暴君和罪犯。如果美国不采取行动,在伊斯兰世界勇敢定义自己,那么激进分子就会高兴地代我们去做。

- 认识到阿拉伯和穆斯林受众依赖卫星电视和收音机,美国政府开始颇有成效地利用电视和收音机来向阿拉伯世界、伊朗、阿富汗传播信息。这些行动开始影响到大批受众。广播管理委员会要求得到更多的资源,其理应得到更多的资源。
- 美国应该面向年轻人重设奖学金项目、交换项目、图书馆项目,为他们提供知识和希望。在提供这种援助时,应该明确其来自美国公民。

机会议程。美国及其盟友可以强调教育机会和经济机会。联合国理所应当地把"读书识字作为一种自由"。

- 国际社会正在建立具体的目标——要在2010年之前把中东地区的文盲率降低到现在的一半,以妇女和女孩为目标,并支持成年人读书识字项目。
- 这需要一些看似不起眼的帮助来支持基本需求。比如课本,可以把世界上更多的知识转化为当地语言。比如图书馆,可以容纳课本等学习资料。关于外部世界或其他文化的教育还不够。
- 还需要更多的职业教育,来训练贸易和商业技能。中东还可以从一些此类项目中获益,跨越数字鸿沟,增加已为世界上其他地区开发出的互联网接入机会。

教育教给人们包容、个人的尊严和价值以及对不同信仰的尊重,是消除宗教激进主义的关键要素。

建议:美国政府应该与其他国家一起慷慨支持新的国际青年机会基金。基金会被直接用来建立和运作一些伊斯兰国家的小学和中学。在这些伊斯兰国家中,人们明智地把自己的钱投入公立教育。

经济开放至关重要。恐怖主义不是贫困造成的。实际上,许多恐怖分子来自相对富裕的家庭。然而,当人们失去希望的时候,当社会崩溃的时候,当国家分裂的时候,孕育恐怖主义的土壤就形成了。落后的经济政策和专制政体就悄悄进入了没有希望的社会,在这样的社会里,雄心和激情无法得到卓有成效的释放。

支持经济发展和改革的政策也有着政治影响。经济自由和政治自由往往是相互联系的。贸易,尤其是国际贸易,需要持续的合作与妥协,需要跨越文化交流理念,需要用谈判或者法律规定来和平地解决分歧。经济增长使中产阶级人数增加，而中产阶级会支持进一步的改革。成功的经济靠的是生机勃勃的私营企业，私营企业的利益能够抑制滥用的政府权力。那些采取措施控制自己经济命运的人，很快就会想在自己的社区和政治社会发表看法。

美国政府已经宣布了目标，要在2013年建立起中东自由贸易区。美国还打算跟改革意志最坚定的中东国家达成综合性自由贸易协定。美国-以色列自由贸易协定于1985年生效，国会与约旦在2001年实施自由贸易协定。这两份协定都扩张了贸易和投资，由此支持了国内经济改革。2004年，美国与摩洛哥和巴林签订了新的自由贸易协定，并等待国会批准。这些模式都吸引了它们邻居的兴趣。美国正在考虑降低跟最贫穷阿拉伯国家之间的贸易壁垒，伊斯兰国家因而可以充分参与以规则为基础的全球贸易体系。

建议：应对恐怖主义的综合性美国战略应该包括鼓励发展的经济政策、建设更为开放的社会、为人们改善家庭生活以及让孩子未来的发展更加光明的机会。

把国家战略变成联合战略。美国反恐战略几乎每个方面都依赖国际合作。自从"9·11"以来，这些接触涉及军方、执法、情报、旅游和风俗。而且，金融活动激增，而且往往是临时的金融活动，因此，这些活动难以追溯，更不用说将这些活动相互联系了。

建议：美国应当与其他国家一起制定对抗恐怖主义的综合性联合战略。有几个多边机构在处理此类问题。但是，最重要的政策应该由联合体中的主要政府成立灵活的联络小组来讨论和协调。比如，通过这种手段可以制定共同战略来限制恐怖分子出行，针对恐怖分子可能藏身的地方打造统一战略。

目前，伊斯兰国家和阿拉伯国家在伊斯兰大会和阿拉伯国家联盟这样的组织里会晤。西方国家在北约和主要工业国的八国峰会这样的组织会晤。最近的八国峰会意欲就改革开展对话，或许能够开始找到一个场合，让主要伊斯兰国家讨论关键政策问题，并且这种讨论是外界可以看到的。参与讨论的是关心阿拉伯世界和伊斯兰世界未来的主要西方强国。

这些新的国际活动可以创造看得见的合作的持续习惯。各国愿意承担义务，携起手来卓有成效地实施援助活动和协调活动。

联合作战也需要制定统一的战俘政策。对美国虐待战俘的指控，使得美国难以组建政府需要的外交、政治、军事联盟。美国应该和朋友们一起制定双方认可的政策，来羁押和人道地对待被俘的国际恐怖分子，对他们的囚禁并不适用任何一个国家的刑法。英国、澳大利亚等国以及穆斯林盟友致力于打击恐怖分子。美国在如何平衡人道主义和安全以及对这些相同目标的承诺之间达成一致。

美国及其一些盟友并未认可被俘恐怖分子完全适用《日内瓦公约》对待战俘

的规定。《日内瓦公约》规定了对待国内冲突俘虏的一套最低标准。针对恐怖主义的国际斗争并不是国内冲突,因此这些规定在形式上并不适用,但一般认为这些规定是人道对待战俘的基本标准。

建议:美国应当与盟友们一起制定通用的联合对策,来羁押和人道地对待被俘的恐怖分子。新的原则可以利用《日内瓦公约》第3条武装冲突法律,这一条是专门为一般战争法律不适用的情况设计的。全世界普遍认为第3条的最低标准是习惯国际法。

大规模杀伤性武器扩散。如果世界上穷凶极恶的恐怖分子获得最为危险的武器,那么美国就会有面临另一场灾难性攻击的较大危险……在至少十年的时间里,基地组织都竭力想要获得或者制造核武器……1998年,官员们焦虑地讨论并报告,本·拉登的同伙认为他们的领袖想要再造一个"广岛"。

这种野心依然存在。中央情报局局长特内于2004年2月向国会做了全球威胁评估。在评估的公开部分,特内指出,本·拉登认为获得大规模杀伤性武器是一种"宗教义务"。他警告道,基地组织"继续追求自己的战略目标,那就是获得核能力"。特内补充说"还有20多个其他恐怖组织在寻求化学、生物、放射性和核原料"。[28]

只需要相对较少的核原料就可以造出核弹。一个接受过训练的核工程师,加上一个葡萄或者橘子大小的高浓缩铀或者钚,再加上公开售卖的原料,就能造出放在一个卡车里的核设备。这种货车就和拉姆齐·尤塞夫1993年停在世贸中心停车场的货车一样大。这种炸弹会炸平下曼哈顿区。[29]

因此,就我们先前讨论的应对恐怖主义的联合战略来说,还应该有一个配套的重要措施,那就是预防和反对大规模杀伤性武器的扩散。我们建议就此采取几项措施。

强化反扩散工作。虽然基本成功地阻止了利比亚的非法核项目,但巴基斯坦的非法贸易、巴基斯坦科学家A.Q.汗的核走私网络已经表明,核武器传播是一个全球维度的问题。对伊朗核项目采取的行动还在进行之中。因此,美国应该和国际社会一起制定法律,确立一个有着普遍管辖权的国际法律制度,以便确保,就算此种走私犯的活动没有在世界上的某个国家暴露,这个国家也能抓捕、封锁、起诉此种走私犯。

扩张扩散安全活动。2003年,小布什政府宣告展开扩散安全活动:各国在自愿的基础上凝聚国力,使用军事、经济、外交手段来封锁具有威胁的大规模杀伤性武器装运和导弹相关技术。

如果使用北约的情报和规划资源扩散安全活动可以变得更为有效。另外,扩散安全活动应该吸纳非北约成员国,应该鼓励俄罗斯和中国加入。

　　支持减少威胁合作项目。外界的专家非常担心美国政府保护武器的决心和方法,而高度危险的材料依然散布在俄罗斯和苏联的其他地区。在这个领域,政府的主要手段就是减少威胁合作项目。(减少威胁合作项目通常叫作"纳恩-鲁格",纳恩和鲁格于1991年发起了这项立法。)现在,减少威胁合作项目需要扩张、改善、获取资源。最近,美国更加积极地承担国际义务来支持减少威胁合作项目。我们建议,如果俄罗斯以及其他国家愿意担起自己的责任,美国就应该不遗余力。在衡量这项投资的价值时,美国政府应该考虑到,如果对大规模杀伤性武器垂涎三尺的恐怖分子得到了大规模杀伤性武器,那么美国就会面临灾难性的代价。

　　(编者按:本文注释可以在初始来源中找到。)

主要参考文献

pp. 20–26: From *Take the Rich off Welfare* by Mark Zepezauer, pp. 1, 82–89. Reprinted by permission of South End Press.

pp. 27–32: "Tax Cheats and Their Enablers" by Robert S. McIntyre, Citizens for Tax Justice, 2005. Reprinted by permission.

pp. 33–39: "The Commercial" from *How to Watch TV News* by Neil Postman and Steve Powers. Copyright © 1992 by Neil Postman and Steve Powers. Used by permission of Viking Penguin, a division of Penguin Group (USA) Inc.

pp. 40–46: "Water for Profit" by John Luoma from *Mother Jones*, November/December 2002. © 2003, Foundation for National Progress. Reprinted by permission.

pp. 50–61: "Nickel-and-Dimed: On (Not) Getting by in America" by Barbara Ehrenreich from *Harper's*, January 1999, pp. 37–44. Copyright © 1999 by Barbara Ehrenreich.

pp. 62–71: "Generation Broke" by Tamara Draut and Javier Silva. Reprinted by permission of Demos.

pp. 72–78: "Retirement's Unraveling Safety Net" by Dale Russakoff. From *The Washington Post*, May 15, 2005. Copyright © 2005, The Washington Post. Reprinted by permission.

pp. 79–82: From *The Squandering of America: How the Failure of Our Politics Undermines Our Prosperity* by Robert Kutter, copyright © 2007 by Robert Kutter. Used by permission of Alfred A. Knopf, a division of Random House, Inc.

pp. 86–90: "*Increasing Inequality in the United States*" by Dean Baker. Reprinted by permission of the Friedrich Ebert Foundation, Washington Office.

pp. 91–97: "From Poverty to Prosperity: A National Strategy to Cut Poverty in Half" by the Center for American Progress. This material was created by the Center for American Progress www.americanprogress.org.

pp. 98–106: "Day by Day: the Lives of Homeless Women" from *Tell Them Who I Am: The Lives of Homeless Women* by Elliot Liebow. Copyright © 1993 by Elliot Liebow. Reprinted with the permission of The Free Press, a Division of Simon & Schuster, Inc.

pp. 107–112: "As Rich-Poor Gap Widens in the U.S., Class Mobility Stalls" by David Wessel from *The Wall Street Journal*, May 13, 2005. Copyright © 2005 Dow Jones & Co. Reprinted by permission of Dow Jones & Co. via Copyright Clearance Center.

pp. 116–121: "The Roots of White Advantage" by Michael K. Brown, et. al., from *Whitewashing Race: The Myth of a Color-Blind Society*, pp. 66, 77–79, 26–30. Reprinted by permission of The University of California Press via Copyright Clearance Center.

pp. 122–127: "Schools and Prisons: Fifty Years after *Brown v. Board of Education*" by the Sentencing Project. Reprinted by permission of The Sentencing Project.

pp. 128–133: "At Many Colleges, the Rich Kids Get Affirmative Action" by Daniel Golden from *The Wall Street Journal*, February 20, 2003. Copyright © 2003 Dow Jones & Co. Reprinted by permission of Dow Jones & Co. via Copyright Clearance Center.

pp. 134–140: From *"They Take Our Jobs!" and 20 Other Myths about Immigration* by Aviva Chomsky. Reprinted by permission of Beacon Press via Copyright Clearance Center.

pp. 143–149: "The Conundrum of the Glass Ceiling" from *The Economist*, 23 July 2005. Copyright © The Economist Newspaper Limited, London (2005). Reprinted by permission.

pp. 150–164: From "Drawing the Line: Sexual Harrassment on Campus" by Catherine Hill and Elena Silva. AAUW Educational Foundation, 2005. pp. 14–32. Used by permission.

pp. 165–172: "Learning Silence" from *Schoolgirls: Young Women, Self-Esteem, and the Confidence Gap* by Peggy Orenstein. American Association of University Women, copyright © 1994 by Peggy Orenstein and American Association of University Women. Used by permission of Doubleday, a division of Random House, Inc.

pp. 177–185: "Beyond the 'M' Word: The Tangled Web of Politics and Marriage" by Arlene Skolnick. *Dissent* 53.4 (FALL 2006): 81–87. Reprinted by permission of the University of Pennsylvania Press.

pp. 186–191: "The Kids Aren't Alright" by Sharon Lerner. Reprinted with permission from the November 12, 2007 issue of The Nation. For subscription information, call 1-800-333-8536. Portions of each week's Nation magazine can be accessed at http://www.thenation.com.

pp. 192–197: "More Than Welcome: Families Come First in Sweden" by Brittany Shahmehri from *Mothering*, 109, November/December 2001. Reprinted by permission.

pp. 202–207: "A World of Wounds" from *Red Sky at Morning* by James Gustave Speth, pp. 13–22. Reprinted by permission of Yale University Press.

pp. 208–217: From *Diamond: A Struggle for Environmental Justice in Louisiana's Chemical Corridor* by Steve Lerner, pp. 1–2, 9–10, 29–38, © 2004 Massachusetts Institute of Technology, by permission of The MIT Press.

pp. 218–226: "Smoke, Mirrors & Hot Air: How ExxonMobil Uses Big Tobacco's Tactics to Manufacture Uncertainty on Climate Science" by the Union of Concerned Scientists, January 2007. pp. 4–5, 9–13, 29–30. Reprinted with permission from the Union of Concerned Scientists. Online at www.ucsusa.org.

pp. 230–238: "Doméstica" by Pierrette Hondagneu-Sotelo from *Doméstica: Immigrant Workers Cleaning and Caring in the Shadows of Affluence*, pp. 29–37, 63, 196–198. Reprinted by permission of The University of California Press via Copyright Clearance Center.

pp. 239–246: "Reconnecting Disadvantaged Young Men" by Peter Edelman, Harry J. Holzer, and Paul Offner, 2006. pp. 11–19. Reprinted by permission of Urban Institute Press.

pp. 247–259: "The Underclass Label" from *War Against the Poor* by Herbert J. Gans. Copyright © 1995 by Herbert J. Gans. Reprinted with permission of Basic Books, a member of Perseus Books Group.

pp. 260–269: From *Flat Broke with Children: Women in the Age of Welfare Reform* (2004) by Sharon Hays. pp. 3–4, 220–231. By permission of Oxford University Press, Inc.

pp. 274–280: "Sick Out of Luck" by Susan Starr Sered and Rushika Fernandopulle from *Contexts*, Vol. 4, No. 3, Summer 2005. Copyright © The University of California Press. Reprinted by permission of The University of California Press via Copyright Clearance Center.

pp. 281–288: "Why Not the Best? Results from the National Scorecard on U.S. Health System Performance, 2008: The Commonwealth Fund Commission on a High Performance Health System" by The Commonwealth Fund, July 2008. Reprinted by permission.

pp. 289–294: "The Untold Health Care Story: How They Crippled Medicare" by Lillian B. Rubin. *Dissent* 55.3 (SUM 2008): 51–54. Reprinted with permission of the University of Pennsylvania Press.

pp. 297–302: From *The Shame of the Nation* by Jonathan Kozol, copyright © 2005 by Jonathan Kozol. Used by permission of Crown Publishers, a division of Random House, Inc.

pp. 303–308: "Class Conflict: The Rising Costs of College" by Ellen Mutari and Melaku Lakew from *Dollars & Sense*, January 2003. Reprinted by permission of *Dollars & Sense*, a progressive economics magazine www.dollarsandsense.org.

pp. 309–315: Reprinted with permission from Lawrence Mishel and Richard Rothstein, "Schools as Scapegoats", *The American Prospect*, Volume 18, Number 9: October 01, 2007. The American Prospect, 2000 L Street NW, Suite 717, Washington, DC 20036. All rights reserved.

pp. 316–322: "Hired Education" from *University, Inc.* by Jennifer Washburn. Copyright © 2005 by Jennifer Washburn. Reprinted by permission of Basic Books, a member of Perseus Books Group.

pp. 325–334: "The Myth of Leniency" excerpted from *Crime and Punishment in America* by Elliott Currie. New York: Henry Holt, 1998. Reprinted by permission.

pp. 335–352: "Wild Pitch: 'Three Strikes You're Out' and Other Bad Calls on Crime" by Jerome Skolnick and John DiIulio Jr. Reprinted by permission.

pp. 353–363: "One in 100: Behind Bars in America 2008" by the Pew Foundation.

pp. 364–371: "Unjust Rewards" by Ken Silverstein from *Mother Jones*, May/June 2002. Copyright © 2002, Foundation for National Progress. Reprinted by permission.

pp. 375–384: Excerpt from *Blowback* written by Chalmers Johnson. Copyright © 2000 by Chalmers Johnson. Reprinted by arrangement with Henry Holt & Company, LCC.

pp. 385–393: "Oil, Geography, and War" (pp. 27–35, 44–46) from *Resource Wars* by Michael T. Klare. Copyright © 2001 by Michael T. Klare. Reprinted by arrangement with Henry Holt & Company, LCC.

pp. 394–400: "What To Do? A Global Strategy Against Terrorism" from *The 9/11 Commission Report*, Authorized Edition, pp. 361–362, 375–381.

图书在版编目(CIP)数据

美国社会危机 ／（美）杰罗米·H.什科尔尼克，（美）埃利奥特·柯里主编；楚立峰译 .— 上海：上海社会科学院出版社，2020

书名原文：Crisis in American Institutions
ISBN 978-7-5520-3092-1

Ⅰ.①美… Ⅱ.①杰… ②埃… ③楚… Ⅲ.①社会问题—研究—美国 Ⅳ.①D771.28

中国版本图书馆 CIP 数据核字(2020)第 125303 号

上海市版权局著作权合同登记号 图字：09-2017-679

Authorized translation from the English language edition, entitled CRISIS IN AMERICAN INSTITUTIONS, 14th Edition by SKOLNICK, JEROME H.; CURRIE, ELLIOTT, published by Pearson Education, Inc, Copyright © 2011.
All rights reserved. No part of this book may be reproduced or transmitted in any form or by any means, electronic or mechanical, including photocopying, recording or by any information storage retrieval system, without permission from Pearson Education, Inc.
CHINESE SIMPLIFIED language edition published by SHANGHAI ACADEMY OF SOCIAL SCIENCES PRESS, Copyright © 2020.
本书封面贴有 Pearson Education(培生教育出版集团)防伪标签，无标签者不得销售。版权所有，侵权必究。侵权举报电话：021-63315919。

美国社会危机
Crisis in American Institutions

主　　编：	[美]杰罗米·H.什科尔尼克(Jerome H. Skolnick)
	[美]埃利奥特·柯里(Elliott Currie)
译　　者：	楚立峰
特约编辑：	孙　洁
责任编辑：	唐云松　王　勤
封面设计：	陆红强
出版发行：	上海社会科学院出版社
	上海顺昌路 622 号　邮编 200025
	电话总机 021-63315947　销售热线 021-53063735
	http://www.sassp.cn　E-mail：sassp@sassp.cn
照　　排：	南京理工出版信息技术有限公司
印　　刷：	上海景条印刷有限公司
开　　本：	710 毫米×1010 毫米　1/16
印　　张：	25.75
字　　数：	463 千字
版　　次：	2020 年 9 月第 1 版　2020 年 9 月第 1 次印刷

ISBN 978-7-5520-3092-1/D·589　　　　　　　　　定价：128.00 元

版权所有　　翻印必究